"十三五"国家重点图书出版规划项目

《中国经济地理》丛书

孙久文 总主编

北京经济地理

孙久文 胡安俊 石 林 张 静◎著

经济管理出版社

ECONOMY & MANAGEMENT PUBLISHING HOUSE

图书在版编目（CIP）数据

北京经济地理 / 孙久文等著. -- 北京：经济管理出版社，2024. -- ISBN 978-7-5243-0001-4

Ⅰ. F129.91

中国国家版本馆 CIP 数据核字第 2025ZM1947 号

组稿编辑：申桂萍
责任编辑：赵亚荣
责任印制：黄章平
责任校对：陈　颖

出版发行：经济管理出版社
　　　　　（北京市海淀区北蜂窝 8 号中雅大厦 A 座 11 层　100038）
网　　址：www. E-mp. com. cn
电　　话：（010）51915602
印　　刷：唐山昊达印刷有限公司
经　　销：新华书店
开　　本：720mm×1000mm/16
印　　张：24. 25
字　　数：489 千字
版　　次：2025 年 2 月第 1 版　　2025 年 2 月第 1 次印刷
书　　号：ISBN 978-7-5243-0001-4
定　　价：128. 00 元

《中国经济地理》丛书

顾　　问：宁吉喆　刘　伟　胡兆量　胡序威　邬翊光　张敦富

专家委员会（学术委员会）

主　　任：孙久文
副 主 任：安虎森　张可云　李小建
秘 书 长：张满银
专家委员（按姓氏笔画排序）：

邓宏兵　付晓东　石培基　吴传清　吴殿廷　张　强　李国平
沈正平　陈建军　郑长德　金凤君　侯景新　赵作权　赵儒煜
郭爱君　高志刚　曾　刚　覃成林

编委会

总 主 编：孙久文
副总主编：安虎森　付晓东　张满银
编　　委（按姓氏笔画排序）：

文余源　邓宏兵　代合治　石培基　石敏俊　申桂萍　安树伟
朱志琳　吴传清　吴殿廷　吴相利　张　贵　张海峰　张　强
李　红　李二玲　李小建　李敏纳　杨　英　沈正平　陆根尧
陈　斐　孟广文　武友德　郑长德　周国华　金凤君　洪世键
胡安俊　赵春雨　赵儒煜　赵翠薇　高志刚　涂建军　贾善铭
曾　刚　覃成林　滕堂伟　薛东前

总　序

今天，我们正处在一个继往开来的伟大时代。受现代科技飞速发展的影响，人们的时空观念已经发生了巨大的变化：从深邃的远古到缥缈的未来，从极地的冰寒到赤道的骄阳，从地心游记到外太空的探索，人类正疾步从必然王国向自由王国迈进。

世界在变，人类在变，但我们脚下的土地没有变，土地是留在心里不变的根。我们是这块土地的子孙，我们祖祖辈辈生活在这里。我们的国土面积有960万平方千米之大，有种类繁多的地貌类型，地上和地下蕴藏着丰富多样的自然资源，14亿中国人民有五千年延绵不绝的文明历史，经过近40年的改革开放，中国经济实现了腾飞，中国社会发展日新月异。

早在抗日战争时期，毛泽东主席就明确指出："中国革命斗争的胜利，要靠中国同志了解中国的国情。"又说："认清中国的国情，乃是认清一切革命问题的基本根据。"习近平总书记在给地理测绘队员的信中指出："测绘队员不畏困苦、不怕牺牲，用汗水乃至生命默默丈量着祖国的壮美山河，为祖国发展、人民幸福作出了突出贡献。"李克强同志更具体地提出："地理国情是重要的基本国情，要围绕服务国计民生，推出更好的地理信息产品和服务。"

我们认识中国基本国情，离不开认识中国经济地理。中国经济地理的基本条件，为国家发展开辟了广阔的前景，是经济腾飞的本底要素。当前，中国经济地理大势的变化呈现出区别于以往的新特点。第一，中国东部地区面向太平洋和西部地区深入欧亚大陆内部深处的陆海分布的自然地理空间格局，迎合东亚区域发展和国际产业大尺度空间转移的趋势，使我们面向沿海、融入国际的改革开放战略得以顺利实施。第二，我国各区域自然资源丰裕程度和区域经济发达程度的相向分布，使经济地理主要标识的区内同一性和区际差异性异常突出，为发挥区域优势、实施开发战略、促进协调发展奠定了客观基础。第三，以经济地理格局为依据调整生产力布局，以改革开放促进区域经济发展，以经济发达程度和市场发育程度为导向制定区域经济政策和区域规划，使区域经济发展战略上升为国家重大战略。

因此，中国经济地理在我国人民的生产和生活中具有坚实的存在感，日益发挥出重要的基石性作用。正因为这样，编撰一套真实反映当前中国经济地理现实情况的丛书，就比以往任何时候都更加迫切。

在西方，自从亚历山大·冯·洪堡和李特尔之后，编撰经济地理书籍的努力就一直没有停止过。在中国，《淮南子》可能是最早的经济地理书籍。近代以来，西方思潮激荡下的地理学，成为中国人"睁开眼睛看世界"所看到的最初的东西。然而对中国经济地理的研究却鲜有鸿篇巨制。中华人民共和国成立特别是改革开放之后，有关中国经济地理的书籍进入大爆发时期，各种力作如雨后春笋般涌现。1982 年，在中国现代经济地理学的奠基人孙敬之教授和著名区域经济学家刘再兴教授的带领和推动下，全国经济地理研究会启动编撰《中国经济地理》丛书。然而，人事有代谢，往来成古今。自两位教授谢世之后，编撰工作也就停了下来。

《中国经济地理》丛书再次启动编撰工作是在 2013 年。全国经济地理研究会经过常务理事会的讨论，决定成立《中国经济地理》丛书编委会，重新开始编撰新时期的《中国经济地理》丛书。在全体同仁的努力和经济管理出版社的大力协助下，一套全新的《中国经济地理》丛书计划在 2018 年全部完成。

《中国经济地理》丛书是一套大型系列丛书。该丛书共计 40 册：概论 1 册，思想史 1 册，"四大板块"共 4 册，34 个省（自治区、直辖市）及特别行政区共 34 册。我们编撰这套丛书的目的，是为读者全面呈现中国分省份的经济地理和产业布局的状况。当前，中国经济发展伴随着人口资源环境的一系列重大问题，复杂而严峻。资源开发问题、国土整治问题、城镇化问题、产业转移问题等，无一不是与中国经济地理密切相连的；京津冀协同发展、长江经济带战略和"一带一路"倡议，都是以中国经济地理为基础依据而展开的。我们相信，《中国经济地理》丛书可以为一般读者了解中国各地区的情况提供手札，为从事经济工作和规划工作的读者提供参考资料。

我们深感丛书的编撰难度巨大，任重道远。正如宋朝张载所言"为往圣继绝学，为万世开太平"，我想这代表了全体编撰者的心声。

我们组织编撰这套丛书，提出一句口号：让读者认识中国，了解中国，从中国经济地理开始。

让我们共同努力奋斗。

孙久文

全国经济地理研究会会长

中国人民大学教授

2016 年 12 月 1 日于北京

目　录

第一篇　资源与条件

第二篇　产业与经济

第三篇　首都、城市与区域可持续发展

第四篇　战略与展望

第一篇

资源与条件

第一章　地理位置与行政区划

北京是中华人民共和国的首都，中国共产党中央委员会、中华人民共和国中央人民政府、全国人民代表大会、中国人民政治协商会议均以北京为常驻办公之地。北京市是中央政府直接管辖的直辖市，是全国政治中心、文化中心、国际交往中心和科技创新中心。

北京作为国家中心城市和超大城市，2021年末常住人口2188.6万人，其中城镇人口1916.1万人，占全市常住人口的比重（城市化率）为87.5%；乡村人口272.5万人，占全市常住人口的比重为12.5%。北京市行政区管辖东城区、西城区、朝阳区、丰台区、石景山区、海淀区、顺义区、通州区、大兴区、房山区、门头沟区、昌平区、平谷区、密云区、怀柔区、延庆区16个区，共计147个街道、38个乡和144个镇。

2021年北京市全年实现地区生产总值（GDP）40269.6亿元，按不变价格计算，比上年增长8.5%。分产业看，第一产业实现增加值111.3亿元，第二产业实现增加值7268.6亿元，第三产业实现增加值32889.6亿元，三次产业结构为0.3∶18∶81.7。按常住人口计算，全市人均地区生产总值为18.4万元，在全国各省（区、市）中保持领先。

第一节　地理位置与地缘特点

北京市的自然地理格局为：西面是太行山脉，北面是燕山山脉，南面邻华北平原，东面连接冀东平原。地形西北高，东南低。山区面积10200平方千米，约占总面积的62%，平原区面积为6200平方千米，约占总面积的38%。

处于华北平原北缘的平原区地势低平，海拔50米以下的地方比比皆是，作为典型的冲积平原，多数地方的沉积层厚达七八百米。华北平原耕作历史悠久，各类自然土壤已熟化为农业土壤。平原北部大部分属暖温带落叶阔叶林带，原生植被早被农作物所取代。北京最高的山峰为京西门头沟区的东灵山，海拔2303 米。太行山和燕山两山在南口关沟相交，形成一个向东南展开的半圆形大山弯，人们称之为"北京湾"，它所围绕的小平原即为北京小平原。古人形容北京："幽州之地，左环沧海，右拥太行，北枕居庸，南襟河济，诚天府之国。"

北京坐北朝南，南控华夏腹地，北靠内蒙古高原，东出山海关可以直达白山黑水，西越黄土高原远达天山南北，具有重要的地缘地位。首先，北京周围有群山环抱，北面有燕山，为都城提供了自然的防御屏障，有助于抵御外敌入侵，维护国家安全稳定。其次，北京的平原地区有利于城市建设和农业发展。最后，北京气候干燥、四季分明，适合作为政治和文化中心，为古代各朝代提供了较为宜居的条件。为此，北京自古为建都之处，燕国、辽、金、元、明、清、中华民国、中华人民共和国皆在此建都。北京作为中国重要的政治中心的历史传承，积累了丰富的政治、文化和经济资源。

1. 国家行政中心

北京市作为国家行政中心，其地位是非常重要的，具体来说有以下四点：

第一，作为中国的首都，北京市必须要发挥好服务中央的功能，积极建设全国政治中心。国家行政中心设置各级行政管理机构，包括行政机关、公安、法院、税务等，以行使其对全国的管理与调控职能，这对北京市服务业产生了巨大的需求。这些中央国家机关及其附属单位在国家日常运转中扮演着举足轻重的角色，同时也发挥着不可替代的作用，使国家在政治、经济、文化和社会方面的功能都能够得以实现。

第二，在北京市的国家机关及其附属单位的就业人数，占据了北京市总就业人数的一定比例，特别是某些大型的部委及相关的附属单位，一般规模都较大，涉及教育、科技、文化、卫生等各个领域，是北京高端服务单位的重要来源。

第三，中央所属经济单位在北京市占有重要地位。中央固定资产投资完成额占比一般稳定在 10%，最高占比曾达到 18.84%。从这一比重可以看出，北京市作为首都，聚集着相当一部分的央属资产，这也正是北京市作为国家行政中心的一个体现。

第四，北京市拥有数量最多的外国使领馆和国际文化机构，是中国与其他国家政治、经济交流的重要平台。北京悠久的历史所造就的文化底蕴和历史文化遗迹吸引着国内外游客，成为他们寻访东方文化精髓的首选之地，是中国国际文化交流和对外文化贸易的主要场所。近年来，多个重大国际会议在北京举办，再次证明了北京作为全国政治中心的地位。

2. 全国文化中心

北京市作为全国的文化中心，不仅拥有众多的历史文化遗址，如故宫、八达岭长城、十三陵、恭王府、颐和园、圆明园、天坛、雍和宫、什刹海等，而且聚集着众多知名的博物馆、图书馆、电影院等传播文化的机构和场所，如国家博物馆、首都博物馆、北京艺术博物馆、国家图书馆、首都图书馆等。

京城文化是中华文化的重要代表，具体表现为经世性、先导性和包容性。在文化传播机构方面，北京市近年来发展势头较好。2021年末共有公共图书馆24个，总藏量7308万册；档案馆18个，馆藏案卷1007.9万卷件；博物馆204个，其中免费开放94个；群众艺术馆、文化馆19个。北京地区登记在册的报刊总量3403种；出版社525家；出版物发行单位10393家。

大量文化传播机构和组织的集聚，推动了北京市文化创意产业的迅速发展。近年来，北京市文化创意产业发展势头迅猛。2014年，北京市文化创意产业初步核算实现增加值2794.3亿元，占全市GDP的比重提高到13.1%，创历史新高。2020年，全市文化产业实现增加值3770.2亿元，占地区生产总值的比重为10.5%，比全国高6.1个百分点，稳居全国第一。2021年，全市规模以上文化产业法人单位5539家，比上年增加了368家，反映出北京在文化产业发展方面作为全国文化中心的地位进一步得到巩固。北京市人民政府在《北京市文化创意产业功能区建设发展规划（2014—2020年）》中提出，北京市要构建"一核、一带、两轴、多中心"的空间发展格局，引导"两条主线带动，七大板块支撑"的产业空间集聚，以推动产业融合、协作互补、联动共赢的区域协同发展，进一步凸显人文北京的城市空间特色。

一、科技创新条件

北京市作为全国的科技创新中心，2017年专利申请量与授权量分别为18.6万件和10.7万件，分别比上年增长4.7%和4.5%。其中，发明专利申请量与授权量分别为9.9万件和4.6万件，分别增长1.8%和11.3%；有效发明专利20.5万件，增长26.3%。到2020年，专利申请量与授权量都有很大的增长，分别为25.7万件和16.3万件。其中，发明专利申请量与授权量分别为14.6万件和6.3万件，分别较上年增长12.6%和19.1%；有效发明专利33.6万件，较上年增长18.0%。

北京市在科技方面的优势具有坚实的基础。北京市有全国乃至亚洲著名的高校以及科研院所，能够为科技产业的发展直接输送高素质人才；北京市已经形成的高科技产业集聚优势吸引有科研经验的高素质人才集聚于此，伴随而来的就是丰厚的资金和强大的技术。北京市拥有潜力巨大的市场，包括国内市场和国外市场。北京市的科技交易市场也比较活跃，2021年各类技术合同成交总额都有稳定增长。

北京市政府也大力扶持科技产业的发展。为了发挥首都人才集聚、科教资源丰富的优势，促进科学技术进步，增强区域创新能力，加快知识型服务产业发展，提高首都经济的质量和效益，北京市出台了很多鼓励政策和规定，这些政策和规定从不同维度加快推动北京市技术创新工程，不断强化企业技术创新主体地位，提升北京市的创新能力，促进科技与经济紧密结合。

二、人口条件

中华人民共和国成立以来，北京市的常住人口在严格的人口调控政策下依旧呈现出高速增长。2001年末，全市常住人口为1385万人，2011年首次突破2000万人，达到2019万人。2017年末，全市常住人口2170.7万人，比上年末减少2.2万人。其中，常住外来人口794.3万人，占常住人口的比重为36.6%。《京津冀协同发展规划纲要》中，确定在2020年，将北京市常住人口控制在2300万人以内。北京是全国首个减量发展的城市，减量发展最突出的就是要严格控制人口规模。北京市新公布数据显示：截至2021年末，全市常住人口为2188.6万人，比上年末减少0.4万人。其中，城镇人口1916.1万人，占常住人口的比重为87.5%；常住外来人口834.8万人，占常住人口的比重为38.1%。北京的城市总体规划中对未来的人口上限有明确的约束性指标。在最新发布的北京城市总体规划中，2035年北京人口规模将严控在2300万人。

第二节　行政区划沿革

一、1949年之前的行政区划沿革

北京是一座有着三千多年建城历史的文化古城。公元前1046年，周武王姬发率领八百诸侯讨伐殷商，牧野一战，商军大败，武王开启了近八百年的周王朝。武王伐纣之后大封诸侯，周武王封召公奭于蓟，建立燕国，都城在今北京市房山区的琉璃河镇，遗址尚存。战国末期，秦始皇灭掉燕国之后在其国都之地设立蓟县，为广阳郡的郡治。到西晋时，改广阳郡为燕国，将郡治迁到范阳（约在今保定以北、北京以南这一带）。十六国后赵时，燕国改设为燕郡，历经前燕、前秦、后燕和北魏而不变。隋开皇三年（583年），废除燕郡。隋大业三年（607年），改幽州为涿郡。唐初武德年间，涿郡复称为幽州。唐贞观元年（627年），幽州划归河北道，后成为范阳节度使的驻地。安史之乱期间，安禄山在洛阳称帝，建国号为"大燕"。唐朝平乱后，复置幽州，归卢龙节度使节

制。五代时期，石敬瑭将燕云十六州出卖给辽国，其中就包括幽州。北宋初年，宋太宗赵光义在高梁河（今北京海淀区）与辽战斗，宋军大败。辽国于辽会同元年（938年）在幽州建立了陪都，号南京幽都府，开泰元年（1012年）改号析津府。1125年金灭辽，幽州回归北宋。1127年金灭北宋，并于金贞元元年（1153年）正式建都于燕京，称为中都，故址在今北京城区的西南部。蒙古大军于南宋嘉定八年（1215年）攻下金中都，设置燕京路大兴府。元至元元年（1264年），元世祖忽必烈改称其中都路大兴府。至元九年（1272年），中都路大兴府正式改名为大都路，也就是元大都。元大都成为全中国的交通中心，北到岭北行省，东到奴儿干都司（治所黑龙江下游），西到西藏地方，南到海南，都在此交流。从这一时期起，北京正式成为全国的首都。

明朝初年，明太祖朱元璋以应天府（今南京）为京师。大都路于明洪武元年（1368年）八月改称北平府，洪武九年（1376年）改为北平承宣布政使司驻地，当年封朱棣为燕王，驻跸北平。燕王朱棣靖难之变后夺得皇位，于永乐元年（1403年）改北平为北京，北京从此得名。永乐十九年（1421年）正月，明朝中央政府正式迁都北京，以顺天府北京为京师，应天府则作为留都称南京。1644年清兵入关后即进驻北京，称北京为京师顺天府，属直隶省。

辛亥革命后，民国元年（1912年）一月一日，中华民国定都南京，同年三月迁都北京。民国伊始，北京的地方体制仍依清制，称顺天府。民国三年（1914年），改顺天府为京兆地方，范围规格与顺天府大致相同，直辖于中央政府的北洋政府。这一时期，北京新建了有轨电车系统和一批现代的文化教育机构，如北京大学、北京师范大学、燕京大学、辅仁大学、北京协和医学院等。民国十七年（1928年）六月，北伐战争后，国民政府将首都迁回南京，撤销原京兆地方，北京改名为北平特别市，后改为北平市，隶属于南京国民政府行政院。民国二十六年（1937年）七七事变后，抗日战争全面爆发。北平被日本侵略军占领，伪中华民国临时政府在此成立，且将北平改回北京。中国共产党领导人民建立晋察冀抗日根据地，进行民族革命战争，建立了平西抗日根据地。民国三十四年（1945年）八月，日本侵略军宣布投降，国民政府接收北京，并重新更名为北平。这时的北平市所辖范围较之前顺天府、京兆地方及北京市都为小，大致包括今西城区、东城区全境，朝阳区大部、海淀区南半部、石景山区南部和丰台区北半部等区域。

1949年1月，北平和平解放，中国人民解放军于1949年1月31日进驻北平，从此，这座历史悠久的城市掀开了新的篇章。

二、现代北京行政区的形成

1949年1月31日，傅作义率领25万国民党军队起义，中国人民解放军进入北平市，北平和平解放。在中华民国时期20个区的基础上，北平军管会将北平临时划定32个区，4月将32个区合并为26个区，6月接管任务完成后调整为20个区。1949年9月27日中国人民政治协商会议第一届全体会议通过《关于中华人民共和国国都、纪年、国歌、国旗的决议》，北平更名为北京，确定为中华人民共和国首都。1949年10月1日，中华人民共和国中央人民政府在北京宣告成立。

1952年，北京市由华北行政委员会领导。1952年7月，将河北省宛平县全部及房山、良乡两县部分地区划归北京市。1956年3月9日，撤销昌平县，将昌平县所属行政区域（高丽营镇除外）划归北京市，并命名为昌平区。同年将河北省通县所属的金盏、长店、北皋、孙河、崔各庄、上新堡、前苇沟七个乡划归北京市。1958年3月，河北省通县专区所属通县、顺义、大兴、良乡、房山五县及通州市划入北京市。其后撤销西单区、西四区两区，合并设立西城区；撤销东单区、东四区两区，合并设立东城区；撤销前门区，并入崇文区、宣武区两区；东郊区改名为朝阳区；京西矿区改名为门头沟区；撤销石景山区，分别划归丰台区、海淀区和门头沟区；撤销通县和通州市，合并设立通州区；撤销良乡、房山区两区，合并设立周口店区；撤销大兴县，改为大兴区；撤销南苑区，划归朝阳区、丰台区和大兴区；撤销顺义县，改为顺义区。1958年10月，河北省所属怀柔、密云、平谷、延庆四县划入北京市。1960年1月7日，撤销昌平区，恢复昌平县；撤销顺义区，恢复顺义县；撤销通州区，恢复通县；撤销大兴区，恢复大兴县；撤销周口店区，恢复房山县。截至1960年底，北京市下辖东城、西城、宣武、崇文、海淀、朝阳、丰台、门头沟八区和昌平、延庆、怀柔、密云、顺义、平谷、通县、大兴、房山九县，至此，北京市域范围基本确定。

1967年8月7日，撤销石景山地区办事处，设立石景山区。1980年10月20日，以燕山石化所在地设立燕山区。1986年11月11日，撤销房山县、燕山区，设立房山区，以原房山县和燕山区的行政区域为房山区的行政区域。1997年4月29日，经国务院批准，同意撤销通县，设立通州区，以原通县的行政区域为通州区的行政区。1998年3月3日，经国务院批准，撤销顺义县，设立顺义区，以原顺义县的行政区域为顺义区的行政区域。1999年9月16日，北京市撤销昌平县，设立昌平区。2001年3月2日，北京市撤销大兴县，设立大兴区。2002年2月7日，北京市撤销怀柔、平谷两县，设立怀柔区、平谷区。2010年7月1日，北京市撤销原东城区、崇文区，设立新的北京市东城区；撤销原西城区、宣武区，设立新的北京市西城区。2015年11月17日，北京市撤销密云、延庆两县，设立密云区、延庆区。至此，北京形成当今的行政区划，并告别县治时代。

三、北京市行政区划简表

经过历代的变迁，特别是中华人民共和国成立以来行政边界的调整，目前北京市域面积约为 16400 平方千米，北部与河北省的张家口、承德相邻，西部、南部与河北省的保定、廊坊相邻；东部与天津市的武清和蓟州相交界。在北京和天津之间有一块河北省的飞地，称之为"北三县"，包括三河、香河、大厂，由廊坊市管辖。

目前北京市行政区包含 16 个市辖区，如表 1-1 所示。

表 1-1　北京市行政区基本情况

行政区名称	面积（平方千米）	邮政编码	政府驻地
东城区	41.84	100010	景山街道
西城区	50.7	100032	金融街街道
朝阳区	470.8	100020	朝外街道
丰台区	306	100071	丰台街道
石景山区	85.74	100043	鲁谷街道
海淀区	431	100089	海淀街道
顺义区	1021	101300	胜利街道
通州区	906	101100	潞源街道
大兴区	1036	102600	兴丰街道
房山区	2019	102488	拱辰街道
门头沟区	1447.85	102300	大峪街道
昌平区	1344	102200	城北街道
平谷区	948.24	101200	滨河街道
密云区	2229	101500	鼓楼街道
怀柔区	2123	101400	龙山街道
延庆区	1994	102100	儒林街道

根据各区的城市功能以及位置和距离，北京市行政区可以划分为：主城区：东城区、西城区、朝阳区、丰台区、石景山区、海淀区；近郊区：顺义区、通州区、大兴区、房山区、门头沟区、昌平区；远郊区：平谷区、密云区、怀柔区、延庆区。

第三节　分行政区基本情况概述

一、主城区

1. 东城区

东城区位于北京市主城区东部区域，东、北与朝阳区接壤，南与丰台区相连，西与西城区毗邻，总面积41.84平方千米。截至2021年，东城区下辖17个街道，常住人口为70.9万人。东城区地处永定河冲积洪积扇形地的脊背从西北山区向东南缓慢下降的开阔平原上，地势由北向南缓倾。地形为缓倾斜冲积平原区。境内最高点位于南锣鼓巷，海拔49米，最低点位于龙潭东湖东南，海拔36米。东城区气候属典型的暖温带大陆性季风气候，特点是冬冷夏热、四季分明。2021年，东城区实现地区生产总值3193.1亿元，按可比价格计算，比2020年增长8.0%。其中，第三产业实现增加值3100.4亿元，增长7.7%，占全区经济总量的97.1%；第二产业实现增加值92.6亿元，增长22.2%，占全区经济总量的2.9%。从主要行业看，金融业是占比最大的行业，实现增加值946.9亿元，较上年增长7.7%，占全区经济总量的29.7%。

2. 西城区

西城区位于北京市主城区西部区域。东与东城区相连，北与海淀区、朝阳区毗邻，西与海淀区、丰台区接壤，南与丰台区相连，总面积50.70平方千米。截至2021年，西城区下辖15个街道，常住人口为110.4万人。西城区作为北京3000多年的建城地和800多年的建都地，是皇城文化、仕子文化、民俗文化、宗教文化等各种文化高度融合的区域。西城区风景名胜众多，著名的景点有月坛公园、历代帝王庙、陶然亭公园、北京大观园、醇亲王府花园（宋庆龄故居）、恭王府等。西城区气候属于典型的暖温带大陆性季风气候，四季分明，春季干旱多风、夏季炎热多雨、秋季凉爽湿润、冬季寒冷干燥。年平均气温为12℃，最高气温38℃，最低气温为−15.4℃，年平均降水量626毫米。2021年，西城区实现地区生产总值5408.1亿元，较2020年增长8.1%。其中，第二产业实现增加值274.7亿元，较2020年增长4.5%；第三产业实现增加值5133.4亿元，较2020年增长8.3%，占地区生产总值的比重达到94.9%。

3. 朝阳区

朝阳区位于北京市主城区东部，北接顺义区、昌平区，东与通州区接壤，南连丰台区、大兴区，西同海淀区、东城区、西城区毗邻，总面积470.8平方千米，平均海拔34米。截至2021年，朝阳区下辖24个街道、19个地区，常住人口为344.9万人。朝阳区地貌平坦，地势从西北向东南缓缓倾斜，平均海拔34米，最高处海拔46米，最低处海拔20米。朝阳区属温带大陆性半湿润季风气候，四季分明，春季干燥多风，昼夜温差较大，夏季炎热多雨，秋季晴朗少雨，冷暖适宜，光照充足，冬季寒冷干燥，多风少雪。年平均气温11.6℃，最冷月（1月）平均气温4.6℃，最热月（7月）平均气温25.9℃，年无霜期192天；降水集中，年平均降水量581毫米（1971～2000年），夏季降水量占全年降水量的75%。2021年，朝阳区实现地区生产总值7617.8亿元，同比增长7.5%，三次产业结构为0.04∶6.86∶93.10。

4. 丰台区

丰台区位于北京市主城区南部，东面与朝阳区接壤，北面与东城区、西城区、海淀区、石景山区接壤，西北面与门头沟区、西南面与房山区、东南面与大兴区接壤。丰台区下辖24个街道、2个镇，总面积306平方千米，其中平原面积225平方千米，山区面积80平方千米。丰台区地处华北大平原北部，西北靠山，地势西北高、东南低，呈阶梯下降，西部为山区，东部为平原，平原约占丰台区总面积的3/4。丰台区冬季受高纬度内陆季风影响，寒冷干燥，夏季受海洋季风影响，高温多雨，是典型的暖温带半湿润季风性气候。丰台区境内风景名胜众多，著名的景点有北京园博园、中国人民抗日战争纪念馆、大葆台西汉墓博物馆、莲花池公园等。截至2021年末，丰台区常住人口201.5万人。2021年，丰台区实现地区生产总值2009.7亿元，其中，第一产业增加值0.7亿元，第二产业增加值328.9亿元，第三产业增加值1680.1亿元，三次产业结构为0.03∶16.37∶83.60。按常住人口计算，全区人均地区生产总值达到10万元。

5. 石景山区

石景山区位于北京市主城区西部、长安街西段，总面积85.74平方千米。区域内山地面积占23%，城市绿化覆盖率为47.09%。人均拥有公共绿地面积达73.89平方米，居北京市城区首位，是北京市城区中山林资源最丰富、绿化覆盖率最高、人均拥有公共绿地最多的地区。石景山区属暖温带半湿润半干旱大陆性季风气候，四季分明。年平均降水量573.11毫米，是华北地区降水量较多的地区之一。石景山区下辖9个街道，截至2021年末，常住人口56.6万人，较2020年末减少0.2万人。2021年，石景山区实现地区生产总值959.9亿元，按不变价格计算，较2020年增长9.2%。其中，第二产业增加值158.2亿元，增长12.0%；第三产业增加值801.7亿元，增长8.7%。第二产业和第三产业的结构为16.5∶83.5。按常住人口计算，全区人均地区生产总值为16.9万元。

6. 海淀区

海淀区位于北京市主城区西部和西北部，东与西城区、朝阳区相邻，南与丰台区毗连，西与石景山区、门头沟区交界，北与昌平区接壤，总面积431平方千米。截至2021年末，海淀区下辖22个街道、7个地区，常住人口为313.0万人。海淀区地处华北平原的北部边缘地带，系古代永定河冲积的一部分，兼有山地平原，地势西高东低，西部为海拔100米以上的山地，面积约为66平方千米，占总面积的15%左右；东部和南部为海拔50米左右的平原，面积约360平方千米，占总面积的84%左右。西部山区统称西山，属太行山余脉，有大小山峰67座，其中海拔600米以上的18座。海淀区降水量受季风气候影响，季节变化大，多集中在夏季。年平均降水天数为66.8天，降雪天数为9~10天，积雪天数为11天左右，平均初雪日期为11月28日，平均终雪日期为3月10日。海淀区水域面积大，历史上湖、泉众多，河流交错，是古代金中都、元大都的重要地表水源地。中华人民共和国成立后，开挖永定河引水渠和京密引水渠，把官厅水库、密云水库两大水库之水引入玉渊潭、昆明湖。海淀区高校云集，名胜古迹众多，著名的北京大学、清华大学、中国人民大学、北京师范大学等高校以及颐和园、圆明园、香山等风景名胜都位于海淀区。2021年，海淀区全年实现地区生产总值9501.7亿元，同比增长8.8%，三次产业构成为0.02：8.75：91.23。

二、城市近郊区

1. 顺义区

顺义位于北京市东北方向，距市区30千米，北邻怀柔区、密云区，东接平谷区，南与通州区、河北省廊坊市三河市接壤，西、西南与昌平区、朝阳区隔温榆河为界，总面积1021平方千米，下辖6个街道、19个镇。顺义区地势北高南低，境内平原为河流洪水携带沉积物质造成，表面堆积物主要是砂、亚砂土，平原面积占95.7%。北部山地最高点海拔为637米，境内最低点海拔为24米，平均海拔35米。顺义区属温带大陆性半湿润季风气候，四季分明。年平均气温11.5℃，年日照时数2746小时，年相对湿度58%，无霜期195天左右，年均降雨量610毫米。顺义区境内有大小河流20余条，潮白河等河流分流其间，均呈南北走向，分属北运河、潮白河、蓟运河3个水系，河道总长232千米，径流总量1.7亿立方米。截至2021年末，顺义区常住人口为132.6万人。2021年，顺义区实现地区生产总值2076.8亿元，其中，第一产业增加值16.5亿元，第二产业增加值566.6亿元，第三产业增加值1493.7亿元，三次产业结构为0.8：27.3：71.9。

2. 通州区

通州是北京市辖区、北京城市副中心，是北京市人民政府所在地。通州区位于北京市东南部，京杭大运河北端，毗邻河北和天津，截至2021年，下辖11个街道、10个镇、1个民族乡。通州区地处永定河、潮白河冲积洪积平原，地势平坦，自西北向东南倾斜，海拔最高点27.6米，最低点仅8.2米。其土质多为潮黄土、两合土、沙壤土，土壤肥沃，质地适中。截至2021年，通州区常住人口184.3万人。2021年，通州区实现地区生产总值1206.3亿元，其中，第一产业增加值13.2亿元，第二产业增加值448.7亿元，第三产业增加值744.4亿元，三次产业结构为1.1：37.2：61.7。

3. 大兴区

大兴区位于北京市南郊，地处华北平原东北部，总面积1036.33平方千米。截至2021年，大兴区下辖8个街道、5个地区、9个镇，另辖3个乡级单位，根据第七次人口普查数据，大兴区常住人口为199.4万人。

大兴区属永定河洪积冲积平原的一部分，地势平坦，呈西北高、东南低的微倾状，海拔高度在15~45米，适宜农耕，便于交通。大兴区内河流分属永定河、北运河两大水系。大兴区气候属暖温带半湿润大陆性季风气候，四季分明。

2021年，大兴区实现地区生产总值1461.8亿元，按可比价格计算，较2020年增长56.4%。其中，第一产业增加值14.6亿元，较2020年增长10.6%；第二产业增加值778.1亿元，较2020年增长163.3%；第三产业增加值669.2亿元，较2020年增长5.6%。三次产业结构为1.0：53.2：45.8。

4. 房山区

房山区位于北京市西南，北邻门头沟区，东北与丰台区毗连，东隔永定河与大兴区相望，南部和西部分别与河北省涿州市和涞水县、易县接壤，总面积2019平方千米。2020年，房山区常住人口131.3万人。截至2022年1月，房山区下辖28个乡镇（街道）、459个行政村、210个社区居委会。

房山区属于燕山沉降带西山坳褶区一部分，地处暖温带半湿润大陆性季风气候区，境内地貌复杂，山区与平原间相对高差悬殊，气候有明显差异。平原地区降水量670.4毫米，西部山区降水量674.9毫米。全区地表水资源量0.43亿立方米，与2019年全区地表水资源量持平，地下水资源量2.95亿立方米，水资源总量为3.38亿立方米。

2020年，全区实现地区生产总值759.9亿元，其中，第一产业增加值14亿元，第二产业增加值285.3亿元，第三产业增加值460.6亿元，三次产业结构为1.8：37.5：60.7。

5. 门头沟区

门头沟区位于北京城区正西偏南。东部与海淀区、石景山区为邻，南部与房山区、丰台区相连，西部与河北省涿鹿县、涞水县交界，北部与昌平区、河北省怀来县接壤，总面积 1447.85 平方千米。截至 2021 年末，门头沟区常住人口 39.6 万人。门头沟区下辖 9 个镇、4 个街道办事处。

门头沟区地处华北平原向蒙古高原过渡的山地地带，全区以山地为主，地势由西北向东南倾斜。西部山区是北京西山的核心部分，山形挺拔高峻、险峰叠嶂。境内有北京市最高峰——东灵山，海拔 2303 米；次高峰——百花山，海拔 1990 米。

2021 年，门头沟区实现地区生产总值 268.8 亿元，同比增长 7%，两年平均增长 3.5%。分产业看，第一产业实现增加值 1.7 亿元，同比下降 17%；第二产业实现增加值 72.4 亿元，同比增长 6.1%；第三产业实现增加值 194.7 亿元，同比增长 7.7%。三次产业结构为 0.6∶26.9∶72.4。

6. 昌平区

昌平区地势西北高、东南低，山地海拔 800~1000 米，平原海拔 30~100 米，60% 的面积是山区、40% 的面积是平原。昌平区属暖温带半湿润大陆性季风气候，春季干旱多风、夏季炎热多雨、秋季凉爽、冬季寒冷干燥，四季分明。年平均日照时数 2684 小时，年平均气温 11.8℃，年平均降水量 550.3 毫米。昌平自西汉设县，已有两千多年历史，境内的明十三陵、居庸关长城已列入世界文化遗产名录。

2021 年，昌平区实现地区生产总值 1287.0 亿元，其中，第一产业增加值 7.3 亿元，第二产业增加值 450.0 亿元，第三产业增加值 829.7 亿元，三次产业结构为 0.6∶35.0∶64.4。

三、城市远郊区

1. 平谷区

平谷区位于北京市东北部，南与河北省三河市为邻，北与北京市密云区接壤，西与北京市顺义区接界，东南与天津市蓟州区、东北与河北省承德市兴隆县毗连，总面积 948.24 平方千米。平谷区下辖 2 个街道、16 个乡镇和 273 个村。截至 2021 年末，平谷区常住人口为 45.7 万人。

平谷区地势东北高、西南低，东、南、北三面环山，山前呈环带状浅山丘陵。中部、南部为冲积洪积平原。山区、半山区约占平谷区总面积的 2/3，有 17 座海拔千米以上的山峰。中低山区占北京市山地面积的 4.5%。平谷区属温带大陆性季风气候，四季分明，冬季最长，夏季次之，春、秋短促。年平均降水量为 629.4 毫米，主要集中在夏季，平均降水量为 453.0 毫米，占全年降水量的 72%。2021 年，平谷区实现地区生产总值 359.3 亿元，按不变价格计算，较 2020 年增长 9.8%。

2. 密云区

密云区位于北京市东北部，总面积2229.45平方千米，是北京市面积最大的区。根据第七次人口普查数据，截至2020年11月1日零时，密云区常住人口为527683人。密云区下辖17个镇、2个街道和1个乡（地区办事处）。

密云区地理环境优越，区位优势明显，属燕山山地与华北平原交接地，东、北、西三面群山环绕、峰峦起伏，巍峨的古长城绵延在崇山峻岭之上，中部是碧波荡漾的密云水库，西南是洪积冲积平原，总地形为三面环山、中部低缓、西南开口的簸箕形。密云区为暖温带大陆性半湿润半干旱季风气候，冬季受西伯利亚、蒙古高压控制，夏季受大陆低压和太平洋高压影响，四季分明，干湿冷暖变化明显，年平均气温为10.8℃。

密云城区处于首都经济圈内，距北京市区40千米，距首都国际机场35千米，距天津塘沽港160千米，主要交通线路有大广（京承）高速、京沈路、顺密路、密关路、密兴路等公路及市郊铁路S5线和通密线。2021年，密云区实现地区生产总值360.3亿元，按可比价格计算，较2020年增长7.5%。其中，第一产业增加值14.0亿元，增长10.8%；第二产业增加值93.4亿元，增长2.8%；第三产业增加值252.9亿元，增长9.1%。三次产业结构为3.9∶25.9∶70.2。

3. 怀柔区

怀柔区地处燕山南麓，位于北京市东北部，东邻密云区，南与顺义区、昌平区相连，西与延庆区搭界，北与河北省赤城县、丰宁满族自治县、滦平县接壤。城区距北京东直门50千米，全区总面积2122.8平方千米。根据第七次人口普查数据，截至2020年11月1日零时，怀柔常住人口为441040人。

怀柔境内多山，山区面积占总面积的89%。境内绵延起伏的群山中，海拔在1000米以上的有24座。京北著名的高山——黑坨山，海拔1533.9米。位于喇叭沟门满族乡的南猴顶山，海拔1705米，为全区第一高峰。这些莽莽苍苍、连绵不断的山地，是首都北京的绿色长城、天然屏障。怀柔区地属暖温带半湿润气候，四季分明，雨热同期，夏季湿润，冬季寒冷少雪。年平均降水在600~700毫米，主要集中在6~8月。

2020年，怀柔区实现地区生产总值396.6亿元，较上年下降1.3%。其中，第一产业增加值4.4亿元，第二产业增加值159.0亿元，第三产业增加值233.2亿元。三次产业结构为1.1∶40.1∶58.8。

4. 延庆区

延庆区地处北京市西北部，东邻怀柔区，南接昌平区，西与河北省怀来县接壤，北与河北省赤城县相邻，城区距北京德胜门74千米。延庆区面积1994.88平方千米，下辖3个街道、11个镇、4个乡。根据第七次人口普查数据，截至 2020 年 11 月 1 日零时，延庆区常住人口为 345671 人。

延庆区山区面积占 72.8%，平原面积占 26.2%，水域面积占 1%。延庆区北、东、南三面环山，西邻官厅水库的延庆八达岭长城小盆地，即延怀盆地，全境平均海拔 500 米左右。海坨山为境内最高峰，海拔 2241 米，也是北京市第二高峰。延庆区属大陆性季风气候，属温带与中温带、半干旱与半湿润带的过渡连带。延庆区作为 2022 年北京冬奥会冰雪项目比赛的主要场地之一，气候冬冷夏凉，年平均气温 8℃。

2020 年，延庆区实现地区生产总值 194.5 亿元。其中，第一产业增加值 6.2 亿元，第二产业增加值 44.2 亿元，第三产业增加值 144.1 亿元。三次产业结构为 3.2：22.7：74.1。

第二章 自然环境与自然资源

自然环境与自然资源是区域经济发展的基础。北京位于华北平原西北隅，西部山地属太行山脉，北部山地属燕山山脉，北部与内蒙古高原相连，东南面向华北平原，形成一个"左环沧海，右拥太行，北枕居庸，南襟河济"向东南展开的半圆形大山湾，称之为"北京湾"。北京中心城区位于永定河的冲洪积扇上，通州行政副中心位于永定河与潮白河冲洪积扇之间。北京地理位置得天独厚，自古以来就是沟通我国中原地区和东北、西北地区的交通枢纽。

第一节 自然环境

北京地处蒙古高原和华北大平原的交接带，地跨山地和平原两大地理区，地层发育较为齐全，地质构造比较复杂。北京的气候为暖温带半湿润半干旱季风气候，四季分明，年平均气温在 8~12℃，春季时有风沙，夏季高温多雨，秋季天高气爽，冬季寒冷干燥。北京地带性土壤为褐土，植被类型为暖温带落叶阔叶林，并间有温性针叶林分布，动物区系有属于蒙新区东部草原、长白山地、松辽平原的区系成分，也有属于东洋界季风区、长江南北的区系成分（付华，2021）。

一、北京的地质与地貌

北京大地构造处于华北地台中部、燕山沉降带的西段，地质历史中既经历过大幅度的下降、接受巨厚的沉积，又产生过剧烈的造山运动。特别是中生代以燕山运动为主的强烈变动，奠定了北京地质构造的基础骨架以及地貌发育的雏形。伴随着地壳运动的发展，褶皱变动与断裂变动广泛发育，岩浆活动频繁，尤其是酸性深成侵入岩体和中性喷出岩体的分布最广。加之新生代自第三纪以来的新构造运动的影响，使北京的地质和地貌更加复杂化和多样化。

（一）地质

北京的地质发展史可由第四纪上溯到太古代，历时约 30 亿年。在这漫长而复杂的地质历史时期中，地壳发生过多次激烈的变动，形成了一系列不同类型的沉积建造、变质建造、构造型相、火山活动和岩浆侵入，地层发育比较齐全，地质构造复杂。

1. 地层

北京地层属于华北地层分区晋冀鲁豫地层区，除震旦系、奥陶系上统至石炭系下统及白垩系上统、古新统地层外，从太古界古老变质岩系到第四系都有出露，各时期地层发育良好，且厚度大，达6万米以上。

2. 岩浆岩

北京岩浆活动强烈而频繁，岩性种类齐全的火山岩和侵入岩分布广泛，出露的面积达2000余平方千米，约占山区面积的1/5。就岩浆活动的时间而言，可分为5个岩浆旋回：太古代前长城岩浆旋回的岩浆岩、中元古岩浆旋回的岩浆岩、古生代海西岩浆旋回的岩浆岩、中生代燕山岩浆旋回岩、新生代喜马拉雅岩浆旋回岩。

3. 地质构造

北京地质构造处于华北地台中部、燕山沉降带的西段，在漫长的地质历史中，受到了多次构造运动的影响，形成了较为复杂的地质构造格局。①地质构造类型，包括褶皱构造、断裂构造。②地质构造分区。根据地质构造发育和岩浆活动等差异，可将北京划分为西山凹陷、北山隆起、蓟县凹陷三个大的地质构造区。③地震。北京地震活动具有空间不均匀性，历史上的地震多发生在北北东向构造带与北西向张家口—北京—渤海地震带的交会部位，6级以上地震主要集中在延怀地区和京东南地区。20世纪，北京地震活动的总体水平不高，没有记录到4.7级以上地震，最大地震为1972年3月25日怀柔4.5级地震。

（二）地貌

北京地跨山地与平原，东、西、北三面环山，东南为平原，构造错综复杂，地貌形态对比鲜明。西部山地统称西山，属太行山脉，由一系列北东—西南向岭谷相间的褶皱山地组成，南北延伸200余千米。北部山地统称北山（军都山），属燕山山脉，南缘有一系列山前断陷盆地。平原由许多冲积扇组成。

1. 地貌特征

（1）西北高、东南低，山区多、平原少，过渡急剧。西北部为峰峦起伏的山地，东南部是一片倾斜和缓的平原。山区面积为10418平方千米，约占全市面积的62%。平原面积约为6390平方千米，约占全市面积的38%。平原由各大河流出山口后形成的一系列冲积洪积扇联合堆积而成，其中以永定河和潮白河堆积为主，占整个平原面积的70%以上。山地与平原之间大都受断层控制，差异性升降显著，山边线平直清晰，市内最大高差达2295米。

（2）河流切割堆积，山地形态各异。北京地貌形态大体上从山地到平原依次呈中山—低山—丘陵—台岗地—山前洪积扇—平原区排列，许多山间有盆地，如延庆盆地、密怀盆地、平谷盆地等，它们具有由盆地中心向四周呈环状结构更替的特征。

永定河是流经北京最大的河流，从官厅流入北京西山，切割强烈，形成深切曲流，进入平原后，河道淤积严重，历史上经常决口改道，现在卢沟桥以下形成地上河，高出地面3~5米。潮、白两河穿切北部崇山峻岭。大清河水系包括拒马河和大石河，横切西山，呈峡谷状穿流于低山之中。

北京西山和北山均属燕山构造运动隆起，但隆升时间、幅度以及在隆升过程中遭受的断裂、剥蚀等强度的差异造成了地貌形态的千差万别。

（3）山地具有明显的成层性。北京山地地貌多层的外貌特征反映出新生代以来地壳活动是间歇性的上升，这一特征尤以西山更为明显。北山山地夷平面较为破碎，但某些地区仍可见到两个层次的夷平面。

2. 地貌类型

根据地貌形态，北京地貌类型主要可分为山地、丘陵与台地、平原。山地分布于北京西北部；丘陵与台地除少数孤丘外，呈连续环状分布在平原区的东北部、北部和西部边缘地带；平原主要由永定河、潮白河、温榆河、拒马河和沟河水系洪冲积作用形成。

二、北京的气候与水文

北京地处欧亚大陆的东岸边缘，距海洋并不远，但海洋对北京气候的影响主要体现在夏季，其他季节主要受西风带大气环流的影响，是典型的暖温带大陆性半湿润季风气候。

（一）气候概况

北京地处欧亚大陆的东岸边缘，受蒙古高压的影响，春旱多风、夏热多雨、秋季舒爽、冬寒干燥。具体来说：①气温。北京气温年、日变化大，冬季寒冷、夏季炎热、春（秋）季升（降）温快，而且南北气温差较大。②降水。北京的降水具有年际变化大、季节分配不均、地区差异显著、夏季降水强度大等特点。③风。北京的风向有明显的季节变化。冬半年以北风和西北风为主，夏半年多偏南风。而山区的风向受当地地形影响，常与该地区的山脉走向相吻合。

（二）水文条件

北京河流总的流向是自西北向东南，河流含沙量大，径流年内分配不均，春季干旱，河床水流很少，甚至一些支流干涸断流，夏季时有城市内涝及洪涝灾害发生。

1. 地表水系

北京分布着大小河流 400 余条，分属于海河流域，天然河道自西向东贯穿大清河、永定河、温榆—北运河、潮白河和蓟运河五大水系。

2. 地下水类型

北京山区是由沉积岩类、变质岩类及岩浆岩类构成的中山、低山地形，绝大部分岩体及构造体系裸露地表，可直接承受大气降水的补给。北京平原由不同成因类型的第四系松散沉积物构成。总的规律是，自山前向平原由薄变厚，颗粒逐渐由粗变细，由单一沙砾石层变为多层砂与黏土互层。地下水位埋藏深度由深变浅，水化学类型由简单变复杂。根据含水岩层性质不同，可分为松散沉积物中的孔隙水和基岩裂隙水。地下水水位变化受气候、地貌、地层结构、径流条件、人为因素的综合影响，其中气候因素的影响最为明显。随着降水丰、枯年及雨、旱季节的不同，地下水位有规律地变化。由于多数年份地下水开采量大于补给量，因此平原地区地下水位逐年降低，形成地下水漏斗。

3. 水资源配置

北京市的水资源主要来自地下水，其次是地表水，最后是再生水和南水北调水。近年来，北京市地下水的配置量不断减少，从 2001 年的 27.2 亿立方米下降到 2021 年的 13.9 亿立方米，而南水北调水不断增多，从 2008 年的 0.7 亿立方米增长到 2021 年的 9.6 亿立方米。随着南水北调中线工程通水以及黄河、桑干河生态补水，北京的地下水经历了一个从下降到止跌再到回升的过程，已经实现地下水水位连年回升，水生态环境得到极大改善。

三、北京的土壤与生物

北京的土壤与生物是在本地地质、地貌、气候、水文等自然地理要素和人类活动等因素共同作用下演化形成的。北京土壤类型多种多样，地带性土壤为褐土。北京地带性植被类型为暖温带落叶阔叶林，并间有温性针叶林的分布。北京的动物区系有蒙新区东部草原长白山地、松辽平原的区系成分，也有东洋界季风区、长江南北的区系成分，具有由古北界向东洋界过渡的动物区系特征。

（一）土壤

北京土壤形成因素复杂，土壤类型多种多样，其地带性土壤为褐土。受地貌条件的制约，山地土壤随海拔高度增加呈垂直带性分布，平原土壤随微地貌的起伏变化呈水平系列分布。在多年精心培育下，近郊分布有肥沃的水稻土和菜园土。

（二）植被

北京地带性植被种类组成较复杂，群落类型多样，在气候、地形、土壤及人为活动等因素共同影响下，表现出一定的垂直分布规律，但又显得零乱破碎，残存的原生群落与多种多样的次生群落以及森林群落与灌丛、草甸分布镶嵌。植被类型包括针叶林、落叶阔叶林、灌丛和灌草丛、草甸、水生植被。

（三）野生动物

北京属于全国动物地理区划中东北、蒙新及华北三个动物地理区域的交界地带，是许多南方、北方类型动物分布的北界与南限。许多南北类型动物相互混处，区系组成复杂，资源较丰富。据统计，北京市有鸟类 503 种、兽类 58 种、两栖类 10 种、爬行类 23 种、鱼类 84 种。国家一级保护野生动物有褐马鸡、黑鹳等 15 种，国家二级保护野生动物有斑羚、大天鹅、灰鹤、鸳鸯等 66 种，北京重点保护野生动物有狼、豹猫、大白鹭等 222 种。

第二节　自然资源

自然资源是人类生存必不可少的基本条件，也是经济社会发展的物质基础。摸清自然资源底数，正确处理好开发和保护的关系，对北京这样的特大型城市意义十分重大。

一、自然资源现状

北京自然资源赋存条件较好，分布广泛且丰富，开发利用历史悠久，为城市建设和发展做出了巨大贡献。

（一）土地资源

1. 北京土地资源总量及利用情况

根据北京市规划和自然资源委员会 2021 年公布的《北京市第三次全国国土调查主要数据公报》，2019 年底北京现有耕地 93547.90 公顷，大兴、顺义、延庆、房山四个区的耕地面积占到全市的 61.71%。园地面积 126274.55 公顷，林地面积 967628.62 公顷，草地面积 14460.44 公顷，湿地面积 3107.98 公顷，城镇村及工矿用地 313643.87 公顷，交通运输用地 49281.38 公顷，水域及水利设施用地 61704.00 公顷。

2. 北京土地资源特点

（1）山地多、平原少。北京市山区面积约占 62%，平原面积约占 38%。北京市城市化过程明显，通过占用耕地，平原区城市用地持续快速增加，耕地面积不断减少。

（2）人地矛盾突出。北京市土地人均占有少，不到全国平均水平的 1/5。随着城市建设的发展，北京市建设占用、农业结构调整、生态退耕等用地逐年增加，耕地资源日趋减少，且随着人口的继续增加，人地矛盾更为突出。

（3）可开发利用的后备土地资源不足。北京现有未利用土地 6 万公顷，其中难以利用的土地 2.42 万公顷，约占未利用土地的 2/5。若将部分田坎、垃圾场等实际已经应用和裸岩等土地扣除，实际可供开发利用的后备土地资源仅 1.57 万公顷左右。

3. 北京土地利用区域空间分布

北京土地利用的空间分布可分为 4 个区域：首都功能核心区、城市功能拓展区、城市发展新区和生态涵养发展区。①首都功能核心区的土地面积约为 9215 公顷，占全市土地总面积的 0.56%。②城市功能拓展区的土地面积占全市土地总面积的 7.83%，是北京发展现代经济与发挥国际交往功能的重要区域，用地类型以城镇建设用地为主，城市化水平较高。③城市发展新区的土地面积约占全市的 22.97%，是北京基本农田保护的重点地区，农用地占比较大，以耕地为主，其他土地面积占比也较高，是 4 个区域中面积最大的区域。④生态涵养发展区的土地面积占比最大，约为 68.64%，土地利用以农用地为主，是北京林地和园地面积最大的地区，水域及水利设施用地所占比例也是最高的，达到 49.90%。

（二）水资源

1. 水资源总量及利用情况

北京是一座水资源严重短缺的城市，人多水少是基本水情。2001~2021 年，北京人均水资源量从 139.7 立方米提升为 280.1 立方米，占全国人均水资源量的比重从 2001 年的 6.6% 提升为 2021 年的 13.3%（见表 2-1）。尽管北京市的人均水资源量有所增长，但这是南水北调补水、地下水大量开采的结果。中国本来就是一个缺水的国家，人均水资源量低于世界平均水平，而北京的人均水资源量又远远低于全国平均水平，这反映出北京人多水少，水资源远远不足，是经济社会发展的重要约束。

表 2-1　北京市人均水资源量及与全国比较　　单位：立方米，%

年份	北京人均水资源量	全国人均水资源量	北京/全国
2001	139.7	2112.5	6.6
2002	114.7	2207.2	5.2
2003	127.8	2131.3	6.0
2004	145.1	1856.3	7.8
2005	153.1	2151.8	7.1

续表

年份	北京人均水资源量	全国人均水资源量	北京/全国
2006	140.6	1932.1	7.3
2007	145.3	1916.3	7.6
2008	198.5	2071.1	9.6
2009	120.3	1816.3	6.6
2010	120.8	2310.4	5.2
2011	134.5	1729.1	7.8
2012	192.6	2180.5	8.8
2013	118.1	2050.8	5.8
2014	94.3	1987.6	4.7
2015	122.8	2026.5	6.1
2016	160.0	2339.4	6.8
2017	135.6	2059.9	6.6
2018	161.7	1957.7	8.3
2019	112.1	2062.0	5.4
2020	117.6	2239.8	5.3
2021	280.1	2098.5	13.3

资料来源：《北京统计年鉴2022》《中国统计年鉴2022》。

2. 水资源特点

（1）水资源严重短缺。降水是北京水资源的主要补给来源。北京多年平均年降雨量为585毫米，其中60%～70%蒸发散失，只有少部分成为地表径流和地下水，总量不足。且北京地势高差大，对自然降水的储存和保留不利。近年来，北京年平均气温比20世纪80年代初升高约1℃，比20世纪五六十年代升高约1.5℃。降水减少，气温升高，蒸发量加大，气候趋于干暖化。

（2）水资源总量年际变化幅度大。受大气降水影响，北京市水资源年际变化大。全市实际每年水资源补给量平水年约为26亿立方米，枯水年仅为12亿立方米左右。丰枯水年交替出现与丰枯水年连续出现的概率大体各占1/3，连续出现的时间平均为2～3年，且北京经常出现连续枯水年，2021年度降水偏多，但不具有代表性。

（3）水资源年内分配不均。北京全年降水量在年内以夏季最多，占全年降水量的75%以上。汛期内可集中全年降水量的80%，局地常见暴雨。而用水高峰春季降水量很少，不足60毫米，常发生干旱；冬季降水量仅有10毫米左右。即使是枯水年，汛期也有多余径流量出境，多年平均入境水量16.06亿立方米，出境水量 14.25 亿立方米。

（4）地下水开采强度大。地下水在北京水资源利用结构中占比较大。随着北京城市发展对水资源需求量的逐年增大，地下水超采严重，集中超采区地下水位大幅度下降，形成大面积的漏斗区，近郊区单井出水量减少，有些地区水环境质量下降，局部地区出现地面沉降。随着南水北调等跨区域调水增加，北京地下水超采问题有所缓解。

（三）矿产资源

1. 北京矿产资源及利用情况

截至 2015 年底，北京共发现矿产 127 种，其中固体矿产 121 种，其他矿产 6 种。固体矿产（如煤、铁、石灰石、大理石等）主要分布在西部和北部山区，其他矿产主要分布在平原。

北京地热属沉积盆地型低温（低于 90℃）地热资源，主要分布在平原区，以热水型地热为主，部分地区地热水相关指标达到医疗矿水标准，有一定保健、养生利用价值。深层地热资源潜力丰富，已形成延庆、京西北、小汤山、东南城区、良乡、天竺、后沙峪、李遂、双桥、凤河营 10 个地热田。

北京矿泉水资源多分布在近郊区和山区，主要为低钠、低矿化度或中等矿化度的淡矿泉水，以锶型、锶—偏硅酸型、偏硅酸型、高矿化度型为主要类型，但与国内其他优质矿泉水相比，水质优势不明显。

2. 矿产资源特点

（1）矿产种类多、储量大。从主要矿种储量在全国的排名来看，有 15 种矿产储量位居全国前三。

（2）除石灰岩、白云岩、硅石和建材矿产等非金属矿质量比较好外，其他矿产多贫矿，富矿少。

（3）能源矿产供应自给率低，对外依存度高。北京常规能源资源极为有限，电力、原油、天然气、原煤等能源供应主要从外地调入。从能源消费结构的变化看，2010~2021 年北京的煤炭消费占能源消费的比重大幅减小，石油消费的比重基本稳定，天然气消费的比重大幅上升。随着西气东输、西电东送等工程的建设完善，北京能源消费中从外部调入的比重呈现增长态势，从 2010 年的 24.35% 增长到 2021 年的 28.70%。

（四）森林资源

北京森林资源大体可分为天然次生林和人工林两种类型。天然次生林主要分布在偏远山区，人工林多分布于浅山区和平原地区。北京市园林绿化局资料显示，2018 年北京市森林资源情况为：森林面积 777603.50 公顷，林地面积 1099282.59 公顷，林木绿化率 61.50%，森林覆盖率 43.50%。

北京森林覆盖率增长较快，但人均占有林地面积仍很少；有林地资源与林业用地空间分布不均衡；森林资源结构不尽合理；防护林为主体的林种结构还未形成，幼龄和中龄林面积大；宜林地资源立地条件差。

二、自然资源保护与可持续利用战略

北京人口密度大，自然资源承载能力不足，制定实施自然资源保护与可持续利用战略极为重要，必须科学编制规划，加强政策引导，通过产业结构调整，合理配置资源，依靠科技进步，转变经济发展方式，协调经济社会快速发展与保护资源环境不平衡的矛盾，保护好人类赖以生存的自然资源。

（一）土地资源保护与可持续利用战略

随着北京经济的快速发展和城市建设的加快，非农业建设用地需求增长迅速，土地资源不足问题更加凸显。在这一背景下，必须牢牢把握北京的首都城市战略定位，以承载能力为硬约束，加强法规条例建设，完善城市建设规划，节约集约和合理利用土地，统筹土地资源的利用和保护。

1. 严控建设用地规模

《北京市"十三五"时期土地资源整合利用规划》《北京城市总体规划（2016年—2035年）》《北京市国民经济和社会发展第十四个五年规划和二〇三五年远景目标纲要》《北京市土地资源整理暂行办法》等法规性文件，突出强调高效配置生产生活生态空间资源，精准配置产业用地，腾退低效集体产业用地，调整优化国土空间开发格局，确定北京2020年建设用地总规模控制在3720平方千米以内，土地开发强度控制在22.7%以内，平原地区土地开发强度控制在45%以内，人均建设用地面积控制在162平方米左右。相关职能部门强化违法建设和用地治理，分类处置存量违法建设，严惩用地超标行为，坚决守住建设用地规模底线，倒逼土地利用方式和经济发展方式转型升级。

2. 加强耕地和基本农田保护

严格执行耕地保护制度，切实提高土地资源供给质量和效率。划定永久基本农田红线、菜田面积底线，调整农业结构布局，分类制定优化发展区、适度发展区、保护发展区政策。查明重点区域土壤环境质量状况，为加强土地管理、提高土地使用效率提供科学依据。实施耕作层剥离再利用制度，以推进耕地质量建设。

3. 促进区域协调和城乡融合发展

着力优化城市空间结构，推动中心城区功能疏解，高水平建设城市副中心，推动乡村振兴，促进产业集聚，也是破解土地资源紧缺的方法。推动不符合首都功能定位的一般制造业企业动态调整退出，以疏解带动功能重组和优化布局，着力腾退、盘活存量低效建设用地。着力推动乡村振兴，促进产业集聚，提升土地的集约利用水平。

4. 从流域角度增强协同治理

乌兰察布、大同、张家口位于北京的上风山水区，加强与这三个城市的合作，增强协同治理能力，也是促进土地资源可持续利用的方法。近年来，我国北方地区发生多次超强沙尘暴，京津和华北地区经济社会发展深受其害，国家于2000年紧急启动京津风沙源治理工程。乌兰察布、大同、张家口作为京津和华北平原的天然屏障，被列为京津风沙源治理工程的重点区域，一期工程于2002年启动实施。加强对乌兰察布、大同、张家口三市的生态补偿，助力三市改善生态环境，也是保护好北京土地资源的重要手段。

5. 探索土地要素指标的跨区域流动

随着人口的跨区域流动，不同区域的土地约束出现分化，北京市面临越来越严峻的土地空间约束，而中西部和东北的很多区域却存在一定的土地指标冗余，部分区域甚至出现土地撂荒现象。为促进中西部和东北地区等土地要素指标丰富的区域更好地共享国家经济发展的成果，促进北京等发达地区更好地发展，实施土地要素指标的跨区域流动尤为重要。为此，深入实施新的《中华人民共和国土地管理法》，推进农村集体建设用地与城市国有土地同地同权同价入市，推动耕地占补平衡和城乡建设用地增减挂钩，探索全国性的建设用地、补充耕地指标跨区域交易机制，为中西部和东北地区的发展提供了一种新的收入来源，也为北京的发展提供了新空间（黄奇帆，2022）。

（二）水资源保护与可持续利用战略

北京是严重缺水型城市，水资源短缺已成为制约经济社会发展的重要因素，必须建立和实施最严格的水资源管理制度。尽管北京已经在水资源管理、保护、循环利用等方面取得了显著成绩，并且南水北调工程使水资源短缺情势有一定缓解，但是由于长期水资源透支，以及社会经济高速发展带来的环境压力、区域人口持续高速增长，加上全球气候变化等带来的不稳定因素，水资源不足的矛盾依然突出，加强水资源保护与可持续利用始终是一个重大战略问题，务必多措并举，保障水资源安全。

1. 优化水资源管理，完善统一调配保障机制

在南水北调的基础上，积极开拓引黄济京等新的跨流域调水渠道，统筹调水、水库和地下水等多种水源管理措施和调控政策。完善工程配套设施建设，最大限度地扩大调水覆盖面，提升密云水库等水库的储存能力，控制抽采地下水。进一步协调供水地区和受水地区关系，建立多种水源等价机制，逐步提高当地水价特别是地下水价格，用以加大污水处理利用和生态环境保护的投入。

2. 构建现代化供水水网体系

加强供水工程基础设施改造与建设，构建现代供水水网体系。在近郊选择适当地址规划和建立地下水库，创造条件努力吸纳南方丰水期可能的余水，并尽量吸纳密云水库和官厅水库的汛前弃水，提升供水保障能力。

完善供水安全自动检测网络，制定应对特殊干旱和各种突发事件的应急供水预案，不断从水量和水质两个方面提高供水保证率。深入研究北京的水环境承载力，制定北京水资源警戒线。每年测算当年地下水的使用量，以便掌握地下水的可开发量。做好地下水保护和应急水源地建设工作，以确保紧急状态下的水资源安全保障。

3. 提高全社会节约用水的自觉性

以水资源安全意识普及和节水教育为突破口，不断提高公众水资源忧患意识和节水意识。充分利用世界水日、中国水周等时机和电视、报纸、手机等各种媒介，以社区、机关及大型企事业单位为重点，普及节约用水知识。创建新制度，通过制度约束推进自愿节水。加大节水技术的研发与普及，推进节水技术改造，推广节水器具使用，实施分段水价、阶梯水价等政策，发挥经济杠杆作用，提高用水效率与效益。

4. 加大"开源"力度，多渠道开发水源

加快再生水厂建设，增加再生水利用量。北京的污水处理率和达标排放率还有巩固和提升空间，尤其要完善郊区主要城镇污水处理厂及污水管网系统建设，增加污水处理量。同时，应当根据用途确定污水处理标准，提高中水回用率，优先用于绿化建设和水景观建设。改善城市河湖输配、存储和分配再生水现状，实现"一水多用"、循环利用。建立城市再生水利用的技术指导体系，组织开展再生水灌溉对绿地植物生长、农田土壤、粮食品质、渗漏水和地下水水质等影响的研究，以及再生水灌溉绿地和农田利用的法律法规与标准的制定和完善。加强水环境保护，重视预防城乡点源与面源污染，强化工业污染源监管，保证处理设施正常运转，实现污水达标排放。

重视雨洪利用，建设雨洪利用设施，逐步实现景观、植被非自来水浇灌。由于城镇面积扩大与道路的硬化对地下水的补充不利，因此今后在进行城市建设时要加大地面可渗透雨水面积。

5. 协调农业和生态建设与水资源需求的矛盾

挖掘农业节水潜力，发挥北京人才、技术、市场等方面得天独厚的优势，走集约、高效和节水型现代农业发展道路，大量节约水资源，减少水污染。开展河道综合整治，充分利用河道湿地的生态功能改善河道水质，治理汇水区内的生活垃圾及农业面源污染。生态建设要"量水而行"，依据水分条件合理选择乔、灌、草植被类型，优化不同区域生态系统结构，构建不同类型的生态安全屏障。

6. 积极探索和发展海水淡化技术

积极探索和发展海水淡化技术是缓解北京等北方城市水资源紧张的重要手段。北京在人才、科技等方面具有较好的基础，在全国具有领先地位，应该未雨绸缪，加强研究、探索和产学研合作，将实验室的技术成果化，这既能丰富水资源的来源，也是保障北京等北方城市发展与安全的重要手段，还是促进北京经济发展和代表未来趋势的绿色产业。

（三）矿产资源保护与可持续利用战略

立足区域矿产资源禀赋、开发利用与保护等基本特征，谋划矿业高质量发展的新任务、新举措。强化矿产资源勘查、开发、保护区域布局，转变自然资源利用方式，推进矿业结构优化，提升矿产资源勘查、开发、利用对北京城市建设的地质支撑作用。

1. 引导固体矿山和矿泉水企业有序退出

坚持"绿水青山就是金山银山"的理念，开展矿产资源保护工作。自 2005 年起，北京陆续关停固体矿山，固体矿山企业数量逐年减少。截至 2020 年，北京内煤矿全部关闭，结束了持续 800 余年的北京煤炭开采历史。《北京市矿产资源总体规划（2021—2025 年）》进一步明确，规划期内不再新增固体矿产和矿泉水矿业权。规划期末，北京固体矿山企业全部退出，实现固体矿山清零。矿业权未到期的矿泉水企业，到期后也将全部有序退出。最大限度地减轻矿产资源开发及其经济活动对自然环境的影响，保护矿产资源地质，保障北京矿山安全环境和永续持久发展。

2. 提升地热资源可持续利用水平

随着固体矿产和矿泉水矿业企业逐步退出，地热资源将成为北京矿产资源开发利用最为重要的资源。

加强地热资源勘查及基础地质调查，根据深层地热资源开采程度及资源禀赋条件，以现有地热田为基础，结合区域功能定位，将地热资源开采划定为禁止新增区、严控开采区、限制开采区、允许开采区和其他开采区五类。提高浅层地热能资源规模化利用水平，加大浅层地热能开发应用比重，促进能源结构调整。

严格执行地热资源开发利用上限，按照"取热不取水、以灌定采、采灌均衡、梯级利用"的地热开发利用原则，积极引导地热洗浴逐步向地热供暖转型，实施总量控制和分区管控，坚持地热供暖用水同层回灌，缓解和预防地热水超采，保持地热水位不下降，提高地热资源高效可持续利用水平，引导区域资源应用转型。

3. 实现矿山生态修复

矿山修复坚持生态优先，把"山水林田湖草沙是生命共同体"作为整体系统观，探索矿山修复的新模式，统筹好矿区生态修复和开发建设的关系，消除各类地质灾害风险，推进矿山地质公园建设，保护矿业遗迹，促进矿山环境保护、治理和利用的一体化，释放传统矿业资源的生命力，激发矿区转型升级的新动能，促进矿山转型升级与再利用，全面提升北京生态环境质量，保障资源永续利用。

北京市政府规划，到 2025 年底完成在产矿山地质环境治理和废弃矿山生态修复治理，实现矿山生态修复"销账归零"目标。废渣石、危岩、边坡、土地占用、植被破坏这些不良矿山环境问题将逐渐消除，矿山环境将逐渐改善。

（四）森林资源保护与可持续利用战略

森林资源是北京生态安全的重要屏障。北京根据区域资源环境和区位条件，注重加强森林资源保护管理，提升森林资源管理水平，优化森林资源结构，森林资源保护取得了巨大成就。到 2020 年，森林覆盖率达到 44%，平原地区森林覆盖率达到 30% 以上，山区通过实施 20 万亩宜林荒山绿化、100 万亩低质生态公益林升级改造、100 万亩封山育林，全面完成宜林荒山绿化工作。健康林分比例明显增加、生物多样性明显增加，天然林质量实现根本好转，生态承载力显著提高。

1. 落实严格的森林资源管控措施

加强北京森林资源保护，全面界定森林生态保护红线和公益林、商品林等林地范围，按禁伐区、限伐区实行分区施策、分类管理。建立以国家公园为主体的自然保护地体系，对自然保护区、一级水源保护地等重要生态功能区林地全面封禁保护，除生态修复等特殊需要之外，禁止采伐活动；防护林和特种用途林中的国防林、母树林、环境保护林、风景林、实验林，只准进行抚育和更新性质的采伐；其他森林、林木采伐严格控制，实行采伐量限额管理。

加强林地审批管理，坚持不占或少占林地和占补平衡的原则，严格控制林地转为非林地。积极利用卫星遥感监测、无人机巡查等技术手段，充分利用生态环境保护巡视督察工作，对林地、林木等森林资源严格督查，严厉打击和整治非法占用林地、乱砍滥伐林木问题。

2. 推动森林资源高质量发展

坚持因地制宜，推进宜林荒山、疏林地、无立木林地和未成林地的绿化建设。增加混交林、复层林、异龄林比重，优化林分结构和树种组成，科学有序地推进退化林修复，重点推进太行山—燕山水源涵养林建设工程。实行严格的森林防火管理制度，建立防火组织和森林扑火队伍，配齐森林防火设备器材，加强森林防火工作检查，消除森林火灾隐患，森林防火经费纳入各级人民政府的财政预算。林业行政主管部门加大投入，从严防治森林病虫害，实行产地和调运检疫，防止检疫对象传播，组织建立无检疫对象的林木种苗繁育基地和母树林基地，对可能的新传入危险性病虫害采取封锁和扑灭措施，特别是防范美国白蛾、尺蠖等林业常见病虫害威胁森林资源。

3. 从流域角度增强生态补偿

乌兰察布、大同、张家口位于北京的上风山水区，加强对这三个城市的生态补偿也是改善森林资源的重要方法。给予乌兰察布、大同、张家口一定的补偿资金，帮助三市开展退耕还林工程，推动三市的退耕还林补植补造、林业产业基地建设等，这也能改善北京的森林资源环境，促进森林资源成长。

参考文献

［1］付华．北京地理［M］．北京：北京师范大学出版社，2021.

［2］黄奇帆．战略与路径［M］．上海：上海人民出版社，2022.

第三章 经济社会发展条件

经济与社会发展条件是一个地区的经济社会发展基础，影响着一个地区的经济增长率、产业结构及社会发育。本章主要分析北京市经济总量、经济基本结构、研发资源基础和外部经济联系等经济发展条件，以及人力资本、医疗、人均寿命、文化、体育、国际交流和社会保障等社会发展条件。

第一节 经济发展条件

经济发展条件是支撑经济发展的经济总量、产业结构、科技发展、人力资源等。其中，经济总量是基础，产业结构对地区经济韧性具有重要的影响作用，科技发展情况决定了地区经济发展的后劲，人力资源影响地区经济发展的结构和可能性，对外经济则反映了地区与外界的联系。

一、经济综合实力

（一）GDP 和人均 GDP

一个地区的经济实力主要通过 GDP 和人均 GDP 两个指标来衡量。其中，GDP 反映的是地区经济发展总量。经济发展总量是地区经济的基本衡量，一个地区的区域经济总量越大，一般预示着能产生更多的税收，从而财政收入越高，进而能够给地区居民提供更多基础设施和公共服务，同时也意味着能够为地区经济发展投入更多的财政资金来建设产业所需的基础设施、公共服务，能够为扶持战略性新兴产业、创新研发等活动提供更多财政补贴和奖励等。经济总量越大往往意味着产业种类更多，从而经济的抗风险能力得以增强，少数产业受到不良冲击时对地区经济发展的致命性伤害相对较弱，亦即地区经济发展的韧性可能更强。

中华人民共和国成立初期到改革开放前，北京市的经济规模迅速扩大。1949 年北京市 GDP 仅有 2.77 亿元，到 1952 年增加至 7.88 亿元，在全国的排名仅为第 27 名,仅高于宁夏、青海和西藏;1962 年,北京市 GDP 达到 29.59 亿元,排名已经上升至第 17 名;1972 年为 67.19 亿元,在全国的排名已经上升至第 14 名。1978~2019 年,北京市 GDP 由 108.84 亿元增加至 35371.28 亿元,年均增长率达到 15.15%,高于全国 0.55 个百分点①,在全国 31 个省份的排名由第 14 名上升至第 12 名(见表 3-1)。其中,1978~1988 年,排名保持在第 14 名,1989~1999 年下降至第 15 名或第 16 名,排名最高时达到第 10 名,发生在 2003~2007 年,之后又降到第 12 名或第 13 名(见图 3-1)。

表 3-1　1978 年和 2019 年 31 个省份 GDP 情况　　　　单位:亿元

序号	地区	1978 年 GDP	序号	地区	2019 年 GDP
1	上海	272.81	1	广东	107671.07
2	江苏	249.24	2	江苏	99631.52
3	辽宁	229.20	3	山东	71067.53
4	山东	225.45	4	浙江	62351.74
5	广东	185.85	5	河南	54259.20
6	四川	184.61	6	四川	46615.82
7	河北	183.06	7	湖北	45828.31
8	黑龙江	169.19	8	福建	42395.00
9	河南	162.92	9	湖南	39752.12
10	湖北	151.00	10	上海	38155.32
11	湖南	146.99	11	安徽	37113.98
12	浙江	123.72	12	北京	35371.28
13	安徽	113.96	13	河北	35104.52
14	北京	108.84	14	陕西	25793.17
15	山西	87.99	15	辽宁	24909.45
16	江西	87.00	16	江西	24757.50
17	天津	82.65	17	重庆	23605.77
18	吉林	81.98	18	云南	23223.75
19	陕西	81.07	19	广西	21237.14
20	广西	75.85	20	内蒙古	17212.53
21	重庆	71.70	21	山西	17026.68

---

①　根据国家统计局网站的数据,1978~2019 年,全国 GDP 从 3678.7 亿元增加至 983751.2 亿元,年均增长率为 14.6%。

续表

序号	地区	1978 年 GDP	序号	地区	2019 年 GDP
22	云南	69.05	22	贵州	16769.34
23	福建	66.37	23	天津	14104.28
24	甘肃	64.73	24	黑龙江	13612.68
25	内蒙古	58.04	25	新疆	13597.11
26	贵州	46.62	26	吉林	11726.82
27	新疆	39.07	27	甘肃	8718.30
28	海南	16.40	28	海南	5308.93
29	青海	15.54	29	宁夏	3748.48
30	宁夏	13.00	30	青海	2965.95
31	西藏	6.65	31	西藏	1697.82

资料来源：根据 EPS 数据库和《中国统计年鉴 2020》整理。

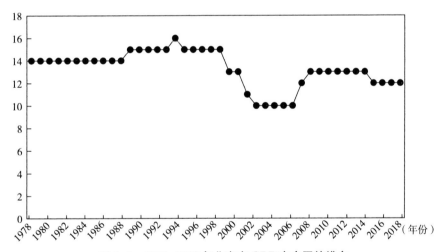

图 3-1 1978~2018 年北京市 GDP 在全国的排名

资料来源：根据 EPS 数据库数据整理。

　　直辖市作为地区经济的增长极，经济综合实力较强。2019 年，北京、上海、天津和重庆四个直辖市的 GDP 合计 111094 亿元，占全国的 11.3%。其中，北京市 GDP 为 3.54 万亿元，占全国的 3.61%，在全国 31 个省份排第 12 名[①]；上海市 GDP 最高，为 3.80 万亿元，在全国处于第 10 名，占全国 GDP 的 3.87%；重庆市为 2.36 万亿元，在全国处于第 17 名；天津市 GDP 最低，仅为 1.41 万亿

---

① 资料来源：《中国统计年鉴 2020》，总量数据为 31 个省份的加总值。

元，居第 23 名。四个直辖市相比，2019 年，北京市 GDP 是上海市 GDP 的 93.31%，重庆市为上海市的 62.14%，天津市 GDP 仅为上海市的 37.00%、北京市的 40%。根据各市统计公报，2019 年，北京市、天津市、上海市和重庆市 GDP 年度增长率分别为 6.1%、4.8%、6.0% 和 6.3%，北京市经济增长率处于第二名，略低于重庆市。从更长时期看，2009~2019 年，北京市按照当年价格计算的 GDP 年均增长率为 10.64%，低于重庆市的 13.50%，高于天津市和上海市（见图 3-2）。但由于经济总量规模的限制，2009~2019 年，北京市经济规模在全国的排名由第 10 名下降至第 12 名，上海市由第 6 名下降至第 10 名，重庆市则由第 21 名上升至第 17 名，天津市保持不变。可见，北京和上海两个直辖市的经济首位度在全国呈下降态势，而重庆市则呈上升态势，这对于缩小区域差距以及西南地区经济的发展具有较大益处。

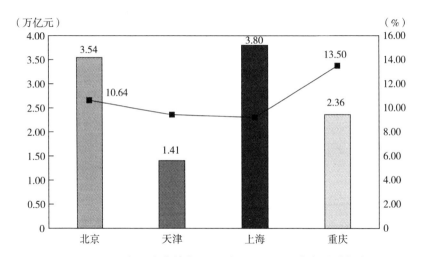

图 3-2　2019 年四个直辖市 GDP 和 2009~2019 年年均增长率

资料来源：国家统计局网站。

如图 3-3 所示，按照常住人口计算，2019 年，北京市、天津市、上海市和重庆市人均 GDP 分别为 16.46 万元、9.01 万元、15.66 万元和 7.58 万元，其中北京市最高，分别为天津市、上海市和重庆市的 1.83 倍、1.05 倍和 2.17 倍。按照统计局网站公布的人均 GDP 数据，四市人均 GDP 的同比增速分别为 7.49%、5.02%、5.27% 和 8.48%，北京市经济增速低于重庆市但高于其余两个直辖市。从更长的时期看，2009~2019 年，北京市人均 GDP 年均增长率为 8.76%，低于重庆市，高于天津市和上海市，年均增长率排序与同比增长率相同，故而在研究中采用单一年份的增长率仍然具有代表性。在这四个直辖市中，天津市增长率最低。尽管北京市存在疏解非首都功能等政策，经济增长活力仍然较大。

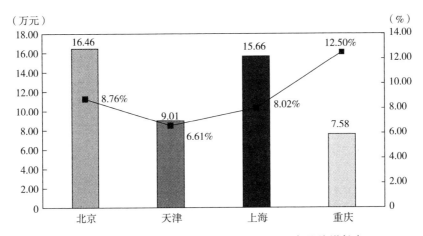

图 3-3　2019 年四市人均 GDP 及 2009~2019 年平均增长率

资料来源：国家统计局网站。

（二）地区经济密度

经济密度是指区域国民生产总值与区域面积之比，代表单位面积土地上经济效益的水平，表征了城市单位面积上经济活动的效率和土地利用的密集程度。按照行政区划面积计算，北京、天津、上海和重庆 2019 年 GDP 的平均密度分别为每平方千米 2.11 亿元、1.24 亿元、6.03 亿元和 0.29 亿元，显然，四市 GDP 平均密度差别较大，其中上海最高，分别是第二名至最后一名的 2.86 倍、4.85 倍和 21.02 倍。重庆市 GDP 的平均密度最小，且与其他直辖市相比差距较大，仅为第三名天津市的 23.4%。这与四市行政区划面积差距较大有一定关系，北京市、天津市和重庆市面积分别为上海市的 2.67 倍、1.24 倍和 13.06 倍，但是不考虑地域面积的差别，上海市仍然是经济实力最强的直辖市，且实力远超天津和重庆。

（三）地区财政收入

地区财政收入是衡量一个地区公共基础设施、公共服务建设能力的一个重要指标。地区财政收入高，地方政府不仅能够提供大量高水平基础设施和公共服务的财政保障，更能够提供更多扶持经济发展的财政优惠政策。2019年，北京市政府一般财政预算收入 5817 亿元，比上海市少 1348 亿元，比天津市、重庆市分别多 3407 亿元、3682 亿元，占全国 31 个省份的 5.75%，低于上海市 1.34 个百分点，分别高于天津市和重庆市 3.37 个和 3.64 个百分点（见表 3-2）。

表3-2　2019年四个直辖市政府一般财政预算收入　　　单位：亿元，%

地区	一般财政预算收入	
	金额	占全国比重
北京市	5817	5.75
天津市	2410	2.38
上海市	7165	7.09
重庆市	2135	2.11

注：全国数据不含港、澳、台地区。

资料来源：《中国统计年鉴2020》。

二、经济基本结构

（一）三次产业结构

三次产业比重反映了地区经济的基本结构。如表3-3所示，2019年，北京市三次产业比重为0.3：18：81.7，第一产业比重较低，第三产业比重较高，且第三产业的比重为四个直辖市中最高。2019年，北京市第一产业增加值仅为114.4亿元，低于天津市，远低于重庆市，但高于上海市。上海市2019年的第一产业增加值仅为7.1亿元，三次产业比例为0.28：26.83：72.88，在四个直辖市中第一产业占比最低。北京市第二产业增加值为5667.4亿元，仅高于天津市，是上海市的55.6%。2019年，北京市第三产业增加值达2.97万亿元，高于上海市的2.77万亿元，分别为天津市和重庆市的3.32倍和2.34倍。天津市第三产业增加值最小，不到万亿元。重庆市三次产业比例为6.57：39.79：53.64，是第三产业比例最低的直辖市，且第二产业比重和第一产业比重均为四个直辖市中最高。天津市2019年三次产业比重为1.32：35.20：63.48，为第二产业比重第二高的直辖市。

表3-3　2019年四个直辖市GDP构成　　　单位：亿元

类型	产业/行业	北京	天津	上海	重庆
按三次产业	第一产业增加值	114.4	185.4	7.1	1551.6
	第二产业增加值	5667.4	4947.2	10193.6	9392
	第三产业增加值	29663.4	8922.9	27686.9	12662.2
分行业	农林牧渔业增加值	116.9	191.8	113.3	1581.3
	工业增加值	4243.3	4372.3	9565.1	6551.8
	建筑业增加值	1477.4	693.8	716.2	2840.1
	批发和零售业增加值	2867.5	1357.3	5023.2	2192.1

续表

类型	产业/行业	北京	天津	上海	重庆
分行业	交通运输、仓储和邮政业增加值	1010.8	787.7	1650.4	977.1
	住宿和餐饮业增加值	538.1	169.1	458.9	502
	金融业增加值	6544.2	1907.9	6535.2	2088
	房地产业增加值	2603.8	1238.5	3300.7	1502.5
	其他行业增加值	16043.1	3337.2	10624.5	5370.9

资料来源:《北京统计年鉴 2020》《上海统计年鉴 2020》《天津统计年鉴 2020》《重庆统计年鉴 2020》。

（二）分行业结构

分行业看，如表 3-3 所示，2019 年，北京市和上海市农林牧渔业增加值数量相近，北京市仅比上海市多 3.6 亿元，远低于重庆市的 1581.3 亿元，可见农林牧渔业在重庆市仍然具有较大的体量。从工业增加值看，北京市和天津市工业增加值数量相近，远低于上海市和重庆市，北京市工业增加值仅为上海市和重庆市的 44.36% 和 64.77%。在建筑业方面，北京市建筑业增加值仅为重庆市的 52.02%，天津市和上海市的规模相差不大，北京市分别为天津市和上海市的 2.13 倍和 2.06 倍。在批发和零售业增加值方面，北京市高于天津市和重庆市，低于上海市，且仅为上海市的 57.09%。天津市的批发和零售业增加值规模为四个直辖市中最小，不到北京市批发和零售业增加值规模的一半。交通运输、仓储和邮政业增加值方面，北京市低于上海市，是上海市的 61.25%，但超过天津市和重庆市。天津市的交通运输、仓储和邮政业增加值仅为上海市的 47.73%。在住宿和餐饮业方面，2019 年，北京市与上海市、重庆市的增加值规模相差不大，高于天津市。住宿和餐饮是对生活消费、旅游和商务往来的重要衡量，从中可以大体推断出天津市的经济活力弱于其他三个直辖市。在金融业方面，北京市和上海市的增加值规模相当，远高于天津市和重庆市，2019 年，北京市金融业增加值分别为天津市和重庆市的 3.43 倍和 3.13 倍。在房地产方面，北京市房地产业增加值规模大于天津市和重庆市，为天津市的 2 倍多，为重庆市的 1.73 倍，是上海市的 78.89%。2019 年，北京市、天津市、上海市和重庆市这些行业的增加值合计分别为 19402 亿元、10718.4 亿元、27363 亿元和 18234.9 亿元，北京市分别为其余三市的 3.31 倍、1.30 倍和 1.94 倍。

除其他行业外，从北京市自身来看，增加值占 GDP 比重最高的为金融业，其次为工业，其余行业按占比从大到小排列分别为：批发和零售业，房地产业，建筑业，交通运输、仓储和邮政业，住宿和餐饮业，农林牧渔业。天津市各行业增加值从大到小分别为：工业，其他行业，金融业，批发和零售业，房地产业，交通运输、仓储和邮政业，建筑业，农林牧渔业，住宿和餐饮业。上海市各行业增加值排列依次为：其他行业，工业，金融业，批发和零售业，房地产业，交通运输、仓储和邮政业，建筑业，住宿和餐饮业，农林牧渔业。重庆市各行业增加值从大到小排列分别为：工业，其他行业，建筑业，批发和零售业，金融业，农林牧渔业，房地产业，交通运输、仓储和邮政业，住宿和餐饮业。北京市其他行业增加值最大，这说明北京经济结构比较复杂。同时，北京的金融业增加值超过工业增加值，这与北京市有较多金融总部具有重要的关系。从行业规模占地区生产总值的比重来看，在四个直辖市中，北京市的经济结构与上海市的相似性更大，其次是天津市。但从具体的比值看，存在一些行业占比差距较大的现象，如北京市有 45.26% 的 GDP 是其他行业创造的，而天津、上海、重庆仅分别有 23.74%、27.97%、22.75% 的 GDP 由其他行业创造；北京市工业增加值占 GDP 比重相对较小，仅为 11.97%，天津、上海和重庆分别为 31.11%、25.18% 和 27.76%，均远超北京市；北京市交通运输、仓储和邮政业增加值占 GDP 比重仅为 2.85%，其他三市则分别为 5.60%、4.34% 和 4.14%。

（三）农业现代化情况

在农业生产中，农业机械化成熟度是农业现代化的一个重要标志。2019 年，北京市农业机耕面积为 18052 公顷，占全部耕地面积比重为 95.8%，机播面积占比达 95.1%，机收面积占比为 78.3%，可见北京耕种方面的机械化程度较高。北京市有乡镇及行政村常住户数 211.7 万户，农业机械总动力 122.84 万千瓦，平均每万元第一产业增加值 1.07 千瓦，这一数值高于上海市和重庆市，低于天津市，说明北京市农业机械化程度相对较高（见表 3-4）。

表 3-4　2019 年四市农业机械动力使用情况

地区	农业机械总动力（万千瓦）	第一产业增加值（亿元）	比值（千瓦/万元）
北京市	122.84	114.4	1.07
天津市	359.84	185.4	1.94
上海市	98.04	107.1	0.92
重庆市	1464.67	1551.6	0.94

注：第四列"比值"是指农业机械总动力/第一产业增加值；统计年鉴中第一产业增加值仅有一位小数，故此表中小数位仅一位。

资料来源：根据《中国统计年鉴 2020》整理。

设施农业是农业现代化的另一个标志，设施农业的产生为农业消除季节干扰、缩短农产品生产周期提供了条件。2019 年，北京农林牧渔业产值 281.70 亿元，设施农业产值 4.71 亿元，设施农业产值仅占农业产值的 1.67%。北京设施农业以温室最多，2019年有13564.97公顷，其次是大棚，12256.60公顷，然后是中小棚，为1246.92公顷，分别占设施农业播种面积的50.11%、45.28%和4.6%。在设施农业种植种类中，各类设施农业均以蔬菜及食用菌面积最大，在各类别的种植面积中占比均超过79%，产值也均超过了各类设施农业产值的60%；温室种植面积排名第二的是花卉苗木，大棚和中小棚种植面积排名第二的是瓜果类。瓜果类农业产值均为各类设施农业产值的第二大种类，在各类设施农业中产值占比均超过了19%（见表3-5）。

表3-5　2019年北京设施农业情况

项目		设施农业播种面积（公顷）	设施农业产量（吨）	设施农业产值（万元）
合计		27068.49	—	471036
温室	小计	13564.97	—	317322
	蔬菜及食用菌	11608.10	430732	205231
	花卉苗木	706.65	—	35143
	#切花	66.28	85367	2324
	盆花	617.18	1154428	32365
	瓜果类	851.21	18204	61224
	园林水果	350.13	2158	8401
	其他	48.88	—	7323
大棚	小计	12256.60	—	141896
	蔬菜及食用菌	9789.82	334045	87165
	花卉苗木	240.13	—	8051
	#切花	64.33	189402	1472
	盆花	166.80	397676	6577
	瓜果类	1959.33	104757	40562
	园林水果	214.02	1473	3901
	其他	53.30	—	2217
中小棚	小计	1246.92	—	11818
	蔬菜及食用菌	1024.25	26062	8092
	花卉苗木	33.60	—	1179
	#切花	5.93	5680	33
	盆花	27.67	32246	1146
	瓜果类	185.60	7107	2534
	园林水果	3.47	5	13
	其他	—	—	—

资料来源：《北京统计年鉴2020》。

（四）工业分行业情况

如表3-6所示，2019年，北京市规模以上工业企业利润总额1710.25亿元，为四个直辖市中最少。在制造业行业中，利润总额最大的前三个行业依次为汽车制造业、医药制造业与计算机、通信和其他电子设备制造业，占规模以上工业企业利润总额的比重均在10%以上，其中汽车制造业的利润总额占规模以上工业企业总利润的近20%。利润总额最大的前三个行业类别方面，北京市与上海市接近，只是上海市更集中于汽车制造业和医药制造业，两者利润总额分别占全部工业企业总利润的27.17%、11.73%，上海市计算机、通信和其他电子设备制造业的利润总额仅为全部工业企业的6.15%。天津市规模以上工业企业利润最大的三个行业分别为汽车制造业，石油、煤炭及其他燃料加工业，化学原料和化学制品制造业，这三个行业各自利润总额分别占全部工业企业的11.98%、9.30%和6.20%。重庆市规模以上工业企业利润最大的三个行业分别为非金属矿物制品业，计算机、通信和其他电子设备制造业与汽车制造业，三个行业各自利润总额分别占全部规模以上工业企业利润总额的11.77%、9.54%和7.10%。不同直辖市不同行业的规模差距较大，在所有直辖市的所有工业行业中，上海市的汽车制造业是利润总额最大的行业，是所有直辖市所有制造业行业中利润总额第二大的行业（上海市的医药制造业）的2.32倍。北京市利润规模最大的汽车制造业的利润总额在所有直辖市所有制造业中仅为第三名，与上海市医药制造业的利润规模接近。

表3-6 2019年四市规模以上工业企业利润总额 单位：亿元

项目名称	北京	上海	天津	重庆
合计	1710.25	2927.08	1888.60	2048.69
采矿业	-34.68	-10.69	673.38	85.39
煤炭开采和洗选业	—	—	—	28.09
石油和天然气开采业	—	-10.69	671.92	33.00
黑色金属矿采选业	-46.58		1.62	2.64
非金属矿采选业	—		1.66	21.67
开采专业及辅助性活动	3.83		-1.83	—
制造业合计	1251.58	2898.53	1137.42	1866.97
农副食品加工业	11.26	17.24	9.50	96.25
食品制造业	53.34	74.72	39.09	34.16
酒、饮料和精制茶制造业	17.97	8.8	10.60	45.42
烟草制品业	—	241.19	—	111.52

续表

项目名称	北京	上海	天津	重庆
纺织业	1.03	10.58	4.34	5.45
纺织服装、服饰业	3.85	5.01	0.60	4.75
皮革、毛皮、羽毛及其制品和制鞋业	-0.03	10.02	0.38	12.95
木材加工和木、竹、藤、棕、草制品业	0.05	3.5	0.17	21.80
家具制造业	3.45	36.95	4.10	14.83
造纸和纸制品业	7.35	18.06	19.53	32.27
印刷和记录媒介复制业	13.89	18.83	3.96	27.78
文教、工美、体育和娱乐用品制造业	1.91	49.42	3.63	15.73
石油、煤炭及其他燃料加工业	-4.62	53.22	175.68	2.92
化学原料和化学制品制造业	20.34	343.26	117.13	97.92
医药制造业	214.28	148.71	102.94	91.19
化学纤维制造业	—	0.19	0.76	4.91
橡胶和塑料制品业	-0.16	72.04	25.14	50.10
非金属矿物制品业	16.56	47.9	40.75	241.11
黑色金属冶炼及压延加工业	-0.53	82.85	49.50	63.23
有色金属冶炼及压延加工业	3.11	12.82	10.32	64.68
金属制品业	16.70	52.11	24.77	70.29
通用设备制造业	57.28	220.5	53.07	112.72
专用设备制造业	104.88	139.61	39.85	67.18
汽车制造业	332.53	795.31	226.30	145.48
铁路、船舶、航空航天及其他运输设备制造业	51.94	28.86	17.50	94.81
电气机械和器材制造业	55.25	150.11	52.78	110.03
计算机、通信和其他电子设备制造业	199.23	177.09	86.36	195.39
仪器仪表制造业	38.05	52.93	5.79	21.06
其他制造业	8.06	4.62	1.16	-0.62
废弃资源综合利用业	1.08	6.5	10.88	11.31
金属制品、机械和设备修理业	19.16	15.6	0.84	0.35
电力、热力、燃气及水生产和供应业合计	493.36	39.24	77.80	96.33
电力、热力生产和供应业	453.88	36.84	42.28	43.66
燃气生产和供应业	34.54	-12.25	18.11	36.03

项目名称	北京	上海	天津	重庆
水的生产和供应业	4.94	14.65	17.42	16.64

资料来源:《北京统计年鉴2020》《上海统计年鉴2020》《天津统计年鉴2020》《重庆统计年鉴2020》。

(五) 高技术产业情况

高技术产业是指用当代尖端技术（主要指信息技术、生物工程和新材料等领域）生产高技术产品的产业，是研究开发投入高、研究开发人员比重大的产业。高技术产业发展快，对其他产业的渗透能力强，是地区经济转型升级和优化提升的重要发展方向。高技术产业的规模一定程度上代表了某地区经济的技术水平和未来的增长潜力。

如表3-7所示，2019年，北京市规模以上高技术制造业工业总产值4703.93亿元，占全部规模以上工业总产值的23.07%，高技术制造业完成固定资产投资增长3.9%，占制造业投资的比重为54.0%，规模较大。北京高技术产业创造的利润高于工业的平均水平，2019年以占规模以上工业24.98%的营业收入创造了规模以上工业企业利润的30.52%。应缴税金因为存在财政优惠等政策低于产值和营业收入的比重。2019年，上海市高技术产业工业总产值7162.07亿元，占全市工业总产值的20.5%，北京市高技术产业的工业总产值仅相当于上海市的65.68%，但占全市规模以上工业总产值的比重高于上海市，这是因为北京市规模以上工业的经营情况不乐观。

表3-7 2019年北京市规模以上高技术制造业基本情况 单位：亿元，%

类别		工业总产值	营业收入	利润总额	应缴税金
规模以上工业企业数据		20386.12	23419.10	1710.25	1131.37
规模以上高技术制造业	金额	4703.93	5850.12	521.89	217.51
	占比	23.07	24.98	30.52	19.23
按登记注册类型分	内资	2170.53	2287.77	259.51	120.50
	国有	72.95	79.93	9.98	3.01
	集体	1.78	2.01	-0.07	0.07
	股份合作企业	2.04	1.82	—	0.07
	有限责任公司	1199.02	1279.76	93.57	48.81
	股份有限公司	525.46	547.91	96.52	43.88
	私营企业	369.29	376.35	59.51	24.66
	其他	—	—	—	—

续表

	类别	工业总产值	营业收入	利润总额	应缴税金
按登记注册类型分	港澳台商投资	1487.85	2343.46	127.65	29.04
	外商投资	1045.55	1218.89	134.73	67.97
按高技术领域分	医药制造业	1221.61	1298.42	214.28	112.37
	航空、航天器及设备制造业	333.74	328.37	24.50	8.98
	电子及通信设备制造业	2372.58	3214.62	185.57	52.58
	计算机及办公设备制造业	277.00	465.05	16.90	9.35
	医疗仪器设备及仪器仪表制造业	498.83	542.96	80.59	34.20
	信息化学品制造	0.17	0.70	0.05	—

资料来源:《北京统计年鉴2020》。

在高技术领域,港澳台投资和外商投资较多,工业总产值、营业收入、利润总额和应缴税金的合计数分别占高技术制造业的53.86%、60.89%、50.27%和44.60%,占全部规模以上工业企业的12.43%、15.21%、15.34%和8.57%。从公司类型看,工业总产值、营业收入和应缴税金来源最多的公司类型是有限责任公司,利润总额最高的是股份有限公司。

分行业来看,北京市高技术制造业主要分布在医药制造业,航空、航天器及设备制造业,电子及通信设备制造业,计算机及办公设备制造业,医疗仪器设备及仪器仪表制造业,信息化学品制造六个行业。其中,工业总产值和营业收入最高的是电子及通信设备制造业,分别占高技术制造业的50.44%和54.95%,占全部规模以上工业企业的11.64%和13.72%,但利润总额和应缴税金仅为高技术制造业的35.56%和24.17%。应缴税金最多的是医药制造业,高技术制造业领域的医药制造业的工业总产值和营业收入位居第二,分别为高技术制造业的25.97%和22.19%,但利润总额和应缴税金分别占高技术制造业的41.06%和51.66%,应缴税金达到全部规模以上工业企业的9.93%。

(六)战略性新兴产业情况

战略性新兴产业是以重大技术突破和重大发展需求为基础,对经济社会全局和长远发展具有重大引领带动作用,知识技术密集、物质资源消耗少、成长潜力大、综合效益好的产业。加快培育和发展战略性新兴产业对推进我国现代化建设具有重要战略意义。2010年,国务院出台的《国务院关于加快培育和发展战略性新兴产业的决定》提出,重点培育和发展节能环保、新一代信息技术、生物、高端装备制造、新能源、新材料、新能源汽车等产业。2011年7月,北京市人民政府下发《北京市人民政府关于印发北京市加快培育和发展战略性新兴产业实施意见的通知》,提出"立足首都产业基础,现阶段重点培育和发展产业基础好、技术能力强、带动效应高的新一代信息技术、生物、节能环保、新材料、新能源汽车、新能源、航空航天、高端装备制造等产业"。

2019 年，北京市战略性新兴产业总产值 5127.69 亿元，占规模以上工业总产值的 25.15%，战略性新兴产业实现增加值 8405.5 亿元，按现价计算，增长 7.3%，占地区生产总值的比重为 23.8%，比 2018 年提高 0.1 个百分点。战略性新兴产业的总量比重较大，增长态势也好于其他产业平均水平。进一步从细分行业来看，新一代信息技术产业的产值最大，2019 年为 1989.04 亿元，占规模以上工业企业总产值的 9.76%；其次是生物产业，2019 年产值为 1393.57 亿元，占规模以上工业企业总产值的 6.84%；最后是高端装备制造业，2019 年产值为 722.92 亿元，占规模以上工业企业总产值的 3.55%，产值仅相当于第二名高端装备制造业的 51.88%；其他产业与前三名行业相比，产值规模相对较小，呈阶梯状下降态势（见表 3-8）。

表 3-8　2019 年北京市战略性新兴产业基本情况　　单位：亿元，%

类别	金额	占比
节能环保产业	351.27	1.72
新一代信息技术产业	1989.04	9.76
生物产业	1393.57	6.84
高端装备制造业	722.92	3.55
新能源产业	195.23	0.96
新材料产业	325.26	1.60
新能源汽车产业	123.02	0.60
数字创意产业	27.39	0.13
相关服务业	—	—
合计	5127.69	25.15
规模以上工业总产值	20386.12	—

资料来源：《北京统计年鉴 2020》。

（七）企业性质

国有企业、集体企业和私营企业的构成比例是历史上经济结构的积累，反映着一个地区经济发展的脉络与地区经济发展的特点和文化。2019 年，北京市有国有控股工业企业 656 个，仅为私营工业企业的 63%，但流动资产、资产总额、利润以及销售、管理和财务费用均超过私营企业。其中，国有控股工业企业的利润是私营企业的 9 倍，资产合计是私营工业企业的 20.12 倍，说明北京市国有控股工业企业的表现远好于私营企业。

表 3-9　2019 年四个直辖市国有控股和私营企业比较

指标	国有控股工业企业	私营工业企业	国有/私营
单位数（个）	656	1047	0.63
流动资产合计（亿元）	9889.3	1356.28	7.29
应收账款净额（亿元）	2177.06	474.57	4.59
存货（亿元）	1175.05	321.89	3.65
产成品（亿元）	389.57	122.95	3.17
资产总计（亿元）	37931.13	1885.36	20.12
负债合计（亿元）	14818.58	994.49	14.90
销售费用（亿元）	338.53	114.95	2.95
管理费用（亿元）	554.8	141.74	3.91
财务费用（亿元）	156.01	10.33	15.10
利润总额（亿元）	951.84	105.8	9.00

资料来源：《北京统计年鉴 2020》。

三、高校资源

2019 年，北京市拥有 93 所普通高等学校，占全国的 3.45%，远多于天津市、上海市和重庆市，分别为它们的 1.66 倍、1.45 倍和 1.43 倍；在高校在校生人数方面，北京市有 60.15 万人，占全国的 1.98%，分别为天津市、上海市和重庆市的 1.12%、1.14% 和 72.04%，北京市普通高等学校预计毕业生数 13.07 万人，多于其他三个直辖市，是第二名天津市的 1.48 倍；北京市每十万人口平均高等学校在校生数 5320 人，为全国最高，是全国的 1.86 倍，第二名天津市仅为北京市的 79.21%（见表 3-10）。

表 3-10　2019 年四个直辖市普通高校基本情况

直辖市	普通高等学校数（所）	普通高等学校在校学生人数（万人）	普通高等学校预计毕业人数（万人）	每十万人口平均高等学校在校生数（人）	"双一流"高校（所）	"双一流"学科（个）
北京市	93	60.15	13.07	5320	34	162
天津市	56	53.94	8.82	4214	5	12
上海市	64	52.66	10.03	3582	14	57
重庆市	65	83.49	11.65	3258	2	2
全国	2688	3031.52	434.35	2857	137	465

资料来源：《中国统计年鉴 2020》和教育部网站。

北京市不仅高校数量多、普通高校学生多，而且高校水平也较高。衡量高校水平有三个重要的国家战略：一是 211 高校，二是 985 高校，三是"双一流"高校。其中，211 工程于 1995 年 11 月经国务院批准后正式启动，是指面向 21 世纪、重点建设 100 所左右的高等学校和一批重点学科的建设工程。北京市拥有清华大学、北京大学、中国人民大学、北京工业大学、北京理工大学、北京航空航天大学、北京化工大学、北京邮电大学、对外经济贸易大学、中国传媒大学、中央民族大学、中国矿业大学（北京）、中央财经大学、中国政法大学、中国石油大学（北京）、中央音乐学院、北京体育大学、北京外国语大学、北京交通大学、北京科技大学、北京林业大学、中国农业大学、北京中医药大学、华北电力大学（北京）、北京师范大学、中国地质大学（北京）26 所 211 学校，数量为四个直辖市最多。即便上海市也是全国优质高校聚集地区，拥有上海交通大学、复旦大学、同济大学、华东师范大学、上海财经大学、上海大学、东华大学、华东理工大学、上海外国语大学、海军军医大学 10 所 211 高校，数量上也远少于北京市的 211 高校数量。

985 工程由时任国家主席江泽民于 1998 年 5 月 4 日提出，首批 985 工程建设高校共 9 所，最终获批建设的 985 工程高校总计 39 所。北京有清华大学、北京大学、中国人民大学、北京航空航天大学、北京师范大学、北京理工大学、中国农业大学、中央民族大学 8 所 985 学校，占 985 工程高校总量的 20.51%，在四个直辖市中数量最多。

"双一流"即世界一流大学和世界一流学科的建设是中共中央、国务院做出的重大战略决策，也是中国高等教育领域继 211 工程、985 工程之后的又一国家战略。在教育部正式公布的世界一流大学和世界一流学科建设高校及建设学科名单中，首批"双一流"建设高校共计 137 所，其中世界一流大学建设高校 42 所（A 类 36 所，B 类 6 所），世界一流学科建设高校 95 所；"双一流"建设学科共计 465 个（其中自定学科 44 个）。北京市拥有 34 所首批"双一流"建设高校、162 个"双一流"建设学科，分别占全国的 24.82% 和 34.84%

四、科技与研发

（一）全社会科技研发情况

R&D 活动是国际通用的用于比较科技投入的指标。其中，R&D 全时人员（全年从事 R&D 活动累计工作时间占全部工作时间的 90% 及以上人员）工作量与非全时人员按实际工作时间折算的工作量之和，单位是人年。2019 年，北京市 R&D 人员全时当量和 R&D 经费内部支出均为四个直辖市最多，其中 R&D 人员全时当量为 31.40 人年，分别为上海、天津和重庆的 1.58 倍、3.39 倍和 1.95

倍；R&D 经费内部支出分别为上海和重庆的 1.47 倍和 4.76 倍。不过，北京市
R&D 人员全时当量平均经费低于上海市和重庆市（见表 3-11）。

表 3-11　2019 年四个直辖市 R&D 基本情况

地区	R&D 人员全时当量 （万人年）	R&D 经费内部支出 （亿元）	R&D 人员全时当量平均经费 （万元/人年）
北京	31.40	2233.59	71.14
上海	19.86	1524.55	76.76
天津	9.25	—	—
重庆	16.07	469.57	29.23

资料来源：《北京统计年鉴 2020》《上海统计年鉴 2020》《天津统计年鉴 2020》《重庆统计年鉴
2020》。

（二）全社会科技成果

2019 年，北京市专利申请授权量约 131716 项，约为全国的 5.36%，居于四
个直辖市之首。四市专利申请量中实用新型专利申请授权量最多，其次是发明
专利申请授权量。发明专利申请授权量是最具有重大发明效力的专利，常作为
地区科技研发能力的主要衡量指标。2019 年，北京市国内发明专利申请授权量
为 53127 项，占北京市全部申请授权量的 40.33%，远高于全国平均水平。该类
专利申请授权量占全国比重为 15.00%，远高于天津市、上海市和重庆市。2019
年，北京市实用新型专利申请授权量略低于上海市，高于天津市和重庆市；外观
设计方面的专利申请授权量仅占北京市所有专利授权量的 15.33%，占全国该类
专利申请授权量的比重为 3.77%，低于北京市国内新型专利申请授权量占全国的比
重，多于其他三个直辖市的国内外观设计专利申请授权量（见表 3-12）。

表 3-12　2019 年四市专利申请授权量　　　　　单位：项，%

项目		北京市	天津市	上海市	重庆市	全国
国内专利申请授权	数量	131716	57799	100587	43872	2457641
	占比	5.36	2.35	4.09	1.79	—
国内发明专利申请授权	数量	53127	5025	22735	6988	2457641
	占比	15.00	1.42	6.42	1.97	14.41
国内实用新型专利 申请授权	数量	58393	48252	61640	30648	1567242
	占比	3.73	3.08	3.93	1.96	63.77
国内外观设计专利 申请授权	数量	20196	4522	16212	6236	536288
	占比	3.77	0.84	3.02	1.16	21.82

注：全国数据不包含港、澳、台地区，四市占比指占全国该项目的比重，全国占比指各类别占全国
专利申请授权量的比重。

资料来源：根据《中国统计年鉴 2020》整理。

北京市国内专利申请授权量、国内发明专利申请授权量数量较多与其研发投入较多具有重要关系，2019 年，北京市研发人员数量折合 31.40 万人年，研发经费 2233.59 亿元，研发经费内部支出相当于地区生产总值的 6%，在研发投入比例方面较高。

（三）工业科技

如表 3-13 所示。2009 年，北京市规模以上工业企业 R&D 人员全时当量为 41546 人年，低于上海市，高于天津市和重庆市，是重庆市的 1.78 倍，占全国的 2.87%。2009~2019 年，北京市规模以上工业企业 R&D 人员增加 2695 人年，仅增长 6.49%，远低于其他三个直辖市，同时也远低于全国平均水平，规模以上工业企业 R&D 人员全时当量在全国占比有所下降，可能引致北京市在工业企业领域的科技研发对全国的带动作用下降。上海市规模以上工业企业 R&D 人员全时当量在全国的占比也在下降。而重庆市这十年的规模以上工业企业 R&D 人员全时当量增幅达 168.16%，在全国工业企业科技研发领域的人才储备占比有所上升。天津市的这一指标没有发生改变。

表 3-13 2009 年和 2019 年规模以上工业企业 R&D 人员全时当量

单位：人年，%

地区	2009 年	2019 年	增量	增长幅度
北京市	41546	44241	2695	6.49
天津市	30074	45685	15611	51.91
上海市	67420	80694	13274	19.69
重庆市	23279	62424	39145	168.16
全国	1446792	3151828	1705036	117.85

资料来源：《中国统计年鉴 2020》。

在人均 R&D 经费方面，2019 年，北京市规模以上工业企业 R&D 人员全时当量的人均经费为 64.46 万元，与上海市接近，远超重庆市和天津市，分别为重庆市和天津市的 1.20 倍和 1.38 倍。在四个直辖市中，天津市 2009~2019 年的人均 R&D 经费增量最少，仅为 5.54 万元，而在 2009 年，天津市规模以上工业企业 R&D 全时当量人员的人均经费全国最高，为 41.18 万元（见表 3-14）。

表 3-14 2009 年和 2019 年 31 个省份规模以上工业企业 R&D 人员人均经费

单位：万元/人年，%

地区	2009 年	2019 年	变化	
	数值	数量	增量	增幅
北京	27.37	64.46	37.09	135.54

续表

地区	2009 年	2019 年	变化	
	数值	数量	增量	增幅
天津	41.18	46.72	5.54	13.45
河北	25.62	57.64	32.02	124.97
山西	18.47	50.25	31.78	172.11
内蒙古	31.74	78.90	47.16	148.60
辽宁	34.38	59.54	25.16	73.17
吉林	22.47	57.73	35.27	156.97
黑龙江	22.68	47.49	24.81	109.39
上海	35.08	73.20	38.12	108.65
江苏	25.64	43.40	17.76	69.28
浙江	21.88	28.21	6.33	28.93
安徽	24.11	46.31	22.21	92.12
福建	24.65	47.47	22.82	92.60
江西	29.19	37.66	8.47	29.00
山东	35.16	61.10	25.93	73.76
河南	19.17	43.37	24.20	126.26
湖北	23.91	50.67	26.76	111.92
湖南	28.81	55.46	26.65	92.48
广东	24.13	36.03	11.90	49.31
广西	26.92	47.27	20.35	75.58
海南	21.62	60.79	39.17	181.18
重庆	24.26	53.81	29.54	121.76
四川	18.43	49.54	31.11	168.83
贵州	25.95	39.29	13.35	51.44
云南	22.26	44.08	21.82	98.03
西藏	16.87	21.11	4.25	25.17
陕西	22.49	56.02	33.53	149.07
甘肃	18.55	59.15	40.60	218.87
青海	26.64	39.39	12.75	47.85
宁夏	21.75	51.50	29.75	136.81
新疆	28.06	93.94	65.89	234.83
全国	26.10	44.33	18.23	69.86

注：因保留小数带来的误差未做处理。

资料来源：根据《中国统计年鉴 2020》整理。

2019 年，北京市规模以上工业企业 R&D 项目共 7671 项，低于其他三个直辖市项目数量，但平均每个项目的经费为 372 万元，高于天津市和重庆市，低于上海市。除天津市外，其余三个直辖市每个项目的平均费用均高于全国平均水平。从项目数量来看，北京市规模以上工业企业 R&D 规模相对较小，但以项目经费额度来衡量的大项目数量相对较多。2009～2019 年，北京市规模以上工业企业 R&D 项目数量的增量较小，仅为 177 项，增量和增幅均远低于其他三个直辖市，同时也低于全国平均水平，这与北京市近些年疏解非首都功能，减少工业增加值占比有关。但北京市规模以上工业企业 R&D 科研项目的平均经费增长数量和增幅都超过其余三个直辖市以及全国平均水平，说明北京市规模以上工业企业 R&D 承担的重大项目较多（见表 3-15）。

表 3-15　2009 年和 2019 年四个直辖市规模以上工业企业 R&D 项目数及项目平均经费

单位：项，万元/项

类别		北京市	天津市	上海市	重庆市	全国
2009 年	项目数	7494	7609	9667	3726	194398
	项目平均经费	152	163	245	152	194
2019 年	项目数	7671	10825	13636	14001	598072
	项目平均经费	372	197	433	240	234
增量	项目数	177	3216	3969	10275	403674
	项目平均经费	220	34	188	88	39
增长幅度	项目数	2.36	42.27	41.06	275.76	207.65
	项目平均经费	145.03	21.14	77.04	58.25	20.28

注：因保留小数带来的误差未做处理。

资料来源：根据《中国统计年鉴 2020》整理。

（四）技术市场交易

2019 年，北京市技术市场成交额为 5695.28 亿元，居全国之首，是广东省的 2.56 倍，分别为天津市、上海市和重庆市的 6.26 倍、4.00 倍和 100.53 倍（见表 3-16）。北京市技术市场交易在全国具有突出的地位，强化了其科技创新中心的定位。

表 3-16　2019 年四市技术市场交易情况

直辖市	成交额（亿元）	占全国比重（%）
北京市	5695.28	26.19
天津市	909.25	4.18

续表

直辖市	成交额（亿元）	占全国比重（%）
上海市	1422.35	6.54
重庆市	56.65	0.26

资料来源：根据《中国统计年鉴2020》整理。

五、对外经济

（一）对外贸易

经济外向度（出口总额占GDP比重）是反映一个国家或地区开放型经济发展规模和水平的重要宏观指标之一。它反映一个国家或地区在国民经济发展过程中，本地区经济要素与外部经济要素相互渗透、融合的能力，是经济发展水平的重要标志。

2019年，按照货物进出口单位所在地计算的北京市经济外向度为81.05，在全国处于第二名，仅次于上海市，高于天津市和重庆市，在对外经济联系方面具有较强的带动作用和示范作用（见图3-4）。

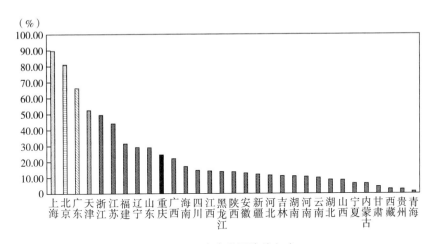

图3-4 31个省份经济外向度

资料来源：《中国统计年鉴2020》。

2019年，北京市出口总额为75172亿元，其中出口到中国港澳台、日本、新加坡、韩国、越南、伊朗、印度、印度尼西亚、英国、德国、法国、意大利、匈牙利、俄罗斯、美国、澳大利亚18个国家和地区的额度占北京市全部出口额的59.19%。中国香港、新加坡、美国、越南、日本和韩国六个国家和地区的出口额度最大。2019年，北京市进口额度为23505亿元，其中，从中国香港、日本、新加坡、韩国、沙特阿拉伯、英国、德国、法国、意大利、瑞士、比利时、俄罗斯、加拿大、美国、澳大利亚、阿曼、安哥拉 17 个国家和地区进口的货物价值占全部进出口额的 57.54%。从澳大利亚、沙特阿拉伯、德国和美国四个国家进口的货物额度远超其他国家或地区（见表 3-17）。

表 3-17　2019 年北京市进出口主要国家和地区基本情况　单位：亿元，%

出口			进口		
主要国家/地区	金额	占比	主要国家/地区	金额	占比
#中国香港	700	13.53	#中国香港	41	0.17
中国澳门	25	0.48	日本	916	3.90
中国台湾	74	1.43	新加坡	237	1.01
日本	194	3.76	韩国	320	1.36
新加坡	605	11.71	沙特阿拉伯	1851	7.88
韩国	194	3.75	英国	512	2.18
越南	207	3.99	德国	1696	7.22
伊朗	39	0.75	法国	203	0.86
印度	107	2.06	意大利	180	0.76
印度尼西亚	107	2.06	瑞士	581	2.47
英国	46	0.90	比利时	63	0.27
德国	67	1.29	俄罗斯	1117	4.75
法国	52	1.00	加拿大	506	2.15
意大利	54	1.04	美国	1677	7.13
匈牙利	5	0.10	澳大利亚	1906	8.11
俄罗斯	124	2.39	阿曼	724	3.08
美国	293	5.67	安哥拉	994	4.23
澳大利亚	170	3.28	—	—	—
小计	3061	59.19	小计	13525	57.54
出口总额	75172	—	进口总额	23505	—

资料来源：《北京统计年鉴 2020》。

（二）利用外资

2019 年，北京市实际利用外资 142.13 亿美元，占全国的 10.29%，分别为天津市、上海市和重庆市的 3.00 倍、74.62% 和 1.38 倍（见图 3-5）。北京实际利用外商直接投资中大部分投向了信息传输、计算机服务和软件业，该行业外商直接投资占北京市实际利用外资的比重高达37.63%，在制造业领域投资占比仅2.37%，此外，外商对北京市的租赁和商务服务业的投资比例也较高，达7.74%。分国别（地区）投资情况看，北京市的主要外商投资来自中国香港，占北京市外商直接投资额总量的74.82%，其次是韩国，投资70562万美元，占比达到4.96%（见表3-18）。

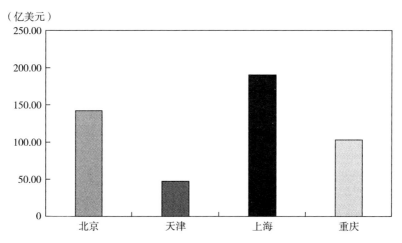

图3-5　2019年四个直辖市实际利用外资额

资料来源：根据《北京统计年鉴2020》《天津统计年鉴2020》《上海统计年鉴2020》《重庆统计年鉴2020》整理。

表3-18　2019年北京市实际利用外资基本情况　　　单位：万美元，%

实际利用外商直接投资额总量			1421299		
分行业			按外商国别（地区）分		
行业名称	投资额	占比	主要国别（地区）	投资额	占比
农林牧渔业	63	0.0044	#中国香港	1063358	74.82
制造业	33682	2.37	英属维尔京群岛	12837	0.90
建筑业	813	0.06	开曼群岛	54177	3.81
信息传输、计算机服务和软件业	534844	37.63	日本	14352	1.01
批发与零售业	52899	3.72	韩国	70562	4.96
住宿和餐饮业	1873	0.13	美国	25146	1.77
房地产业	70022	4.93	新加坡	20046	1.41
租赁和商务服务业	110025	7.74	德国	20887	1.47
其他行业	617078	43.42	毛里求斯	2168	0.15

续表

分行业			按外商国别（地区）分		
行业名称	投资额	占比	主要国别（地区）	投资额	占比
			百慕大	40214	2.83
			萨摩亚	443	0.03
			荷兰	16605	1.17
			法国	2424	0.17
			英国	1431	0.10
				1344650	94.61

资料来源：根据《北京统计年鉴 2020》《天津统计年鉴 2020》《上海统计年鉴 2020》《重庆统计年鉴 2020》整理。

第二节　社会发展条件

社会是由人组成的集合体，决定社会发展的首要条件是人力资本的总量和构成。人力资本的多寡往往预示了一个社会体的丰富性和延展性。社会同时也是人与外界环境相互作用的关系体，其中，医疗条件、体育、文化、交流、保障等物质和文化环境是人发展的基础，也是社会发育的基础条件。

一、人力资本

（一）人口净流入

户籍人口与常住人口的差额显示了一个地区对人口的吸引力。北京市是典型的人口净流入地区。1978～2015 年，北京市常住人口从 21.50 万人上升至 825.30 万人[①]。2016 年以来，北京为治理城市膨胀问题，不断疏解非首都功能，严格控制户口名额，常住人口增速变小。2019 年，北京市常住人口 2190.10 万人，比户籍人口多 792.70 万人，该差额低于上海市，远高于天津市。四个直辖市中，重庆市是唯一的人口净流出市，2019 年常住人口比户籍人口少 291.97 万人。上海市常住人口与户籍人口的正向差额最大，人口吸引力最强，2019 年常住人口多于户籍人口 958.84 万人，该差额比北京市多 166.14 万人，是天津市的 3.46 倍（见表 3-19）。

[①] 数据来源：历年《北京统计年鉴》。

表 3-19　2019 年四个直辖市常住人口与户籍人口差额　　单位：万人

指标	北京	上海	天津	重庆
常住人口	2190.10	2428.14	1385.00	3124.32
户籍人口	1397.40	1469.30	1108.18	3416.29
差额	792.70	958.84	276.82	-291.97

注：差额＝常住人口-户籍人口。

资料来源：《北京统计年鉴 2020》《上海统计年鉴 2020》《天津统计年鉴 2020》《重庆统计年鉴 2020》。

（二）城镇化率

城镇化率是反映地区经济非农情况的直接指标，城镇化率越高的地区，一般经济越发达，城市公共服务和基础设施建设往往也越完善，因而城镇化率经常被用来衡量城镇发展水平。2019 年末，北京市城镇人口 1865 万人，城镇化率为 85.61%，处于城镇化高级阶段，城镇化率低于天津市 8.99 个百分点，低于上海市 1.26 个百分点，高于重庆市 19.70 个百分点（见图 3-6）。与天津市和上海市相比，北京城镇化率仍有上升空间。从世界范围来看，北京的城镇化率已经超过同年美国（82%）、加拿大（81%）、瑞士（74%）、韩国（81%）、英国（84%）的城镇化率，但仍低于瑞典（88%）等国[①]。

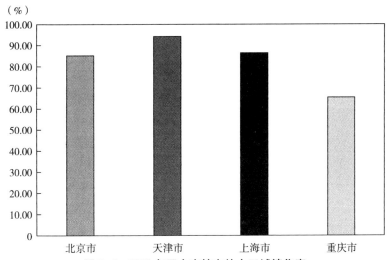

图 3-6　2019 年四个直辖市的人口城镇化率

资料来源：国家统计局网站。

---

① 括号中为各国 2019 年非农人口比例，数据来自世界银行网站。

（三）人口学历构成

人口学历构成是衡量一个地区人力资源结构的重要考量，拥有更多较高学历人口的地区，往往更能够吸引企业入驻，以获得高素质劳动力，同时也有利于创新创业。在各地越来越重视科技研发与技术创新的时期，人才争夺战不断上演，各地不断出台新的政策吸引高学历人才。根据现有统计资料，2019 年，北京市大专以上人口数量为 7948 人，占全部 6 岁及以上人口数量的 5.36%，大专以上人口占比在全国处于第五名，分别高于上海、重庆和天津 1.65 个、3.00 个和 3.11 个百分点，可见，在高学历人才方面，北京市在四个直辖市中处于优势地位（见图 3-7）。2019 年，北京市的大专以上人口中，男性占 50.98%，天津、上海和重庆的大专以上人口中男性比例也略高于女性，但两者相差不大，说明四市男性和女性在受教育程度方面相当。

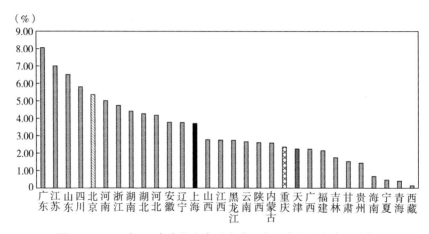

图 3-7　2019 年 30 个省份大专以上人口占 6 岁及以上人口比例

资料来源：根据《中国统计年鉴 2020》整理。

（四）人口年龄构成

2019 年，北京市抽样人口 16666 人中，0~14 岁人口占比为 10.42%，与天津市、上海市相似，低于重庆市；15~64 岁人口数量占比为 78.12%，高于天津、重庆和上海三市；65 岁及以上人口数占比为 11.45%，低于天津市、重庆市和上海市。按照国际惯例，当一个国家或地区 60 岁以上老年人口占人口总数的 10%，或 65 岁以上老年人口占人口总数的 7% 时，即意味着这个国家或地区的人口处于老龄化社会。可见，北京市及其他三个直辖市已经处于老龄化社会阶段，但北京市的老龄化程度相对小一些，劳动力人口的数量占比相对较高。

表 3-20　2019 年四个直辖市人口年龄分布及抚养比　　单位：人，%

指标		北京	天津	重庆	上海
人口数（人口抽样调查）		16666	12095	24274	18785
0~14 岁人口数（人口抽样调查）	数量	1737	1243	4073	1885
	占比	10.42	10.28	16.78	10.03
15~64 岁人口数（人口抽样调查）	数量	13020	9391	16475	13845
	占比	78.12	77.64	67.87	73.70
65 岁及以上人口数（人口抽样调查）	数量	1909	1461	3725	3055
	占比	11.45	12.08	15.35	16.26
总抚养比（人口抽样调查）		28	28.8	47.3	35.7
少年儿童抚养比（人口抽样调查）		13.3	13.2	24.7	13.6
老年人口抚养比（人口抽样调查）		14.7	15.6	22.6	22.1

注：因保留小数带来的误差未做处理。

资料来源：《中国统计年鉴 2020》。

2019 年，北京市老年人口抚养比为 14.7，超过少年儿童抚养比（13.3%），这种情况与天津市、上海市类似，但上海市的老年人口抚养比相比其他两市更大。从总抚养比看，北京市和天津市的总抚养比近似，远低于上海市和重庆市。人口抚养比也称人口负担系数，是指人口总体中非劳动年龄人口数与劳动年龄人口数之比，一般将人口抚养比小于或等于 50% 称为人口机会窗口期，在人口抚养比小于 50% 时，劳动力供给充足，社会负担相对较轻，有利于经济的快速发展。从这一点看，北京市的劳动力供给比较充足。

2019 年，北京市人口自然增长率为 2.63‰，分别高于天津市和上海市 0.12 个和 0.11 个百分点，同时低于重庆市 0.028 个百分点。相较天津市和上海市，北京市人口自然增长率相对较高，为人口可持续增长提供了基础（见图 3-8）。

二、医疗卫生条件

医疗卫生条件作为公共服务的重要内容，是衡量一个地区事业和社会发展水平的最基本指标。医疗卫生条件的好坏直接关系地区人口寿命、疾病诊疗等情况，同时也是社会发达程度的基本衡量。

（一）医疗卫生总体条件

如表 3-21 所示，2019 年，北京市的中医医院、专科医院和专科疾病防治院（所/站）数量大于其他三个直辖市，医疗卫生机构、医院、基层医疗卫生机构、村卫生室、门诊部（所）、专业公共卫生机构和疾病预防控制中心数量多于天津市和上海市，妇幼保健院（所/站）数量与天津市和上海市相同，少于重庆市。

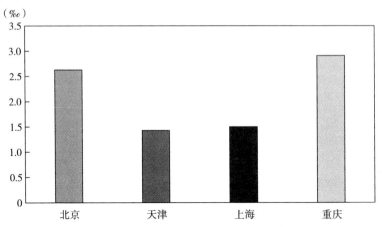

图 3-8　2019 年四个直辖市人口自然增长率

资料来源：《中国统计年鉴 2020》。

表 3-21　2019 年四个直辖市医疗机构总量情况　　　　　单位：个

指标	北京	天津	上海	重庆
医疗卫生机构数	10336	5962	5597	21057
医院数	664	441	374	846
综合医院数	240	284	169	453
中医医院数	162	55	21	128
专科医院数	211	98	122	196
基层医疗卫生机构	9416	5348	5021	20001
社区卫生服务中心（站）数	1952	624	1066	536
街道卫生院数	—	—	—	—
乡镇卫生院数	—	138	—	846
村卫生室数	2449	2374	1179	10580
门诊部（所）数	5015	2207	2776	8025
专业公共卫生机构数	108	95	106	150
疾病预防控制中心数	29	23	19	41
专科疾病防治院（所/站）数	24	14	15	14
妇幼保健院（所/站）数	19	19	19	41
卫生监督所（中心）数	18	17	17	39

资料来源：《中国统计年鉴 2020》。

　　在医疗机构人员方面，除乡村医生和卫生员外，北京市的其他卫生机构人员，包括卫生人员、卫生技术人员、执业（助理）医师、执业医师、注册护士、药师、其他技术人员、管理人员和工勤技能人员的数量均超过其他三个直辖市，其中，除工勤技能人员外的其他指标均为天津市对应指标的2倍以上，是上海市对应指标的1.24~1.64倍，是重庆市对应指标的1.11~1.88倍（见表3-22）。

表3-22 医疗机构人员总量情况　　　　　　　　　　　单位：万人

指标	北京	天津	上海	重庆
卫生人员数	34.32	13.92	24.87	28.8
卫生技术人员数	27.12	10.98	20.45	22.46
执业（助理）医师数	10.59	4.64	7.47	8.33
执业医师数	9.92	4.34	7.12	6.74
注册护士数	11.49	4.14	9.29	10.31
药师数	1.51	0.64	1.04	0.98
乡村医生和卫生员数	0.28	0.41	0.06	1.6
其他技术人员数	1.75	0.66	1.17	0.93
管理人员数	2.18	1.01	1.37	1.45
工勤技能人员数	2.99	0.86	1.82	2.35

资料来源：《中国统计年鉴2020》。

社区卫生服务是基层卫生服务，也是初级卫生保障，其服务对象广、数量多、服务内容综合，同时也是病情防控的基础前线。截至2019年，北京市社区卫生服务中心和社区卫生服务站数量多于其他三个直辖市，无床、1~9张床位和10~29张床位的卫生服务中心数量多于天津市、上海市和重庆市，拥有30张及以上床位数的社区卫生服务中心数量均少于上海市和重庆市，拥有50~99张床位数的社区卫生服务中心数量小于天津市（见表3-23）。

表3-23 2019年社区卫生服务中心　　　　　　　　　　单位：个

指标	北京	天津	上海	重庆
社区卫生服务中心数	340	124	321	203
无床的社区卫生服务中心数	177	62	120	42
1~9张床位数的社区卫生服务中心数	44	1	1	3
10~29张床位数的社区卫生服务中心数	64	19	19	39
30~49张床位数的社区卫生服务中心数	23	15	44	35
50~99张床位数的社区卫生服务中心数	23	26	89	62
100张及以上床位数的社区卫生服务中心数	9	1	48	22
社区卫生服务站数	1612	500	745	333

续表

指标	北京	天津	上海	重庆
无床的社区卫生服务站数	1612	500	745	323
1~9 张床位数的社区卫生服务站数	—	—	—	9
10 张及以上床位数的社区卫生服务站数	—	—	—	1

资料来源:《中国统计年鉴 2020》。

（二）人均医疗条件

从城市整体情况和城市的各项人均指标看，北京市的人均医疗条件最好。如表 3-24 所示，2019 年，北京市每万人拥有卫生技术人员数、每万人拥有城市卫生技术人员数、每万人拥有执业（助理）医师数、每万人拥有城市执业（助理）医师数、每万人拥有注册护士数和每万人拥有城市注册护士数六项指标均为四个直辖市第一名。2019 年，北京市每万人拥有卫生技术人员 126 人，在 31 个省份中排名第一，远高于上海市、天津市和重庆市，分别为这三个市的 1.80 倍、1.50 倍和 1.75 倍（见图 3-9）；北京市每万人拥有城市卫生技术人员数 185 人，分别为天津市、上海市和重庆市的 1.95 倍、1.28 倍和 1.99 倍。

表 3-24　每万人拥有医疗服务人员数 单位：人

指标	北京	天津	上海	重庆
每万人拥有卫生技术人员数	126	70	84	72
每万人拥有城市卫生技术人员数	185	95	145	93
每万人拥有农村卫生技术人员数	—	—	—	36
每万人拥有执业（助理）医师数	49	30	31	27
每万人拥有城市执业（助理）医师数	72	39	53	33
每万人拥有农村执业（助理）医师数	—	—	—	15
每万人拥有注册护士数	53	27	38	33
每万人拥有城市注册护士数	78	37	66	46
每万人拥有农村注册护士数	—	—	—	14

资料来源:《中国统计年鉴 2020》。

三、人均寿命

平均预期寿命是在一定的年龄别死亡率水平下，活到确切年龄 X 岁以后，平均还能继续生存的年数，它是衡量一个国家、民族和地区居民健康水平的一个指标，可反映社会生活质量的高低，因为社会经济条件、卫生医疗水平限制着人们的寿命。2020 年，北京市户籍人口期望寿命为 81.35 岁，比上海市低 1.16 岁，比天津市和重庆市分别高 0.16 岁和 5.30 岁（见图 3-10）。

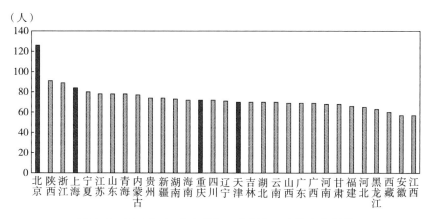

图 3-9　2019 年 31 个省份每万人拥有卫生技术人员数

资料来源：《中国统计年鉴 2020》。

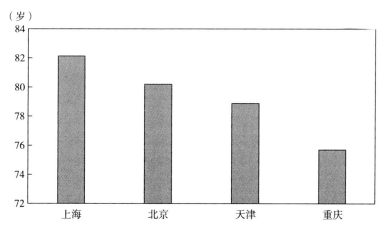

图 3-10　2020 年四个直辖市人均预期寿命

注：因未找到四市 2019 年的人均预期寿命，采用了 2020 年的数据。

资料来源：《北京市卫生与健康白皮书》《中国新闻网》《重庆时报》《每日新报》。

四、文化

（一）公共图书馆

公共图书馆是向社会公众免费开放，收集、整理、保存文献信息并提供查询、借阅及相关服务，开展社会教育的公共文化设施，是地方文化服务的基本设施，也是社会主义公共文化服务体系的重要组成部分。公共图书馆经费来源于地方行政机构的税收，它是建立在经济基础上的服务设施，是城市文化的重要组成部分，对于市民人文素养的培育和科技能力的提高具有重要意义，担负着彰显和提升城市文化品位与城市精神的重任，对推动城市持续健康发展具有重要意义。

在公共图书馆的基本设施方面，2019年，北京市拥有公共图书馆机构23家，与上海市相同，少于天津市和重庆市；每万人拥有公共图书馆建筑面积是重庆市的1.17倍，仅为天津市的49.66%，也低于上海市；公共图书馆阅览室座席数为四市最少（见表3-25）。

表3-25 2019年四直辖市公共图书馆基本情况

指标	北京	天津	上海	重庆
公共图书馆机构数（个）	23	29	23	43
公共图书馆总藏量（万册）	3012.31	2099.21	8062.81	1901.34
人均拥有公共图书馆藏量（册/人）	1.4	1.34	3.32	0.61
公共图书馆累计发放有效借书证数（万个）	183.3	102.27	263.18	229.48
公共图书馆总流通人次（万人次）	1968.68	1621.16	2733.57	1598.44
公共图书馆阅览室座席数（万个）	1.55	2.03	2.38	3.12
每万人拥有公共图书馆建筑面积（平方米）	138.4	278.7	182.9	118.4
公共图书馆组织各类讲座次数（次）	3009	1570	2488	1499
公共图书馆参加讲座人次（万人次）	20.75	14.81	26.17	20.93
公共图书馆举办展览数（个）	585	670	379	1060
公共图书馆参观展览人次（万人次）	251.56	168.45	213.77	167.52
公共图书馆举办培训班数（个）	1624	1636	1752	1557
公共图书馆参加培训人次（万人次）	6.01	6.76	7.56	11.34
公共图书馆计算机台数（台）	4461	4550	6643	4416
公共图书馆电子阅览室终端数（台）	2052	2963	3009	3125

资料来源：《中国统计年鉴2020》。

在图书馆的藏书和借阅方面，2019年，北京公共图书馆的总藏量是重庆的1.58倍，仅为上海市的37.36%。北京市人均拥有公共图书馆藏书量为重庆市的2.30倍，仅为上海市的42.17%。北京市公共图书馆累计发放有效借书证数少于上海市和重庆市；公共图书馆总流通人次高于天津市和重庆市，仅为上海市的72.02%（见表3-25）。

在文化知识的普及、培训和文化渗透方面，2019年，北京市公共图书馆组织各类讲座3009次，远高于其他三个直辖市，公共图书馆参加讲座人次多于天津市，但少于上海市和重庆市。2019年，北京市公共图书馆举办展览数多于上海市，少于其他两个直辖市，但公共图书馆参观展览人次为四个直辖市之首；公共图书馆举办培训班数仅高于重庆市，参加培训人次为四个直辖市最少（见表3-25）。

在电子化、信息化和数字化方面，2019年，北京市公共图书馆计算机台数仅略高于重庆市，公共图书馆电子阅览室终端数则为四个直辖市最低。数字化信息的普及使公众可以在自身所在地查阅相关信息（见表3-25）。图书馆内部的电子阅览室终端的数量与软件和设计的服务水平有较大关系，不能因此就断定北京市图书馆电子化、数字化程度不达标，也可能正因为北京市图书馆的软件等信息管理系统基础设施建设较强，合理减少了硬件系统的配置套数。

整体来看，北京市公共图书馆的机构、藏书及服务等相关数量基本大于天津市，利用率高于天津市和重庆市，但弱于上海市，公共图书馆的利用情况好于重庆市，但弱于上海市。

（二）艺术表演

艺术表演是文化传播的重要途径，该类统计指标主要反映专业艺术表演团体发展规模水平。如表3-26所示，2019年，北京市艺术表演团体机构共370个，远超天津市，多于上海市，少于重庆市；艺术表演团体演出场次仅多于天津，仅为上海市的1/3，是重庆市的12.26%；艺术表演团体国内演出观众共803万人次，远超天津市，但少于上海市和重庆市。四个直辖市艺术表演团体演出主要以国内为主，北京市艺术表演团体国内演出场次占全部演出场次的比重为97.12%，而其他三个直辖市该比重均在99%以上，北京市艺术表演团体在国际交流中的比例相对较高。天津市在艺术表演团体相关的指标方面均远低于其他三个直辖市。

表3-26　2019年四个直辖市艺术表演基本情况

	北京	天津	上海	重庆
艺术表演团体机构数（个）	370	151	311	1646
艺术表演团体演出场次（万场次）	2.43	0.92	7.29	19.82
艺术表演团体国内演出场次（万场次）	23.6	9.2	72.7	197.6
艺术表演团体国内演出观众人次（千人次）	8030	3960	12250	29760
艺术表演场馆机构数（个）	52	74	50	49
艺术表演场馆演（映）出场次（万场次）	206.8	36.3	18.2	20.3
艺术表演场馆艺术演出场次（万场次）	9.4	7.9	6.4	5.3
艺术表演场馆观众人次（千人次）	11400	3700	5630	1180

续表

	北京	天津	上海	重庆
艺术表演场馆艺术演出观众人次（千人次）	3170	1190	3880	490

注：2007年以前艺术表演团体和艺术表演场馆为文化系统内数据，2007年起含非文化部门数据。
资料来源：国家统计局网站。

在艺术表演场馆的建设方面，如表3-26所示，2019年，北京市艺术表演场馆机构数多于上海市和重庆市，少于天津市。2019年，北京市艺术表演场馆演（映）出场次数远高于其他三个直辖市，分别为天津市、上海市和重庆市的5.70倍、11.36倍和10.19倍，艺术表演场馆艺术演出场次分别为天津市、上海市和重庆市的1.19倍、1.47倍和1.77倍，艺术表演场馆观众人次分别为天津市、上海市和重庆市的3.08倍、2.02倍和9.66倍，艺术表演场馆艺术演出观众人次少于上海市，远多于天津市和重庆。可以看出，北京市艺术表演场馆的艺术应用率比较高。

（三）广播电视节目

广播电视是公众获取文化消费、新闻资讯等的普遍来源。2019年，北京市、天津市和上海市广播电视各类节目人口覆盖率达到100%，但重庆市尚未实现广播电视综合人口全覆盖，且农村广播节目人口覆盖率低于99%（见表3-27）。

表3-27　2019年四个直辖市广播电视节目综合人口覆盖情况　　　单位：%

	北京	天津	上海	重庆
广播节目综合人口覆盖率	100	100	100	99.2
农村广播节目人口覆盖率	100	100	100	98.8
电视节目综合人口覆盖率	100	100	100	99.4
农村电视节目人口覆盖率	100	100	100	99.2

资料来源：国家统计局网站。

在广播电视的节目制作方面，2019年，北京市公共广播电视节目共26套，多于天津市和上海市，少于重庆市（见图3-11）。北京市的广播电视节目较丰富。

（四）出版物

1. 图书、期刊和报纸出版

图书、期刊和报纸是文化的重要载体，它们的出版情况代表着一个地区文化产业发展的基本情况。如表3-28所示，在图书出版方面，北京市的图书出版种类和数量比天津市和重庆市丰富得多，但弱于上海市。2019年，北京市出版图书12350种，远超天津市和重庆市，约为上海市的40.00%；新出版图书5923

种，远多于天津市和重庆市，仅为上海市的42.26%；图书总印数2.2亿册，多于天津市和重庆市，但仅为上海市的41.51%。期刊方面，2019年，北京市期刊出版种类仅多于重庆书，少于天津市和上海市，不到上海市的1/3；北京市期刊出版总印数与天津市相同，少于重庆市，不到上海市的1/2。报纸方面，2019年，北京市出版报纸33种，比天津市和重庆市多，但不到上海市的1/2；北京市报纸出版总印数为3.8亿份，多于天津市和重庆市，但也未达到上海市的1/2。总体来看，无论是从出版种类还是从出版数量来看，北京市图书、期刊和报纸的出版情况都远弱于上海市。北京市若要强化在全国的文化中心地位，应进一步加大对图书、期刊和报纸等的出版体量。

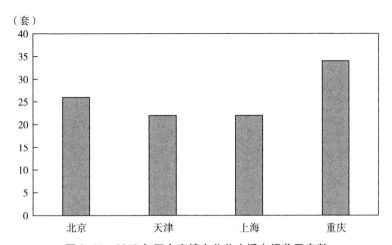

图 3-11 2019 年四个直辖市公共广播电视节目套数

资料来源：国家统计局网站。

表 3-28 2019 年四个直辖市图书、期刊和报纸出版情况

	北京	天津	上海	重庆
图书出版种数（种）	12350	7819	30876	5127
新出版图书种数（种）	5923	4198	14017	1522
图书总印数（亿册）	2.2	1.2	5.3	1.4
期刊出版种数（种）	174	252	641	142
期刊出版总印数（亿份）	0.3	0.3	0.7	0.4
报纸出版种数（种）	33	19	70	27
报纸出版总印数（亿份）	3.8	2.5	7.8	2.3

资料来源：国家统计局网站。

2. 电子出版

随着信息技术的发展，电子出版物品成为经济发展必不可少的物品，也成为传播文化的载体，并越来越多地呈现出对纸质出版物的替代。如表 3-29 所示，2019 年，北京市电子出版物共 28 种，少于其他三个直辖市；电子出版物出版数量 48.33 万张，多于天津市，但少于上海市和重庆市。北京市这两个指标与上海市的差距都比较大。总体来看，在出版物的电子化方面，北京市相对较弱。

表 3-29 2019 年四直辖市电子出版物品情况

指标	北京	天津	上海	重庆
电子出版物品出版种数（种）	28	32	464	129
电子出版物出版数量（万张）	48.33	8.75	943	60.6

资料来源：国家统计局网站。

3. 出版印刷生产

由于环保、产业"腾笼换鸟"和转型升级等政策的规定，出版印刷生产并不能代表当地的出版业兴盛情况，但出版印刷生产作为出版业的必要环节，在本地生产有利于降低出版成本，提高沟通效率。如表 3-30 所示，2019 年，北京市出版印刷企业共 808 家，分别是天津市、上海市和重庆市的 4.02 倍、4.37 倍和 7.35 倍；出版印刷企业黑白印刷产量 1801.8 万令，分别是天津市、上海市和重庆市的 4.76 倍、3.97 倍和 5.72 倍；出版印刷企业彩色印刷产量 13439 万对开色令，分别为天津市、上海市和重庆市的 5.47 倍、1.43 倍和 9.60 倍；出版印刷企业装订产量也远超天津市、上海市和重庆市；出版印刷企业用纸量超过其他三个直辖市。可以看出，北京市出版印刷经济能够从本地获取更多的生产支持。

表 3-30 2019 年四直辖市出版印刷生产情况

指标	北京	天津	上海	重庆
出版印刷企业数（家）	808	201	185	110
出版印刷企业黑白印刷产量（万令）	1801.8	378.2	454.4	315
出版印刷企业彩色印刷产量（万对开色令）	13439	2457.4	9417.6	1400.6
出版印刷企业装订产量（万令）	2671.4	325.3	477	371.5
出版印刷企业用纸量（万令）	3634.7	927.9	3120.8	571.4

资料来源：国家统计局网站。

五、体育

体育活动尤其是国际体育赛事是国家文化和经济实力的一项重要象征，在这方面，北京市成绩突出，综合性赛事活动首屈一指。在 2008 年，北京市为第 29 届奥运会的主办城市，天津市和上海市提供了该届奥运会的足球分会场。2022 年，北京市又举办了国际冬奥会。相比之下，上海市则举办了较多商业性国际体育赛事活动。2018 年，上海市推行"体育产业 30 条"，加速国际体育赛事之都建设，完善重大赛事布局，旨在打造国内职业体育赛事高地。2019 年，上海市举办了两项国际顶级赛事——国际篮联篮球世界杯和世界武术锦标赛。天津市举办过亚洲女子排球锦标赛。重庆市举办过国际攀联世界杯攀岩赛、亚洲青年攀岩锦标赛等专项或特色赛事活动。

六、国际交流

旅游是招揽、接待游客，为其提供交通、游览、住宿、餐饮、购物、文娱服务的综合性行业。一个城市旅游业的发达程度反映着该城市的文化吸引力，更反映了一个城市与其他区域的经济社会交流程度。2019 年，北京市国际旅游外汇收入达 5192.47 百万美元，居全国第三名，分别为天津市、上海市和重庆市的 4.39 倍、62.99% 和 2.06 倍，高于天津市和重庆市，低于上海市（见图 3-12）。可见，北京市国际旅游体量在全国的带动性居于全国前列，但弱于上海市。

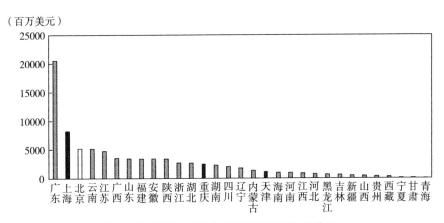

图 3-12 2019 年 31 个省份国际旅游外汇收入

资料来源：国家统计局网站。

如表 3-31 所示，2019 年，北京市共接待国际游客 3.77 百万人次，远高于天津市和重庆市，但仅为上海市的 51.29%。其中，接待外国人游客 3.21 百万人次，占全部国际游客的 85.15%，接待外国人游客人次远多于天津市和重庆市，少于上海市。可见，北京市在国际交流方面的频繁程度弱于上海市。

表 3-31　2019 年四个直辖市接待国际游客情况　　单位：百万人次

指标	北京	天津	上海	重庆
接待国际游客	3.77	0.56	7.35	2.97
接待外国人游客	3.21	0.51	5.00	1.70

资料来源：国家统计局网站。

七、社会保障

　　社会保障活动是社会发育的一个基本条件，也是和平时期决定居民生活安全感的重要基础，同时也是对一个国家经济社会发展水平的衡量。如表 3-32 所示，2019 年，北京市城乡居民社会养老保险参保人数为 204.7 万人，占常住人口的 9.35%，天津市、上海市和重庆市城乡居民社会养老保险参保人数分别为 164.5 万人、77.1 万人和 1162.7 万人，占常住人口的比重分别为 11.88%、3.11% 和 36.47%。相较来看，北京市城乡居民社会养老保险参保的比重低于天津市和重庆市，高于上海市。北京市、天津市、上海市和重庆市城乡居民社会养老保险参保人平均每人的社会养老基金收入为 3326.82 元、3689.97 元、9844.36 元和 715.58 元，北京市城乡居民社会养老保险参保人平均每人的社会养老基金收入低于天津市和上海市，高于重庆市。2019 年，北京市城乡居民社会养老保险实际领取待遇人数为 90.8 万人，超过天津市和上海市，少于重庆市，可见北京市的养老保险负担人数多于天津市和上海市。这些人平均可获得的城乡居民社会养老保险基金支出为 6442.73 元、5510.95 元、14903.10 元和 1732.22 元。2019 年，北京市城乡居民社会养老保险累计结余 165.5 亿元，高于上海市和重庆市，低于天津市，面向当前养老保险领取人口数量，北京市的城乡居民养老资金相对充足。综合来看，北京市城乡居民社会养老保险资金总量相对充足，但北京市城乡居民社会养老保险人均收入较低，人均待遇远高于上海市，人均指标的引领性不足。

表 3-32　2019 年四个直辖市社会养老保险情况

指标	北京	天津	上海	重庆
城乡居民社会养老保险参保人数（万人）	204.7	164.5	77.1	1162.7
城乡居民社会养老保险实际领取待遇人数（万人）	90.8	82.2	51.6	358.5
城乡居民社会养老保险基金收入（亿元）	68.1	60.7	75.9	83.2
城乡居民社会养老保险基金支出（亿元）	58.5	45.3	76.9	62.1
城乡居民社会养老保险累计结余（亿元）	165.5	279.4	80.5	153.9

资料来源：国家统计局网站。

参考文献

［1］孙久文，张静．长江经济带发展的时空演变与发展建议［J］．政治经济学评论，2019，10（11）：151-171．

［2］北京市人民政府．关于印发北京市加快培育和发展战略性新兴产业实施意见的通知［EB/OL］．http：//www.caam.org.cn/chn/9/cate_104/con_5060463.html，2011-7-21/2022-2-4．

［3］国务院办公厅．国务院关于加快培育和发展战略性新兴产业的决定［EB/OL］．http：//www.gov.cn/zwgk/2010-10/18/content_1724848.htm，2010-10-18/2022-12-2．

［4］中华人民共和国教育部．教育部 财政部 国家发展改革委关于公布世界一流大学和一流学科建设高校及建设学科名单的通知［EB/OL］．http：//www.moe.gov.cn/srcsite/A22/moe_843/201709/t20170921_314942.html，2017-9-21/2022-01-04．

第四章　经济社会发展历程

中华人民共和国成立以来，北京经历了社会主义计划经济、改革开放的市场经济、党的十八大以来的中国特色社会主义新时代三个时期，经济发展取得了瞩目的成就，成为中国重要的经济和科技中心，社会发展翻天覆地，城镇化、教育、卫生等显著改善，人民生活水平不断提升。

第一节　社会主义计划经济体制下的发展

一、北京的经济发展

自唐代安禄山起兵蓟城、攻破长安，北京的战略地位越发凸显（侯仁之，1959）。此后，经辽、金、元、明、清五朝帝都，北京发展成为我国的政治中心。鸦片战争之后，历尽沧桑风雨，到中华人民共和国成立之初，北京已是满目疮痍、凋敝不堪、百废待兴。1949 年，北京市 GDP 为 2.77 亿元，人均 GDP 为 66.00 元，当时其作为一座消费城市，工业寥寥无几。

中华人民共和国成立后，为加快经济发展，北京提出把消费城市变成生产城市的号召，实施重工业发展战略。在此驱动下，北京经济快速发展，1978 年GDP 为 108.84 亿元，人均 GDP 为 1257.00 元，分别是 1949 年的 39.29 倍和19.05 倍。

在重工业发展战略的驱动下，北京市产业结构发生变迁。1957 年，北京市重工业占工业总产值的比重为 41.80%，轻工业占工业总产值的比重为 58.20%。1978 年，北京市重工业占工业总产值的比重上升为 64.50%，轻工业占工业总产值的比重则下降为 35.50%。重工业比重过大，意味着能耗高、用水多、污染重，而轻工业比重小，导致轻工业无法满足居民需要，特别是食品工业和一些高中档商品长期供应不足。同时，在计划经济体制下，企业分属中央和地方的多个部门管理，领导多头，管理分散，造成重复生产、专业协作水平低，浪费极大（荆为，1982）。

主导产业是经济发展的核心动力，历次工业革命的主导产业创新性强，产业链条长，拉动作用大，对区域经济发展具有重要作用。北京在经济发展中，积极吸收工业革命的成果，发展代表性主导产业。第一次工业革命的代表性主导产业是纱、布、生铁，从这些产业来看，1952年北京的纱产量、布产量、生铁产量分别为0万吨、0.44亿米和34.2万吨，1965年北京的纱产量、布产量、生铁产量分别为3.5万吨、1.9亿米和115.7万吨，1978年北京的纱产量、布产量、生铁产量分别为5.3万吨、2.57亿米和247.9万吨（见表4-1）。以上数据表明，北京市三大主导产业都出现了较快的增长。

表4-1 北京市第一次工业革命的代表性主导产业的发展及占全国比重

年份	纱		布		生铁	
	产量（万吨）	比重（%）	产量（亿米）	比重（%）	产量（万吨）	比重（%）
1952	0	0	0.44	1.1	34.2	17.7
1965	3.5	2.7	1.9	3	115.7	10.7
1978	5.3	2.2	2.57	2.3	247.9	7.1

资料来源：1949~1984年《中国工业统计年鉴》。

第二次工业革命的代表性主导产业是钢、发力和汽车，从这些产业看，1952年北京的钢产量、发电量、汽车产量分别为0.1万吨、2.8亿度和0万辆，1965年北京的钢产量、发电量、汽车产量分别为35.6万吨、38.2亿度和0.04万辆，1978年北京的钢产量、发电量、汽车产量分别为191万吨、99.8亿度和1.79万辆（见表4-2）。同样地，北京市三大主导产业也都出现了较快的增长。

表4-2 北京市第二次工业革命的代表性主导产业的发展及占全国比重

年份	钢		发电量		汽车	
	产量（万吨）	比重（%）	产量（亿度）	比重（%）	产量（万辆）	比重（%）
1952	0.1	0.1	2.8	3.9	0	0
1965	35.6	2.9	38.2	5.7	0.04	1
1978	191	6	99.8	3.9	1.79	12

资料来源：1949~1984年《中国工业统计年鉴》。

尤其是钢产业和汽车产业取得了显著的成绩，钢产量占全国的比重从1952年的0.1%提高到1978年的6%，汽车产量占全国的比重从1952年的0提高到1978年的12%。与此同时，钢产业和汽车产业在全国的位次也在不断提升，钢产业从1952年的第12位上升到1978年的第5位，汽车产业则从1965年的第4

位上升到 1978 年的第 2 位（见表 4-3）。

表 4-3　北京市的钢和汽车产量占全国的位次

	1952 年	1965 年	1978 年
钢	12	7	5
汽车	—	4	2

资料来源：1949~1984 年《中国工业统计年鉴》。

二、北京的社会发展

人口是社会发展的重要方面。1957 年北京有 86 万户人家和 401 万人，占全国的比重分别为 0.60% 和 0.62%。之后北京的户数和人口数都在不断增长，到 1975 年北京有 188 万户人家和 823 万人，占全国的比重分别上升到 0.97% 和 0.89%（见表 4-4）。

表 4-4　北京市户数和人口数的演变

年份	1957		1965		1970		1975	
指标	户数（万户）	人口数（万人）	户数（万户）	人口数（万人）	户数（万户）	人口数（万人）	户数（万户）	人口数（万人）
数量	86	401	157	776	169	771	188	823
比重（%）	0.60	0.62	0.98	1.07	0.96	0.93	0.97	0.89

资料来源：《中国人口和就业统计年鉴 1988》。

从人口迁移看，如表 4-5 所示，1955 年、1960 年和 1975 年北京都是人口净迁入的地区，其中 1960 年的净迁入人口达到了 298441 人，在这些年份中达到最高。1965 年和 1970 年，北京的人口呈现净迁出状态，分别净迁出了 15922 人和 69784 人，这与国家实施上山下乡运动、三线建设等密切相关。

表 4-5　北京市人口迁移情况　　　　　　　　　　单位：人

年份	迁入人数	迁出人数	净迁移人数
1955	426368	420286	6082
1960	522146	223705	298441
1965	302679	318601	−15922
1970	146016	215800	−69784
1975	225357	166843	58514

资料来源：《中国人口和就业统计年鉴 1988》。

城镇化是反映社会发展的重要指标。由于改革开放之前的数据限制，本书选择非农业人口占总人口的比重表示城镇化率。1965 年北京市的非农业人口为432 万人，因上山下乡运动、三线建设等原因，非农业人口出现下降，1970 年非农业人口下降到 387 万人，1975 年恢复到 423 万人，由此计算的城镇化率从1965 年的 55.67%变化为 1975 年的 51.40%（见表 4-6）。

表 4-6 北京市非农业人口及其比重

年份	1965	1970	1975
非农业人口（万人）	432	387	423
比重（%）	55.67	50.19	51.40

资料来源：《中国人口和就业统计年鉴1988》。

第二节 改革开放至2012年的发展

一、北京的经济发展

1. 基本概况

北京 1978 年 GDP 为 108.84 亿元，人均 GDP 为 1257.00 元。2012 年 GDP为 17879.40 亿元，人均 GDP 为 87475.00 元，分别是 1978 年的 164.27 倍和69.59 倍。

从代表性主导产业看，第一次工业革命的代表性主导产业是纱、布、生铁，从这些产业看，1978 年北京的纱产量、布产量、生铁产量分别为 5.3 万吨、2.57 亿米和 247.9 万吨。2012 年北京的纱产量、布产量和生铁产量分别为 0.25万吨、0 亿米、0 万吨，都呈现下降的态势（见表 4-7）。这一方面与首钢外迁到河北有关，另一方面也与北京产业结构高级化有关。

表 4-7 北京市第一次工业革命的代表性主导产业的发展及占全国比重

年份	纱		布		生铁	
	产量（万吨）	比重（%）	产量（亿米）	比重（%）	产量（万吨）	比重（%）
1978	5.3	2.2	2.57	2.3	247.9	7.1
1992	8.01	1.6	2.97	3.0	435.1	5.7
2001	4.49	0.59	1.14	0.39	783.59	5.04
2012	0.25	0.01	0	0	0	0

资料来源：1949~1984 年《中国工业统计年鉴》、《中国工业统计年鉴1993》、国家统计局网站。

第二次工业革命的代表性主导产业是钢、电力和汽车，从这些产业看，1978 年北京的钢产量、发电量、汽车产量分别为 191 万吨、99.8 亿度和 1.79 万辆。2012 年北京的钢产量、发电量、汽车产量分别为 254.54 万吨、290.99 亿度和 166.16 万辆。其中，钢产量因首钢外迁，相比 2001 年出现大幅下降。随着国家电网区域联网的完成和西电东送通道的建设，北京的电力消费大量来自中西部地区，自身的发电量增长较慢。汽车产业的产量出现较快增长，但因全国多个省份都在大力发展汽车产业，相比 1992 年，2012 年北京汽车产业占全国的比重出现一定的下滑（见表 4-8）。

表 4-8　北京市第二次工业革命的代表性主导产业的发展及占全国比重

年份	钢		发电量		汽车	
	产量（万吨）	比重（%）	产量（亿度）	比重（%）	产量（万吨）	比重（%）
1978	191	6	99.8	3.9	1.79	12
1992	438.3	6.55	142.3	1.89	13.79	12.9
2001	727.87	4.53	133.28	0.90	15.27	6.52
2012	254.54	0.27	290.99	0.58	166.16	8.62

资料来源：1949~1984 年《中国工业统计年鉴》、《中国工业统计年鉴 1993》、国家统计局网站。

第三次工业革命的代表性主导产业是微型计算机、手机、集成电路，从这些产业看，1988 年北京的微型计算机、手机、集成电路产量分别为 3 万台、0 万台和 548.8 万块。2012 年北京的微型计算机、手机、集成电路产量分别为 1074.5 万台、19949.3 万台和 319400 万块。北京市三个主导产业的产量都出现了大幅增长。不过，随着第三次工业革命在全国各地的渗透，其他省份的微型计算机、手机、集成电路的产量也出现了快速增长，为此，北京市微型计算机、手机、集成电路产量占全国的比重出现波动。

表 4-9　北京市第三次工业革命的代表性主导产业的发展及占全国比重

年份	微型计算机		手机		集成电路	
	产量（万台）	比重（%）	产量（万台）	比重（%）	产量（万块）	比重（%）
1988	3	25.84	—	—	548.8	4.44
1992	2.95	23.38	43.22*	12.05	991.86	6.16
2001	339.69	38.70	2163	26.93	20952	3.29
2012	1074.5	3.03	19949.3	16.88	319400	3.88

注：* 为 1996 年数据。

资料来源：国家统计局网站。

2. 经济效率

效率是经济社会长期持续发展的根本支撑力。基于索洛余值的计算方法，以北京 16 个区 2007~2017 年的数据分析经济效率的演进及其分异特征。假定北京各区的生产函数为柯布—道格拉斯的形式：

$$Y = AK^{\alpha}L^{\beta}$$

两边取对数，得到：

$$y = a + \alpha k + \beta l$$

索洛余值为：

$$A = \exp\ (y - \alpha k - \beta l)$$

为了得到索洛余值，需要得到估计系数 α 和 β。为此，使用计量模型，进行回归分析。基于数据的可获得性，使用 2007~2017 年北京 16 个区的数据进行分析，Y 使用 GDP，K 使用全社会固定资产投资完成额，L 为常住人口。根据估计结果，进行 Hausman 检验，选择固定效应模型。在此基础上，计算索洛余值并进行图形展示，如图 4-1 所示。

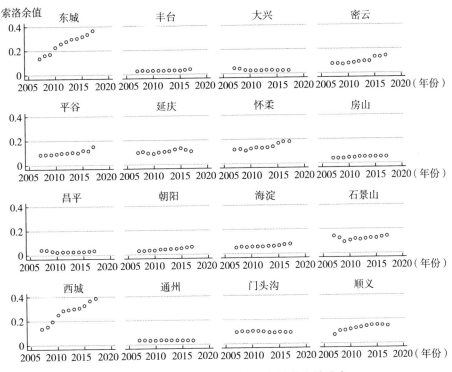

图 4-1　2007~2017 年北京各区经济效率的演变

资料来源：Wind。

经济效率提升最为突出的是东城区和西城区。东城区的经济效率从 2007 年的 0.14 上升到 2017 年的 0.37，西城区的经济效率从 2007 年的 0.13 上升为 2017 年的 0.38。

经济效率小幅上升的有顺义区、海淀区、朝阳区、怀柔区、平谷区、密云区。顺义区的经济效率从 2007 年的 0.07 上升为 2017 年的 0.14，海淀区的经济效率从 2007 年的 0.05 上升为 2017 年的 0.08，朝阳区的经济效率从 2007 年的 0.03 上升为 2017 年的 0.06，怀柔区的经济效率从 2007 年的 0.12 上升为 2017 年的 0.18，平谷区的经济效率从 2007 年的 0.08 上升为 2017 年的 0.15，密云区的经济效率从 2007 年的 0.08 上升为 2017 年的 0.14。

经济效率变动不大的是房山区、延庆区、通州区、石景山区、丰台区。房山区的经济效率 2007 年为 0.04，2017 年为 0.05；延庆区的经济效率 2007 年为 0.09，2017 年为 0.10；通州区的经济效率 2007 年为 0.03，2017 年为 0.03；石景山区的经济效率 2007 年为 0.14，2017 年为 0.14；丰台区的经济效率 2007 年为 0.03，2017 年为 0.04。

经济效率略有下降的是大兴区、门头沟区、昌平区。大兴区的经济效率从 2007 年的 0.04 下降为 2017 年的 0.02。门头沟区的经济效率从 2007 年的 0.10 下降为 2017 年的 0.09。昌平区的经济效率从 2007 年的 0.04 下降为 2017 年的 0.03。

二、北京的社会发展

北京市常住人口由 2000 年的 1364 万人增长到 2012 年的 2078 万人，占全国的比重从 2000 年的 1.08% 增长到 2012 年的 1.53%（见表 4-10）。

表 4-10　2000~2012 年北京市常住人口情况

年份	常住人口（万人）	常住人口占全国比重（%）
2000	1364	1.08
2001	1385	1.09
2002	1423	1.12
2003	1456	1.14
2004	1493	1.16
2005	1538	1.20
2006	1601	1.24
2007	1676	1.29
2008	1771	1.35
2009	1860	1.40

续表

年份	常住人口（万人）	常住人口占全国比重（%）
2010	1962	1.47
2011	2024	1.50
2012	2078	1.53

资料来源：国家统计局。

北京是我国重要的教育中心和医疗中心，普通高校数、普通高校教职工数、普通高校学生数、卫生人员数都在全国名列前茅。普通高校数从1987年的67所增长到2012年的89所，占全国的比重从1987年的6.30%变化为2012年的3.64%。普通高校教职工数从1987年的9.77万人增长到2012年的13.88万人，占全国的比重从1987年的10.09%变化为2012年的6.16%。普通高校学生数从1987年的13.60万人增长到2012年的59.12万人，占全国的比重从1987年的6.94%变化为2012年的2.47%（见表4-11）。尽管普通高校、普通高校教职工、普通高校学生占全国的比重逐步下降，但是从985高校、211高校、"双一流"高校的分布看，北京的优势十分突出。

表4-11 1987~2012年北京市普通高等教育事业的发展

年份	高校（所）	高校比重（%）	教职工（万人）	教职工比重（%）	学生（万人）	学生比重（%）
1987	67	6.30	9.77	10.09	13.60	6.94
1988	67	6.23	9.91	9.97	14.35	6.95
1989	67	6.21	10.02	9.98	14.16	6.80
1990	67	6.23	9.90	9.84	13.99	6.78
1991	67	6.23	9.78	9.69	13.69	6.70
1992	67	6.36	9.66	9.53	14.00	6.41
1993	68	6.38	9.67	9.47	15.89	6.26
1994	67	6.20	10.47	10.07	17.52	6.42
1995	65	6.17	10.36	9.96	18.22	6.42
1996	65	6.30	10.23	9.88	19.00	6.28
1997	65	6.37	10.12	9.81	19.58	6.16
1998	63	6.16	10.14	9.85	21.30	6.25
1999	64	5.98	10.82	10.16	23.51	5.75
2000	58	5.57	10.52	9.45	28.03	5.04
2001	61	4.98	10.47	8.62	33.65	4.68

年份	高校（所）	高校比重（%）	教职工（万人）	教职工比重（%）	学生（万人）	学生比重（%）
2002	62	4.44	9.83	7.54	39.57	4.38
2003	73	4.70	10.88	7.49	45.45	4.10
2004	77	4.45	10.83	6.72	49.95	3.75
2005	77	4.30	11.43	6.56	54.83	3.51
2006	80	4.28	11.89	6.35	56.58	3.25
2007	79	4.14	12.48	6.32	57.82	3.07
2008	85	3.76	12.92	6.30	58.56	2.90
2009	86	3.73	13.12	6.21	58.67	2.74
2010	87	3.69	13.39	6.21	58.71	2.63
2011	87	3.61	13.16	5.97	58.79	2.55
2012	89	3.64	13.88	6.16	59.12	2.47

资料来源：国家统计局。

医疗是关乎人民生活质量的重要指标。北京的卫生人员数较多，尤其是三甲医院的卫生人员在全国占有重要的地位。北京市卫生人员从 1987 年的 14.30 万人增长到 2012 年的 25.32 万人，占全国比重从 1987 年的 3.13%下降到 2012 年的 2.78%（见表4-12）。但考虑到北京医疗事业的质量与声誉，北京医疗卫生在全国的优势十分突出。

表 4-12　1987~2012 年北京市卫生事业的发展

年份	卫生人员（万人）	卫生人员比重（%）
1987	14.30	3.13
1988	14.50	3.10
1989	15.00	3.13
1990	15.60	3.18
1991	16.10	3.21
1992	16.40	3.19
1993	16.50	3.17
1994	16.50	3.11
1998	16.30	2.94
1999	16.20	2.91
2000	16.03	2.87

续表

年份	卫生人员（万人）	卫生人员比重（%）
2001	15.80	2.83
2002	14.39	2.75
2003	14.82	2.81
2004	15.34	2.87
2005	15.70	2.89
2006	16.63	2.96
2007	18.31	3.10
2008	19.43	3.15
2009	21.17	2.72
2010	22.36	2.73
2011	23.57	2.74
2012	25.32	2.78

资料来源：国家统计局。

在医疗、教育等因素的综合影响下，北京市的人口平均预期寿命在全国具有领先地位。限于数据的可获得性，2010 年北京市的人口平均预期寿命达到了 80.18 岁，居全国第二位，仅次于上海市的 80.26 岁（见表 4-13）。

表 4-13　2010 年 31 省份人口平均预期寿命　　　　　　　单位：岁

地区	平均预期寿命	地区	平均预期寿命
上海	80.26	重庆	75.70
北京	80.18	广西	75.11
天津	78.89	安徽	75.08
浙江	77.73	河北	74.97
江苏	76.63	山西	74.92
广东	76.49	湖北	74.87
山东	76.46	四川	74.75
辽宁	76.38	湖南	74.70
海南	76.30	陕西	74.68
吉林	76.18	河南	74.57
黑龙江	75.98	内蒙古	74.44
福建	75.76	江西	74.33

续表

地区	平均预期寿命	地区	平均预期寿命
宁夏	73.38	青海	69.96
新疆	72.35	云南	69.54
甘肃	72.23	西藏	68.17
贵州	71.10		

资料来源：国家统计局。

与此同时，北京市的婴儿死亡率、新生儿死亡率、孕产妇死亡率、甲乙类传染病发病率都出现了大幅下降，卫生事业取得了巨大的成就。婴儿死亡率从1978 年的 17.11‰下降到 2012 年的 2.87‰，新生儿死亡率从 1978 年的 12.21‰下降到 2012 年的 1.91‰，孕产妇死亡率从 1978 年的 31/10 万下降到 2012 年的6.05/10 万，甲乙类传染病发病率从 1979 年的 1584.25/10 万下降到 2012 年的174.45/10 万（见表 4-14）。

表 4-14　代表性年份北京市人口健康状况

年份	婴儿死亡率（‰）	新生儿死亡率（‰）	孕产妇死亡率（1/10 万）	甲乙类传染病发病率（1/10 万）
1978	17.11	12.21	31.00	—
1979	16.97	10.08	34.70	1584.25
1992	12.12	8.93	30.10	385.98
2001	6.01	4.05	11.71	276.85
2012	2.87	1.91	6.05	174.45

资料来源：《北京统计年鉴 2022》。

第三节　党的十八大以来的发展

一、北京的经济发展

2012 年北京市 GDP 为 17879.40 亿元，人均 GDP 为 87475.00 元。2019 年北京市 GDP 为 35371.28 亿元，人均 GDP 为 164220.00 元，分别是 2012 年的 1.98倍和 1.88 倍。

从代表性主导产业看，第一次工业革命的代表性主导产业是纱、布、生铁，从这些产业看，2012 年北京的纱产量、布产量和生铁产量分别为 0.25 万吨、0

亿米、0 万吨，2021 年北京的纱产量、布产量和生铁产量都是 0（见表 4-15）。这反映出北京的产业结构进一步推向高级化。

表 4-15　北京市第一次工业革命的代表性主导产业的发展及占全国比重

年份	纱		布		生铁	
	产量（万吨）	比重（%）	产量（亿米）	比重（%）	产量（万吨）	比重（%）
2012	0.25	0.01	0	0	0	0
2021	0	0	0	0	0	0

资料来源：国家统计局网站。

第二次工业革命的代表性主导产业是钢、电力和汽车，从这些产业看，2012 年北京的钢产量、发电量、汽车产量分别为 254.54 万吨、290.99 亿度和 166.16 万辆。2021 年北京的钢产量、发电量、汽车产量分别为 203.36 万吨、472.57 亿度和 135.47 万辆。钢产量和汽车产量均出现下滑，发电量出现上升，但从占全国的比重看，三大产业的比重都出现下降（见表 4-16）。

表 4-16　北京市第二次工业革命的代表性主导产业的发展及占全国比重

年份	钢		电力		汽车	
	产量（万吨）	比重（%）	发电量（亿度）	比重（%）	产量（万辆）	比重（%）
2012	254.54	0.27	290.99	0.58	166.16	8.62
2021	203.36	0.15	472.57	0.55	135.47	5.16

资料来源：国家统计局网站。

第三次工业革命的代表性主导产业是微型计算机、手机、集成电路，从这些产业看，2012 年北京的微型计算机、手机、集成电路产量分别为 1074.5 万台、19949.3 万台和 319400 万块。2021 年北京的微型计算机、手机、集成电路产量分别为 647.31 万台、11624.5 万台和 2077500 万块。微型计算机、手机的产量出现下滑，而集成电路的产量出现上升。从比重看，2012~2021 年微型计算机、手机的比重出现下降，集成电路的比重则出现上升（见表 4-17）。

表 4-17　北京市第三次工业革命的代表性主导产业的发展及占全国比重

年份	微型计算机		手机		集成电路	
	产量（万台）	比重（%）	产量（万台）	比重（%）	产量（万块）	比重（%）
2012	1074.5	3.03	19949.3	16.88	319400	3.88
2021	647.31	1.39	11624.5	7.00	2077500	5.78

资料来源：国家统计局网站。

近年来第四次工业革命兴起，代表性主导产业是人工智能。作为我国科技、人才、资金最为聚集的地区之一，北京的人工智能产业在全国占有较大的比重，是第四次工业革命的中心之一。根据《中国新一代人工智能科技产业发展报告2021》，从人工智能研发企业的分布看，2020年位于北京的人工智能研发企业远远多于其他城市，反映出北京在人才、资金、技术、上下游产业链、交通、政策环境等方面具有显著先发优势（见图4-2）。

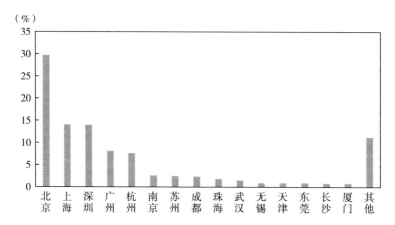

图 4-2　2020 年中国人工智能研发企业的城市分布比例

资料来源：《中国新一代人工智能科技产业发展报告 2021》。

二、北京的社会发展

北京市常住人口由 2012 年的 2078 万人增长到 2022 年的 2184 万人，占全国的比重相对稳定，从 2012 年的 1.53% 变化为 2022 年的 1.55%（见表 4-18）。

表 4-18　2012~2022 年北京市常住人口增长

年份	常住人口（万人）	常住人口占全国比重（%）
2012	2078	1.53
2013	2125	1.56
2014	2171	1.58
2015	2188	1.58
2016	2195	1.58
2017	2194	1.57
2018	2192	1.56
2019	2190	1.56

续表

年份	常住人口（万人）	常住人口占全国比重（%）
2020	2189	1.55
2021	2189	1.55
2022	2184	1.55

资料来源：国家统计局。

党的十八大以来，北京着力提升城镇化的发展质量，城镇化率从2012年的86.28%增长到2021年的87.53%（见表4-19）。

表4-19 2012~2021年北京市城镇化率的演变

年份	常住人口（万人）	城镇人口（万人）	城镇化率（%）
2012	2078.00	1793.00	86.28
2013	2125.00	1836.00	86.40
2014	2171.00	1878.00	86.50
2015	2188.00	1897.00	86.70
2016	2195.00	1904.00	86.74
2017	2194.00	1907.00	86.92
2018	2192.00	1909.00	87.09
2019	2190.00	1913.00	87.35
2020	2189.00	1916.00	87.53
2021	2189.00	1916.00	87.53

资料来源：国家统计局。

北京是我国重要的教育中心和医疗中心，普通高校数、普通高校教职工数、普通高校学生数、卫生人员数都在全国名列前茅。普通高校数从2012年的89所增长到2021年的92所，普通高校教职工数从2012年的13.88万人增长到2021年的15.67万人，普通高校学生数从2012年的59.12万人增长到2021年的61.70万人（见表4-20）。尽管普通高校、普通高校教职工、普通高校学生占全国的比重逐步下降，但是从985高校、211高校、"双一流"高校的分布看，北京的优势十分突出。

表4-20 北京市普通高等教育事业的发展

年份	学校（所）	学校比重（%）	教职工（万人）	教职工比重（%）	学生（万人）	学生比重（%）
2012	89	3.64	13.88	6.16	59.12	2.47

续表

年份	学校（所）	学校比重（%）	教职工（万人）	教职工比重（%）	学生（万人）	学生比重（%）
2013	89	3.57	13.93	6.07	59.89	2.43
2014	89	3.52	14.23	6.09	60.46	2.37
2015	91	3.55	14.24	6.01	60.36	2.30
2016	91	3.51	14.30	5.95	59.92	2.22
2017	92	3.50	14.22	5.82	59.29	2.15
2018	92	3.45	14.33	5.76	59.49	2.10
2019	93	3.46	14.53	5.66	60.15	1.98
2020	92	3.36	15.02	5.63	60.89	1.85
2021	92	3.34	15.67	5.70	61.70	1.76

资料来源：国家统计局。

医疗是关乎人民生活质量的重要指标。北京的卫生人员数较多，尤其是三甲医院的卫生人员在全国占有重要的地位。北京市卫生人员从2012年的25.32万人增长到2021年的36.10万人，占全国比重从2012年的2.78%下降到2021年的2.58%（见表4-21）。北京医疗卫生在全国的优势十分突出。

表4-21　北京市卫生事业的发展

年份	卫生人员（万人）	卫生人员比重（%）
2012	25.32	2.78
2013	26.31	2.69
2014	27.40	2.68
2015	28.92	2.71
2016	29.95	2.68
2017	31.52	2.69
2018	32.61	2.65
2019	34.32	2.66
2020	34.81	2.59
2021	36.10	2.58

资料来源：国家统计局。

与此同时，北京市的婴儿死亡率、新生儿死亡率、孕产妇死亡率、甲乙类传染病发病率都出现了一定下降，卫生事业持续保持着高水准。婴儿死亡率从2012年的2.87‰下降到2021年的1.44‰，新生儿死亡率从2012年的1.91‰下降到

2021 年的 0.90‰，孕产妇死亡率从 2012 年的 6.05/10 万下降到 2021 年的 2.22/10 万，甲乙类传染病发病率从 2012 年的 174.45/10 万下降到 2021 年的 94.57/10 万。

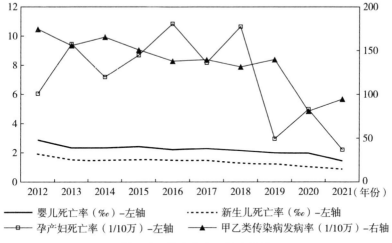

图 4-3 北京市人口健康状况

资料来源：《北京统计年鉴 2022》。

参考文献

［1］侯仁之. 关于古代北京的几个问题 ［J］. 文物，1959 （9）：1-7.

［2］荆为. 北京工业调整的回顾与展望 ［J］. 学习与研究，1982 （1）：12-15.

第二篇

产业与经济

第五章 三次产业发展

国际大都市的三次产业结构演变一般都会经历第二产业在国民经济中的比重逐步下降，第三产业占据绝对主导地位的过程，北京亦如此。20世纪90年代，北京市的第三产业超过第二产业成为三次产业中占比最大的产业。2019年，北京市实现地区生产总值35371.3亿元，其中，第一产业增加值113.7亿元，下降2.5%；第二产业增加值5715.1亿元，增长4.5%；第三产业增加值29542.5亿元，增长6.4%。三次产业构成为0.3∶16.2∶83.5。

第一节 第一产业的发展

第一产业包括农、林、牧、渔业（不含农、林、牧、渔专业及辅助性活动），是食物等基本生活资料的来源，也是重要的原材料来源。北京作为国际化大都市，经济相对发达，城市战略和定位更加注重引领性，第一产业的比例持续降低。2019年，北京市第一产业增加值为113.7亿元，仅占GDP的0.3%，相较1978年的5.1%下降了4.8个百分点。尽管如此，北京市仍然存在少量第一产业，用以供应城市居民日常生活，维持、提高农村居民收入，或进行科学研发，同时也发挥绿色生态的功能。

一、整体情况

（一）第一产业的增加值

从增加值的数量及变化看，北京市2019年的第一产业增加值为113.69亿元，比1978年增长了108.06亿元，是1978年的20.19倍，年均增长7.80%。同期，全国①第一产业增加值从1003.13亿元增长到70467.09亿元，年均增长10.93%，高于北京市3.13个百分点。相对于全国，北京市第一产业的规模增长

---

① 考虑数据可得性，本章中的全国数据不含中国港澳台地区。

相对较小。这比较容易理解，第一产业主要为农业，北京市作为全国城镇化率水平较高的城市，农业总量相对偏小。从与其他省份的比较来看，1978 年北京市第一产业增加值 5.63 亿元，数额多于天津市（5.03 亿元）、青海省（3.67 亿元）、西藏自治区（3.37 亿元）和宁夏回族自治区（3.06 亿元）四个省份，低于其他省份；2019 年北京市第一产业增加值为 113.69 亿元，仅高于上海市（103.88 亿元）（见表 5-1）。

表 5-1　1978 年和 2019 年全国各省份第一产业增加值　　单位：亿元

1978 年		2019 年	
省份	第一产业增加值	省份	第一产业增加值
四川	82.20	山东	5116.44
山东	75.06	四川	4807.23
江苏	68.71	河南	4635.40
河南	64.86	广东	4351.26
湖北	61.11	江苏	4296.28
湖南	59.83	湖北	3809.09
广东	55.31	湖南	3646.95
安徽	53.77	河北	3518.44
河北	52.20	广西	3387.74
浙江	47.09	黑龙江	3182.45
黑龙江	41.00	云南	3037.62
江西	36.18	安徽	2915.70
辽宁	32.40	福建	2596.23
广西	31.01	贵州	2280.56
云南	29.46	辽宁	2177.77
重庆	24.81	浙江	2097.38
陕西	24.70	江西	2057.56
吉林	23.98	陕西	1990.93
福建	23.93	内蒙古	1863.19
贵州	19.42	新疆	1781.75
内蒙古	18.96	重庆	1551.42
山西	18.20	吉林	1287.32
新疆	13.97	海南	1080.36
甘肃	13.21	甘肃	1050.48

续表

1978 年		2019 年	
省份	第一产业增加值	省份	第一产业增加值
上海	11.00	山西	824.72
北京	5.63	青海	301.90
天津	5.03	宁夏	279.93
青海	3.67	天津	185.23
西藏	3.37	西藏	138.19
宁夏	3.06	北京	113.69
海南	—	上海	103.88
合计	1003.13	合计	70467.09

资料来源：EPS 数据库和《中国统计年鉴 2020》。

从第一产业增加值的变动趋势来看，1978～2013 年，北京市第一产业增加值持续增加，最高达到 159.8 亿元，之后持续下降，2019 年下降至 2008～2009 年水平（见图 5-1）。

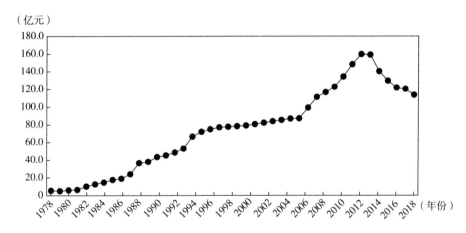

图 5-1　1978～2019 年北京市第一产业增加值

资料来源：《北京统计年鉴 2020》。

从增长率的变化情况看，1978～2019 年，北京市第一产业增加值的年增长率不稳定，最高在 1982 年，达到 54.55%，最低在 2015 年，达到 -11.81%。1978～1995 年，第一产业增长波动幅度较大，1995～2007 年，第一产业增长稳定在一个相对低水平状态，2007 年之后，第一产业的增长又变得不太稳定，在 2013 年之前增长率基本大于 21 世纪初的年份，这与北京郊区都市型农业特征显现有较大关系，2007 年，北京郊区的农业经过结构调整，在特色发展、科技水平、管理水平、规模化布局等方面得到了较大提升（见图5-2）。

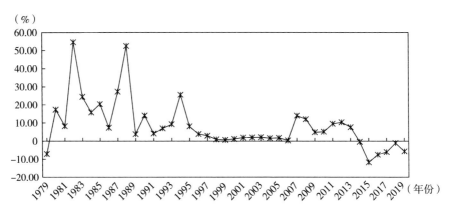

图5-2　1978~2019 年北京市第一产业增加值年增长率

资料来源：根据《北京统计年鉴 2020》数据计算。

（二）第一产业的比重

从第一产业增加值占地区生产总值的比重看，北京市第一产业增加值的比重整体上呈先下降后波动上升的态势。1978 年，北京市第一产业增加值占国内生产总值的比重为 5.1%，到 1988 年波动上升至最高位 9.0%，之后波动下降，到 2019 年降至占 GDP 的近 0.3%。1978 年以来，与全国第一产业增加值比重在 1983 年达到最高峰相比，北京市第一产业增加值比重达到最高峰的时间落后了 5 年。而且，北京市第一产业增加值占 GDP 的比重远低于全国平均水平，两者的最大差值发生于 1979 年，当年北京市第一产业增加值占 GDP 的比重低于全国 22.1 个百分点，随着 1983 年以来全国第一产业增加值在国民生产总值中的比重波动降低，两者的差值波动下降至 2019 年的 6.5 个百分点（见图5-3）。

1978~2019 年，北京市第一产业占三次产业的比重呈先波动上升后波动下降的态势，最高值发生在 1988 年，为 9.0%，1988 年之前的比重最小值发生于 1979 年，为 4.3%。1981 年及以前，北京市第一产业占三次产业的比重小于 6.0%；1982~1986 年，北京市第一产业占三次产业的比重在 6.6%~6.9%；1987 年和 1991 年该比重在 7.0%~8.0%；1989 年和 1990 年，北京市第一产业占三次产业的比重在 8.0%~9.0%；1988~2001 年，北京市第一产业占三次产业的比重平均每年下降 0.53 个百分点，到 2001 年北京市第一产业占三次产业的比重已经降至 2.1%；2002~2007 年，北京市第一产业占三次产业的比重由 1.8% 下降至 1.0%，由于此时第一产业比重已经比较小，下降幅度变小，平均每年下降 0.16 个百分点。2008 年以后，比重下降幅度进一步减小，从 2008 年的 0.9% 下降至

2019 年的 0.3%，平均每年下降约 0.05 个百分点（见图 5-4）。

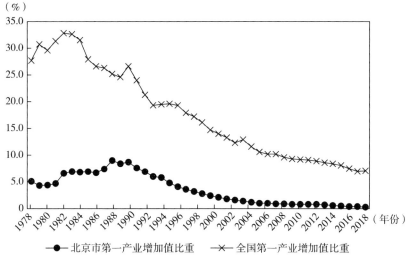

图 5-3 北京市和全国 1978~2019 年第一产业增加值比重

资料来源：历年《北京统计年鉴》，小数位仅有一位。

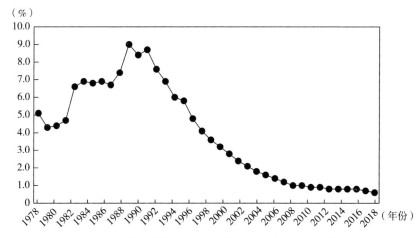

图 5-4 1978~2019 年北京市第一产业占三次产业比重

资料来源：历年《北京统计年鉴》，有数据的年份最早至 1978 年，统计数据的小数为一位。

（三）第一产业的贡献率

2019 年，北京市第一产业对经济的贡献率为 -0.2%。从时间变化看，北京市第一产业对经济的贡献率在 1982~1997 年呈波动下降态势，从 1982 年的 8.7% 波动下降至 1994 年的 1.5%，经过 1995 年和 1996 年的剧烈变动后，从

1997 年的 1.3% 波动下降至 2006 年的 0.2%，1998 年之后，贡献率在 ±1% 之间徘徊，最大没有超过 1.0%，最小没有小于 -1.0%（见图 5-5）。

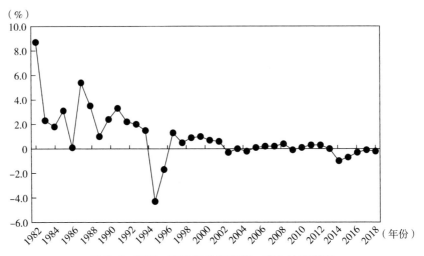

图 5-5　1982~2019 年北京市第一产业的贡献率

注：此处从 1982 年起分析是因为所查到的数据年份最早至 1982 年。

资料来源：历年《北京统计年鉴》。

（四）第一产业的结构变化

1. 主要农产品产量变化

北京市主要农产品包括粮食、油料、蔬菜及食用菌、干鲜果品、牛奶、肉类、禽蛋和水产品，其中又以粮食和蔬菜及食用菌最多。粮食方面，北京市粮食产量从 1978 年的 186.0 万吨波动增长至 1993 年的 284.1 万吨，1994~2003 年波动下降至 58.0 万吨，后又上升至 2008 年的 125.5 万吨，到 2019 年又降至 28.8 万吨，且为历年最低水平；蔬菜及食用菌方面，北京市 1978 年蔬菜及食用菌产量为 164.5 万吨，2002 为产量最高点，达到 507.4 万吨，后又波动下降至 2019 年的 111.5 万吨，且为历年产量最低点；1978 年，北京市干鲜果品产量为 17.5 万吨，2005 年上升至 93.9 万吨，之后波动下降，2019 年为 48.9 万吨，产量最低点发生在 1982 年，为 13.8 万吨；牛奶产量在 1978 年为 5.4 万吨，为历史最低值，2004 年达到峰值 70.0 万吨，2019 年下降至 26.4 万吨；肉类产量 1978 年为 11.9 万吨，最大值产生于 2002 年，为 60.9 万吨，2019 年下降为 5.1 万吨；油料产品产量是北京市主要农业产品中产量最小的，1978 年为 2.6 万吨，最大年产量为 2002 年的 4.6 万吨，2019 年仅有 0.3 万吨；禽蛋产量在 1978 年为 2.1 万吨，为这些年中的最少量，1993 年达到 31.4 万吨，2019 年又下降至 9.6 万吨；水产品产量在 1978 年为这八种主要农业产品中产量最少，仅 0.2 万吨，该值也为这些年份中的最小值，但水产品产量的变动幅度比油料产品产量大，1995 年上升至 8.1 万吨，2019 年下降至 3.0 万吨。在肉类产品中，猪牛羊肉 1978 年的产量为 11.9 万吨，2002 年和 2003 年达到最大量，均为 35.2 万吨，2019 年下降至 3.4 万吨。从最大最小值的比例来看，1978~2019 年北京市主要农产品产量波动最大的为水产品，历年产量的最大最小值比例为 40.50 倍，其次是油料产量，比例为 15.33 倍，此外，禽蛋、牛奶、肉类、粮食、干鲜果品和蔬菜及食用菌历年产量的最大值、最小值比例分别为 14.95 倍、12.96 倍、11.94 倍、9.86 倍、6.80 倍和 4.55 倍（见图 5-6）。

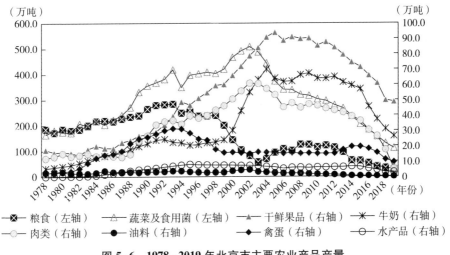

图 5-6 1978~2019 年北京市主要农业产品产量

注：小数点后保留一位。

资料来源：根据历年《北京统计年鉴》整理。

2. 产业形态的变化

在农产品质量、农业经营和结构方面，"八五"末期，北京市提出了农业从注重数量增长向注重质量提升、从注重产量增长向注重效益提升转变。1995 年，粮食优良品种覆盖率达到 85%。"九五"时期，以设施农业、籽种农业、创汇农业、精品农业、加工农业、观光农业六种农业为切入点的都市农业迅速兴起。从 20 世纪八九十年代起，北京就开始了以现代都市农业为目标的农业发展。2000 年，北京市设施农业面积、特种种植养殖收入、观光农业收入比 1998 年均增长 50%以上。养殖业加快发展，2003 年牛存栏 25.7 万头，比 1993 年增长 93%；羊存栏 146.6 万头，比 1993 年增长 1.2 倍；肉鸡存栏 1417.7 万只，比 1993 年增长 1.7 倍。2003 年，北京市委市政府明确提出大力发展都市型现代农业为北京农业的发展方向。2014 年，北京市耕地面积比 2003 年减少 67892 公顷，粮食播种面积减少 21170 公顷，第一产业占 GDP 的比重达 0.7%，比 2003 年降低 1.9 个百分点。特色品牌建设成果显著，北京发展了昌平的苹果草莓、平谷的大桃等优质农产品。随着经济的发展，北京农业的生产功能减弱，但生活和生态功能日益凸显，观光园、民宿、民俗游、高效节水农业等形态快速发展，农业和服务业的结合愈加紧密，会展农业成为北京农业的一大亮点。在产业经营方面，"有机种植+订单销售+社区供应+品牌运营"的 4S 全产业链新模式也不断拓展。

3. 农业科技的发展变化

北京市农业科技力量较雄厚。北京聚集了全国 80% 以上的国家级种业科研力量。全国共有国家级农业科研院所 46 个，其中北京 12 个，占比超 1/4；全国共有作物"双一流"学科 33 个，其中北京 11 个，占比 1/3；全国共有种业相关领域院士 108 人，其中北京 48 人，占比近一半；全国共有岗位体系科学家 306 人，其中北京 49 人，占比 1/6。北京市在玉米、水稻、小麦、糖料、薯类、白羽肉鸡、生猪、奶牛、蛋鸡、肉鸭、鲟鱼等物种的育种研发和市场竞争中具备优势。1958 年 9 月，北京市农林科学院创建，研发了京科 968 玉米、京秋 3 号大白菜、京欣系列西瓜、京麦 7 号杂交小麦等诸多品种，其中京科 968 是全国第二大玉米品种。"十三五"期末，北京市农业科技进步贡献率达到 75%。

农业科技的市场化力量方面，北京有 29 家入围国家种业企业阵型，入选的农作物、畜禽种企机构数量均居全国首位。其中，农作物种企机构 11 家，占全国的 16%；畜禽种企机构 17 家，占全国的 19%。农业种业方面，北京市走在全国前列。北京市农业农村局提供的数据显示，北京全市种业企业共 1918 家，种业销售额 162 亿元。"育繁推"一体化企业 12 家，占全国的 10%。注册资本超亿元的种企数量、比例均居全国首位。此外，北京市拥有开展精准农业研究的小汤山精准农业示范基地，并在全国率先建立了现代农民远程教育体系和农村信息服务体系。

畜禽水产种业方面，北京自主培育了沃德系列小型白羽肉鸡，为确保白羽肉鸡种源自主可控奠定了基础；蛋种鸡、奶牛国产冻精分别占全国市场的 58%、40%；鲟鱼种苗年产量约占全国的 70%；宫廷金鱼为北京特有；北京鸭占世界 80% 的市场份额。

二、第一产业的分布特点

（一）分区域情况

按照距离城市中心的远近，将北京市分为核心区Ⅰ、核心区Ⅱ、城市核心功能拓展区和城市生态涵养区四个区域。其中，核心区Ⅰ包括东城区和西城区；

核心区Ⅱ包括海淀区、丰台区、石景山区、朝阳区和通州区；城市核心功能拓展区含顺义区、昌平区、大兴区、房山区；城市生态涵养区包括怀柔区、密云区、延庆区、平谷区和门头沟区。

分四大区域看，2000~2019年，四大区域的第一产业占全市的比重数值虽有变化，但排序没有变化，始终保持为核心功能拓展区最高，城市生态涵养区次之，第三为核心区Ⅱ，第四为核心区Ⅰ且其值始终为零。其中，2019年城市核心功能拓展区的第一产业增加值为51.11亿元，占全市的比重为47.60%；城市生态涵养区的第一产业增加值为38.21亿元，占全市的比重为35.59%，核心区Ⅱ的第一产业增加值为18.05亿元，占全市的比重为16.81%（见图5-7）。

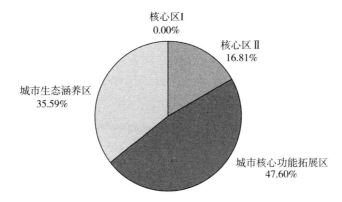

图5-7 2019年北京市四大区域第一产业增加值占全市比重

资料来源：《北京统计年鉴2020》。

从四大区域的第一产业增加值占全市的比重变化情况看，核心区Ⅰ的该比重始终为零；核心区Ⅱ第一产业增加值占全市的比重先下降后上升，从1978年的21.43%波动下降至2011年的14.95%，后又波动上升至2019年的16.81%；城市核心功能拓展区第一产业增加值占全市的比重变化亦为先波动下降后又略有上升，从1978年的50.81%波动下降至2018年的43.75%，后又波动上升至2019年的47.60%；城市生态涵养区第一产业增加值占全市的比重在1978~2018年呈波动上升态势，由27.76%波动上升到39.02%，2019年之后略呈下降态势（见图5-8）。

进一步细分到各行政区域，2019年，北京市东城区、西城区、石景山区的第一产业增加值体量太小或无，故而没有统计数据。顺义区第一产业增加值最多，为16.61亿元，占全市比例为14.65%；其次为房山区，第一产业增加值为13.89亿元，占全市比例为12.25%。密云区、平谷区、通州区和大兴区四个区的第一产业增加值占全市比例均超过10%，增加值分别为12.63亿元、12.82亿元、13.02 亿元和 13.48 亿元。昌平区、延庆区和怀柔区第一产业增加值占全市比例在 5%~10%，三区的第一产业增加值分别为 7.83 亿元、6.18 亿元和 4.39 亿元。朝阳区、门头沟区、海淀区和丰台区第一产业增加值占全市比例均小于 5%，分别为 2.75%、2.73%、1.42% 和 0.78%，增加值分别为 2.67 亿元、2.19 亿元、1.64 亿元和 0.73 亿元（见图 5-9）。

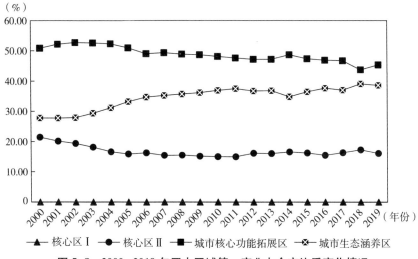

图 5-8　2000~2019 年四大区域第一产业占全市比重变化情况

注：能查到的数据仅自 2000 年起。

资料来源：历年《北京统计年鉴》。

（二）分区特点①

1. 朝阳区

2019 年，朝阳区第一产业增加值为 3.12 亿元，占地区生产总值的 0.04%。农林牧渔业总产值为 74631.6 万元，其中，林业占绝大部分比例，产值为 69146.2 万元，占比高达 92.65%，其次为农林牧渔专业及辅助性活动，产值为 2824.6 万元，占比为 3.78%（见表 5-2）。

2. 丰台区

2019 年，北京市第一产业增加值为 0.9 亿元，占地区生产总值的 0.05%。农林牧渔业总产值为 20076.3 万元，其中，林业产值规模最大，为 14922.5 万元，占比为 74.33%，其次是农业，产值为 4759.3 万元，占比为 23.71%（见表 5-3）。特色产品方面，丰台区有心里美萝卜、北京六叶茄、九叶茄等特色蔬菜

---

① 东城区、西城区和石景山区的第一产业产值极低，由于东城区、西城区和石景山区的统计年鉴中已经不再统计第一产业的产值、产品产量等产出规模信息，因此本部分没有分析这三个区的第一产业情况。

品种。2019 年，丰台区蔬菜种植面积 1919.0 亩，为农业产业中种植面积最大的类别，总产量为 2015.8 吨①（见表 5-3）。

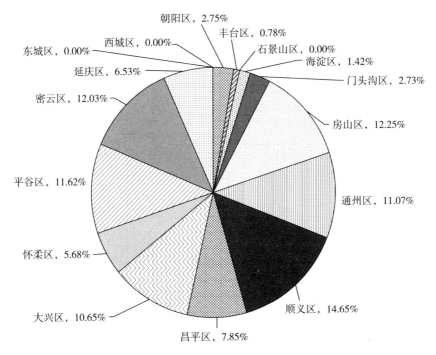

图 5-9 2019 年北京市各区第一产业增加值占比

注：总量为各区数据加和所得。

资料来源：EPS 数据库。

表 5-2 2019 年朝阳区农林牧渔业分项目产值及占比 单位：万元，%

项目	产值	占比
农林牧渔业总产值	74631.6	100.00
种植业	2153.8	2.89
#蔬菜	1400.3	1.88
林业	69146.2	92.65
畜牧业	246.7	0.33
#牛奶	242.2	0.32
渔业	260.3	0.35

① 数据来自《北京市丰台区统计年鉴 2020》，年鉴中第一产业增加值和亩数等数值的小数位仅保留了一位，因而此处小数位仅一位。

续表

项目	产值	占比
#观赏鱼	14.0	0.02
农林牧渔专业及辅助性活动	2824.6	3.78

注：年鉴中的产值数据仅保留了一位小数，故本书的总产值数据也取了一位小数。

资料来源：《北京市朝阳区统计年鉴2020》。

表5-3 2019年丰台区农林牧渔业分项目产值及占比 单位：万元，%

项目	产值	占比
农林牧渔业总产值	20076.3	100.00
农业	4759.3	23.71
#花开	500.0	2.49
林业	14922.5	74.33
牧业	315.6	1.57
渔业	—	—
农林牧渔服务业	78.9	0.39

注：年鉴中的产值数据仅保留了一位小数，故本书的总产值数据也取了一位小数。

资料来源：《北京市丰台区统计年鉴2020》。

3. 海淀区

2019年，海淀区第一产业增加值为1.6亿元，仅为地区生产总值的0.02%。当年，海淀区农林牧渔业总产值为42718.2万元，其中，林业产值规模最大，为18980.5万元，占比为44.43%，其次是农业，产值为15424.4万元，占比为36.11%，两者产值合计占80.54%（见表5-4）。

表5-4 2019年海淀区农林牧渔业分项目产值及占比 单位：万元，%

项目	产值	占比
农林牧渔业总产值	42718.2	100.00
农业	15424.4	36.11
林业	18980.5	44.43
牧业	933.6	2.19
渔业	488.7	1.14
农林牧渔服务业	6891.0	16.13

注：年鉴中的产值数据仅保留了一位小数，故本书的总产值数据也取了一位小数。

资料来源：《北京市海淀区统计年鉴2020》。

北京市海淀区曾经于1962年被定位为近郊区商品菜生产基地，担负首都副食品基地的任务，生产大量的蔬菜、水果、肉类和禽类等农副产品。在20世纪50~80年代，海淀区的蔬菜上市量占全市的25%，70~80年代，瘦肉型猪的供应量为全市第一。在20世纪五六十年代，海淀区温室蔬菜生产技术名冠全国，并出现李墨林等全国农业劳模。

从2000年起，由于北京市水资源匮乏，海淀区种植结构大幅度调整，水稻种植面积锐减。目前种植区域主要分布在海淀西山东麓沿线，包括上庄、西北旺、苏家坨、四季青以及海淀公园、中坞公园、北坞公园、玉东公园、巴沟山水园、稻香湖景酒店等区域。

北京著名的京西稻产于海淀区，是原北京西郊万寿山、玉泉山周边地带生产的优质粳型稻米。2009年，海淀区将京西稻列入非物质文化遗产名录，2015年京西稻入选"中国重要农业文化遗产"名单和全国农产品地理标志保护名单。2014年，海淀区政府制定了京西稻保护性种植规划，以稻田生态景观与标准化生产为着力点，打造集优良生态环境、优美农田景观、优质水稻产品于一体的高端农业平台，实现第一产业与第三产业的高度融合和协调发展。近年来，京西稻在海淀区的种植面积保持在2000亩左右，上庄镇是京西稻的主产区，占海淀区总种植面积的70%。在上庄镇还有育种基地培育高品质的京西稻新品种。

此外，海淀区西山东麓沿线的海淀玉巴达杏也是海淀区的特色农产品，2014年，海淀玉巴达杏被列入全国农产品地理标志保护。

4. 门头沟区

2019年，门头沟区农林牧渔业总产值为68081.0万元，其中，林业产值最大，为61151.1万元，占农林牧渔业总产值的89.82%，其次是农业产值，为4797.1万元，占比7.05%（见表5-5）。门头沟的西部山区是北京西山的核心部分，山形挺拔高峻、险峰叠嶂，境内有北京市最高峰东灵山，海拔2303米；境内次高峰百花山海拔1991米。门头沟区妙峰山镇的涧沟村和禅房村的妙峰山玫瑰有鸡爪枝、小菊、大菊、多刺、扫帚形、单瓣和无花7个类型。

表5-5 2019年门头沟区农林牧渔业分项目产值及占比　单位：万元，%

项目	产值	占比
农林牧渔业总产值	68081.0	100.00
农业	4797.1	7.05
林业	61151.1	89.82
牧业	484.5	0.71
农林牧渔专业及辅助性活动	1648.3	2.42

注：年鉴中的产值数据仅保留了一位小数，故本书的总产值数据也取了一位小数。

资料来源：《北京市门头沟区统计年鉴2020》。

5. 房山区

2019 年，房山区第一产业增加值 13.9 亿元，占地区生产总值的 1.71%。房山区的第一产业以林业为主，2019 年，其林业产值占农林牧渔业总产值的比重超过一半，达到 54.89%，其次是农业，占农林牧渔业产值的比重达到 30.84%，第三名是牧业，产值比重达到 12.14%。农业产值中，蔬菜及园艺作物占比较大，占农林牧渔业总产值的比重达到 20.63%（见表 5-6）。

表 5-6　2019 年房山区农林牧渔业分项目产值及占比　　单位：万元，%

项目	总产值	占比
农林牧渔业总产值	332759.5	100.00
农业	102612.1	30.84
#谷物及其他作物	10457	3.14
蔬菜及园艺作物	68639.7	20.63
林业	182653.8	54.89
牧业	40396.1	12.14
#生猪	1211.1	0.36
家禽	12702.5	3.82
渔业	2637.9	0.79
农林牧渔服务业	4459.6	1.34

注：总产值的小数位数仅一位，故本书的总产值数据也仅保留至一位。

资料来源：《北京市房山区统计年鉴 2020》。

房山区山水资源丰富，素有"北京之源、地学摇篮、神奇秀地、休闲家园"的美誉，是首都西南绿色生态屏障，农业特色产品有张坊镇的磨盘柿、房山平菇、龙潭泉水鱼，以及大石窝镇辛庄村的杏鲍菇、圣水峪村的香椿、南河蔬菜、窦店肉牛等。此外，上方山香椿也是房山区特色农产品，是全国农产品地理标志保护产品。

6. 通州区

2019 年，通州区第一产业增加值 12.5 亿元，占地区生产总值的 1.18%。通州区农林牧渔业总产值为 302603 万元，其中，林业产值最高，为 138532 万元，占农林牧渔业总产值的 45.78%，农业产值为 99721 万元，占比达到 32.95%，牧业产值 49683 万元，占比达到 16.42%。在农业分类中，蔬菜（含菜用瓜）产值较大，为 51835 万元，占比为 17.13%；在牧业产值分类中占比较大的是牧畜饲养，产值 41963 万元，占比为 13.87%（见表 5-7）。特色产品方面，通州有西集镇的沙古堆、儒林等村以及北运河沿线的潞城镇等地产的樱桃，樱桃品种较多，有早大果、红灯、雷尼、美早、宏蜜等十余个优质品种。

表 7-7　2019 年通州区农林牧渔业分项目产值及占比　　单位：万元，%

项目	产值	占比
农林牧渔业总产值	302603	100.00
农业	99721	32.95
谷物及其他作物	3548	1.17
蔬菜、园艺作物	65770	21.73
#蔬菜（含菜用瓜）	51835	17.13
花卉	4317	1.43
盆景园艺	572	0.19
水果、坚果（含果用瓜）	30283	10.01
中药材	120	0.04
林业	138532	45.78
#林木的培育和种植	135397	44.74
牧业	49683	16.42
#牧畜饲养	41963	13.87
渔业	12730	4.21
农林牧渔服务业	1936	0.64

注：年鉴中的产值数据未保留小数位，故本书的总产值数据也取了整数；年鉴中，因保留小数位，农林牧渔业总产值和分行业加和数值存在差异，此处未做调整。

资料来源：《北京市通州区统计年鉴 2020》。

7. 顺义区

2019 年，顺义区第一产业增加值 16.61 亿元，仅为地区生产总值的 0.83%。顺义区农林牧渔业总产值为 433735.0 万元，其中，农业产值最高，为 158517.3 万元，占比为 36.55%，其次是牧业，产值为 130002.4 万元，占比为 29.97%，第三名是林业，产值为 127171.4 万元，占比为 29.32%（见表 5-8）。

表 5-8　2019 年顺义区农林牧渔业分项目产值及占比　　单位：万元，%

项目	产值	占比
农林牧渔业总产值	433735.0	100.00
农业	158517.3	36.55
林业	127171.4	29.32
牧业	130002.4	29.97

续表

项目	产值	占比
渔业	5759.1	1.33
农林牧渔专业及辅助性活动	12284.8	2.83

注：总产值的小数位数仅一位，故本书的总产值数据也仅保留至一位。

资料来源：《北京顺义统计年鉴2020》。

顺义区素有"北京粮仓"之美誉，先后获得过"超前农业现代化试点县""国家粮食生产先进县和售粮先进县""农民专业合作经济组织示范区""农业产业化示范区""北京市六种农业综合评比第一名""全国农业技术推广先进单位""北京市农业结构调整先进单位"等荣誉称号。

顺义区的农业机械化发展进程较早。1980年，原顺义县引进了22台中型小麦联合收割机，1992年率先在京郊和全国基本实现了小麦从种到收全过程机械化生产，1995年，原顺义县玉米生产基本实现了全过程机械化。

顺义区专业化粮食生产能力较强。1986年7月28日，原顺义县制定并印发了《关于土地适当集中实现农业适度规模经营的决议》，1987年8月，全县推进了专业化分工的适度规模经营，使农业特别是粮食生产开始走上专业化道路，实现了农业的二次飞跃。1989年和1990年顺义县先后被国务院评为"全国售粮先进县"和"全国粮食生产先进县"称号，被誉为"京郊粮仓"。1991年，原顺义县粮食产量和肉类产量双双跨入全国百强大县行列。近年来，顺义区农业产值稳居全市第一位，生猪、蔬菜、瓜果产量占全市的1/3，小麦产量占全市的1/4，是保障首都粮食供应稳定的"压舱石"。小麦、玉米、大豆等粮食作物播种面积、产量均居全市之首，荣获农业农村部"全国粮食生产先进集体"称号。

8. 昌平区

2019年，昌平区第一产业增加值8.9亿元，占地区生产总值的0.83%。昌平区的农林牧渔业总产值中，林业总产值最高，2019年为91392.8万元，占到昌平区农林牧渔业总产值的39.47%，其次是农业总产值，占比达到32.71%，牧业也相对发达，产值达到46979.2万元，占比为20.29%（见表5-9）。特色产业方面，2011年，昌平草莓被列入全国农产品地理标志保护。

表5-9 2019年昌平区农林牧渔业分项目产值及占比　　单位：万元，%

项目	产值	占比
农林牧渔业总产值	231557.5	100.00
农业	75738.3	32.71
#谷物及其他作物	3413.8	1.47

续表

项目	产值	占比
蔬菜、园艺作物	22754.2	9.83
水果、坚果（含果用瓜）	49508.3	21.38
林业	91392.8	39.47
林木的培育和种植	90994.7	39.30
竹木采运	398.1	0.17
牧业	46979.2	20.29
#牲畜饲养	12016.1	5.19
家禽饲养	31865.8	13.76
其他畜牧业	368.6	0.16
渔业	1237.0	0.53
农林牧渔服务业	16210.2	7.00

注：总产值的小数位数仅一位，故本书的总产值数据也仅保留至一位。

资料来源：《北京市昌平区统计年鉴2020》。

9. 大兴区

大兴区2019年第一产业增加值为12.1亿元，仅为地区生产总值的1.33%。农林牧渔业总产值为277386万元，其中，农业产值比重最高，产值为162292万元，达到了58.51%；林业产值为94225万元，占比达到33.97%（见表5-10）。农业产业中，粮食播种面积144615亩，总产量21435吨，蔬菜及食用菌播种面积144615亩，总产量290893吨，种瓜类及草莓19230亩，总产量62214吨[①]。特色产品方面，产于庞各庄镇西南永定河东沿线的庞各庄金把黄鸭梨是大兴区的特色水果。2015年，庞各庄黄鸭梨被列入全国农产品地理标志保护。

表5-10　2019年大兴区农林牧渔业分项目产值及占比　　单位：万元，%

项目	产值	占比
农林牧渔业总产值	277386	100.00
农业	162292	58.51
林业	94225	33.97
畜牧业	16630	6.00
渔业	—	—

①　数据来自《北京市大兴区统计年鉴2020》，年鉴中的产值数据未保留小数位，故此处的播种面积和总产量数据也用了整数。

续表

项目	产值	占比
服务业	4240	1.53

注：年鉴中的产值数据未保留小数位，故本书的总产值数据也取了整数；年鉴中，因保留小数位，总产值数据和分行业加和值不完全一致，此处未改动。

资料来源：《北京市大兴区统计年鉴2020》。

10. 怀柔区

2019年，怀柔区第一产业增加值为6.44亿元，仅为地区生产总值的1.61%。农林牧渔业总产值为145068.8万元，其中林业产值最高，为96072.5万元，占农林牧渔业总产值的比重达到66.23%，其次为种植业，产值为36142.4万元，占比达到24.91%，第三为牧业，产值为7426.0万元，占比为5.12%（见表5-11）。怀柔的特色农产品为汤河甜薯、桥梓红肉李子、琉璃贡梨等。

表5-11　2019年怀柔区农林牧渔业分项目产值及占比　　单位：万元，%

项目	产值	占比
农林牧渔业总产值	145068.8	100.00
种植业	36142.4	24.91
#谷物	2792.4	1.92
中药材	1260.9	0.87
油料	298.6	0.21
林业	96072.5	66.23
#造林	63953.0	44.08
牧业	7426.0	5.12
#家禽饲养	1417.2	0.98
养猪	3962.8	2.73
养羊	519.3	0.36
养牛	861.5	0.59
渔业	2915.8	2.01
农林牧渔服务业	2512.1	1.73

注：年鉴中的产值数据仅保留了一位小数，故本书的总产值数据也取了一位小数。

资料来源：《北京市怀柔区统计年鉴2020》。

11. 平谷区

2019年，平谷区第一产业增加值13.17亿元，占地区生产总值的4.49%。农林牧渔业总产值358254.4万元，其中，农业产值规模最大，为170973.8万元，占比达到 47.72%，其次是牧业，产值为 95376.2 万元，占比达到 26.62%，第三是林业，产值占比为 15.69%。在农业中，水果、坚果、茶、饮料和香料的产值占比最大，约为农林牧渔业总产值的 39.78%，在牧业中，主要是家禽饲养，产值占农林牧渔业总产值的 22.99%（见表 5-12）。

表 5-12　2019 年平谷区农林牧渔业分项目产值及占比　　单位：万元，%

项目	产值	占比
农林牧渔业总产值	358254.4	100.00
农业	170973.8	47.72
谷物及其他作物	7873.9	2.20
蔬菜及花卉盆景园艺	20586.2	5.75
水果、坚果、茶、饮料和香料	142501.0	39.78
#水果、坚果（果品产值）	137149.1	38.28
#大桃	113803.9	31.77
林业	56228.0	15.69
林木的培育和种植	55134.9	15.39
竹木采运	1093.1	0.31
牧业	95376.2	26.62
#家禽饲养	82379.4	22.99
渔业产值	10812.8	3.02
农林牧渔服务业	24863.6	6.94

注：总产值的小数位数仅一位，故本书的总产值数据也仅保留至一位；因保留小数产生的误差未做处理。

资料来源：《北京市平谷区统计年鉴 2020》。

平谷区是首都干鲜果品、蔬菜、生猪、禽蛋、鲜鱼的主要生产基地之一，其中，平谷大桃被列入中国农业品牌目录，是平谷的响亮名片。目前，平谷区正着力建设农业"中关村"，围绕现代种业、生物技术、智慧农业、食品安全等前沿科学领域，借助自身特色和资源优势，以大桃为引领的都市型现代农业快速发展，形成了果品、蔬菜和畜牧三大主导型产业。此外，产自平谷区金海湖镇茅山后村全境的茅山后佛见喜梨也是平谷区的特色水果，2016 年，茅山后佛见喜梨被列入全国农产品地理标志保护。

12. 密云区

2019 年，密云区第一产业增加值 13.64 亿元，占地区生产总值的 4.00%。农林牧渔业总产值中以农业居多，为 142369.3 万元，占比 42.93%，其次是林业，占比 35.78%，第三名是牧业，占比 17.71%。其中，农业以蔬菜及水果、坚果、茶、饮料和香料为主，两类作物的产值分别占农林牧渔业总产值的 20.78% 和 17.67%（见表 5-13）。

表 5-13　2019 年密云区农林牧渔业分项目产值及占比　单位：万元，%

项目	产值	占比
农林牧渔业总产值	331624.8	100.00
农业	142369.3	42.93
谷物及其他作物	14830.0	4.47
#谷物（原粮）	10262.9	3.09
蔬菜、食用菌及花卉盆景园艺产品	68925.6	20.78
#蔬菜	67865.3	20.46
水果、坚果、茶、饮料和香料	58601.7	17.67
林业	118657.1	35.78
#林木的培育和种植	116747.9	35.20
造林	66913.9	20.18
抚育和管理	44334.0	13.37
牧业	58725.3	17.71
#牲畜的饲养	30687.0	9.25
家禽	20107.5	6.06
#禽蛋	16409.7	4.95
渔业	5720.9	1.73
农林牧渔专业及辅助性活动	6152.2	1.86

注：总产值的小数位数仅一位，故本书的总产值数据也仅保留至一位。

资料来源：《北京市密云区统计年鉴 2020》。

密云区是首都重要的生态涵养区和水源保护区，生态环境优势突出，农业具有"特色蜜、水库鱼、环湖粮、山区果、平原菜"五大特色。其中，特色蜜代表养蜂产业，密云养蜂历史悠久，在 2021 年荣获"中华优秀蜜蜂之乡"称号，已建设国家级的蜂产业标准和示范基地，是"北京养蜂第一大区"；借助亚洲最大的人工湖——密云水库的优势，密云发展水库鱼；"环湖粮"是指根据密云各镇村特点，综合考虑农业固碳能力，优化种植业结构，因地制宜发展环湖粮业；密云山区有 40 多万亩果树，果品年产量 7000 多万千克，产值近 5 亿元，形成了以板栗为主导产业，以苹果、梨、葡萄、樱桃等树种为特色的产业布局，品种多样、各具特色；在蔬菜种植方面，密云区成功获评第四批国家现代农业产业园，打造 25 个蔬菜专业村，推动设施农业提质升级。在特色产品方面，有公认的"密云八珍"：燕山板栗、西田各庄金丝小枣、坟庄核桃、黄土坎鸭梨、金叵罗小米、大城子红肖梨、东邵渠御皇李子、东智香椿。密云民间有"栗榛寨的栗子，黄土坎的梨，坟庄的核桃好剥皮"之说。此外，密云甘栗是地理标志保护产品。

　　13. 延庆区

　　2019 年，北京市延庆区第一产业增加值 7.41 亿元，占地区生产总值的3.79%。农林牧渔业总产值 188684.3 万元，其中，林业产值规模最大，为87161.5 万元，占比 46.19%，其次是农业，产值为 47774.2 万元，占比25.32%，第三是牧业，产值为 46004.2 万元，占比 24.38%（见表 5-14）。农业方面，蔬菜播种面积 37202.6 亩，总产量为 74942.3 吨。特色产品方面，2011年，延庆葡萄被列入全国农产品地理标志保护。

表 5-14　2019 年延庆区农林牧渔业分项目产值及占比　　单位：万元，%

项目	产值	占比
农林牧渔业总产值	188684.3	100.00
#农业	47774.2	25.32
#谷物及其他作物	12826.7	6.80
#谷物	10928.8	5.79
蔬菜、园艺作物	22870.6	12.12
#蔬菜	18050.6	9.57
水果、坚果（含果用瓜）	11968.0	6.34
#苹果	3854.1	2.04
林业	87161.5	46.19
#林木的培育和种植	86909.1	46.06
牧业	46004.2	24.38
#牲畜饲养	23276.0	12.34
奶产品	11968.6	6.34
#牛奶	11968.6	6.34
家禽饲养	18822.3	9.98
#肉禽	3202.5	1.70
禽蛋	14912.0	7.90
渔业	403.6	0.21

　　注：年鉴中的产值数据仅保留了一位小数，故本书的总产值数据也取了一位小数。

　　资料来源：《北京市延庆区统计年鉴 2020》。

第二节　第二产业的发展

第二产业是指采矿业（不含开采专业及辅助性活动），制造业（不含金属制品、机械和设备修理业），电力、热力、燃气及水生产和供应业和建筑业。第二产业的发展，尤其是制造业的发展决定着一个社会的生产效率。

一、整体情况

（一）第二产业的增加值

2019 年，北京市第二产业增加值为 5715.06 亿元，比 1978 年的 77.43 亿元增长了 5637.63 亿元，是 1978 年的 73.81 倍，年均增长 11.35%。同期，全国第二产业增加值从 1798.18 亿元增长到 385416.64 亿元，年均增长 13.99%，高于北京市 2.63 个百分点。相较全国，北京市第二产业的规模增速相对较小。这与北京市近年来调整经济结构，大力发展服务业有关。

1978 年，北京市第二产业增加值低于上海、辽宁、江苏、山东、黑龙江、河北和广东，2019 年，北京市第二产业增加值下降，高于天津、新疆、吉林、黑龙江、甘肃、宁夏、青海、海南和西藏，仅为第一名江苏省的 12.91%（见表 5-15）。

表 5-15　1978 年和 2019 年全国各省份第二产业增加值　单位：亿元

1978 年		2019 年	
省份	第二产业增加值	省份	第二产业增加值
上海	211.05	江苏	44270.51
辽宁	162.90	广东	43546.43
江苏	131.09	山东	28310.92
山东	119.35	浙江	26566.60
黑龙江	106.61	河南	23605.79
河北	92.38	福建	20581.74
广东	86.62	湖北	19098.62
北京	77.43	四川	17365.33
河南	69.45	安徽	15337.90
四川	65.55	湖南	14946.98
湖北	63.71	河北	13597.26

续表

1978 年		2019 年	
省份	第二产业增加值	省份	第二产业增加值
湖南	59.82	陕西	11980.75
天津	57.53	江西	10939.83
浙江	53.52	上海	10299.16
山西	51.47	辽宁	9531.24
吉林	42.96	重庆	9496.84
陕西	42.13	云南	7961.58
安徽	40.51	山西	7453.09
甘肃	39.04	广西	7077.43
江西	33.08	内蒙古	6818.88
重庆	30.80	贵州	6058.45
福建	28.19	北京	5715.06
云南	27.58	天津	4969.18
内蒙古	26.37	新疆	4795.50
广西	25.81	吉林	4134.82
贵州	18.73	黑龙江	3615.21
新疆	18.35	甘肃	2862.42
青海	7.71	宁夏	1584.72
宁夏	6.60	青海	1159.75
西藏	1.84	海南	1099.03
海南	0.00	西藏	635.62

资料来源：国家统计局网站。

北京市第二产业增加值的变动趋势呈波动上升的态势，在 20 世纪 90 年代之前增长相对平缓；20 世纪 90 年代年增量变大，1994 年比 1993 年增长 96.4 亿元，首次超过 1978 年的第二产业增加值总量；2000 年之后，北京市第二产业增加值的年增量更大，2010 年同比增长 496.70 亿元，是 1978 年北京市第二产业增加值的 6.43 倍。

从占全国的比重看，改革开放以来，北京市第二产业增加值占全国的比重波动下降，由 1978 年的 4.40% 降至 2019 年的 1.49%，下降了 2.91 个百分点，其中 1997~2004 年有小幅上升，2005 年之后基本呈下降态势（见图 5-10）。

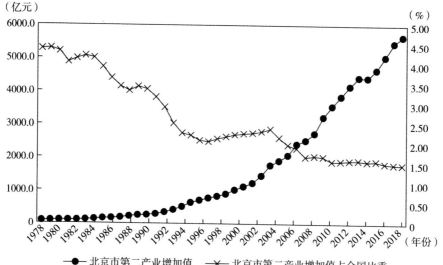

——●—— 北京市第二产业增加值　　——×—— 北京市第二产业增加值占全国比重

图 5-10　1978~2019 年北京市第二产业增加值及占全国比重

注：因《北京统计年鉴》中的数值小数位仅有一位，故在此处分析中小数值选取了一位。

资料来源：根据历年《北京统计年鉴》和国家统计局网站的数据整理。

（二）第二产业的比重

1978~2019 年，北京市第二产业增加值占三次产业的比重从 71.0% 波动下降至 16.2%，下降幅度达到 54.8 个百分点，平均每年下降 1.34 个百分点（见图 5-11）。

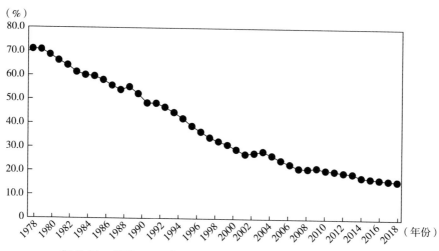

图 5-11　1978~2019 年北京市第二产业增加值占三次产业比重

注：年鉴中小数点后仅一位数值。

资料来源：历年《北京统计年鉴》。

同期，国内第二产业增加值占三次产业的比重由 47.71% 下降至 38.59%①，下降了 9.12 个百分点。与全国相比，北京市经济结构变动剧烈，第二产业增加值的比重由高于全国 23.39 个百分点降至低于全国 22.39 个百分点。

（三）第二产业的贡献率

1982～2019 年，北京市第二产业的贡献率总体呈先波动上升后波动下降的态势。其中，1982～1985 年，北京市第二产业贡献率由 52.8% 上升至 80.6%，1986 年又下降至 39.0%（见图 5-12）。

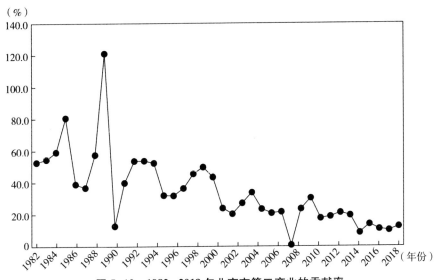

图 5-12　1982～2019 年北京市第二产业的贡献率

注：此处从 1982 年起分析是因为所查到的有数据的年份最早至 1982 年。

资料来源：历年《北京统计年鉴》。

二、第二产业的分布特点

（一）分区域情况

2019 年，北京市核心区Ⅰ、核心区Ⅱ、城市核心功能拓展区、城市生态涵养区的第二产业增加值分别为 366.30 亿元、2032.44 亿元、1531.94 亿元和 460.98 亿元，分别占北京市第二产业增加值总量的 8.34%、46.28%、34.88% 和 10.50%（见图 5-13）。可见，核心区Ⅱ第二产业增加值最大，其次是城市核心功能拓展区，再次为城市生态涵养区，核心区Ⅰ的第二产业增加值最小，这与北京市核心区Ⅰ的首都功能定位相符合。

---

① 根据国家统计局网站第一、第二、第三产业增加值计算而来，保留了两位小数。

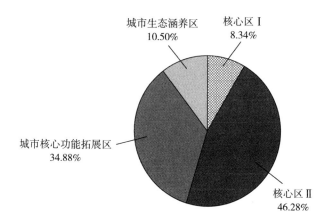

图 5-13　2019 年北京市四大区域第二产业增加值占全市比重

资料来源：《北京统计年鉴 2020》。

2000~2019 年，核心区Ⅰ第二产业增加值占全市的比重大体上呈下降态势；核心区Ⅱ第二产业增加值占全市的比重大体呈先下降后上升的趋势；城市核心功能拓展区该比重呈先上升后下降的趋势；城市生态涵养区该比重基本呈上升态势，但变化不是很大，2019 年仅比 2000 年上升 3.25 个百分点。2000 年，核心区Ⅰ的第二产业增加值占全市的 15.42%，是城市生态涵养区的 2.13 倍，2011 年，城市生态涵养区第二产业增加值为全市的 10.60%，超过了核心区Ⅰ（10.04%）。核心区Ⅱ第二产业增加值始终保持在全市前列，2007 年及以前超过全市第二产业的 50%，2000 年为 58.67%，后逐步下降到 2016 年的 41.67%，2017 年之后又回升，2019 年上升至 46.28%。2000~2019 年，北京市城市核心功能拓展区第二产业增加值占全市比重的变化最大，2019 年比 2000 年上升 16.22 个百分点，在第二产业增加值占全市比重最大的年份，即 2016 年，城市核心功能拓展区第二产业增加值比重达到 37.39%，比 2000 年增长了 18.73 个百分点（见图 5-14）。

城市核心功能拓展区工业比重的增加得益于顺义区、昌平区、大兴区三个区工业的迅猛发展。2003 年，从北京现代投产开始，顺义区工业进入了奋起腾飞时期，2006 年顺义区工业总产值达到 1029.0 亿元，首次突破 1000 亿元；2016 年达到 3136.4 亿元，首次突破 3000 亿元，是 2003 年的 7.7 倍，是 1990 年的 129.0 倍。昌平区在 2000 年以前已经拥有北京华都酿酒厂、北京二毛纺织集团、七一制镜厂、北京水泥厂有限责任公司、北京中车重工机械有限公司等企业。2017 年以来，由于北京市疏解非首都核心功能，顺义区汽车制造业产业布局进行调整，北京现代及北汽股份生产下降、外迁，顺义区工业步入产业结构调整阶段。根据官方信息，顺义区工业将重点发展新能源汽车、第三代半导体、航空航天三大产业，加快推动制造业高端化、智能化、绿色化、服务化。

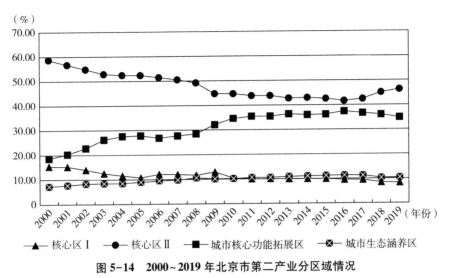

图 5-14　2000~2019 年北京市第二产业分区域情况

资料来源：《北京统计年鉴 2020》。

（二）分区特点

1. 东城区

东城区第二产业的比重较小。2019 年，东城区第二产业增加值仅有 87.5 亿元，占 GDP 的 3.01%，其中建筑业增加值为 48.4 亿元，大于工业增加值的 39.2 亿元[①]，建筑行业从业人员平均人数为 28697 人，远多于工业行业的 9089 人。在工业领域，东城区以文教类制品为主。2019 年，东城区工业总产值为 1771363 万元，文教、工美、体育和娱乐用品制造业规模最大，产值为 1010858 万元，占比 57.07%，其次是医药制造业，产值为 301948 万元，占东城区工业总产值的 17.05%，工业行业的集中度非常高，前两名行业规模以上工业总产值比重达到 74.12%（见表 5-16）。

表 5-16　2019 年东城区规模以上工业企业分行业产值　单位：万元，%

项目	工业总产值	占比
合计	1771363	100.00
煤炭开采和洗选业	—	
石油和天然气开采业	—	

---

①　数据来自《北京市东城统计年鉴 2020》，年鉴中仅保留一位小数，故此处也仅取一位小数，年鉴中因保留小数位导致工业和建筑业增加值的加和值与第二产业增加值存在误差，此处未做处理。

续表

项目	工业总产值	占比
纺织服装、服饰业	17652	1.00
皮革、毛皮、羽毛及其制品和制鞋业	—	—
家具制造业	—	—
文教、工美、体育和娱乐用品制造业	1010858	57.07
医药制造业	301948	17.05
金属制品业	12763	0.72
专用设备制造业	73558	4.15
汽车制造业	18208	1.03
计算机、通信和其他电子设备制造业	23663	1.34
仪器仪表制造业	—	—
其他制造业	—	—
电力、热力生产和供应业	24382	1.38

注：总产值未保留小数位，故本书的总产值数据也取整数。另外，合计数值和表下的数据之和不对应，已经核查过表中数据与年鉴中的数据相同，且没有行业类别的遗漏；占比的计算基数也采用了年鉴中的合计数据。

资料来源：《北京市东城统计年鉴2020》。

2. 西城区

2019年，西城区第二产业增加值为278.8亿元，占地区生产总值的5.57%，其中，工业增加值185.8亿元，约为建筑业的2.00倍。规模以上工业企业总产值为5759209.2万元，其中产值规模最大的是燃气生产和供应业，产值为3815586.1万元，占比66.25%，第二是水的生产和供应业，产值为912984.7万元，占比15.85%，第三是印刷业和记录媒介的复制业，产值为304763.3万元，占比5.29%，第四是电力、热力的生产和供应业，产值为162404.2万元，占比2.82%（见表5-17）。可见，除印刷业和记录媒介的复制业外，西城区的工业主要为人民生活提供基础设施产品。

表5-17　2019年西城区规模以上工业企业分行业产值　单位：万元，%

项目	工业总产值	占比
合计	5759209.2	100.00
煤炭开采和洗选业	—	—
石油和天然气开采业	—	—
黑色金属矿采选业	—	—

续表

项目	工业总产值	占比
有色金属矿采选业	—	—
非金属矿采选业	—	—
开采辅助活动	—	—
其他采矿业	—	—
农副食品加工业	14497.9	0.25
食品制造业	—	—
酒、饮料和精制茶制造业烟草制品业	—	—
烟草制品业	—	—
纺织业	—	—
纺织服装、服饰业	1831.1	0.03
皮革、毛皮、羽毛（绒）及其制品和制鞋业	—	—
木材加工和木、竹、藤、棕、草制品业	—	—
家具制造业	—	—
造纸及纸制品业	—	—
印刷业和记录媒介的复制业	304763.3	5.29
文教、工美、体育和娱乐用品制造业	92470.9	1.61
医药制造业	—	—
石油加工、炼焦和核燃料加工业	—	—
化学原料及化学制品制造业	—	—
化学纤维制造业	—	—
橡胶和塑料制品业	9297.4	0.16
非金属矿物制品业	129858.2	2.25
黑色金属冶炼及压延加工业	—	—
有色金属冶炼及压延加工业	131437.0	2.28
金属制品业	31331.9	0.54
通用设备制造业	18824.5	0.33
专用设备制造业	24555.9	0.43
汽车制造业	914.8	0.02
铁路、船舶、航空航天和其他运输设备制造业	—	—
电气机械及器材制造业	6837.0	0.12
计算机、通信和其他电子设备制造业	90084.5	1.56
仪器仪表制造业	11529.8	0.20

续表

项目	工业总产值	占比
其他制造业	—	—
废弃资源综合利用业	—	—
金属制品、机械和设备修理业	—	—
电力、热力的生产和供应业	162404.2	2.82
燃气生产和供应业	3815586.1	66.25
水的生产和供应业	912984.7	15.85

注：总产值未保留小数位，故本书的总产值数据也取整数。

资料来源：《北京西城统计年鉴2020》。

3. 朝阳区

朝阳区的第二产业比重较低，2019年，朝阳区第二产业增加值496.52亿元，仅为地区生产总值的6.98%。2019年，北京市朝阳区工业总产值为779.00亿元，产值占比超过10%的行业有三个：电力、热力生产和供应业规模最大，产值为218.51亿元，占比28.05%；开采专业及辅助性活动产值为114.50亿元，占比14.70%；电气机械和器材制造业产值为89.80亿元，占比11.53%（见表5-18）。

表5-18　2019年朝阳区规模以上工业企业分行业产值　单位：亿元，%

项目	工业总产值	占比
合计	779.00	100.00
石油和天然气开采业	30.37	3.90
开采专业及辅助性活动	114.50	14.70
农副食品加工业	4.51	0.58
食品制造业	10.44	1.34
酒、饮料和精制茶制造业	—	—
纺织业	—	—
纺织服装、服饰业	23.78	3.05
家具制造业	2.94	0.38
造纸和纸制品业	1.13	0.15
印刷和记录媒介复制业	5.71	0.73
文教、工美、体育和娱乐用品制造业	3.85	0.49
化学原料和化学制品制造业	26.12	3.35
医药制造业	53.43	6.86

续表

项目	工业总产值	占比
橡胶和塑料制品业	4.95	0.63
非金属矿物制品业	65.05	8.35
黑色金属冶炼及压延加工业	—	—
有色金属冶炼及压延加工业	6.37	0.82
金属制品业	6.08	0.78
通用设备制造业	11.23	1.44
专用设备制造业	28.51	3.66
汽车制造业	3.82	0.49
铁路、船舶、航空航天和其他运输设备制造业	3.28	0.42
电气机械和器材制造业	89.80	11.53
计算机、通信和其他电子设备制造业	51.41	6.60
仪器仪表制造业	13.22	1.70
电力、热力生产和供应业	218.51	28.05

资料来源：根据《北京市朝阳区统计年鉴 2020》整理。

4. 丰台区

2019 年，丰台区第二产业增加值 271.7 亿元，占地区生产总值的 14.85%，其中，建筑业 164.3 亿元，占第二产业的 60.47%。丰台区规模以上工业企业总产值为 292.90 亿元，有四个行业的产值占比超过 10%：第一是电力、热力生产和供应业，产值为 46.84 亿元，占比 15.99%；第二是非金属矿物制品业，产值为 43.00 亿元，占比 14.68%；第三是铁路、船舶、航空航天和其他运输设备制造业，产值 42.28 亿元，占比 14.43%；第四是医药制造业，产值 33.08 亿元，占比 11.29%（见表 5-19）。

表5-19 2019 年丰台区规模以上工业企业分行业产值　　单位：亿元，%

项目	工业总产值	占比
合计	292.90	100.00
农副食品加工业	3.17	1.08
食品制造业	2.74	0.94
酒、饮料和精制茶制造业	0.50	0.17
纺织业	0.79	0.27
纺织服装、服饰业	2.86	0.98

续表

项目	工业总产值	占比
家具制造业	0.29	0.10
印刷和记录媒介复制业	15.57	5.32
化学原料和化学制品制造业	4.91	1.68
医药制造业	33.08	11.29
橡胶和塑料制品业	1.28	0.44
非金属矿物制品业	43.00	14.68
金属制品业	4.48	1.53
通用设备制造业	10.76	3.67
专用设备制造业	21.10	7.21
汽车制造业	8.30	2.83
铁路、船舶、航空航天和其他运输设备制造业	42.28	14.43
电气机械和器材制造业	8.09	2.76
计算机、通信和其他电子设备制造业	23.67	8.08
仪器仪表制造业	17.06	5.82
电力、热力生产和供应业	46.84	15.99
燃气生产和供应业	2.14	0.73

资料来源：根据《北京市丰台区统计年鉴2020》整理。

5. 石景山区

2019年，石景山区第二产业增加值134.9亿元，仅为地区生产总值的16.73%，其中，建筑业增加值86.9亿元，占第二产业的64.42%。2019年，石景山区工业总产值为303.7亿元，有四个行业的产值规模占总产值的比重超过10%：电力、热力生产和供应业产值最大，为44.9亿元，占比14.78%；第二是非金属矿物制品业，产值规模为41.9亿元，占比13.80%；第三是铁路、船舶、航空航天和其他运输设备制造业，产值规模为41.1亿元，占比13.53%；第四是医药制造业，产值33.5亿元，占比11.03%（见表5-20）。当年，石景山区规模以上工业企业实现利润总额29.2亿元。从主要行业利润实现情况看，计算机、通信和其他电子设备制造业实现利润5.5亿元，医药制造业实现利润5.3亿元，电力、热力生产和供应业实现利润4.5亿元，印刷和记录媒介复制业实现利润4.3亿元，铁路、船舶、航空航天和其他运输设备制造业实现利润3.2亿元，非金属矿物制品业实现利润2.6亿元[①]。

---

① 除表中数据，行业利润数据来自《北京石景山统计年鉴2020》。

表 5-20 2019 年石景山区规模以上工业企业分行业产值

单位：亿元，%

项目	工业总产值	占比
合计	303.7	100.00
现代制造业	147.5	48.57
高技术产业	81.2	26.74
电力、热力生产和供应业	44.9	14.78
非金属矿物制品业	41.9	13.80
铁路、船舶、航空航天和其他运输设备制造业	41.1	13.53
医药制造业	33.5	11.03
计算机、通信和其他电子设备制造业	23.3	7.67
专用设备制造业	21.3	7.01
电气机械和器材制造业	19.7	6.49
仪器仪表制造业	16.9	5.56
通用设备制造业	15.4	5.07
印刷和记录媒介复制业	14.5	4.77

注：资料中产值数据小数仅保留至一位，故本书此处小数仅有一位。

资料来源：根据《北京石景山统计年鉴 2020》整理。

6. 海淀区

2019 年，海淀区第二产业增加值为 707.2 亿元，仅占全区生产总值的 8.92%，其中，建筑业为 196.0 亿元，占第二产业的 27.71%。海淀区规模以上工业企业分行业总产值为 2577.04 亿元，其中，计算机、通信和其他电子设备制造业产值规模最大，为 1602.00 亿元，占比 62.16%，其次是铁路、船舶、航空航天和其他运输设备制造业，产值 238.44 亿元，占比 9.25%（见表 5-21）。可见，海淀区的制造业主要集中在计算机、通信和其他电子设备制造业，且以通信设备制造为主。2019 年，海淀区通信设备制造业产值 982.21 亿元，占比 62.69%；其次是其他电子设备制造业，产值 217.97 亿元，占比 13.91%。但从利润来看，在信息产品制造业中，利润居第二名的是电子器件制造，利润为 20.42 亿元，占比 14.54%。规模以上工业企业电子器件制造和计算机制造业的企业数量相同，均为 21 个（见表 5-22）。

表 5-21 2019 年海淀区规模以上工业企业分行业产值　单位：亿元，%

项目	工业总产值	占比
合计	2577.04	100.00

续表

项目	工业总产值	占比
农副食品加工业	28.79	1.12
食品制造业	12.20	0.47
酒、饮料和精制茶制造业	—	—
纺织服装、服饰业	—	—
木材加工和木、竹、藤、棕、草制品业	—	—
造纸和纸制品业	—	—
印刷和记录媒介复制业	1.91	0.07
石油加工、炼焦和核燃料加工业	—	—
化学原料和化学制品制造业	11.60	0.45
医药制造业	64.36	2.50
橡胶和塑料制品业	—	—
非金属矿物制品业	39.97	1.55
有色金属冶炼及压延加工业	27.99	1.09
金属制品业	—	—
通用设备制造业	76.87	2.98
专用设备制造业	157.25	6.10
汽车制造业	22.95	0.89
铁路、船舶、航空航天和其他运输设备制造业	238.44	9.25
电气机械和器材制造业	121.98	4.73
计算机、通信和其他电子设备制造业	1602.00	62.16
仪器仪表制造业	74.87	2.91
其他制造业	58.13	2.26
金属制品、机械和设备修理业	—	—
电力、热力生产和供应业	17.16	0.67

注：年鉴中的总产值合计数值与各行业产值的加和数量存在误差，此处采用了年鉴中的合计数值；百分比的计算也使用了年鉴中的合计数值。

资料来源：《北京市海淀区统计年鉴2020》。

表5-22　2019年海淀区信息产品制造业情况　单位：个，亿元，%

项目	企业单位数	工业总产值		利润总额	
		金额	占比	金额	占比
合计	100	1566.88	100.00	140.47	100.00

续表

项目	企业单位数	工业总产值		利润总额	
		金额	占比	金额	占比
通信设备制造	26	982.21	62.69	96.27	68.53
计算机制造	21	207.28	13.23	13.58	9.67
电子器件制造	21	144.17	9.20	20.42	14.54
其他电子设备制造	11	217.97	13.91	11.08	7.89
广播电视设备制造	7	9.30	0.59	-1.56	-1.11
非专业视听设备制造	3	—		—	
电子元件及电子专用材料制造	10	5.97	0.38	0.68	0.48
雷达及配套设备制造	1	—		—	

资料来源：根据《北京市海淀区统计年鉴2020》整理。

7. 门头沟区

2019年，门头沟第二产业增加值为67.69亿元，占全区生产总值的27.16%。其中，工业和建筑业的增加值分别为40.30亿元和27.78亿元，分别占第二产业的59.53%和41.04%。2019年，门头沟工业总产值为55.46亿元，其中，通用设备制造业产值规模最大，为27.63亿元，占比达到49.82%，其次是专用设备制造业，产值为12.18亿元，占比为21.97%，两者的产值规模合计达到71.29%。此外，医药制造业产值也比较高，达到4.04亿元，占比为7.28%（见表7-23）。

表5-23 2019年门头沟区规模以上工业企业分行业产值

单位：亿元，%

项目	工业总产值	占比
合计	55.46	100.00
医药制造业	4.04	7.28
通用设备制造业	27.63	49.82
专用设备制造业	12.18	21.97
电气机械和器材制造业	0.55	0.99
计算机、通信和其他电子设备制造业	1.36	2.45
其他	9.70	17.49

注："其他"包括非金属矿采矿业，纺织业，纺织服装、服饰业，金属制造业，汽车制造业，仪器仪表制造业，金属制品、机械和设备修理业，电力、热力生产和供应业及水的生产和供应业。

资料来源：《北京市门头沟区统计年鉴2020》。

8. 房山区

2019 年，房山区第二产业增加值 353.0 亿元，占地区生产总值的 43.53%，其中，工业和建筑业增加值分别为 293.2 亿元和 63.2 亿元，分别占第二产业增加值的 83.06% 和 17.90%。工业方面，2019 年，房山区工业总产值为 9282.42 亿元，其中，产值规模最大的是石油、煤炭及其他燃料加工业，产值为 5544.71 亿元，占比 59.73%，第二是化学原料和化学制品制造业，产值为 735.67 亿元，占比 7.93%，第三是非金属矿物制品业，产值为 624.95 亿元，占比 6.73%（见表 5-24）。

表 5-24　2019 年房山区规模以上工业企业分行业产值　　单位：亿元，%

项目	工业总产值	占比
合计	9282.42	100.00
农副食品加工业	244.46	2.63
食品制造业	37.35	0.40
酒、饮料和精制茶制造业	39.37	0.42
纺织业	17.67	0.19
纺织服装、服饰业	50.78	0.55
家具制造业	4.27	0.05
造纸和纸制品业	54.15	0.58
印刷和记录媒介复制业	20.84	0.22
石油、煤炭及其他燃料加工业	5544.71	59.73
化学原料和化学制品制造业	735.67	7.93
医药制造业	277.21	2.99
橡胶和塑料制品业	108.88	1.17
非金属矿物制品业	624.95	6.73
有色金属冶炼及压延加工业	2.89	0.03
金属制品业	81.08	0.87
通用设备制造业	46.87	0.50
专用设备制造业	532.57	5.74
汽车制造业	96.70	1.04
铁路、船舶、航空航天和其他运输设备制造业	16.91	0.18
电气机械和器材制造业	44.85	0.48
计算机、通信和其他电子设备制造业	49.35	0.53
仪器仪表制造业	39.02	0.42

续表

项目	工业总产值	占比
废弃资源综合利用业	22.48	0.24
金属制品、机械和设备修理业	87.26	0.94
电力、热力生产和供应业	380.06	4.09
燃气生产和供应业	6.96	0.08
水的生产和供应业	115.09	1.24

资料来源：根据《北京市房山区统计年鉴2020》整理。

9. 通州区

2019年，通州区第二产业增加值422.1亿元，占地区生产总值的39.85%，其中，工业和建筑业的增加值分别为213.4亿元和209.5亿元，分别占第二产业增加值的50.56%和49.63%。2019年，通州区规模以上工业企业总产值为444.84亿元，其中，汽车制造业产值规模最大，为99.28亿元，占比22.32%，第二是医药制造业，产值为83.97亿元，占比18.88%，第三是专用设备制造业，产值为53.97亿元，占比12.13%，这三个行业的产值规模均超过了10%，合计占比53.33%（见表5-25）。

表5-25 2019年通州区规模以上工业企业分行业产值 单位：亿元，%

项目	工业总产值	占比
合计	444.84	100.00
农副食品加工业	32.33	7.27
食品制造业	33.48	7.53
酒、饮料和精制茶制造业	—	—
烟草制品业	—	—
纺织业	—	—
纺织服装、服饰业	6.04	1.36
皮革、毛皮、羽毛及其制品和制鞋业	—	—
木材加工和木、竹、藤、棕、草制品业	—	—
家具制造业	19.73	4.44
造纸和纸制品业	1.45	0.33
印刷和记录媒介复制业	1.38	0.31
文教、工美、体育和娱乐用品制造业	3.67	0.83
化学原料和化学制品制造业	2.44	0.55

续表

项目	工业总产值	占比
医药制造业	83.97	18.88
橡胶和塑料制品业	5.39	1.21
非金属矿物制品业	30.26	6.80
黑色金属冶炼及压延加工业	—	—
有色金属冶炼及压延加工业	6.70	1.51
金属制品业	35.87	8.06
通用设备制造业	15.69	3.53
专用设备制造业	53.97	12.13
汽车制造业	99.28	22.32
铁路、船舶、航空航天和其他运输设备制造业	—	—
电气机械和器材制造业	5.40	1.21
计算机、通信和其他电子设备制造业	1.37	0.31
仪器仪表制造业	0.90	0.20
废弃资源综合利用业	—	—
电力、热力生产和供应业	0.81	0.18
燃气生产和供应业	4.71	1.06
水的生产和供应业	—	—

资料来源：根据《北京市通州区统计年鉴 2020》整理。

10. 顺义区

2019 年，顺义区第二产业增加值为 576.71 亿元，占地区生产总值的 28.94%。其中，工业和建筑业增加值分别为 530.74 亿元和 89.15 亿元，分别占第二产业增加值的 92.03% 和 15.46%。2019 年，顺义区规模以上工业企业总产值为 1659.15 亿元，其中，汽车制造业规模最大，产值为 714.49 亿元，占比 43.06%，第二是酒、饮料和精制茶制造业，产值为 103.56 亿元，占比 6.24%，第三是金属制品、机械和设备修理业，产值为 98.22 亿元，占比 5.92%（见表 5-26）。

表 5-26　2019 年顺义区规模以上工业企业分行业产值　　单位：亿元，%

项目	工业总产值	占比
合计	1659.15	100.00
非金属矿采选业	—	—
农副食品加工业	25.15	1.52

续表

项目	工业总产值	占比
食品制造业	42.14	2.54
酒、饮料和精制茶制造业	103.56	6.24
纺织业	—	—
纺织服装、服饰业	10.60	0.64
皮革、毛皮、羽毛及其制品和制鞋业	—	—
木材加工和木、竹、藤、棕、草制品业	—	—
家具制造业	30.03	1.81
造纸和纸制品业	5.35	0.32
印刷和记录媒介复制业	13.02	0.78
文教、工美、体育和娱乐用品制造业	14.61	0.88
石油加工、炼焦和核燃料加工业	2.87	0.17
化学原料和化学制品制造业	35.91	2.16
医药制造业	65.46	3.95
橡胶和塑料制品业	5.10	0.31
非金属矿物制品业	76.34	4.60
黑色金属冶炼及压延加工业	—	—
有色金属冶炼及压延加工业	—	—
金属制品业	28.70	1.73
通用设备制造业	92.83	5.60
专用设备制造业	31.65	1.91
汽车制造业	714.49	43.06
铁路、船舶、航空航天和其他运输设备制造业	12.09	0.73
电气机械和器材制造业	17.72	1.07
计算机、通信和其他电子设备制造业	54.26	3.27
仪器仪表制造业	53.42	3.22
其他制造业	—	—
废弃资源综合利用业	—	—
金属制品、机械和设备修理业	98.22	5.92
电力、热力生产和供应业	6.63	0.40
燃气生产和供应业	26.83	1.62
水的生产和供应业	4.57	0.28

资料来源：根据《北京市顺义统计年鉴 2020》整理。

11. 昌平区

2019 年，北京市昌平区第二产业增加值为 325.1 亿元，占地区生产总值的 30.33%，其中，工业和建筑业增加值分别为 273.7 亿元和 52.5 亿元，分别占第二产业增加值的 84.19% 和 16.15%。2019 年，昌平区规模以上工业企业产值为 1172.63 亿元，产值占比超过 10% 的行业有三个：汽车制造业产值规模最大，为 427.09 亿元，占比 36.42%，第二是专用设备制造业，产值为 172.38 亿元，占比 14.70%，第三是医药制造业，产值为 128.95 亿元，占比 11.00%（见表 5-27）。

表 5-27　2019 年昌平区规模以上工业企业分行业产值　单位：亿元，%

项目	工业总产值	占比
合计	1172.63	100.00
开采专业及辅助性活动	18.16	1.55
农副食品加工业	9.41	0.80
食品制造业	—	—
酒、饮料和精制茶制造业	—	—
纺织业	—	—
纺织服装、服饰业	—	—
木材加工和木、竹、滕、棕、草制品业	—	—
家具制造业	—	—
印刷和记录媒介复制业	3.81	0.33
文教、工美、体育和娱乐用品制造业	—	—
石油、煤炭及其他燃料加工业	—	—
化学原料和化学制品制造业	13.04	1.11
医药制造业	128.95	11.00
橡胶和塑料制品业	5.38	0.46
非金属矿物制品业	62.59	5.34
黑色金属冶炼及压延加工业	—	—
有色金属冶炼及压延加工业	—	—
金属制品业	15.75	1.34
通用设备制造业	29.72	2.53
专用设备制造业	172.38	14.70
汽车制造业	427.09	36.42
铁路、船舶、航空航天和其他运输设备制造业	32.59	2.78
电气机械和器材制造业	62.61	5.34

续表

项目	工业总产值	占比
计算机、通信和其他电子设备制造业	79.06	6.74
仪器仪表制造业	27.99	2.39
废弃资源综合利用业	—	—
金属制品、机械和设备修理业	—	—
电力、热力生产和供应业	29.06	2.48
燃气生产和供应业	—	—
水的生产和供应业	3.41	0.29

注：合计数值为年鉴中的数据，与分行业数目加和的值存在差异；百分比的计算采用了年鉴中的合计数值。

资料来源：《北京市昌平区统计年鉴2020》。

12. 大兴区

2019年，大兴区第二产业增加值为277.2亿元，占地区生产总值的30.54%。大兴区的工业以汽车制造业和医药制造业为主。2019年，大兴区规模以上工业企业总产值为820.04亿元，其中，产值规模占比超过10%的有两个行业，分别为汽车制造业和医药制造业，产值分别为228.20亿元和132.70亿元，占比分为27.83%和16.18%，合计占比44.01%（见表5-28）。

表5-28　2019年大兴区规模以上工业企业分行业产值　　单位：亿元，%

项目	工业总产值	占比
合计	820.04	100.00
农副食品加工业	51.65	6.30
食品制造业	45.58	5.56
酒、饮料和精制茶制造业	14.41	1.76
纺织业	—	—
纺织服装、服饰业	27.95	3.41
皮革、毛皮、羽毛及其制品业和制鞋业	1.96	0.24
家具制造业	22.92	2.79
造纸和纸制品业	—	—
印刷和记录媒介复制业	10.71	1.31
文教、工美、体育和娱乐用品制造业	2.38	0.29
石油、煤炭及其他燃料加工业	19.82	2.42
化学原料和化学制品制造业	17.49	2.13

续表

项目	工业总产值	占比
医药制造业	132.70	16.18
橡胶和塑料制品业	5.31	0.65
非金属矿物制品业	33.79	4.12
黑色金属冶炼及压延加工业	—	—
有色金属冶炼及压延加工业	—	—
金属制品业	17.22	2.10
通用设备制造业	32.15	3.92
专用设备制造业	23.35	2.85
汽车制造业	228.20	27.83
铁路、船舶、航空航天和其他运输设备制造业	32.82	4.00
电气机械和器材制造业	31.46	3.84
计算机、通信和其他电子设备制造业	24.47	2.98
仪器仪表制造业	36.53	4.45
其他制造业	—	—
电力、热力生产和供应业	4.40	0.05
水的生产和供应业	—	—

注：合计数值为年鉴中的数据，与分行业数目加和的值存在差异；百分比的计算采用了年鉴中的合计数值。

资料来源：《北京市大兴区统计年鉴2020》。

13. 怀柔区

2019年，怀柔区第二产业增加值为163.89亿元，占地区生产总值的40.99%，其中，工业占比超过第二产业的70.00%。2019年，怀柔区规模以上工业企业总产值为576.34亿元，其中，仅有汽车制造业产值超过了10%，占比达到51.77%，可见，怀柔区汽车制造业在工业行业中占据绝对优势地位。产值占比超过5%的行业有食品制造业，金属制品业，农副食品加工业，酒、饮料和精制茶制造业，产值分别为52.93亿元、36.13亿元、34.77亿元和33.72亿元，占比分别为9.18%、6.27%、6.03%和5.85%（见表5-29）。

表5-29 2019年怀柔区规模以上工业企业分行业产值　　单位：亿元，%

项目	工业总产值	占比
合计	576.34	100.00
农副食品加工业	34.77	6.03

续表

项目	工业总产值	占比
食品制造业	52.93	9.18
酒、饮料和精制茶制造业	33.72	5.85
纺织服装、服饰业	0.75	0.13
家具制造业	3.69	0.64
造纸和纸制品业	0.47	0.08
印刷和记录媒介复制业	0.48	0.08
文教、工美、体育和娱乐用品制造业	1.54	0.27
化学原料和化学制品制造业	4.31	0.75
医药制造业	23.56	4.09
橡胶和塑料制品业	5.37	0.93
非金属矿物制品业	8.95	1.55
黑色金属冶炼及压延加工业	0.18	0.03
有色金属冶炼及压延加工业	3.85	0.67
金属制品业	36.13	6.27
通用设备制造业	1.76	0.31
专用设备制造业	10.46	1.81
汽车制造业	298.38	51.77
电气机械和器材制造业	28.57	4.96
计算机、通信和其他电子设备制造业	7.20	1.25
仪器仪表制造业	8.37	1.45
废弃资源综合利用业	0.37	0.06
电力、热力生产和供应业	3.48	0.60
燃气生产和供应业	6.13	1.06
水的生产和供应业	0.90	0.16

资料来源：根据《北京市怀柔区统计年鉴 2020》整理。

14. 平谷区

2019 年，平谷区第二产业增加值为 77.09 亿元，占地区生产总值的 26.27%。第二产业中，工业总产值是建筑业总产值的 1.76 倍。2019 年，平谷区规模以上工业企业总产值为 167.33 亿元，其中，汽车制造业产值最大，为 72.52 亿元，占比 43.34%；第二是农副食品加工业，产值为 15.27 亿元，占比 9.13%；第三是食品制造业，产值为 14.48 亿元，占比 8.65%；第四是专用设备制造业，产值为 11.41 亿元，占比为 6.82%（见表 5-30）。

表 5-30 2019 年平谷区规模以上工业企业分行业产值　　单位：亿元，%

项目	工业总产值	占比
合计	167.33	100.00
农副食品加工业	15.27	9.13
食品制造业	14.48	8.65
酒、饮料和精制茶制造业	5.73	3.42
纺织业	—	—
纺织服装、服饰业	2.52	1.51
造纸和纸制品业	5.83	3.48
文教、工美、体育和娱乐用品制造业	—	—
化学原料和化学制品制造业		
医药制造业	8.34	4.98
橡胶和塑料制品业	2.12	1.26
非金属矿物制品业	4.49	2.68
金属制品业	3.42	2.04
通用设备制造业	—	—
专用设备制造业	11.41	6.82
汽车制造业	72.52	43.34
电气机械和器材制造业	2.75	1.64
计算机、通信和其他电子设备制造业	—	—
仪器仪表制造业	—	—
其他制造业	—	—
废弃资源综合利用业	—	—
电力、热力生产和供应业	—	—
燃气生产和供应业	—	—

注：工业总产值合计数据采用了年鉴中的数据，该数据与各行业产值的加和值不相同；百分比的计算采用了年鉴中的数据。

资料来源：根据《北京市平谷区统计年鉴 2020》整理。

15. 密云区

2019 年，北京市密云区第二产业增加值为 101.9 亿元，占地区生产总值的 29.89%。第二产业中，工业总产值为 309.7 亿元，是建筑业总产值的 1.78 倍。2019 年，密云区规模以上工业企业总产值为 292.34 亿元，其中，汽车制造业、医药制造业和酒、饮料和精制茶制造业三个行业的产值占比超过10%，产值分别为104.34亿元、35.92亿元和33.67亿元，占比分别为35.69%、12.29%和11.52%（见表5-31）。

表5-31 2019年密云区规模以上工业企业分行业产值 单位：亿元，%

项目	工业总产值	占比
合计	292.34	100.00
黑色金属矿采选业	12.77	4.37
农副食品加工业	3.20	1.09
食品制造业	1.48	0.51
酒、饮料和精制茶制造业	33.67	11.52
纺织服装、服饰业	8.57	2.93
木材加工和木、竹、藤、棕、草制品业	1.17	0.40
造纸和纸制品业	4.47	1.53
印刷和记录媒介复制业	0.27	0.09
化学原料和化学制品制造业	1.97	0.67
医药制造业	35.92	12.29
橡胶和塑料制品业	3.08	1.05
非金属矿物制品业	6.42	2.20
有色金属冶炼及压延加工业	1.86	0.63
金属制品业	4.07	1.39
通用设备制造业	21.52	7.36
专用设备制造业	13.60	4.65
汽车制造业	104.34	35.69
铁路、船舶、航空航天和其他运输设备制造业	1.37	0.47
电气机械和器材制造业	15.30	5.23
计算机、通信和其他电子设备制造业	1.21	0.41
仪器仪表制造业	4.95	1.69
电力、热力生产和供应业	5.81	1.99
燃气生产和供应业	4.84	1.66
水的生产和供应业	0.49	0.17

资料来源：根据《北京市密云区统计年鉴2020》整理。

16. 延庆区

2019年，延庆区第二产业增加值为50.97亿元，占地区生产总值的26.1%。

第二产业中，工业总产值规模大于建筑业总产值规模，工业总产值是建筑业总产值的 2.43 倍。当年，延庆区规模以上工业企业总产值为 110.21 亿元，电气机械和器材制造业以及非金属矿物制品业产值占比超过了 10%，分别为 48.18% 和 15.41%，合计占全部工业总产值的 63.59%（见表 5-32）。

表 5-32 2019 年延庆区规模以上工业企业分行业产值   单位：亿元，%

项目	工业总产值	占比
合计	110.21	100.00
农副食品加工业	5.40	4.90
食品制造业	0.51	0.46
纺织服装、服饰业	7.76	7.04
家具制造业	0.00	0.00
医药制造业	6.50	5.90
非金属矿物制品业	16.99	15.41
金属制品业	1.00	0.90
通用设备制造业	3.60	3.27
专用设备制造业	2.10	1.90
电气机械和器材制造业	53.10	48.18
计算机、通信和其他电子设备制造业	5.80	5.26
仪器仪表制造业	1.09	0.99
电力、热力生产和供应业	2.57	2.33
燃气生产和供应业	3.02	2.74
水的生产和供应业	0.76	0.69

资料来源：《北京市延庆区统计年鉴 2020》。

第三节 第三产业的发展

第三产业即服务业，是指除第一产业、第二产业以外的其他行业。第三产业的占比曾经一度被看作产业高级化的表现。中华人民共和国成立 70 多年来，北京第三产业从结构单一、基础薄弱，到成为全市经济的支柱和引擎，成效突出。由于北京市国际大都市的地位与特点，其承担着国际政治、经济和文化交流等功能，这客观上要求北京市发展相关的服务业，加上大城市对环境等的要求，北京市必然要大力发展第三产业，一方面减轻生态压力，另一方面，金融等高端服务业的发展也会带来丰厚的利润和财政收入。

一、整体情况

（一）第三产业的增加值

从增加值的数量及变化看，北京市 2019 年的第三产业增加值为 29542.53 亿元，比 1978 年增长了 29516.75 亿元，是 1978 年的 1145.95 倍，年均增长 19.26%。同期，全国第三产业增加值增长到 529449.38 亿元，年均增长 17.74%。北京市第三产业增加值的年均增长率高于全国 1.52 个百分点。

1978 年北京市第三产业增加值低于上海、江苏、广东、河北、四川、辽宁、山东、河南、湖南、黑龙江和湖北，为上海市的 50.79%。2019 年，北京市第三产业增加值上升，仅次于广东、江苏、山东、浙江，但数量上仅为广东省的 49.42%。从全国来看，各省份之间的倍数关系也增大，第三产业增加值最大值与最小值的倍数从 1978 年的 35.25 倍增大至 2019 年的 64.69 倍（见表 5-33）。

表 5-33　1978 年和 2019 年 31 省份第三产业增加值　　　单位：亿元

1978 年		2019 年	
省份	第三产业增加值	省份	第三产业增加值
上海	50.76	广东	59773.38
江苏	49.44	江苏	51064.73
广东	43.92	山东	37640.17
河北	38.48	浙江	33687.76
四川	36.86	北京	29542.53
辽宁	33.90	上海	27752.28
山东	31.04	河南	26018.01
河南	28.61	四川	24443.26
湖南	27.34	湖北	22920.60
黑龙江	27.20	湖南	21158.19
湖北	26.18	福建	19217.03
北京	25.78	安徽	18860.38
浙江	23.11	河北	17988.82
天津	20.09	辽宁	13200.44
安徽	19.68	重庆	12557.51
广西	19.03	云南	12224.55
山西	18.32	陕西	11821.49
江西	17.74	江西	11760.11

续表

1978 年		2019 年	
省份	第三产业增加值	省份	第三产业增加值
吉林	15.04	广西	10771.97
福建	14.25	天津	8949.87
陕西	14.24	山西	8748.87
内蒙古	12.71	内蒙古	8530.46
甘肃	12.48	贵州	8430.33
云南	12.01	新疆	7019.86
重庆	11.71	黑龙江	6815.02
贵州	8.47	吉林	6304.68
新疆	6.75	甘肃	4805.40
青海	4.16	海南	3129.54
宁夏	3.33	宁夏	1883.83
西藏	1.44	青海	1504.30
海南	—	西藏	924.01
合计	654.07	合计	529449.38

资料来源：EPS 数据库和《中国统计年鉴 2020》。

1978~2019 年，北京市第三产业增加值由 26.0 亿元增长至 29542.5 亿元，年均增长率为 18.7%，高于同期名义 GDP （15.15%）[1] 的年均增长率，远高于同期第一产业（7.62%）和第二产业（11.07%）的年均增长率。20 世纪 90 年代前期，北京市第三产业增长率最高，在 1991 年、1993 年、1994 年和 1995 年，其年增长率均超过了 30%（见图 5-15）。

（二）第三产业的比重

1978~2019 年，北京市第三产业比重从 23.9% 波动上升至 83.5%，在 1993 年达到 47.2%，超过第二产业 0.4 个百分点，成为三次产业中比重最高的产业（见图 5-16）。

1978~2019 年，北京市第三产业从业人员占比从 31.6% 波动上升至 83.1%，1992 年，北京市第三产业从业人员比重为 43.6%，首次超过第二产业占比，成为三次产业中从业人员占比最高的产业，比全国的第二产业比重超过第三产业早了 20 年[2]（见图 5-17）。

---

① 按照三次产业加和计算，北京市 1978 年和 2019 年的 GDP 分别为 108.8 亿元和 35371.3 亿元。

② 根据国家统计局的数据，全国第三产业比重于 2012 年超过第二产业。

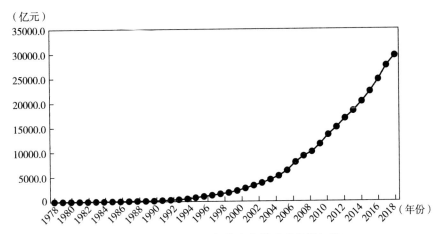

图 5-15　1978~2019 年北京市第三产业增加值

资料来源：历年《北京统计年鉴》。

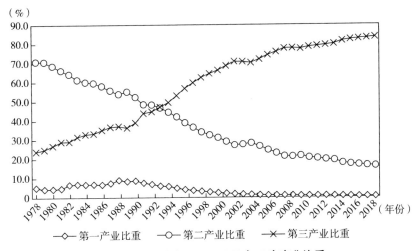

—◇—第一产业比重　—○—第二产业比重　—×—第三产业比重

图 5-16　北京市 1978~2019 年三次产业比重

注：小数点后仅一位。

资料来源：历年《北京统计年鉴》。

　　综合第一节、第二节和此处第三产业的比重变化情况，可以看出，北京市三次产业的比重变化符合配第—克拉克定理的表述：随着经济的发展和人均国民收入水平的提高，第一产业国民收入和劳动力的相对比重逐渐下降，第二产业国民收入和劳动力的相对比重上升，随着经济的进一步发展，第三产业国民收入和劳动力的相对比重也开始上升。

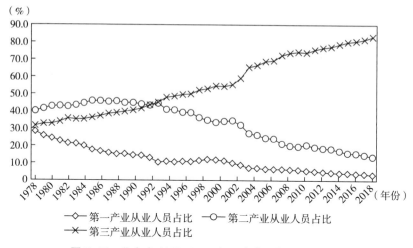

图5-17　北京市1978~2019年三次产业从业人员占比

注：小数点后仅一位。

资料来源：历年《北京统计年鉴》。

（三）第三产业的贡献率

1982~2019年，北京市第三产业的贡献率波动上升，从1982年的38.4%波动上升至2019年的87.8%，2001年之后，北京市第三产业的贡献率均超过60%（见图5-18）。

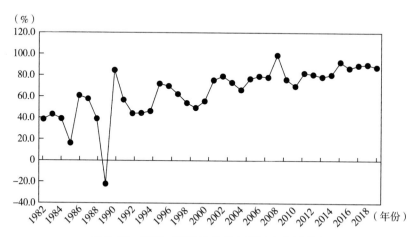

图5-18　1982~2019年北京市第三产业贡献率

注：有数据的年份最早至1982年。

资料来源：历年《北京统计年鉴》。

二、第三产业的分布特点

(一) 分区域情况

2019年，北京市核心区Ⅰ、核心区Ⅱ、城市核心功能拓展区、城市生态涵养区的第三产业增加值分别为7551.42亿元、16687.02亿元、3199.75亿元和974.09亿元，分别占北京市第三产业增加值总量的26.58%、58.73%、11.26%和3.43%（见图5-19）。可见，核心区Ⅱ第三产业增加值最大，第二是核心区Ⅰ，第三是城市核心功能拓展区，最后为城市生态涵养区。核心区Ⅱ，即海淀、丰台、石景山、朝阳、通州五个区的第三产业在四个区域中是规模最大的，2019年增加值为16687.02亿元，占比超过了四个区域第三产业增加值之和的50%，是第二名核心区Ⅰ第三产业规模的2.21倍。这与北京市城区内大力发展第三产业和各区域的产业定位有直接关系。

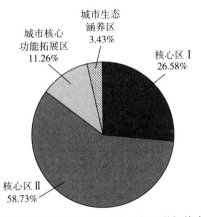

图5-19 2019年北京市四大区域第三产业增加值占全市比重

资料来源：《北京统计年鉴2020》。

2000~2019年，核心区Ⅰ第三产业增加值占全市的比重大体上呈下降态势，由2000年的38.14%下降至2019年的26.58%，下降了11.56个百分点。核心区Ⅱ第三产业增加值占全市的比重由2000年的51.72%上升至2016年的59.37%，2017年之后略有下降。城市核心功能拓展区的该比重呈缓慢波动上升的趋势，由7.15%上升至11.26%，上升了4.11个百分点。城市生态涵养区的比重是波动的，但变化不大，比重最低点发生在2009年，为2.39%，最高点发生在2019年，为3.43%（见图5-20）。

(二) 分区特点

1. 东城区

2019年，北京市东城区第三产业增加值为2822.9亿元，占地区生产总值的

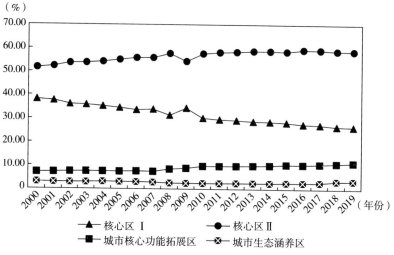

图 5-20　2000~2019 年北京市第三产业分区域情况

资料来源：历年《北京统计年鉴》。

比重为 96.99%，在三次产业中占绝对优势地位。三次产业中，有四个行业增加值占比超过 10%。金融业规模最大，增加值为 769.8 亿元，占比达到 27.27%，第二是信息传输、软件和信息技术服务业，增加值为 317.2 亿元，占比为 11.24%，第三为批发和零售业，增加值为 306.7 亿元，占比为 10.86%，第四为科学研究和技术服务业，增加值为 287.4 亿元，占比为 10.18%。四个行业的增加值比重合计达到 59.55%（见表 5-34）。

表 5-34　2019 年东城区第三产业分行业增加值　　　单位：亿元，%

项目	增加值	占比
合计	2822.9	100.00
批发和零售业	306.7	10.86
交通运输、仓储和邮政业	20.2	0.72
住宿和餐饮业	78.9	2.79
信息传输、软件和信息技术服务业	317.2	11.24
金融业	769.8	27.27
房地产业	180.9	6.41
租赁与商务服务业	276.0	9.78
科学研究和技术服务业	287.4	10.18
水利、环境和公共设施管理业	14.9	0.53

续表

项目	增加值	占比
居民服务、修理和其他服务业	12.9	0.46
教育	91.2	3.23
卫生和社会工作	136.3	4.83
文化、体育和娱乐业	126.8	4.49
公共管理、社会保障和社会组织	203.7	7.22

注：年鉴中增加值数据仅保留至一位小数，此处也只保留了一位小数。

资料来源：《北京东城统计年鉴2020》。

2. 西城区

2019年，北京市西城区第三产业增加值为4728.5亿元，占地区生产总值的94.43%。其中，金融业规模最大，增加值为2500.6亿元，占第三产业的比重超过了50%，达到52.88%；第二是公共管理、社会保障和社会组织行业，增加值为330.3亿元，比重为6.99%；此外，还有三个行业的增加值占比超过了5%，分别是租赁和商务服务业、批发和零售业以及科学研究和技术服务业，增加值分别为307.9亿元、289.6亿元和253.4亿元，占第三产业的比重分别为6.51%、6.12%和5.36%（见表5-35）。

表5-35 2019年西城区第三产业分行业增加值　　单位：亿元，%

项目	增加值	占比
合计	4728.5	100.00
批发和零售业	289.6	6.12
交通运输、仓储和邮政业	76.6	1.62
住宿和餐饮业	59.6	1.26
信息传输、软件和信息技术服务业	189.8	4.01
金融业	2500.6	52.88
房地产业	234.5	4.96
租赁和商务服务业	307.9	6.51
科学研究和技术服务业	253.4	5.36
水利、环境和公共设施管理业	45.7	0.97
居民服务、修理和其他服务业	17.7	0.37
教育	113.0	2.39
卫生和社会工作	181.2	3.83

续表

项目	增加值	占比
文化、体育和娱乐业	128.5	2.72
公共管理、社会保障和社会组织	330.3	6.99

注：年鉴中增加值数据仅保留了一位小数，此处也仅保留一位；因保留小数位带来的加和数值误差未做调整；比重计算采用了年鉴中的合计数值。

资料来源：《北京市西城区统计年鉴2020》。

3. 朝阳区

北京市朝阳区第三产业比重非常高，2019年，朝阳区第三产业增加值为6616.73亿元，占地区生产总值的92.98%。其中，五个行业的增加值占比超过10%，它们分别为租赁和商务服务业，批发和零售业，金融业，房地产业，信息传输、软件和信息技术服务业，增加值分别为1152.59亿元、1118.54亿元、1089.01亿元、804.75亿元和767.56亿元，产值占比分别为17.42%、16.90%、16.46%、12.16%和11.60%，合计占比达到74.55%（见表5-36）。

表5-36　2019年朝阳区第三产业分行业增加值　　单位：亿元，%

项目	增加值	占比
合计	6616.73	100.00
批发和零售业	1118.54	16.90
交通运输、仓储和邮政业	119.14	1.80
住宿和餐饮业	147.32	2.23
信息传输、软件和信息技术服务业	767.56	11.60
金融业	1089.01	16.46
房地产业	804.75	12.16
租赁和商务服务业	1152.59	17.42
科学研究和技术服务业	515.03	7.78
水利、环境和公共设施管理业	60.12	0.91
居民服务、修理和其他服务业	56.99	0.86
教育	258.96	3.91
卫生和社会工作	202.20	3.06
文化、体育和娱乐业	124.93	1.89
公共管理、社会保障和社会组织	198.65	3.00

注：年鉴中增加值数据仅保留了一位小数，此处也仅保留一位；第三产业增加值采用了年鉴中的数据，各行业增加值的加和数值存在差异；计算比重时采用了第三产业增加值的数据。

资料来源：根据《北京市朝阳区统计年鉴2020》整理。

4. 丰台区

2019年，北京市丰台区第三产业增加值为1557.00亿元，占地区生产总值的85.10%。其中，五个行业的增加值占第三产业的比重超过10%。房地产业规模最大，增加值为260.23亿元，占比16.71%，第二是金融业，增加值为215.19亿元，占比13.82%，第三是科学研究和技术服务业，增加值为205.43亿元，占比13.19%，第四和第五分别是租赁和商务服务业与批发和零售业，增加值分别为165.93亿元和157.92亿元，占比分别为10.66%和10.14%，这五个行业的增加值占比合计达到64.53%（见表5-37）。

表5-37 2019年丰台区第三产业分行业增加值 单位：亿元，%

项目	增加值	占比
合计	1557.00	100.00
批发和零售业	157.92	10.14
交通运输、仓储和邮政业	84.48	5.43
住宿和餐饮业	37.74	2.42
信息传输、软件和信息技术服务业	107.24	6.89
金融业	215.19	13.82
房地产业	260.23	16.71
租赁和商务服务业	165.93	10.66
科学研究和技术服务业	205.43	13.19
水利、环境和公共设施管理业	22.02	1.41
居民服务、修理和其他服务业	24.57	1.58
教育	64.26	4.13
卫生和社会工作	74.90	4.81
文化、体育和娱乐业	35.75	2.30
公共管理、社会保障和社会组织	100.57	6.46

注：第三产业增加值采用了年鉴中的数据，与各行业的加和值存在差异；百分比的计算采用了年鉴中的第三产业增加值的数据。

资料来源：根据《北京市丰台区统计年鉴2020》整理。

5. 石景山区

2019年，北京市石景山区第三产业增加值为671.5亿元，占地区生产总值的83.27%。其中，信息传输、软件和信息技术服务业规模最大，增加值为177.7亿元，占比26.46%，第二为金融业，增加值为162.8亿元，占比24.24%，两个行业增加值占比合计超过50.00%（见表5-38）。

表5-38 2019年石景山区第三产业分行业增加值　　单位：亿元，%

项目	增加值	占比
合计	671.5	100.00
批发和零售业	45.0	6.70
交通运输、仓储和邮政业	3.4	0.51
住宿和餐饮业	8.5	1.27
信息传输、软件和信息技术服务业	177.7	26.46
金融业	162.8	24.24
房地产业	56.7	8.44
租赁与商务服务业	28.2	4.20
科学研究和技术服务业	42.8	6.37
水利、环境和公共设施管理业	5.8	0.86
居民服务、修理和其他服务业	10.9	1.62
教育	47.0	7.00
卫生和社会工作	26.4	3.93
文化、体育和娱乐业	21.1	3.14
公共管理、社会保障和社会组织	37.6	5.60

注：年鉴中增加值数据仅保留了一位小数，此处也仅保留一位；第三产业增加值采用了年鉴中的数据，与各行业增加值的加和值存在差异；百分比的计算采用了年鉴中的第三产业增加值的数据。

资料来源：根据《北京市石景山区统计年鉴2020》整理。

6. 海淀区

2019年，北京市海淀区第三产业增加值为7217.2亿元，占全区生产总值的91.06%。其中，信息传输、软件和信息技术服务业规模最大，增加值为2718.7亿元，占第三产业的37.67%，第二是科学研究和技术服务业，增加值为1076.8亿元，占比14.92%，第三是金融业，增加值为858.8亿元，占比11.90%，这三个占比超过10%的行业的增加值合计占比达到64.49%（见表5-39）。

表5-39 2019年海淀区第三产业分行业增加值　　单位：亿元，%

项目	增加值	占比
合计	7217.2	100.00
批发和零售业	371.7	5.15
交通运输、仓储和邮政业	111.7	1.55
住宿和餐饮业	76.8	1.06

续表

项目	增加值	占比
信息传输、软件和信息技术服务业	2718.7	37.67
金融业	858.8	11.90
房地产业	332.4	4.61
租赁与商务服务业	270.4	3.75
科学研究和技术服务业	1076.8	14.92
水利、环境和公共设施管理业	61.8	0.86
居民服务、修理和其他服务业	33.0	0.46
教育	716.7	9.93
卫生和社会工作	139.9	1.94
文化、体育和娱乐业	265.1	3.67
公共管理、社会保障和社会组织	182.1	2.52

注：年鉴中增加值数据仅保留了一位小数，此处也仅保留一位；第三产业增加值采用了年鉴中的数据，与各行业增加值的加和值存在差异；百分比的计算采用了年鉴中的第三产业增加值的数据。

资料来源：根据《北京市海淀区统计年鉴2020》整理。

7. 门头沟区

2019年，北京市门头沟区第三产业增加值为181.95亿元，占全区地区生产总值的71.60%。其中，三个行业的增加值占比超过了10%，分别是房地产业，公共管理、社会保障和社会组织，金融业。这三个行业的增加值分别为36.17亿元、32.02亿元和23.23亿元，合计占比为50.24%（见表5-40）。

表5-40　2019年门头沟区第三产业分行业增加值　　单位：亿元，%

项目	增加值	占比
合计	181.95	100.00
批发和零售业	14.87	8.17
交通运输、仓储和邮政业	1.84	1.01
住宿和餐饮业	7.52	4.13
信息传输、软件和信息技术服务业	6.78	3.73
金融业	23.23	12.77
房地产业	36.17	19.88
租赁与商务服务业	3.85	2.12
科学研究和技术服务业	12.17	6.69
水利、环境和公共设施管理业	4.27	2.35

续表

项目	增加值	占比
居民服务、修理和其他服务业	3.94	2.17
教育	17.36	9.54
卫生和社会工作	13.13	7.22
文化、体育和娱乐业	4.38	2.41
公共管理、社会保障和社会组织	32.02	17.60

注：年鉴中增加值数据仅保留了一位小数，此处也仅保留一位；第三产业增加值采用了年鉴中的数据，与各行业增加值的加和值存在差异；百分比的计算采用了年鉴中的第三产业增加值的数据。

资料来源：根据《北京市门头沟区统计年鉴2020》整理。

8. 房山区

2019年，北京市房山区第三产业增加值为444.0亿元，占地区生产总值的54.75%。其中，规模最大的是房地产业，增加值为115.9亿元，占比26.10%；第二是公共管理、社会保障和社会组织，增加值为60.8亿元，占比13.69%；第三为金融业，增加值为47.9亿元，占比10.79%；此外，教育的增加值占比也超过了10%，为44.7亿元。这四个行业的增加值合计占比为60.65%（见表5-41）。

表5-41　2019年房山区第三产业分行业增加值　　单位：亿元，%

项目	增加值	占比
合计	444.0	100.00
批发和零售业	34.7	7.82
交通运输、仓储和邮政业	5.2	1.17
住宿和餐饮业	12.9	2.91
信息传输、软件和信息技术服务业	15.0	3.38
金融业	47.9	10.79
房地产业	115.9	26.10
租赁与商务服务业	25.0	5.63
科学研究和技术服务业	33.1	7.45
水利、环境和公共设施管理业	8.2	1.85
居民服务、修理和其他服务业	7.6	1.71
教育	44.7	10.07
卫生和社会工作	25.5	5.74
文化、体育和娱乐业	4.1	0.92

续表

项目	增加值	占比
公共管理、社会保障和社会组织	60.8	13.69

注：年鉴中增加值数据仅保留了一位小数，此处也仅保留一位；第三产业增加值采用了年鉴中的数据，与各行业增加值的加和值存在差异；百分比的计算采用了年鉴中的第三产业增加值的数据。

资料来源：根据《北京市房山区统计年鉴2020》整理。

9. 通州区

2019年，北京市通州区第三产业增加值为624.6亿元，占地区生产总值的58.97%。其中，四个行业的增加值占该区第三产业增加值的比重超过了10%：第一是房地产业，增加值为128.3亿元，占比20.54%；第二是公共管理、社会保障和社会组织，增加值为121.6亿元，占比19.47%；第三是金融业，增加值为74.8亿元，占比11.98%；第四是批发和零售业，增加值为71.7亿元，占比11.48%。这四个行业的增加值合计占通州区第三产业增加值的63.46%（见表5-42）。

表5-42　2019年通州区第三产业分行业增加值　　单位：亿元，%

项目	增加值	占比
合计	624.6	100.00
批发和零售业	71.7	11.48
交通运输、仓储和邮政业	11.0	1.76
住宿和餐饮业	14.1	2.26
信息传输、软件和信息技术服务业	9.0	1.44
金融业	74.8	11.98
房地产业	128.3	20.54
租赁与商务服务业	34.7	5.56
科学研究和技术服务业	24.4	3.91
水利、环境和公共设施管理业	13.9	2.23
居民服务、修理和其他服务业	12.2	1.95
教育	59.6	9.54
卫生和社会工作	43.3	6.93
文化、体育和娱乐业	5.2	0.83
公共管理、社会保障和社会组织	121.6	19.47

注：年鉴中增加值数据仅保留了一位小数，此处也仅保留一位；第三产业增加值采用了年鉴中的数据，与各行业增加值的加和值存在差异；百分比的计算采用了年鉴中的第三产业增加值的数据。

资料来源：根据《北京市通州区统计年鉴2020》整理。

10. 顺义区

2019 年，北京市顺义区第三产业增加值为 1399.58 亿元，占地区生产总值的 70.23%。其主要集中在交通运输、仓储和邮政业与金融业两个行业，增加值分别为 503.52 亿元和 288.01 亿元，合计占比为 56.56%。此外，房地产业规模也比较大，增加值为 135.33 亿元，占顺义区第三产业增加值的 9.67%（见表 5-43）。

表 5-43　2019 年顺义区第三产业分行业增加值　　单位：亿元，%

项目	增加值	占比
合计	1399.58	100.00
批发和零售业	71.24	5.09
交通运输、仓储和邮政业	503.52	35.98
住宿和餐饮业	19.75	1.41
信息传输、软件和信息技术服务业	54.62	3.90
金融业	288.01	20.58
房地产业	135.33	9.67
租赁和商务服务业	86.45	6.18
科学研究和技术服务业	41.35	2.95
水利、环境和公共设施管理业	9.88	0.71
居民服务、修理和其他服务业	11.69	0.84
教育	48.40	3.46
卫生和社会工作	25.45	1.82
文化、体育和娱乐业	5.80	0.41
公共管理、社会保障和社会组织	54.56	3.90

注：第三产业增加值采用了年鉴中的数据，与各行业增加值的加和值存在差异；百分比的计算采用了年鉴中的第三产业增加值的数据。

资料来源：根据《北京顺义统计年鉴 2020》整理。

11. 昌平区

2019 年，北京市昌平区第三产业增加值为 737.84 亿元，占地区生产总值的 68.84%。其中，三个行业的增加值占比超过了 10%，分别为房地产业、科学研究和技术服务业，以及教育，增加值分别为 130.57 亿元、106.78 亿元和 102.79 亿元，合计占比为 46.03%（见表 5-44）。

表5-44 2019年昌平区第三产业分行业增加值　　单位：亿元，%

项目	增加值	占比
合计	737.84	100.00
批发和零售业	41.81	5.67
交通运输、仓储和邮政业	7.54	1.02
住宿和餐饮业	21.94	2.97
信息传输、软件和信息技术服务业	53.71	7.28
金融业	69.74	9.45
房地产业	130.57	17.70
租赁与商务服务业	60.07	8.14
科学研究和技术服务业	106.78	14.47
水利、环境和公共设施管理业	15.45	2.09
居民服务、修理和其他服务业	11.03	1.50
教育	102.79	13.93
卫生和社会工作	4.96	0.67
文化、体育和娱乐业	9.11	1.23
公共管理、社会保障和社会组织	56.10	7.60

注：第三产业增加值采用了年鉴中的数据，与各行业增加值的加和值存在差异；百分比的计算采用了年鉴中的第三产业增加值的数据。

资料来源：根据《北京市昌平区统计年鉴2020》整理。

12. 大兴区

2019年，北京市大兴区第三产业增加值为618.3亿元，占全区地区生产总值的68.12%。其中，房地产业规模最大，增加值为117.2亿元，占第三产业的18.96%，第二是金融业，增加值为84.0亿元，占比13.59%，两者合计占比为32.55%（见表5-45）。

表5-45 2019年大兴区第三产业分行业增加值　　单位：亿元，%

项目	增加值	占比
合计	618.3	100.00
批发和零售业	51.4	8.31
交通运输、仓储和邮政业	20.2	3.27
住宿和餐饮业	8.4	1.36
金融业	84.0	13.59
房地产业	117.2	18.96

续表

项目	增加值	占比
其他服务业	336.1	54.36

注：第三产业增加值采用了统计公报中的数据，与各行业增加值的加和值存在差异；百分比的计算采用了统计公报中的第三产业增加值的数据。

资料来源：根据《大兴区 2019 年国民经济和社会发展统计公报》整理。

13. 怀柔区

2019 年，北京市怀柔区第三产业增加值为 229.53 亿元，占地区生产总值的 57.40%。其中，公共管理、社会保障和社会组织规模最大，增加值为 37.26 亿元，占第三产业的 16.23%，第二是房地产业，增加值为 25.44 亿元，占比 11.08%，第三是信息传输、软件和信息技术服务业，增加值为 25.24 亿元，占比 11.00%（见表 5-46）。

表 5-46　2019 年怀柔区第三产业分行业增加值　　单位：亿元，%

项目	增加值	占比
合计	229.53	100.00
批发和零售业	9.83	4.28
交通运输、仓储和邮政业	6.36	2.77
住宿和餐饮业	6.89	3.00
信息传输、软件和信息技术服务业	25.24	11.00
金融业	18.17	7.92
房地产业	25.44	11.08
租赁与商务服务业	22.18	9.66
科学研究和技术服务业	15.95	6.95
水利、环境和公共设施管理业	8.27	3.60
居民服务、修理和其他服务业	5.42	2.36
教育	22.19	9.67
卫生和社会工作	13.76	6.00
文化、体育和娱乐业	12.28	5.35
公共管理、社会保障和社会组织	37.26	16.23

注：第三产业增加值采用了年鉴中的数据，与各行业增加值的加和值存在差异；百分比的计算采用了年鉴中的第三产业增加值的数据。

资料来源：根据《北京市怀柔区统计年鉴 2020》整理。

14. 平谷区

2019 年，北京市平谷区第三产业增加值为 203.23 亿元，占地区生产总值的 69.25%。其中，公共管理、社会保障和社会组织行业规模最大，增加值为 41.12 亿元，占比 20.23%，第二是房地产业，规模为 29.04 亿元，占比 14.29%，第三是教育，增加值为 23.78 亿元，占比 11.70%，这三个行业的增加值合计占比为 46.22%（见表 5-47）。

表 5-47　2019 年平谷区第三产业分行业增加值　单位：亿元，%

项目	增加值	占比
合计	203.23	100.00
批发和零售业	18.91	9.30
交通运输、仓储和邮政业	10.18	5.01
住宿和餐饮业	7.46	3.67
信息传输、软件和信息技术服务业	2.88	1.42
金融业	14.27	7.02
房地产业	29.04	14.29
租赁与商务服务业	13.00	6.40
科学研究和技术服务业	9.10	4.48
水利、环境和公共设施管理业	4.36	2.15
居民服务、修理和其他服务业	5.67	2.79
教育	23.78	11.70
卫生和社会工作	17.44	8.58
文化、体育和娱乐业	5.24	2.58
公共管理、社会保障和社会组织	41.12	20.23

注：第三产业增加值数据采用了年鉴中的数据，该数据与各行业增加值的加和值不相同；百分比的计算采用了年鉴中的数据。

资料来源：根据《北京市平谷区统计年鉴 2020》整理。

15. 密云区

2019 年，北京市密云区第三产业增加值为 225.43 亿元，占地区生产总值的 66.11%。其中，三个行业的增加值超过 10%，分别是房地产业，公共管理、社会保障和社会组织，以及水利、环境和公共设施管理业。这三个行业的增加值分别为 61.79 亿元、30.55 亿元和 23.45 亿元，占比合计为 51.36%（见表 5-48）。

表 5-48　2019 年密云区第三产业分行业增加值　　单位：亿元，%

项目	增加值	占比
合计	225.43	100.00
批发和零售业	16.92	7.50
交通运输、仓储和邮政业	7.68	3.41
住宿和餐饮业	6.02	2.67
信息传输、软件和信息技术服务业	4.82	2.14
金融业	16.35	7.25
房地产业	61.79	27.41
租赁与商务服务业	8.28	3.67
科学研究和技术服务业	7.74	3.43
水利、环境和公共设施管理业	23.45	10.40
居民服务、修理和其他服务业	4.92	2.18
教育	21.09	9.36
卫生和社会工作	13.00	5.77
文化、体育和娱乐业	2.48	1.10
公共管理、社会保障和社会组织	30.55	13.55

注：第三产业增加值采用了年鉴中的数据，与各行业增加值的加和值存在差异；百分比的计算采用了年鉴中的第三产业增加值的数据。

资料来源：根据《北京市密云区统计年鉴 2020》整理。

16. 延庆区

2019 年，北京市延庆区第三产业增加值为 136.91 亿元，占地区生产总值的 70.11%。其中，仅有两个行业的增加值占比超过了 10%，分别是公共管理、社会保障和社会组织以及教育。这两个行业的增加值分别为 30.81 亿元和 17.23 亿元，占比合计为 35.10%（见表 5-49）。

表 5-49　2019 年延庆区第三产业分行业增加值　　单位：亿元，%

项目	增加值	占比
合计	136.91	100.00
批发和零售业	12.40	9.06
交通运输、仓储和邮政业	2.12	1.55
住宿和餐饮业	6.94	5.07
信息传输、软件和信息技术服务业	3.51	2.56
金融业	10.77	7.87

续表

项目	增加值	占比
房地产业	13.36	9.76
租赁与商务服务业	10.73	7.84
科学研究和技术服务业	3.86	2.82
水利、环境和公共设施管理业	11.15	8.14
居民服务、修理和其他服务业	2.53	1.85
教育	17.23	12.59
卫生和社会工作	8.72	6.37
文化、体育和娱乐业	2.54	1.85
公共管理、社会保障和社会组织	30.81	22.51

注：第三产业增加值采用了年鉴中的数据，与各行业增加值的加和值存在差异；百分比的计算采用了年鉴中的第三产业增加值的数据。

资料来源：根据《北京市延庆区统计年鉴2020》整理。

参考文献

［1］樊艳云．北京市产业结构的历史回顾及现状分析［J］．经济研究导刊，2009（33）：132-134+150.

［2］杜洋，任芮萱．"数"说党史（四）——砥砺前行　成果辉煌　顺义工业发展三十载［EB/OL］．北京顺义统计，https：//mp．weixin．qq．com/s？src=11&timestamp=1658632582&-ver=3939&signature=1IBIkBrhlAEi1v-KofjAbTfCWBtQ3IDAW8boKZnOzJ-QjVPB4t70XDwP0-Nnw9csnDhV2GEXuU2Mx-5BytNsvfx1Lfqtze-btGSL2krUycQKUFEEhmqo4UfyGtuXjZz8N&new=1，2021-07-15/2022-07-20.

［3］北京市统计局．改革开放40年北京"三农"发展回顾［EB/OL］．http：//www．beijing．gov．cn/gongkai/shuju/sjjd/201810/t20181031_1837846．html，2018-10-31/2022-10-12.

［4］北京市农业农村局．图解《北京市"十四五"时期农业科技发展规划》［EB/OL］．http：//nyncj．beijing．gov．cn/nyj/zwgk/zcjd/325851698/index．html，2022-5027/2022-10-7.

［5］北京市密云区委党史研究室．传统"密云八珍"［EB/OL］．http：//www．bjmy．gov．cn/art/2022/10/20/art_85_416553．html.

第六章　科技发展与创新创业

第一节　科技发展与配置效率

一、科技发展现状分析

北京科技资源非常丰富，科技实力非常突出，科技企业效益较高。随着科技投入的快速提高，科研产出快速增长，科技成果转化能力不断增强。不过，也存在科技产出效果仍待提高，高端产业引领作用不够明显，科技成果消化吸收不足，产学研合作体系有待完善，体制机制存在障碍等问题。

（一）科技资源的特征

1. 高等院校数量众多且实力突出

高等院校作为人力资源形成和培育体系中的关键性载体，对于一个地区的人力资源水平和科技水平的贡献是十分显著的。综观世界上竞争力领先的现代化大都市，许多都展现出大量一流高校聚集的现象。北京也具有同样的特质：2015 年北京共有普通高等学校 90 所，其中 211 高校 26 所，占全国的 23%，是内陆各个城市之中最多的地区，而且高校实力也在多个领域代表着国内最高水平。根据艾瑞森中国校友会网的数据，2016 年中国大学前 100 名高校中，北京高校占据 24 个席位；而根据 2017 年 ESI（Essential Science Indicators，基本科学指标）中国大学综合排名，前 100 强中，北京占据 17 个席位。理工类、医药类、师范类、语言类、财经类、政法类、体育类、民族类、艺术类等各专业类学校排名中，北京的高校几乎都排在首位或者位居前列。综合来看，无论从高等院校数量、分布领域还是从综合实力，北京在国内没有哪个城市能与之匹敌。

2. 国家级科研机构总部云集

作为国家首都，北京在分享国家资源方面往往具有一定的优先权。在计划经济时代，国家将主要的科学研究机构总部都设置在北京，如中国科学院、中国工程院、中国社会科学院、中国石油科学院、中国农业科学院、中国林业科学院等。这些国家级科研机构，连同国家重点扶持的大学，吸引了全国相当一部分一流的科学家、工程师和专业人才和接近 60 万的大学生和研究生。同时国家的许多重点科研项目、攻关项目都集中在北京。北京筹集到的科技经费中，政府资金的比例在全国最高。直到今天，北京的这些优势仍然是国内其他城市难以比拟的，也是国际上非常少有的。

3. 高科技企业实力较为雄厚

近年来北京高科技企业不断增长，2015 年北京高技术企业 805 家，R&D 人员全时当量达到 245.7 千人年，主要营业收入达到 3997 亿元，实现利润达到 268 亿元，出口交货值达到 695 亿元，在全国位于前列（见表 6-1），从而为"科技北京"的发展提供了有力支撑（见图 6-1）。

表 6-1　2015 年北京高技术产业在全国的排名情况

	企业数	主营业务收入	利润总额	出口交货值
全国 31 个省级单位排名	13	10	8	12

资料来源：《中国科技统计年鉴 2016》。

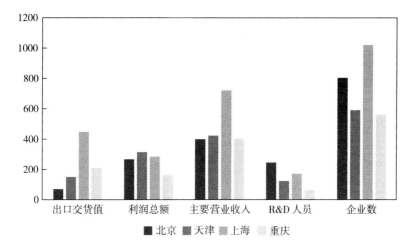

图 6-1　2015 年北京、上海、天津与重庆高科技企业比较

注：出口交货值、利润总额、主要营业收入、R&D 人员和企业数的单位分别为十亿元、亿元、十亿元、千人年、个。

资料来源：《中国科技统计年鉴 2016》。

（二）科技发展现状和成就

1. 科技投入快速增长

2001 年以来北京科技活动人员投入快速增长，2015 年科技活动人员数达到了 747461 人，是 2001 年的 3.11 倍；研究与试验发展（R&D）人员折合全时当量达到 245728 人年，是 2001 年的 2.58 倍（见图 6-2）。

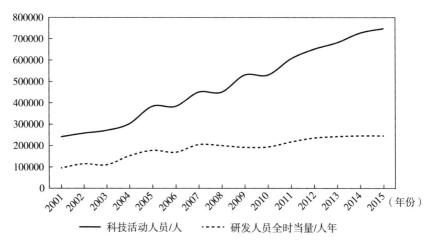

图 6-2　2001~2015 年北京科技活动人员增长变化

资料来源：《北京统计年鉴 2016》。

与此同时，研究开发经费也在快速增长。2015 年达到 13840231 万元，是 2001 年的 8.09 倍。从年均增长速度看，2001~2015 年年均增长达到了 15.84%。不过，从经费投入的来源看，北京依托于首都的特殊优势，研发经费的 71% 来源于中央政府，北京本级投入较低（见图 6-3）。

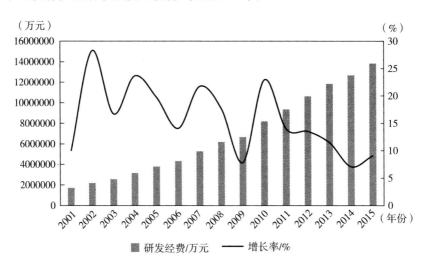

图 6-3　2001~2015 年北京科技活动经费支出及增长变化

资料来源：《北京统计年鉴 2002~2016》。

北京研发投入强度不断增强。2001 年研发投入占 GDP 比重为 4.62%，2015 年增长到 6.01%，远远高于全国 2.06% 的平均水平（见图 6-4）。

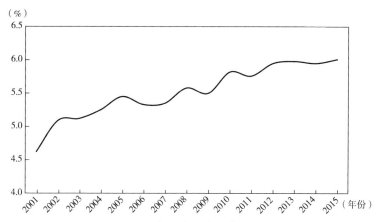

图 6-4　2001~2015 年北京研发经费占 GDP 比重演变

资料来源：《北京统计年鉴 2016》。

2. 科研产出不断优化

北京科技产出快速增长，科技成果不断优化。2001 年专利授权量为 6246 件，到 2015 年增长到 94031 件，是 2001 年的 15.05 倍，2001~2015 年年均增长实现 20.78%（见图 6-5）。专利分为发明、实用新型和外观设计三种类型，其中发明专利最能体现成果的质量和水平，含金量最高。2001 年北京发明专利授权量为 946 件，2015 年达到 35308 件，增长 37.32 倍，2001~2015 年年均增长 32.42%（见图 6-6）。

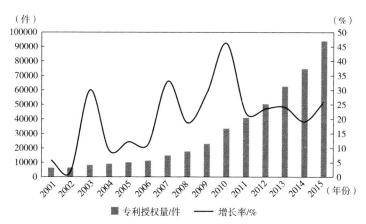

图 6-5　2001~2015 年北京专利授权量及其增长变化

资料来源：《北京统计年鉴 2002-2016》。

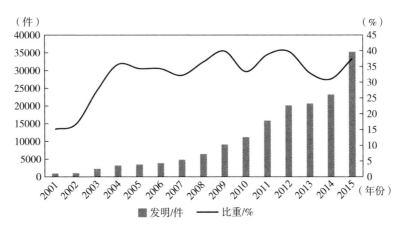

图 6-6　2001~2015 年北京发明专利授权量及其增长变化

资料来源：《北京统计年鉴 2002-2016》。

与其他直辖市相比较，2015 年北京国内发明专利申请受理量占全国的
9.18%，高于上海、天津和重庆的 4.85%、2.94% 和 3.62%；北京国内实用新型
专利申请受理量占全国的 4.76%，高于上海、天津和重庆的 3.72%、4.18% 和
3.44%；北京国内外观设计专利申请受理量占全国的 2.56%，高于上海、天津和
重庆的 2.05%、0.84% 和 1.66%，领先地位比较突出（见图 6-7）。

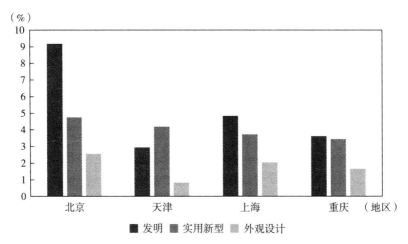

图 6-7　2015 年北京、上海、天津与重庆国内三种专利申请受理量占全国比重

资料来源：《中国科技统计年鉴 2016》。

3. 科技成果转化能力不断提高

在巨大的科研人员与科技经费的投入下，北京的科技成果转化能力也在不
断提高。2001 年北京科技合同数为 23921 项，2015 年增长到 72272 项，增长了

3.02 倍；科技合同成交金额由 2001 年的 191.0 亿元，增长到 2015 年的 3452.6 亿元，增长了 18.08 倍（见图 6-8）。2001 年，技术合同成交总额为 191.0 亿元，2015 年增长到 3452.6 亿元，增长 18.08 倍；其中技术交易额从 2001 年的 164.8 亿元，增长到 2015 年的 2767.8 亿元，增长 16.80 倍（见图 6-9）。

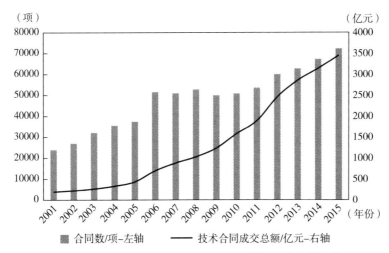

图 6-8 2001~2015 年北京科技合同数量与成交总额演化

资料来源：《北京统计年鉴 2016》。

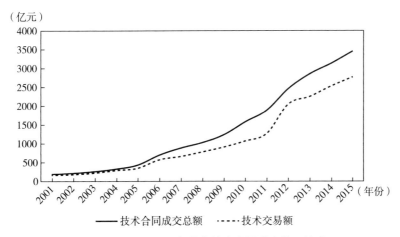

图 6-9 2001~2015 年北京技术合同成交情况演变

资料来源：《北京统计年鉴 2016》。

技术出口能力较强。2011 年北京技术出口金额为 1055.8 亿元，2015 年为 695.4 亿元（见图 6-10）。

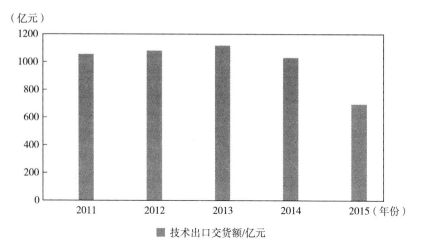

图 6-10　2011~2015 年北京技术出口情况

资料来源：《中国高技术产业统计年鉴 2016》。

4. 信息管理与支配中心地位不断增强

随着科技体制的不断改革，"科技北京"战略的提出与实施，北京市企业的信息管理能力不断提高。根据《财富》杂志发布的《2017 年世界 500 强》数据，中国 49 家企业上榜，其中企业总部在北京的占了 41 席，这一数字在全国各大城市中居于首位。根据中国经济信息社与中国对外贸易 500 强企业俱乐部发布的《2016 年中国民营外贸企业 500 强》数据看，北京市上榜企业有 9 家。凸显出北京市的优势不在于生产，而在于信息管理与支配能力。

二、存在的主要问题

1. 科技产出效果仍待提高

伴随北京市科技投入的力度不断增强，科技产出总量也在稳步增长，但是单位产出效果仍待提高。2015 年，北京市每亿元 R&D 开发支出产生的专利授权量为 67.94 项，低于天津市 73.19 项和重庆市 157.55 项的水平；北京市每万名 R&D 人员（全时当量）产生的专利授权量为 3826.63 件，低于重庆市 6325.42 件的水平（见表 6-2）。

表 6-2　2015 年四大直辖市科技产出效果比较

	每万人专利授权数	每亿元支出专利授权数
北京	3826.63	67.94
天津	3003.68	73.19
上海	3528.74	64.76

续表

	每万人专利授权数	每亿元支出专利授权数
重庆	6325.42	157.55

资料来源:《中国科技统计年鉴2016》。

从高技术产业看,2015年北京市单位企业实现利润0.33亿元,低于天津市的0.53亿元;北京市每万名从业人员实现利润9.93亿元,低于天津市的11.46亿元的水平。但是北京市上述两个指标都高于上海市和重庆市的水平(见表6-3)。

表6-3 2015年四大直辖市高科技产业效益比较　　　单位:亿元

	单位企业利润	每万名从业人员利润
全国	0.30	6.64
北京	0.33	9.93
天津	0.53	11.46
上海	0.28	4.99
重庆	0.29	5.93

资料来源:《中国高技术产业统计年鉴2016》。

2. 高端产业引领作用不够明显

尽管北京专利授权量和技术合同成交额都在快速上升,但是北京在生物技术、信息技术、新材料技术、先进制造技术、先进能源技术、激光技术等前沿技术方面仍缺少关键性突破。创新企业和创新产品更是缺少像苹果那样的知名企业和顶尖产品。"有生产能力、无核心技术"的高技术企业缺乏引领作用。

随着中国进入新常态,经济发展急迫需要从投资出口驱动变为创新驱动。北京目前高端产业的引领作用不够明显。这既与"科技北京"的战略要求有较大差距,也与创新型国家战略的要求有较大距离。

3. 科技成果消化吸收不足

改革开放以来,北京第二产业比重不断下降。第二产业比重由1978年的71.0%下降到2015年的19.7%;其中工业从1978年的64.5%下降到2015年的16.1%。相反,第三产业比重不断提高,从1978年的23.9%上升到2015年的79.7%,产业结构不断演变(见图6-11)。

在制造业的逐步缩小与服务业快速发展的现实条件下,北京科技成果一半以上流向外省市。2001年流向外省市的技术合同金额为85.4亿元,占技术合同成交总额的44.71%;2015年流向外省市的技术合同金额达到了1878.7亿元,占技术合同成交总额的54.41%。尤其是2011年以来,流向外省市的科技成果不断增长。这在一定程度上反映了北京对自身科技成果的消化吸收不足（见图6-12）。

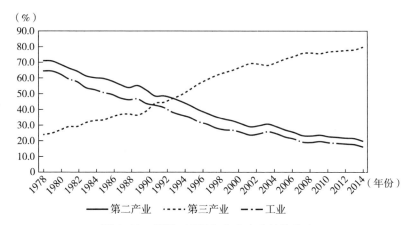

图 6-11　1978~2015 年北京产业结构演变

资料来源：《北京统计年鉴 2016》。

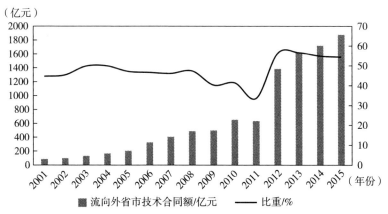

图 6-12　2001~2015 年北京流向外省市的科技合同总额及占科技合同总成交额比重

资料来源：《北京统计年鉴 2016》。

4. 产学研合作体系有待完善

近年来，北京充分利用高等院校和科研院所集中的优势，高度重视产学研合作建设，但目前产学研各方合作动力不足。北京企业与研究院所和高等院校开展合作的项目较少。从企业规模角度看，中小型企业是产学研合作的短板，目前北京规模以上中小型工业企业开展产学研合作的比例很低，远远低于大型企业水平。从技术交易角度看，学研方的技术供给与企业方的技术需求不匹配。产学研各方合作基础不牢。企业往往以追求利润最大化为目标，看重投入产出效率，愿意把资金投入到短期见效的技术引进中。

5. 体制机制存在障碍

尽管从 1978 年，尤其是 1985 年国家提出《关于科学技术体制改革的决定》以来，科技体制改革取得了很多成果，但是科技对经济发展的贡献力量仍然不足，科技与经济仍然没有实现好的结合；科技资源仍然是以数量增长为主，经济效益有待进一步提高；科研院所和高等学校仍然没有被充分发挥基础研究的支撑性作用；科技人员的积极性仍然没有被充分调动，科技体制机制仍然存在很多桎梏。

从研发机构类型来看，北京 261 家重点内资企业研发机构中，军工类、中央企业、本地国有企业、外埠企业占到 72%。这种研发结构决定了创新成果主要按部门进行传播，而不是按照传染扩散/等级扩散方式传播，既影响了科技投入的成效，也影响了研发的效率。

三、科技资源配置效率提升的主要路径

提高科技资源配置效率，第一，需要转变政府职能，合理定位政府和市场职能分工，推动科技体制改革；第二，强化市场主体地位，激发企业活力；第三，加强商业模式创新，提高产品的利润；第四，加强京津冀协调，促进资源共享。其中，科技体制改革是关键基础，企业内生动力是根本途径。

（一）路径之一：科技体制改革推动

1. 健全科技创新治理机制

转变政府职能，合理定位政府和市场职能分工。强化政府在战略规划、政策制定、环境营造、公共服务、监督评估和重大任务实施等方面的职能；增强企业家在国家创新决策体系中的话语权，发挥各类行业协会、基金会、科技社团等在推动科技创新中的作用，健全社会公众参与决策机制。

2. 完善科研项目和资金管理

将科技计划（专项、基金等）全部纳入统一的科技管理平台，加强科技计划管理和重大事项统筹协调。进一步完善科研项目和资金管理，建立符合科研规律、高效规范的管理制度，让经费为人们的创造性活动服务，促进形成充满活力的科研项目和资金管理机制，以深化改革更好地激发广大科研人员的积极性。改进和规范项目管理流程，精简程序、简化手续。完善科研项目间接费用管理，加大绩效激励力度，落实好项目承担单位项目预算调剂权。

3. 完善创新导向的评价制度

推行第三方评价，探索建立政府、社会组织、公众等多方参与的评价机制，拓展社会化、专业化、国际化评价渠道，建立以科技创新质量、贡献、绩效为导向的分类评价体系，正确评价科技创新成果的科学价值、技术价值、经济价

值、社会价值、文化价值。推进高等学校和科研院所分类评价，把技术转移和科研成果对经济社会的影响纳入评价指标，将评价结果作为财政科技经费支持的重要依据。改革完善国有企业评价机制，把研发投入和创新绩效作为重要考核指标。

4. 深化科研院所和高等院校的能力与制度建设

深化科研院所和高等院校体制改革重在能力建设和制度建设。实施科研院所分类定位，分类管理，将一大批开发的院所改制，变为企业和进入企业。各类研究机构明确定位，优化布局，稳定规模，提升能力，走内涵式发展道路，重在能力建设和制度建设。

5. 建立科技资源配置的市场交易平台

建立各个专业领域统一规划、立项和资助的科研商业化运作模式。科技资源供给方通过购买科技评审服务的方式，在网络平台上，鼓励各类科技资源需求方提出项目思路，形成项目规划；机构、个人之间自由组合形成科研实体申请项目，而项目评审置于公开和透明的网络平台上进行。同时，设立国家科技发展银行，采用银行贷款制度。通过网络平台委托专家做出各类项目验收的标准，贷款者达到标准才能结题。由于科技是探索未知的事业，一旦出现失败，由科技发展银行通过网络平台组织专家鉴定责任。如果合理的可以不予追究，但失败者将难以再次获得贷款，不过可以采取垫资的方式，如果做出成果，银行可以按同类标准给予经费补偿。

6. 积极发挥科技社团的作用

做好科技社团工作，发挥其在国家创新体系中的作用。①更加积极地为科技社团生存发展创造更好环境。加快科技社团立法，完善科技社团发展政策，制定出台科技社团减免税优惠政策，依法保护科技社团资产和经营所得，规范科技社团建立基金会和接收捐赠。②更加积极地为科技社团发挥作用创造良好条件。一方面，切实把政府从科技社团拿走的职能还给科技社团，包括职称评定、资格认证、科技奖励、科技成果评价、专业技术资格认证、科技咨询等职能；另一方面，要把政府不适合承担或者承担不好的社会化服务职能转移给科技社团，包括科学技术普及、行业标准制定和培训教育等，同时采取得力措施支持科技社团承接政府转移的社会化服务职能。③积极发挥科技社团在产学研链条中的桥梁作用，增强企业与科研院所的联系，降低交易成本，增强互信，促进成果转化，提高科技资源配置效率。

（二）路径之二：企业内生动力驱动

企业是科技创新的主体，提高科技资源的配置效率，关键是改善企业创新生态，促进企业创新。

1. 增强企业的市场主体地位

在企业所有权和政治权力紧密交织的体制之下，首先应打破国有企业特别是央企在制度层面上的垄断地位。改革国家科技计划向企业配置科技资源发展的途径，迫使企业按照自身发展需要加大科研开发活动的资源性投入，还企业的应用开发型科研项目按研究目的和市场规律办事的本来面目，从而推动企业增强竞争能力，真正成为市场主体。

2. 缓解科技企业创业投资难题

资金是企业特别是中小企业创办初期的难题。第一，积极发挥国家科技成果转化引导基金、国家中小企业发展基金、国家新兴产业创业投资引导基金等创业投资引导基金对全国创投市场培育和发展的引领作用，为符合条件的科技型中小微企业提供融资支持。第二，积极引导风险投资家提供风险投资。风险投资者不仅为高科技项目提供资金，还应根据自身对市场行情的了解对高科技研发项目进行市场导向。第三，简化知识产权抵押贷款程序。科技人员创办科技企业的基本条件是知识、技术及其专利之类的科技成果，普遍面临的问题是有技术缺资金。简化知识产权抵押贷款的程序，发挥知识资本的作用，是推动科技企业发展的重要条件。

3. 加强产业聚集促进企业创新

一项新产品的产生是一个从创意到原型、从原型到成品、从成品到融资和市场预测、最后到小批量生产的过程。产品从创意到原型的过程中，需要厂商与学术机构、其他厂商进行信息交流，完善创意；从原型到成品、从成品到融资的过程中，企业规模较小，资金缺乏，需要风险投资进行支持；从成品到小批量生产过程中，需要完善的上下游产业进行支撑，从而缩短时间、降低成本。产业聚集缩小了企业之间的交流距离与交流成本，便于信息沟通，能够为企业家提供创意来源；大量创业企业的聚集，有利于针对共性问题，共同发声，吸引社会关注，风险投资和政府的支持；大量产业的聚集，有利于上下游企业之间相互提供产品和零部件，从而降低了成本，提高了创业成功的概率和创新效率。

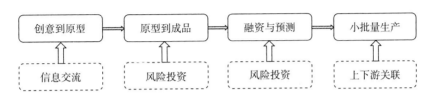

图 6-13　产业聚集与创新过程

（三）路径之三：商业模式创新引领

科技资源配置效率的提升，既需要投入方面效率的提升，也需要产出和效益的提高。商业模式创新是提升产出效益的重要途径。

1. 以占领客户为中心的商业模式创新

商业模式创新必须以客户为中心，为客户创造价值。因此，必须从消费者的角度出发，认真考虑顾客所期望获得的利益，只有把竞争的视角深入到为用户创造价值的层面中，才能进入到游刃有余的竞争空间。

（1）精心研究客户需求。从客户角度出发，分析客户需求。提高满意度的关键是企业按照客户的要求，有效地满足客户对自己产品或服务的期望值。

（2）实施大客户管理。大客户是企业的"黄金客户"，对大客户由定人服务、顾问服务、终生服务，以满足大客户群的需求。

（3）实施客户互动管理。以客户为中心，实施互动管理。让顾客参与产品或服务的设计、制作、定价等过程。

（4）创造新的附加值。创新附加值已不在产品之中，而在产品之外。着力提高文化附加值、服务附加值和附件附加值。

2. 以应变能力为关键的商业模式创新

应变能力是商业模式成败的关键。

（1）时间是第一成本。企业必须因时、因地、因竞争对手、因顾客消费心理的变化等做出快速调整，在变化中把握方向和机遇，加快发展自己。为此，企业收集市场信息时要"早"和"全"，做应变决策时要"快"和"准"。

（2）JIT随需而变。JIT要求企业在各个环节做到在准确的时间、准确的地点提供准确的产品，达到消除浪费、节约时间、节约成本和提高物流服务质量的目的。JIT按整个价值流确定供应、生产和配送产品所有必需的步骤和活动，创造无中断、无绕道、无等待、无回流的增值活动流，从顾客的角度研究什么可以产生价值，及时创造仅由顾客拉动的价值。随市而变，不断消除浪费，追求完善。

（3）个性化定制。个性化定制全面考虑制造运作系统控制的需求集合，包括产品品种的迅速增加、批量变小和订单的随机性增大等特点，提供丰富的市场供给。

3. 以信息网络为平台的商业模式创新

（1）加快企业商务电子化。企业商务电子化将企业经营的全部商务活动，通过信息技术实行电子化、数字化运作，以大大提高效率，降低成本，缩短周期，增强竞争能力。

（2）推动流程再造。建立精良、敏捷、具有创新精神的扁平化"动态网络"结构，通过水平、对等的信息传递来协调企业内各部门、各小组之间的活动。这不仅使市场信息与决策层的反馈更加迅速，提高企业对市场的快速反应能力，而且能极大地调动组织成员的潜能和积极性，促进相互间知识和经验的交流，形成学习型组织，从而更好地适应竞争日益激烈的市场环境。

（四）路径之四：京津冀整合共享带动

京津冀区域是北京科技资源的重要服务区和市场区。京津冀整个区域的协同发展和共享发展，既有利于提升北京科技资源的配置效率，也有利于推进京津冀协同发展。

1. 确定京津冀三地创新资源的配置定位

合理确定京津冀三地创新资源配置定位，北京要强化与基础科学研究、重要科技发展前沿、战略性新兴产业技术研发等有关的创新资源配置，加强高端骨干学科、专业技术领域高端人才的配置。天津着力聚集应用研究与工程化技术研发转化、制造业转型升级等创新资源。河北重点配置有关科技成果孵化、转化的创新资源。三地建立统一的创新资源数据库，通过产业规划使创新资源的转移与产业转移同步，使产业链与创新资源合理匹配；充分发挥市场在创新资源配置中的决定性作用，促进资源多向流动；避免科技资源投入结构重复，鼓励创新资源的合作开发和共同使用，实现区域内资源共享。

2. 建立创新资源开放共享的激励、评价与考核机制

建立区域内科技资源开放共享激励、评价、绩效考核机制。①采取以奖代补、无偿资助、双向补助、政府采购等多种方式，对科技资源开放共享成效显著的管理单位和各类科技平台、创新基地给予奖励补助支持，并在科技资源新增配置方面给予倾斜。②促进三地大型科研仪器设备共享，提高科研仪器设备的使用效率。③通过无偿公益性服务和有偿增值服务相结合等方式，探索科技资源开放共享市场化机制，完善共享服务定价机制和合同制度。④以共享服务的质量、数量和效率为核心，通过经济效益、社会效益和科技支撑效果评价科技资源共享成效，并将其作为绩效评价的重要指标，引导各类科技平台和创新基地加大开放共享力度。

3. 加快科技人才交流与合作

搭建京津冀区域科技人才信息共享平台，加强科技人才联合培养与交流合作；健全跨区域人才多向流动机制，推动北京高端科技人才到津冀开展创新创业；建立区域人力资源开发孵化基地，组建人力资源市场、人才协调中心、人才政策服务中心和高级人才运营中心等；建立三地统一的专家资源服务信息平台，优化配置区域人才资源。

四、相关配套政策与措施

1. 健全组织领导机制

建立各部门、各地方协同推进的实施机制。各部门、各地方结合实际，强

化本部门、本地方科技创新部署。做好京津冀三地科技发展总体思路和主要目标的衔接。充分调动和激发科技界、产业界、企业界等社会各界的积极性，最大限度地凝聚共识，广泛动员各方力量，共同推动科技资源配置的高效运行。

2. 强化创新法治保障

健全保护创新的法治环境，加快薄弱环节和领域的立法进程，修改不符合创新导向的法规文件，废除制约创新的制度规定，构建综合配套法治保障体系。研究起草规范和管理政府科研机构、科技类民办非企业单位等的法规，合理调整和规范科技创新领域各类主体的权利义务关系。推动科技资源共享立法，研究起草科学数据保护与共享等法规，强化财政资助形成的科技资源开放共享义务。研究制定规范和管理科研活动的法规制度，完善科学共同体、企业、社会公众等共同参与科技创新管理的规范。研究制定天使投资管理相关法规，完善和落实政府采购扶持中小企业发展的相关法规政策。深入推进《中华人民共和国科学技术进步法》《中华人民共和国促进科技成果转化法》《中华人民共和国科学技术普及法》等的落实，加大宣传普及力度，加强法规落实的监督评估。鼓励结合地方实际，修订制定相关科技创新法规。

3. 完善普惠性政策体系

发挥市场竞争激励创新的根本性作用，营造公平、开放、透明的市场环境，强化产业政策对创新的引导，促进优胜劣汰，增强市场主体创新动力。坚持结构性减税方向，逐步将国家对企业技术创新的投入方式转变为以普惠性财税政策为主。加大研发费用加计扣除、高新技术企业税收优惠、固定资产加速折旧等政策的落实力度，推动设备更新和新技术利用。对包括天使投资在内的投向种子期、初创期等创新活动的投资，统筹研究相关税收支持政策。研究扩大促进创业投资企业发展的税收优惠政策，适当放宽创业投资企业投资高新技术企业的条件限制。

通过落实税收优惠、保险、价格补贴和消费者补贴等，促进新产品、新技术的市场化规模化应用。加强新兴产业、新兴业态相关政策研究。强化政策培训，完善政策实施程序，切实扩大政策覆盖面。落实引进技术的消化吸收和再创新政策。及时总结区域创新改革试点政策，加大推广力度。加强政策落实的部门协调机制，加强对政策实施的监测评估。

4. 深入实施知识产权战略

加强知识产权创造、运用、管理、保护和服务。完善知识产权法律法规，加强知识产权保护，加大对知识产权侵权行为的惩处力度，提高侵权损害赔偿标准，探索实施惩罚性赔偿制度，降低维权成本。研究商业模式等新形态创新成果的知识产权保护办法。健全知识产权侵权查处机制，强化行政执法与司法保护衔接，加强知识产权综合行政执法，将侵权行为信息纳入社会信用记录。建立知识产权海外维权援助机制。建立专利审批绿色通道。引导支持市场主体创造和运用知识产权，以知识产权利益分享机制为纽带，促进创新成果的知识产权化。建立知识产权目标评估制度。构建服务主体多元化的知识产权服务体系，培育一批知识产权服务品牌机构。

5. 强化政策统筹协调

建立创新政策协调审查机制，组织开展创新政策清理，及时废止有违创新规律、阻碍新兴产业和新兴业态发展的政策条款，对新制定政策是否制约创新进行审查。加强科技体制改革与经济体制改革协调，强化顶层设计，加强科技政策与财税、金融、贸易、投资、产业、教育、知识产权、社会保障、社会治理等政策的协同，形成目标一致、部门协作配合的政策合力，提高政策的系统性、可操作性。建立创新政策调查和评价制度，广泛听取企业和社会公众意见，定期对政策落实情况进行跟踪分析，并及时调整完善。

第二节　创新创业的趋势

在人口老龄化和生育率下降、贸易保护主义抬头以及政府、企业和居民负债率较高的背景下，由消费、出口和投资组成的"三驾马车"拉动中国经济增长的动力减缓，创新创业成为驱动中国经济高质量发展和实现中国式现代化的第一动力和根本举措。

当前，北京的创新创业走在全国前列，全国领先发展态势较为稳固，企业创新主体优势较为突出；但同时，人才基础、资金支撑、高新技术企业数量等方面增长速度相对放缓，出现全国占比下降的态势。作为国家重要的创新中心，北京要增强推动创新创业的使命感和责任感，以打造世界主要科学中心和创新高地为目标，充分发挥自身的科技、教育、人才等优势，聚焦中关村科学城、突破怀柔科学城、搞活未来科学城、升级北京经济技术开发区，大力度推动"三城一区"融合发展，构建"基础设施—基础研究—应用研究—成果转化—高精尖产业"的科技创新循环链条，大力建设世界领先科技园区，培育壮大一批高精尖产业，从而更好地在全国发挥示范引领和辐射带动作用。

一、创新创业的进展与特征

创新创业是一个投入产出过程，本节从创新创业的环境、能力、人才、投资、载体、主体六个维度选择代表性指标，较为全面地分析北京市创新创业的进展与特征。

1. 创新创业环境：经济优势凸显，要素支撑有所减弱

作为国家的首都，北京市在国内生产总值、财政科技投入、研发投入强度、外资利用规模等方面优势明显，但财政科技投入占全国比重、科学研究和技术服务人员数量占全国比重、创业交流与培训活动数量占全国比重出现下滑趋势。21世纪创新创业的资金和人员投入直接关乎未来的竞争力，北京作为国家最重要的创新中心之一，其战略地位决定了这些方面的问题急需要加强改进。

（1）经济条件：经济优势突出，高新区产业发展强劲。国内生产总值是创新创业发展的经济基础。2014~2021年，北京市人均GDP由107472元上升到183980元，一直位于全国第一，经济环境优势突出。尽管2020年人均GDP增速大幅下滑至1.20%，但2021年强势反弹到8.50%（见图6-14）。北京市人均GDP的突出优势既是创新创业发展的结果，反过来也为创新创业奠定良好的经济基础。

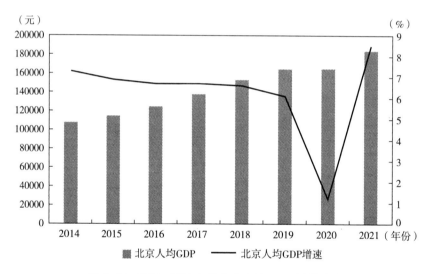

图6-14 2014~2021年北京市人均GDP及其增速

资料来源：历年《北京统计年鉴》。

高新区产业发展势头强劲，企业为主体、市场为导向的创新体系成效显著。北京市坚持构建企业为主体、市场为导向、产学研结合的区域创新体系，使全市创新活力充分激发。北京市高新区发展在全国处于领先水平，国家级高新区营业收入和工业总产值均显著提升，营业收入由2016年的46047.60亿元增长到2021年的84402.32亿元，增长83.29%，全国占比达到17.05%；工业总产值由2016年的9937.71亿元增长到2021年的15369.13亿元，增长54.65%，全国占

比略有上升（见表6-4）。

表6-4 北京市国家级高新区营业收入、工业总产值及其占全国份额

单位：亿元，%

年份	营业收入	全国占比	工业总产值	全国占比
2016	46047.60	16.65	9937.71	5.05
2021	84402.32	17.05	15369.13	5.24
增幅	83.29	0.40	54.65	0.19

资料来源：《北京统计年鉴2017》《北京统计年鉴2022》。

（2）财政投入：规模总体扩大，全国占比有所下降。北京市财政科技支持力度加大，财政科技支出由2014年的282.71亿元上升到2021年的449.45亿元，增长了1.59倍，但是占全国的比重却由9.82%下降为4.65%，表明北京市与全国其他省份相比，科技投入增速下降（见图6-15）。

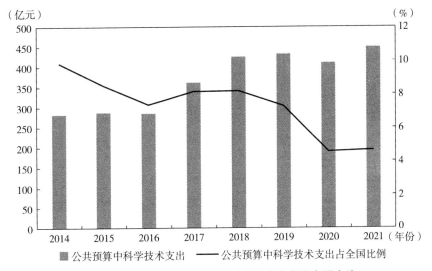

图6-15 2014~2021年北京市科学技术支出及全国占比

资料来源：历年《北京统计年鉴》。

（3）科技资源：经费投入强度明显领先，人员数量呈现倒U形增长态势，大科学装置提供战略支撑。2014~2021年，北京市的研发经费支出由1268.80亿元上升到2021年的2629.32亿元；研发投入强度由5.95上升到6.53，远远高于全国平均水平（见图6-16）。高强度、大规模的研发投入使北京市的创新供给优势不断强化。

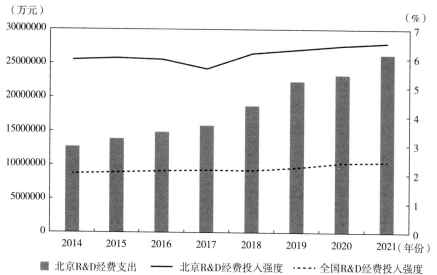

图 6-16 2014~2021 年北京市与全国的 R&D 经费支出及投入强度

资料来源：历年《北京统计年鉴》《中国统计年鉴》。

2014~2021 年，北京市科学研究和技术服务业从业人员先上升后下降，由 2014 年的 59.8 万人上升到 2018 年的 71.7 万人，再下降为 2021 年的 61.22 万人，全国占比相应由 14.65%上升为 17.43%再下降为 13.60%，呈现倒 U 形发展态势（见图 6-17）。

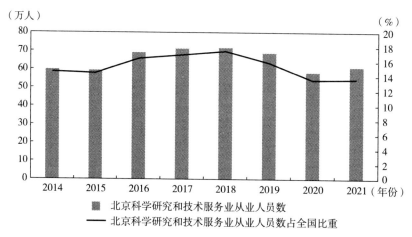

图 6-17 2014~2021 年北京市科学研究和技术服务业从业人员数及占全国比重

资料来源：历年《北京统计年鉴》。

北京市依托科研院所和高校的优势，启动建设了一批国家重点实验室和北京市重点实验室，截至2021年共有120个国家实验室和457个北京市重点实验室，为推进国家自主创新、解决"卡脖子"等问题提供国家战略科技力量的支撑（见表6-5）。

表6-5 在京国家重点实验室和北京市重点实验室数量　　　单位：个

年份	国家重点实验室	北京市重点实验室
2014	120	389
2015	120	388
2016	120	457
2017	120	457
2018	120	457
2019	120	457
2020	120	457
2021	120	457

资料来源：历年《北京统计年鉴》。

（4）培训活动：交流培训较多，全国占比大幅下降。积极组织创新创业交流活动，主动开展创业教育培训，是促进创业成功的重要手段。2015~2020年，北京市每年举办的创业活动场次从2015年的58921次下降到2020年的5419次，占全国的比例从36.34%下降到4.16%；开展的创业教育培训活动从2015年的3409次变为2020年的3358次，占全国的比例从4.40%下降到3.43%（见表6-6）。

表6-6 2015~2020年北京市创业活动及创业教育培训情况　　单位：次，%

年份	举办创业活动		开展创业教育培训	
	场次	全国占比	场次	全国占比
2015	58921	36.34	3409	4.40
2020	5419	4.16	3358	3.43

资料来源：《北京统计年鉴2016》《北京统计年鉴2021》。

（5）国际合作：充分利用国外资源，实际利用外资有所提高。北京市对外开放水平较高，充分利用国外市场配置创新创业资源。北京市实际利用外资由2014年的904085万美元上升到2021年的1443424万美元，但相比2017年和2018年的实际利用外资金额要低。北京市外商直接投资合同项目数由2014年的1318个上升到2019年的1636个（见图6-18）。

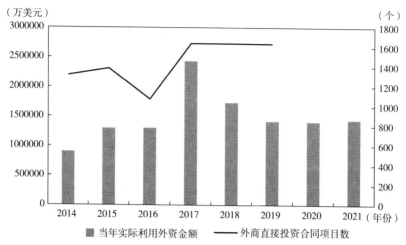

图6-18 2014~2021年北京市实际利用外资金额和外商直接投资合同项目数

资料来源：历年《北京统计年鉴》。

2. 创新创业能力：总量不断提升，占全国比重优势有所弱化

北京市在专利数、科技论文与著作产出、技术合同成交量与成交额、新产品开发与销售方面表现突出，总量不断上升，但专利权占全国比重、新产品开发与销售占全国比重有所下降，科研机构和高校的科研产出占全国的比重、不同数据库收录的论文比重出现结构分化。

（1）专利数：总数不断增长，占全国的比重优势有所下降。北京市有效发明专利数由2014年的103638件增加到2021年的405037件，全国占比在2014~2021年波动于14.39%~14.60%（见图6-19）。

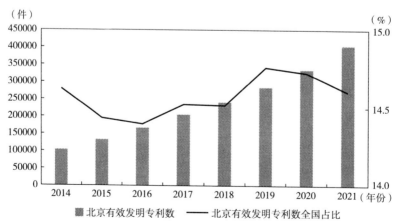

图6-19 2014~2021年北京市有效发明专利数及全国占比

资料来源：历年《北京统计年鉴》。

2017~2021 年，规模以上工业企业专利申请数和有效发明专利数分别从 19653 件和 34497 件上升到 28221 件和 70538 件，增幅分别为 43.60% 和 104.48%。相应地，全国占比从 2.41% 和 3.69% 变化为 2.01% 和 4.17%，分别变化-0.39 个和 0.48 个百分点。高新技术企业专利申请数和有效发明专利数的变化也呈现类似的特征。2015~2021 年，高新技术企业专利申请数及有效发明专利数分别从 7837 件和 13044 件上升到 14457 件和 43932 件，增幅分别为 84.47% 和 236.80%。相应地，全国占比则分别从 4.94% 和 5.40% 变化到 3.64% 和 6.41%，变化分别为-1.31 个和 1.01 个百分点（见表 6-7）。

表 6-7 北京市创新企业申请专利情况   单位：件，%

项目	2015 年（2017 年）		2021 年		增幅	
	数量	占比	数量	占比	数量	占比
规模以上企业专利申请	19653*	2.41*	28221	2.01	43.60	-0.39
规模以上企业有效发明专利	34497*	3.69*	70538	4.17	104.48	0.48
高新技术企业专利申请	7837	4.94	14457	3.64	84.47	-1.31
高新技术企业有效发明专利	13044	5.40	43932	6.41	236.80	1.01

注：* 为 2017 年数据。

资料来源：2016 年、2018 年和 2022 年《北京统计年鉴》。

（2）科技论文与著作：总量不断提升，占全国比重出现分化。北京市科技论文与科技著作的主要产出者是高校，科研机构的科技论文与科技著作相对较少，但增幅十分明显。2014~2020 年，北京市科研机构发表的论文由 56277 篇上升到 64425 篇，增幅达 14.48%；出版的科技著作由 2118 种上升到 2445 种，增幅达 15.44%。2014~2021 年，北京市高校发表的论文由 115143 篇上升到 132144 篇，增幅为 14.77%；出版的科技著作由 5357 种下降到 4502 种，降幅为 15.96%（见表 6-8）。尽管总量上高校占主体地位，但是占全国高校产出的比重却在下降；相反，科研机构的论文和著作无论数量还是占全国科研机构产出的比重都在不断上升。

表 6-8 北京市科研机构、高校科技论文与著作数量及占全国比重

单位：篇，种，%

年份	科研机构产出		高校产出	
	发表论文数	占全国科研机构比重	发表论文数	占全国高校比重
2014	56277	32.73	115143	9.99
2021（2020）	64425*	33.22*	132144	8.37

续表

年份	科研机构产出		高校产出	
	发表论文数	占全国科研机构比重	发表论文数	占全国高校比重
增幅	14.48	0.48	14.77	-1.62
年份	出版科技著作	占全国科研机构比重	出版科技著作	占全国高校比重
2014	2118	42.17	5357	13.62
2021（2020）	2445*	42.85*	4502	10.22
增幅	15.44	0.68	-15.96	-3.40

注：*为2020年数据。

资料来源：2015年、2021年和2022年《北京统计年鉴》《中国统计年鉴》。

北京市论文产出数量不断增长，SCI和EI论文数占全国比重不断下降，CPCI-S论文数占全国比重出现上升。从被SCI、EI、CPCI-S收录的情况来看，2014年、2020年，北京市被上述期刊收录的论文数增速分别为55.01%、57.13%、27.11%，全国占比的变化则分别为-3.46个、-0.93个、3.86个百分点，论文产出数不断提升，占全国比重出现分化（见表6-9）。

表6-9 北京市被国外收录的科技论文数及占全国比重 单位：篇，%

年份	被SCI收录		被EI收录		被CPCI-S收录	
	科技论文数	全国占比	科技论文数	全国占比	科技论文数	全国占比
2014	42777	18.19	29671	18.11	9448	19.59
2020	66310	14.73	46622	17.19	13586	23.45
增幅	55.01	-3.46	57.13	-0.93	27.11	3.86

资料来源：2015年和2021年《北京统计年鉴》《中国统计年鉴》。

（3）技术合同成交量与成交额：数量稳步提升，占全国比重不断下滑。北京市技术合同成交量和成交额逐年迈上新台阶，占全国的比重却在不断下滑。2014~2021年，北京市技术合同成交量不断上升，由67278项上升到93563项，在全国的占比由22.65%下降到13.95%；与此同时，技术合同成交额始终在增加，由3136.0亿元上升到7005.7亿元，全国占比由36.56%下降至18.78%（见表6-10）。

（4）新产品开发与销售：数量不断增长，全国占比不高且不断下降。北京市规模以上企业新产品开发项目数和规模以上企业新产品销售收入均呈现上升态势。2014~2021年，北京市规模以上企业新产品开发项目数由12259个上升到15199个，增幅达23.98%；规模以上企业新产品销售收入由4247.00亿元上升为8252.96亿元，增幅达94.32%。从全国占比看，2014~2021年，两项指标的全国占比都出现小幅下降，分别降低 1.68 个和 1.34 个百分点。

表 6-10　2014~2021 年北京市技术合同成交量及成交额情况

单位：项，亿元，%

年份	北京市技术合同成交量		北京市技术合同成交额	
	数量	全国占比	金额	全国占比
2014	67278	22.65	3136.0	36.56
2015	72272	23.53	3452.6	35.10
2016	74965	23.39	3940.8	34.55
2017	81266	22.11	4485.3	33.41
2018	82486	20.02	4957.8	28.01
2019	83171	17.18	5695.3	25.43
2020	84451	15.37	6316.2	22.36
2021	93563	13.95	7005.7	18.78

资料来源：历年《北京统计年鉴》《中国统计年鉴》。

北京市高技术产业新产品开发项目数和销售收入都呈现增长态势，占全国的份额也呈现下降态势。新产品开发项目数由 2014 年的 5751 个增加至 2020 年的 6478 个，全国占比由 6.06% 下降至 3.51%，销售收入由 2014 年的 1865.11 亿元增加至 2021 年的 5388.10 亿元，全国占比由 5.25% 下降至 1.59%（见表 6-11）。

表 6-11　北京市创新企业新产品开发和销售情况

单位：个，亿元，%

项目	2014 年		2021 年（2020 年）		增幅	
	项目数量或金额	全国占比	项目数量或金额	全国占比	项目数量或金额	占比
规模以上企业新产品开发项目	12259	3.26	15199	1.59	23.98	-1.68
规模以上企业新产品销售收入	4247.00	2.97	8252.96	1.63	94.32	-1.34
高技术产业新产品开发项目	5751	6.06	6478*	3.51*	12.64	-2.55
高技术产业新产品销售收入	1865.11	5.25	5388.10	1.59	188.89	-3.66

注：＊为 2020 年数据。

资料来源：2015 年、2021 年和 2022 年《北京统计年鉴》《中国统计年鉴》。

3. 创新创业人才：规模总体增加，结构出现分化

近年来，北京市多措并举，通过政策扶持、资金保障、环境优化等措施大

力吸引人才，促使人才资源不断集聚。北京市各类研发人员总体规模不断增长，但占全国的份额总体不断下滑。本科、硕士、博士研发人员大幅增长，但是占全国比重均出现下降。受城镇化的驱动，北京市就业空间在城乡之间也出现分化。

（1）人才数量：各类人才规模总体不断上涨，占全国比重大多下降。北京市创新创业人员规模总体不断提升，除了规模以上工业企业R&D人员、规模以上工业企业R&D人员全时当量、研究与开发机构R&D人员全时当量、高技术产业R&D人员全时当量4个指标的数量出现下降，其他指标均出现上升。从占全国的比重来看，除了研究与开发机构R&D人员、高校R&D人员全时当量2个指标，其他指标占全国份额均出现下滑。

具体而言，R&D人员数由2014年的343165人上升为2021年的472860人，但占全国的比重却从6.41%变化为5.51%，比重下滑0.90个百分点。R&D人员全时当量由2014年的245384人年上升为2021年的338297人年，但占全国的比重却从6.61%变化为5.92%，下滑0.69个百分点。规模以上工业企业R&D人员由2014年的79915人下降为2021年的61490人，占全国的比重从2.20%变化为1.11%，比重下滑1.09个百分点。规模以上工业企业R&D人员全时当量由2014年的57761人年下降为2021年的41496人年，但占全国的比重却从2.19%变化为1.08%，比重下滑1.10个百分点。研究与开发机构R&D人员由2014年的109363人上升为2020年的136478人，但占全国的比重却从25.85%变化为26.28%，比重上升0.43个百分点。研究与开发机构R&D人员全时当量由2014年的97130人年变化为2020年的11881人年，占全国的比重从25.98%变化为2.62%，比重下滑23.36个百分点。高校R&D人员由2014年的77255人上升为2021年的132061人，但占全国的比重却从10.13%变化为9.38%，比重下滑0.75个百分点。高校R&D人员全时当量由2014年的33557人年上升为2021年的73760人年，占全国的比重从10.02%变化为10.98%，比重上升0.96个百分点。高技术产业R&D人员全时当量由2014年的23741人年变化为2021年的23104人年，占全国的比重从3.38%变化为2.06%，比重下滑1.32个百分点（见表6-12）。

表6-12 北京市创新创业人才数量及占全国份额

单位：人，人年，%

指标	2014年		2021年（2020年）		2014~2021年增幅	
	人数	全国占比	人数	全国占比	人数	份额提升
R&D人员数	343165	6.41	472860	5.51	37.79	-0.90

续表

指标	2014 年		2021 年（2020 年）		2014~2021 年增幅	
	人数	全国占比	人数	全国占比	人数	份额提升
R&D 人员全时当量	245384	6.61	338297	5.92	37.86	-0.70
规模以上工业企业 R&D 人员	79915	2.20	61490	1.11	-23.06	-1.09
规模以上工业企业 R&D 人员全时当量	57761	2.19	41496	1.08	-28.16	-1.10
研究与开发机构 R&D 人员	109363	25.85	136478*	26.28	24.79	0.43
研究与开发机构 R&D 人员全时当量	97130	25.98	11881*	2.62	-87.77	-23.36
高校 R&D 人员	77255	10.13	132061	9.38	70.94	-0.75
高校 R&D 人员全时当量	33557	10.02	73760	10.98	119.81	0.96
高技术产业 R&D 人员全时当量	23741	3.38	23104	2.06	-2.68	-1.32

注：* 为 2020 年数据。

资料来源：2015 年、2021 年和 2022 年《北京统计年鉴》《中国统计年鉴》。

（2）学历结构：人才规模大幅增长，硕士和博士占全国比重下降较多。北京市的本科、硕士和博士研发人员都在大幅增长。2014~2021 年，北京市本科、硕士、博士的研发人员数量分别由 8.49 万人、8.14 万人、6.54 万人上升到 19.18 万人、10.80 万人、12.35 万人，占全国份额分别由 5.94%、11.63%、20.60% 变化到 5.67%、8.60%、16.86%，本科、硕士和博士研发人员的比重有所下降。其中，本科研发人员的比重下降较少，而硕士和博士研发人员的比重下降较多（见图 6-20）。

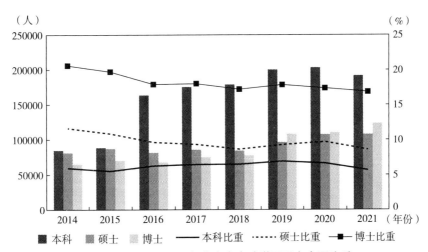

图 6-20 2014~2021 年北京市人才学历及占全国比重

资料来源：历年《北京统计年鉴》《中国统计年鉴》。

（3）人才就业：城镇就业大幅增长，乡村就业大幅下滑。受城镇化的驱动，北京市城镇与乡村的就业呈现冰火两重天：城镇就业大幅提升，乡村就业大幅减少。2014 年和 2019 年，城镇私营和个体就业人数从 497.7 万人和 227.9 万人分别增长到 673.6 万人和 442.3 万人，增幅分别为 35.34% 和 94.08%。相反，2014 年和 2019 年，乡村私营和个体就业人数从 47.3 万人和 55.7 万人分别下降到 36.6 万人和 35.0 万人，降幅分别为 22.62% 和 37.16%（见表 6-13）。

表 6-13　2014 年和 2019 年北京市私企及个体就业情况　单位：万人，%

私企和个体	2014 年		2019 年		增幅	
	人数	全国占比	人数	全国占比	人数	占比提升
城镇私营企业	497.7	5.05	673.6	4.62	35.34	-0.42
城镇个体	227.9	5.03	442.3	5.35	94.08	0.32
乡村私营企业	47.3	1.32	36.6	0.61	-22.62	-0.71
乡村个体	55.7	0.79	35.0	0.30	-37.16	-0.50

资料来源：2015 年和 2020 年《北京统计年鉴》《中国统计年鉴》。

4. 创新创业投资：在孵企业数有所回升，风险投资波动增长

孵化器和风险投资是创新创业成功最为重要的因素之一。近年来，北京市在孵企业数量波动中增长，由 2014 年的 320 个变化为 2021 年的 361 个，全国占比从 2014 年的 4.24% 下降到 2021 年的 3.58%（见图 6-21）。

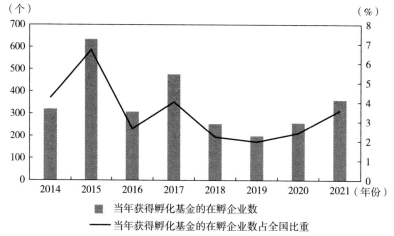

图 6-21　2014~2021 年北京市获得孵化基金的在孵企业数及全国占比

资料来源：历年《北京统计年鉴》《中国统计年鉴》。

风险投资较快增长，对初创企业帮助很大。2014～2021 年，北京市在孵企业当年获得的风险投资额总体呈现波动上升趋势，由 2014 年的 5.40 亿元上升到 2021 年的 285.70 亿元。在孵企业当年获得的风险投资额全国占比由 2014 年的 7.00%上升为 2021 年的 23.29%，但低于 2016 年的 31.75%（见图 6-22）。

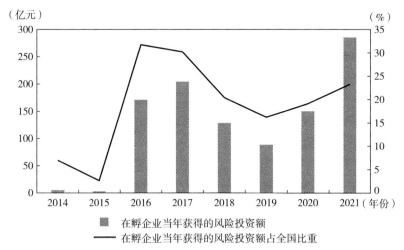

图 6-22 2014～2021 年北京市在孵企业获风险投资额及全国占比
资料来源：历年《北京统计年鉴》《中国统计年鉴》。

5. 创新创业载体：载体建设持续推进，服务能力不断增强

北京市以面向产业服务为任务目标，以竞争项目方式支持各类创新创业特色载体的搭建和运作，推动各类载体向市场化、专业化、精准化方向发展，不断提升平台的支撑能力，带动各类社会资源有效汇聚。

（1）服务载体：各类服务载体共同发力，载体数量稳步增长。科技企业孵化器、众创空间等服务载体数量稳步增长，是推动产学研有效结合的主要载体。2014～2021 年，北京市科技企业孵化器数量由 113 个上升到 270 个，全国占比从 2.17%上升到 4.34%；2016～2021 年，众创空间数量由 133 个上升到 250 个，全国占比从 3.09%下降到 2.77%（见图 6-23）。

2014～2021 年，北京市国家大学科技园、国家高新技术产业开发区、国家火炬软件产业基地、国家火炬特色产业基地的数量及全国占比也相对稳定（见表 6-14）。

（2）服务企业：数量不断增加，全国占比"三升三降"。从增长规模看，2014～2021 年，除了国家大学科技园在孵企业，其他园区的在孵企业或高新区服务企业数量都有大幅增长。从所占全国份额看，服务企业全国占比呈现"三升三降"的特点。科技企业孵化器在孵企业、国家火炬软件产业基地服务企业、

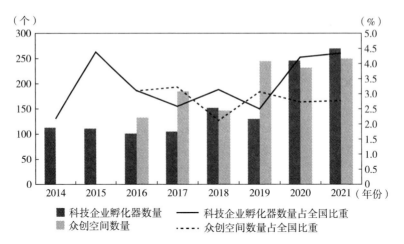

图6-23　2014~2021年北京市科技企业孵化器、众创空间数量及全国占比

资料来源：历年《北京统计年鉴》《中国统计年鉴》。

表6-14　北京市国家创新创业服务载体数量及全国占比　　单位：个，%

国家创新创业服务载体	2014 年		2021 年	
	数量	全国占比	数量	全国占比
国家大学科技园	14	12.28	16	11.51
国家高新技术产业开发区	1	0.87	1	0.59
国家火炬软件产业基地	2	4.55	2	4.55
国家火炬特色产业基地	2	0.46	1	0.21

资料来源：2015 年和 2022 年《北京统计年鉴》《中国统计年鉴》。

国家火炬特色产业基地服务企业三个企业的数量占全国比重上升，而众创空间在孵企业、国家大学科技园在孵企业、国家高新技术产业开发区服务企业三个企业的数量占全国比重则下降（见表6-15）。

表6-15　北京市创新创业服务载体服务企业数量及全国占比　　单位：个，%

服务企业	2014 年		2021 年	
	数量	全国占比	数量	全国占比
科技企业孵化器在孵企业	4605	2.12	12388	5.08
众创空间在孵企业	14309 *	11.96 *	22341	9.46
国家大学科技园在孵企业	1358	14.32	1313	12.11
国家高新技术产业开发区服务企业	15645	21.06	24055	13.25
国家火炬软件产业基地服务企业	4046	4.01	7337	5.94

续表

服务企业	2014 年		2021 年	
	数量	全国占比	数量	全国占比
国家火炬特色产业基地服务企业	2137	1.13	6855	2.72

注：＊为 2016 年数据。

资料来源：2015 年、2017 年和 2022 年《北京统计年鉴》《中国统计年鉴》。

（3）企业获投融资：获投企业全国占比不断下降，孵化基金大幅上升。北京市科技企业孵化器获得投融资企业数不断扩大。2016～2021 年，北京市科技企业孵化器获得投融资企业的数量从 572 个上升到 906 个，全国份额则从 7.64%下降到 5.61%。与之相比，众创空间获得投融资企业的数量从 1487 个下降到 774 个，全国份额则从 9.92%下降到 7.78%，不过 2020～2021 年出现了反弹式增长（见表 6-16）。

表 6-16 2016～2021 年北京市科技企业孵化器和众创空间获投融资企业数及全国占比

单位：个，%

年份	科技企业孵化器当年获得投融资企业数		众创空间当年获得投融资企业数	
	数量	全国占比	数量	全国占比
2016	572	7.64	1487	9.92
2017	581	6.07	1815	9.86
2018	618	5.52	686	7.46
2019	535	4.97	740	7.89
2020	737	5.30	476	5.58
2021	906	5.61	774	7.78

资料来源：历年《北京统计年鉴》《中国统计年鉴》。

2014～2021 年，北京市科技企业孵化器孵化基金总额大幅上升，由 16.09 亿元上升到 454.51 亿元，全国占比也从 1.27%上升到 17.06%（见图 6-24）。

6. 创新创业主体：总量不断增长，全国领先优势较为突出

单位法人数的变化是反映创新创业主体数量变化的直观指标。2014～2020 年，北京市成立的单位法人数从 660703 个增长到 1174904 个，增长了 1.78 倍，反映出北京具有较好的创新创业活力，但各年成立的单位法人数占全国的比重却有所下降，从 4.82%下降到 4.00%。

高新技术企业是创新创业的重要主体，北京市高新技术企业数量总体增长，但全国占比不高，且有所下降。2014～2021 年，北京市高新技术企业数量由 805

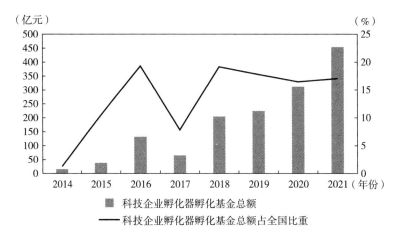

图 6-24 2014~2021 年北京市孵化基金总额及全国占比

资料来源：历年《北京统计年鉴》《中国统计年鉴》。

个上升到 937 个。高新技术企业数占全国份额低于均值，且呈现下降趋势，由 2014 年的 2.88% 下降到 2021 年的 2.05%（见图 6-25）。

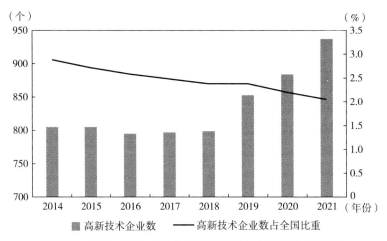

图 6-25 2014~2021 年北京市高新技术企业数量及全国占比

资料来源：历年《北京统计年鉴》《中国统计年鉴》。

专精特新"小巨人"企业是专注于细分市场、创新能力强、市场占有率高、掌握关键核心技术、质量效益优的排头兵企业，是重要的创新创业主体。从专精特新"小巨人"企业看，2019~2021 年数量快速增长，从 4 个增长到 543 个，占全国比重也从 0.13% 增长到 7.23%（见表 6-17）。

表6-17 2019~2021年北京市专精特新"小巨人"企业数及全国占比

单位：个，%

年份	专精特新"小巨人"企业	
	数量	全国占比
2019	4	0.13
2020	92	1.13
2021	543	7.23

资料来源：历年《北京统计年鉴》《中国统计年鉴》。

新三板是创业板上市公司的孵化器，既可以增强挂牌公司的融资能力，也可以促进挂牌公司健全治理结构，促进公司尽快达到创业板上市公司的要求。从北京市新三板挂牌公司看，2014~2020年数量快速增长，从361个增长到1065个，但占全国比重不断下降，从23.37%下降到13.09%（见表6-18）。

表6-18 2014~2020年北京市新三板挂牌公司数及全国占比 单位：个，%

年份	数量	全国占比
2014	361	23.37
2015	760	14.95
2016	1472	14.56
2017	1614	13.95
2018	1438	13.49
2019	1186	13.28
2020	1065	13.09

资料来源：历年《北京统计年鉴》《中国统计年鉴》。

总而言之，北京市的创新创业主体较为活跃，全国领先优势较为突出。考虑到北京的战略作用，未来需要多措并举，深入激发创新创业主体的活力，进一步提升创新创业主体数量，特别是高新技术企业的数量，进而增强其在全国的地位。

二、北京创新创业政策的特征分析

党的十八大以来，创新创业持续向更大范围、更高层次和更深程度推进。在此期间，中央出台了许多创新创业政策，在体制机制、财税政策、金融市场、创业投资、创业服务、创新创业平台和城乡创业等方面全方位布局，不断开创创新创业新局面。为落实中央有关创新创业政策，北京市在宏观管理、财税、金融、人才、对外合作、产学研、知识产权等15个领域陆续推出一系列政策。通过与全国各省份出台政策的对比分析，北京市自身出台的创新创业政策呈现如下特点：

1. 年度政策发布数量相对稳定，全国占比总体较小并呈现先下降后上升的特点

2014~2019年，北京市共发布89项政策，各年份发布的政策数量相对稳定，政策数量低于全国平均水平。北京市政策数量在全国占比呈现先下降再上升的U形变化特征，2019年发布的政策数量占全国比重为4.37%（见图6-26）。

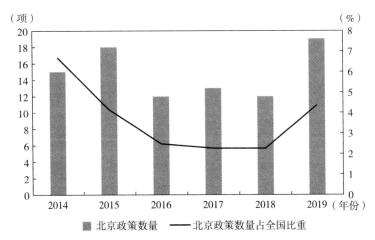

图6-26 2014~2019年北京市发布的政策数量及全国占比

资料来源：北京市政府官网。

2. 政策类型以创业、金融、科技产业和区域政策为重点

为了更好地分析创新创业政策内容、结构和重点领域，将政策进一步归为15类。北京市在不同类型政策领域的数量既反映了政策覆盖范围是否全面，也反映了政策的着力点。2014~2019年，北京市发布的所有创新创业政策涵盖了12类。其中，创业政策有18项、金融政策有16项、重点科技产业发展政策和区域政策各有11项，占政策总量的62.92%。基地平台政策8项、财政政策7项、环境政策4项、宏观管理政策4项、知识产权政策3项、产学研合作政策3项、人才政策3项、评价政策1项（见图6-27）。政策的数量在很大程度上反映了北京市推进创新创业的主要着力点。

各类政策数量的全国占比反映了北京市与其他省份的政策着力点的差异。北京市发布的创业政策占比达到20.22%，金融政策占比17.98%，重点科技产业发展政策占比12.36%，区域政策占比12.36%，基地平台政策占比8.99%，财

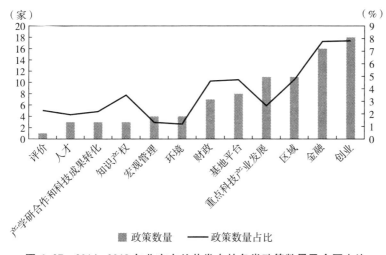

图 6-27　2014~2019 年北京市总共发布的各类政策数量及全国占比

资料来源：北京市政府官网。

政政策占比 7.87%。在北京市发布的 12 类政策中，这些政策占全国比重相对较高（见图 6-28）。

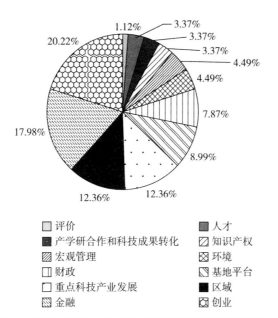

图 6-28　2014~2019 年北京市总共发布的各类政策数量占比

资料来源：北京市政府官网。

三、北京创新创业面临的主要问题

总体上看，北京市创新创业发展取得了显著成绩，培育形成了新一代信息技术、科技服务业两个万亿级产业集群，医药健康、智能装备、人工智能、节能环保、集成电路五个千亿级产业集群，金融等现代服务业发展优势突出，国家级高新技术企业、专精特新"小巨人"企业和独角兽企业数量均居全国各城市首位。但在百年未有之大变局的背景下，北京的创新创业与建设世界主要科学中心和创新高地的目标、与在全国和全球的政治经济地位相比，在人才、资金、高新技术企业、政策等方面还存在较大短板，成为制约创新创业的重要因素。

1. 人才优势有所弱化

近年来，北京积极构建主体多元、功能齐全、运转高效、服务便捷的人才综合服务体系，积极吸引汇聚各地人才，但是由于户籍、住房、子女教育、老人就医、服务保障等方面还存在诸多短板与不足，科研人员和技术服务从业人员数量自 2018 年以来出现下降态势。同时，我国其他地区出台了各种吸引人才的激励政策，许多地方甚至出现"人才争夺战"的现象。在此作用下，尽管北京的各类"双创"人才和硕士、博士科研人员总数上升，但与 2014 年相比，多数指标占全国比重出现下降。人才是推动创新创业最重要的资源，北京人才数量与占全国比重的下降，会影响未来发展的潜力与动力。

2. 资金支持和支撑力度还需强化

创新创业的风险与不确定性相对较高，创新创业的顺利开展离不开国家财政与风险资本的支持。首先，从财政科技投入看，尽管规模总体扩大，但全国占比有所下降，由 2014 年的 5.32% 下降到 2021 年的 4.65%。其次，从风险投资看，2014~2021 年北京在孵企业获得的风险投资额总体上升，但从在孵企业获得的风险投资额占全国的比重看，2021 年为 23.29%，低于 2016 年最高值 31.75%。创新创业是北京推进中国式现代化的关键所在，财政支持和风险投资都需要进一步强化。

3. 高新技术企业数量占比偏低且不断下降

高新技术企业是创新创业的主体。尽管北京的高新技术企业数量总体增长，但全国占比一直低于 3%，与国家创新中心地位不符。而且，较低的全国占比还呈现下降趋势，由 2014 年的 2.88% 下降到 2021 年的 2.05%。高新技术企业数量占比相对较低也是导致新产品全国占比下降的原因。高新技术企业数量占比偏低且不断下降，一方面与人才、资金的要素支撑有关，另一方面与科技体制和政策有关，未来需要加强企业的创新主体地位，促进科技成果转化和企业孵化，加大对科技型中小企业的系统支持。

4. 创新创业政策体系有待加强

北京积极建立健全创新创业激励机制，优化创新创业政策环境，逐渐建立起具有北京特色的创新创业政策体系，但创新创业政策体系需要进一步完善。具体表现为：引进和培育顶级人才的政策和环境还需要进一步灵活和完善；财政支持创新创业的力度和时机把握还需要更为精准；科技成果转化的利益分配机制还不完善，中介服务机构还需进一步壮大，创新创业的激励机制还需进一步完善；各项支持政策还需要进一步协调和整合，协同机制还没有有效发挥；良好的创新创业文化环境还需要进一步营造。

总而言之，人才、资金是创新创业的要素，企业是创新创业的主体，政策是创新创业的保障。正因为人才、资金、政策存在短板，所以创新创业的成果会出现下降。近年来，北京市专利申请数量全国占比有所下降，新产品开发与销售数量全国占比不断下降，技术合同成交量与成交额占全国比重不断下滑，高校的科技论文与著作产出数量占全国比重也出现下滑。解决这些问题，需要从创新创业的要素、主体、政策等方面综合施策和加大支持。

四、推动创新创业的政策建议

北京是中国最为重要的创新中心之一，其创新创业的发展直接影响中国创新驱动发展战略的实施与中国式现代化的实现进程。推动北京创新创业发展，需要重点针对北京当前在人才、资金、高新技术企业、政策四大方面存在的问题，提出具有针对性的建议。

1. 大力吸引和培育全球顶级科学家，打造世界重要创新创业高地

解决当前北京人才优势有所弱化、风险资本发展不足、高新技术企业占比偏低等问题的关键在于大力引进和培育全球顶级科学家。全球顶级科学家是实现技术突破和建立技术标准的领军人才，对于奠定未来发展话语权具有极为显著的长板效应，是建设世界重要创新创业高地的关键。

第一，全球顶级科学家会吸引创新型企业和创新型人才聚集，提高高新技术企业数量，强化人才优势。全球顶级科学家具有强大的影响力，全球顶级科学家的入驻意味着关键技术的突破和关键技术路径的明晰化，这能够吸引上下游企业配套聚集，进而吸引相关的技术人才和管理人才入驻，形成高新技术企业集群和人才聚集高地。

第二，全球顶级科学家的入驻会吸引风险资本的投资。风险资本最为看重的是人，尤其是全球顶级科学家。因为全球顶级科学家能够更好地把握世界科技趋势，掌握创新创业方向，吸引相关企业和人才入驻，从而提高创新创业的成功率，这自然会吸引风险投资基金。

第三，在面向全球引进顶级科学家的同时，通过创造机会、搭建平台、促进国际交流等方式，努力培育顶级科学家，推动形成大师、战略科学家、一流科技领军人才和创新团队、青年科技人才、卓越工程师、大国工匠、高技能人才等多层次人才梯队，打造创新后备力量，提高创新创业能力，这是保障创新创业持续高质量发展和高水平科技自立自强的关键所在。

2. 着力发展风险投资市场，缓解企业融资约束

融资难是困扰创新创业企业的一大难题，世界各国莫不如此。解决企业融资难问题主要有以下五种渠道：一是银行贷款，二是公募融资，三是政府支持，四是大型国有企业和头部企业的资金支持，五是风险投资。风投企业持有的是所投企业的股权而不是债权，风险投资采取轮次投资模式，从而能够有效应对投资固有的不确定性。对于创新创业企业，除了增强国家和部委的财政支持以及地方政府专项债券和政策性金融工具等的支持之外，发展风险投资市场是缓解创新创业企业融资约束的必然之路和根本举措（吴军，2019）。

北京证券交易所的成立为风投市场的发展提供了重要基础与良好契机。然而，发展风险投资市场是一项浩大的工程，需要从融资端、投资端、机构端三方面投入长期的努力。当前，需要着力减少三大障碍和增强一大引力。一要建设完善有利于风投企业发展的制度保障。股权投资具有很大的风险与不确定性，需要建立和完善政府监管机制，在全社会形成良好信用的环境，减少风投企业发展的不确定性，形成制度保障。二要纠正创新创业企业认知和文化上的偏见。很多创新创业企业主对出让股权仍抱有认知和文化上的偏见，从而错失风投资金的引入机会，不利于企业融资与发展。三要改善税制。目前的税制使企业将贷款利息计入经营费用，借以减少应纳税额，这有利于债务融资发展，而非股权融资发展。为推动风投企业发展，需要将股权资本成本计入经营费用，减少税额，进而激励企业引入风投资金。四要打造世界主要科学中心和创新高地的品牌优势，增强风投资金吸引力。借助共建"一带一路"、RCEP、京津冀城市群等带来的资源和市场优势，通过加强国际国内合作等方式，努力打造世界主要科学中心和创新高地的品牌知名度，依托品牌吸引人才会聚和企业集聚，进而提升对风险投资的吸引力。需要注意的是，发展风投行业是一个长期过程，即便是运转良好的风投行业也同样需要政府或大型企业为创新创业提供资金支持。

3. 加大力度构建市场为导向、产学研用相结合的体系，培育高新技术企业

企业是创新的主体，培育高新技术企业需要坚持市场导向，坚持产学研用相结合。

第一，创新创业是技术与市场结合的过程，面向市场需求是保障技术研发

产品获得效益的根本所在（弗里曼和苏特，2022）。只有坚持市场导向，才能形成培育高新技术企业的土壤和动力。坚持市场导向，关键在于转变"科研—产品—市场"的线性发展逻辑，形成"市场—技术—产品"的发展思维，这是保障产品效益的关键，也是更好培育高新技术企业的关键。以打造世界主要科学中心和创新高地为目标的北京，要以国家重大战略需求为重要导向和使命担当，以"三城一区"为支撑，加强前沿科学探索、促进关键核心技术攻关和推动传统产业数字化转型，努力培育壮大一批高科技企业。

第二，培育高新技术企业，需要产业、高校、研究所、客户的紧密配合，通过加强产学研用结合，形成一个创新创业的生态环境。创新创业经历了1.0阶段（封闭式创新创业，创新源局限于企业内部）、2.0阶段（开放式创新创业，广泛获取来自企业外部的创新源），来到3.0阶段（嵌入/共生式创新创业，企业创新行为更加重视资源整合与共生发展）。通过积极发展技术转移机构和技术经理人，促进北京的产业、高校、科研院所、用户等主体之间的良性互动，完善创新创业的生态系统，从而为促进产品转化、提升产品质量、降低创新创业风险、培育高新技术企业创造条件。

第三，以"三城一区"为空间支撑，整合优势资源，创新产学研用融合方式。尽管国家强调产学研用结合已经二十多年，但这个问题仍然是困扰高新技术企业培育的核心障碍。为推动产学研用融合，需要以"三城一区"为依托，整合北京的优势科教资源，将财政投资的重大科研基础设施和大型科研仪器企业参与和使用情况纳入开放共享评价考核，加快建立统一开放的国家网络管理服务平台，更好发挥科研基础设施和科研仪器推动产业技术创新、促进产学研用融合的积极作用。研究支持科研院所和企业联合攻坚重点实验室、大型科学设施中心联合购买大型科研仪器。国家科技重大专项和国家重点研发计划要吸收一定比例的企业参与，鼓励国家自然科学基金引入企业。依托互联网、人工智能等手段，积极吸收用户的意见，反映用户需求。产学研用的有效结合，会形成良好的创新创业生态环境，助力新的高新技术企业的产生。

4. 努力完善创新政策体系，优化创新政策环境

吸引全球顶级科学家、发展风险资本、培育高新技术企业，需要一系列政策的配合。

第一，通过优良的发展环境、竞争性的收入待遇、细致的人文关怀等举措，加大力度吸引和培育人才，尤其是全球顶级科学家入驻北京。建立宽松、自由、信任的环境，提供有前景的事业，满足人才在创新创业方面的追求，使人才获得事业成功的满足感。落实以增加知识价值为导向的收入分配政策，合理确定收入水平，有效引导预期，持久性、根本性提高人才合理待遇，对高端人才实

施"一人一议"的非常规灵活政策。用人单位需要坚持以人为本，赋予人才足够的自主权，关注人才心理动态，给予细致的人文关怀，解决人才的实际困难。

第二，按照不同产业、不同产品的开发周期、企业的不同发展阶段，出台相应的财政扶持政策，更多支持前瞻性、基础性、公共性的基础研发以及创业初期的项目和企业，提高财政支持的精准度，发挥政策促进创新的导向作用。

第三，建立类似《拜杜法案》的法律制度，形成发明人、投资人、转化者之间合理的利益分担机制，形成促进发明、投资、转化的激励机制，从而推动科技成果的转化和促进高科技企业的培育（黄奇帆，2022）。

第四，借鉴德国弗朗恩霍夫研究所的经验，大力发展中介服务机构，促进高新技术企业创立和发展。高新技术企业的培养和发展需要各类信息服务机构、企业孵化器、知识产权机构、资产评估机构、投融资机构、共性技术服务机构等科技中介服务机构的支持，大力培育技术转移机构和技术经理人，在高新技术企业与研究机构、市场之间形成良好的桥梁和纽带。

第五，强化各部门协同合作，提高政策的集成度和兑现率。加强政府各部门之间的协同合作，解决各项政策间衔接不畅、集成度不高等问题，定期统筹创新政策制定、贯彻、落实和评估等问题，提高政策制定的科学性、合理性和兑现率。把政策服务与落实绩效纳入各部门的绩效考核，提升政策服务水平。加强各部门之间的合作和管理，开展政策落实试点工作，引导政策落实并提高政策的兑现率。

此外，还需要大力营造良好的创新创业文化环境，具体包括：一是勇于创新、敢为人先的文化；二是追求真理、宽容失败的氛围；三是鼓励竞争、崇尚合作的环境；四是热爱科学、淡泊名利的心态。

参考文献

［1］吴军．浪潮之巅（第四版）［M］．北京：人民邮电出版社，2019.

［2］黄奇帆．战略与路径［M］．上海：上海人民出版社，2022.

［3］克里斯·弗里曼，卢克·苏特．产业创新经济学［M］．华宏勋，华宏慈，译．北京：东方出版中心，2022.

第七章　京城文化与文旅产业发展

第一节　京城文化

北京作为古都，具有鲜明的地域特色，既有现代性文化中的古典遗存，又有古典文化的现代性传承；既有南来北往文化杂交的多样性，又有政治、经济、文化中心的京城特色。北京像一个大熔炉，使人与京城的精神联系、人的文化体验、人对于京城文化的感受和表现形式等经过相互影响、彼此牵制的冶炼与提升，形成了与京城文化相关的"京味"文化。

一、民族精神文化

（一）长城文化

1. 基本概况

北京域内长城始建于北齐，大规模修建于明代，东起平谷、西至门头沟，途经北京6区，全长573千米。《北京市国民经济和社会发展第十三个五年规划纲要》提出，加强红石门、古北口、箭扣、南口等处长城的修缮与利用，统筹八达岭、居庸关、慕田峪等沿线历史文化资源，推动长城区域联合保护。其中，怀柔、昌平两区境内的长城段落最多。据初步统计，北京长城已开放点约17处。计划利用5~10年的时间，使历史上拱卫京城的军事设施成为当今北京北部的历史文化体验带和生态环境保护带。

历史上的万里长城是一道军事防线，它的城墙、关隘、堡寨、敌台，见证了刀光剑影与炮火连天的岁月；同时，长城地处我国传统的农耕文化与游牧文化交错带，因此又成为一条经济、民族、文化的分界线。沿线以长城为地理依托和文化载体，积淀为一条绵亘万里的"长城文化带"，北京是其中具有特殊地位的区段之一。长城自身的兴衰过程、分布格局、关隘交通、建筑遗存，长城沿线的军队布防、重要战事、人员往来等人类活动，代表了长城文化的物质与非物质形态，也是体现北京"长城文化带"历史传承与文化内涵的基本内容。

2. 文化价值

（1）建筑文化。长城并不只是一道单独的城墙，而是由城墙、敌楼、关城、墩堡、营城、卫所、镇城烽火台等多种防御工事所组成的一个完整的防御工程体系。城墙是以沙土为内填充物、青砖包砌的方式筑成，能承载较大负荷，并且适应潮湿多雨的气候；干旱与半干旱地段如嘉峪关长城段，城墙是以黏土做主要材料，掺加一定比例的灰浆、棉麻、水或糯米汁等，层层夯筑而成，最后再抹一层黄土作为保护层，城内有城、城外有墙、墙外有壕、壕外有沟，层层设防、步步为营，充分体现了中国古代建筑的智慧。

（2）民族融合。长城修建后，军屯与徙民实边为长城沿线的经济交流与民族融合起到了桥梁和纽带的作用。它是中华民族汇聚融合的纽带，是中华民族精神的集中体现。

（3）长城精神。第一，代表着众志成城、保境安民以及自尊、自信、自立、自强的强国精神；第二，代表着维护一统、和睦相处、相互交融、四海一家的团结精神；第三，代表着力排万难、智克艰险、巧用资源、强固国防的创造精神；第四，代表着国家兴亡、匹夫有责，保家卫国，勇尽义务的献身精神。长城精神深深植根于中华民族爱国主义及热爱和平思想的沃土之中，成为中华民族的宝贵精神财富。

（二）奥运文化

1. 夏季奥运会

2008年北京成功举办第29届夏季奥林匹克运动会，留下了独一无二的"奥运文化遗产"。奥运文化遗产是指在奥林匹克运动实践发展过程中，逐步形成的具有普遍价值的物质与精神遗产。一是奥运会徽、吉祥物、奖牌。对于这些北京奥运文化遗产，主要是保护其知识产权，挖掘其商业价值。二是奥运场馆、建筑景观。这些也是北京奥运文化遗产的重要组成部分，对这些文化遗产的整理与挖掘主要包括：积极承办体育赛事，着力发展会展业，大力发展体育休闲、旅游、健身运动，繁荣发展文化娱乐业。三是奥运文献。在奥运文化遗产中有一类重要而特殊的遗产——文献遗产，包括各种档案、文件、期刊、图书、报纸、资料和部分文物等。在申办、筹办、举办奥运会的过程中，与奥运会有关的各种机构、组织和个人会产生形式多样、内容丰富、数量惊人的文献。

北京申办2008年夏季奥运时提出了绿色奥运、科技奥运、人文奥运三个理念，其中，绿色奥运强调的是环境保护，科技奥运强调的是科学技术，人文奥运强调的是以人为本。

绿色奥运的实施构筑了北京的城市生态基础，形成了绿色生态屏障，通过实施绿化和美化工程、环境保护和治理工程、合理开发水资源、建立生态性的农业体系，营造绿色家园。这些措施以及工程充分体现了北京城市以人为本的价值取向和创建美好宜居城市的目标。北京城市环境质量达到发达国家大城市的水平。绿色奥运是人与自然和谐的中国传统文化与当代先进环保理念相互融合的结晶，是北京对当今国际环保运动和奥林匹克运动的重要贡献。

科技奥运意味着广泛应用当代最先进的科技成果，集成全国科技创新成果，举办一届高科技含量的体育盛会，标志着我们已经进入"知识体育"的时代，运动技术只有依靠高新技术才能提高。科学精神、科学成就渗透到信息化、交通、环境、安全、场馆设计及体育科研各领域，体现在奥运会的每个细节中。尤其在信息化方面，科技奥运实现了任何人在任何时间、任何奥运相关场所都能有效获取可支付得起的、丰富的、无语言障碍的、个性化的信息服务。北京借助科技奥运的契机，进一步普及科学知识，鼓励科学创新，发展高新产业，提高科技创新能力和社会发展水平，使北京奥运会成为展示中国高新技术成果和创新实力的窗口。

人文奥运以中华五千年的文化底蕴为依托，以全国人民的广泛参与为基础，适应多元文化要求，推进中外文化的交融。奥运会来到地球上人口最多的中国，13多亿中国人民的直接参与、千百万中国青少年接受奥林匹克的价值观，是最为宝贵的遗产和财富。按照人文奥运的要求，北京实施了提升市民素质工程、文化建设推进工程、城市景观营造工程、志愿者培训工程等，以举办奥运会为主线，开展丰富多彩的文化教育活动，弘扬中华民族优秀文化，展现了北京历史文化名城风貌和市民的良好精神面貌。在与奥林匹克文化的接触和碰撞中，中华文化将与外来文化和谐共存发展。

2. 冬季奥运会

2022年北京冬奥会的成功举办创造了丰富的体育遗产，改善了我国体育事业发展不均衡不充分的局面，体育强国建设实现了新突破；留下了宝贵的科技遗产，彰显了我国科技创新成效，新发展理念引领高质量发展展现了新气象；造就了丰厚的文化遗产，增强了全民文化自信，社会主义现代化建设精神力量凝聚达到了新高度。北京冬奥会尤其是北京冬奥精神的创造，极大地振奋了中国人民的精气神，促进了全国各族人民的团结一心，展现了中国人民自信自强的昂扬姿态，为全面建设社会主义现代化国家新征程凝聚了信心伟力、汇聚了前进动力。

（1）从北京冬奥会开幕式的中国传统二十四节气倒计时配经典诗词到展现文明交流交融的"黄河之水"最终幻化成"冰雪五环"；从首钢大跳台的敦煌飞天飘带到国家速滑馆的"谁持彩练当空舞"意象；从国家雪车雪橇中心"雪游

龙"到国家速滑馆"冰丝带"等有着中华文化底蕴的场馆名称；从冬奥村的针灸推拿到非物质文化遗产"海派绒线编结技术"的颁奖花束等。"更高、更快、更强、更团结"格言体现的奥林匹克精神与中国文化交相辉映，厚重的东方文化底蕴在北京冬奥会上体现得淋漓尽致。

（2）2022年北京冬奥会作为全球综合性体育盛会，是设项和产生金牌数量最多的一届冬奥会。我国坚持办赛和服务人民、促进发展相结合，通过产业发展助力脱贫攻坚，通过提升公共服务水平改善人民生活水平，实现了成功办奥和区域发展双丰收，让世界看到了一个欣欣向荣、蒸蒸日上的中国，见证了一个民族踔厉奋发、笃行不怠的精气神。

（3）此次冬奥会中国代表团首次全项参赛，共斩获了9枚金牌、15枚奖牌和冬残奥会18枚金牌、61枚奖牌，创造了我国参加冬奥会、冬残奥会历史的最好成绩；在赛场外，冬奥建设者发扬工匠精神，打造一流场馆设施，冬奥办赛和服务保障人员严谨专业组织、热情周到服务；安保人员、文艺工作者等各战线工作人员坚守岗位、默默奉献，把国事当家事，全力支持北京冬奥会举办。国际奥委会主席巴赫宣布将奥林匹克杯授予全体中国人民以感激中国人民对冬奥会做出的杰出贡献。中国人民用勤劳和汗水创造了"胸怀大局、自信开放、迎难而上、追求卓越、共创未来"的北京冬奥精神，激发起国人为中华民族伟大复兴而团结奋斗的壮志豪情。

二、曲艺文化

1. 北京评书

评书是我国历史悠久的民间曲艺形式，据史料记载，我国最早的评书应当出现在唐代。宋代，评书被称为"说话"，不仅有完整的底本，还有固定的演出场所和专业的说书艺人，说书艺术日臻成熟。清代，评书艺术广泛流行于我国北方地区，北京评书（本溪评书）就是北方评书的重要组成部分。北京评书（本溪评书）表演形式灵活自由，改变了原有"一桌、一扇、一醒木"的传统说书方式，表演时改为站立说演，不使用书桌、扇子、醒木等道具，同时加大了动作幅度、扩大了表演空间，将评书从"半身艺术"转化为"全身艺术"。北京评书（本溪评书）为了吸引听众，在故事的说演上，以制造悬念和使用"扣子"作为基本的结构手法，捕捉具有戏剧性的艺术情节，把惊与险巧妙地交织在一起，把新与奇熔为一炉，使评书表演滔滔不绝、头头是道、环环相扣，构思新颖精巧，内容引人入胜。

2. 北京琴书

北京琴书形成于20世纪40年代，流行于北京、天津、河北等地。其前身是流行于清代河北安次县及北京郊区农村的五音大鼓，又名"单琴大鼓"，以三弦、四胡、扬琴等乐器伴奏，形式是一人站唱，以左手敲击铁片，右手执鼓槌击扁鼓，伴奏乐器为扬琴和四胡。北京琴书"说似唱、唱似说"，唱腔中夹用说白，突出表现北京方言，板式有快、慢、架、散，极大地丰富了表演和演唱效果，深受大众喜爱，并且具有极高的学术价值和教育价值。早期的曲目以长篇大书为主，后来北京琴书大师关学曾与琴师吴长宝多年合作，唱腔借鉴京韵大鼓说唱转圜自然的风格与技巧对北京琴书进行了改进，加入了多板式的不同节奏的唱调，有疾有缓。其曲目转为短段，多以现实题材为主。北京琴书的曲调接近平谷调，只是板式全用一板三眼。早期以说唱长篇大书为主，有《七国演义》《回龙传》等十余部；短篇唱段有《杨八姐游春》《鞭打芦花》等；反映现实生活的新曲目以《考神婆》《一锅粥》较为有名。

3. 京剧

京剧是一种融合了唱、念、做、打的表演艺术。京剧的唱、念主要使用北京方言，剧本则遵循一系列注重形式和韵律的严格规则而创作。各剧目讲述历史、政治、社会和生活的故事，在娱乐的同时也传递信息。音乐在京剧中起到关键作用，不仅可以设定演出的节奏、营造出特别的气氛，而且可以塑造人物并引导故事的进展。"文场"使用管弦乐器，如音质高亢的京胡和长笛，而"武场"则使用班鼓、大锣等打击乐器来烘托。演出的特点是演员表演公式化与象征风格，这些都是通过既定的手、眼、身、脚动作编排来实现的。传统上，舞台布景和道具保持在最低限度，但服饰华丽、脸谱夸张，并用简洁的符号、颜色和图案来描绘人物的个性与社会身份。红脸含有褒义，代表忠勇；黑脸为中性，代表猛智；蓝脸和绿脸为中性，代表草莽英雄；黄脸和白脸含贬义，代表凶诈；金脸和银脸代表神妖。京剧被视为中国传统社会戏曲审美理想的集大成者，不仅是北京特色文化元素，还是我国重要的文化名片，肩负着重要的对外文化交流任务。

三、胡同文化

1. 四合院

2016 年出版的《北京四合院志》共收录北京地区（包括郊区）四合院 923 座。这些院落严格限定于民居，是由正房、倒座房和两侧的厢房构成围合体的四合院。东城区现存建筑形制较完整、保存较好的院落 500 余座，其中被列为全国重点文物保护单位的四合院 3 处，市级文物保护单位 27 处，区级文物保护单位 17 处。西城区四合院现存形制较完整、保存较好的有 400 余座，其中被列为全国重点文物保护单位的四合院 4 处，市级文物保护单位 19 处，区级文物保护单位 8 处。四合院的建造在封建社会有明显的等级约束，封建社会对房屋的高度、颜色、门的大小以至于门钉的多少都有限制。

（1）院门：四合院的脸面。北京四合院的大门是主人身份的象征。大门根据建筑形式的不同，分为广亮大门、金柱大门、蛮子门、如意门、窄大门、西洋式大门、随墙门等。标准四合院的大门一般都建于庭院的东南部位，这一方面与风水有关，按八卦的方位，东南为巽位。巽，代表风，有入的意思。作为官宅，官属火，巽又代表木，木生火，昭示官运亨通。按"左青龙，右白虎"的方位，又在青龙吉位。另一方面也与北京的自然环境相关，华北地区冬季寒风从西北来，夏季风从东南来，门开在东南，冬天可避寒风，夏天则可迎风纳凉，人与自然的和谐统一才是最主要的。

（2）正房：四合院的核心。北京四合院与中国传统建筑一样，有一条明显的中轴线，所有的院内主要建筑全部位于中线之上，以轴线为核心，形成两边左右对称的建筑格局。正房也称上房，一般都位于院落的轴线上，是每座院落中体量最高大、建筑等级最高的建筑。

（3）厢房、耳房、倒座房等。除中轴线主要建筑外，庭院内附属建筑则建于轴线的两侧。这些建筑主要为卧室、厨房、餐厅、厕所等功能用房。全院建筑整齐对称，主次分明，井然有序。

（4）廊子、过道。四合院里的廊子是用于连接院落内各个房屋的、两侧或一侧通敞的建筑物。四合院内的廊子分为抄手游廊、窝角廊子、穿廊和工字廊等几种形式。此外，四合院中还有院墙、影壁等建筑。

2. 胡同

北京的胡同大多形成于 13 世纪的元朝，已经经过了几百年的演变发展。北京胡同的走向多为正东正西，宽度一般不过九米。它们串起来，就像一块豆腐，方方正正，不歪不斜。胡同里的建筑几乎都是四合院。大大小小的四合院一个紧挨一个排列起来，它们之间的通道就是胡同，胡同不仅是城市的脉搏，更是北京普通老百姓生活的场所。北京人对胡同有着特殊感情，它不仅是百姓们出入家门的通道，更是一座座民俗风情博物馆。南锣鼓巷是北京东城区的一条很古老的街道，街道不宽，仍保持着元大都街巷、胡同的规划。其南口在地安门东大街，北口在鼓楼大街。它始建于元朝，南北长约 1000 米，东西各有 8 条对称的胡同，整齐地排列在两侧，从外形看犹如一条蜈蚣，所以又名"蜈蚣街"，是北京市重点保护的四合院街道。从南至北，东侧的八条胡同是妙豆胡同、板厂胡同、东棉花胡同、北兵马司胡同、秦老胡同、前圆恩寺胡同、后圆恩寺胡同、菊儿胡同；西侧的八条胡同是福祥胡同、蓑衣胡同、雨儿胡同、帽儿胡同、景阳胡同、沙井胡同、黑芝麻胡同、前鼓楼苑胡同。

四、红色文化

红色文化包含着革命文化和社会主义先进文化，是北京文化的灵魂。相较其他地区，北京红色文化具有典型性，是革命战争年代由中国共产党人、先进分子和人民群众共同创造的具有中国特色的先进文化，蕴含着丰富的革命精神和厚重的历史文化内涵。新文化运动、五四运动、长城抗战、卢沟桥事变、敌后抗战等重大历史事件，李大钊、毛泽东、鲁迅、宋庆龄等一批伟人都在北京留下了革命历史足迹。目前，北京主要有三大红色文化片区：一是从五四运动到建党阶段，形成了北大红楼、中法大学旧址、京报馆旧址等主题片区；二是围绕抗日战争方面，形成了卢沟桥、抗日烈士纪念园等抗日纪念地；三是新中国成立阶段，形成了以香山革命纪念地、天安门地区为中心的文化片区。

1. 中国人民抗日战争纪念馆

中国人民抗日战争纪念馆建成于 1987 年，是中国唯一反映中国人民伟大抗日战争历史的大型综合性专题纪念馆。自建馆以来，中国人民抗日战争纪念馆广泛传播抗战历史，大力弘扬伟大的抗战精神，以建设成为国家纪念抗战胜利及全民族抗战爆发活动中心、中国抗战和世界反法西斯战争历史展示中心、中国抗战史料收藏和研究中心、世界反法西斯战争东方主战场对外宣传中心为目标，广泛开展社会教育活动，深入抗战史学术研究，每年推出专题展览；在设立中国人民抗日战争胜利日、南京大屠杀死难者国家公祭日之后，先后举办了纪念抗战胜利和世界反法西斯战争胜利的重要纪念活动。

2. 北京植物园一二·九运动纪念地

一二·九运动纪念地可分为三部分：一二·九运动纪念亭、青年服务国家纪念墙和一系列雕塑以及"保卫华北"石刻。20 世纪 80 年代初期，北京植物园在樱桃沟内发现了刻有"保卫华北"字迹的大青石。经证实，这块大青石是1935 年一二·九运动时爱国抗日的北平学生联合会留下的。纪念一二·九运动五十周年前夕，时任中宣部部长邓力群等人发起倡议，决定在樱桃沟内建立一个一二·九运动纪念地，以缅怀革命先烈并启教后人。

3. 李大钊故居

李大钊故居为北京市级文物保护单位、西城区爱国主义教育基地，位于北京市西城区文华胡同 24 号。从 1916 年夏至 1927 年春，李大钊在北京工作、生活近 12 年，先后居住过八个地方。1920 年春至 1924 年 1 月，李大钊一家在石驸马大街后宅 35 号（今西城区文华胡同 24 号）北院居住将近四年，这是他在故乡之外与家人生活时间最长的一处居所。1979 年 8 月 21 日，李大钊故居被公布为北京市重点文物保护单位。

4. 北京新文化运动纪念馆

北京新文化运动纪念馆馆区位于北京市东城区五四大街 29 号,是依托原北京大学红楼建立的旧址类博物馆,是全国唯一全面展示五四新文化运动历史的综合性纪念馆。北大红楼是一座具有光荣革命传统的近代建筑,原为北京大学第一院,始建于 1916 年,落成于 1918 年,全楼以红砖红瓦建成,俗称红楼。作为新文化运动的大本营、五四运动的发源地、中国共产党早期重要活动地,北大红楼于 1961 年 3 月被公布为第一批全国重点文物保护单位。

5. 中国人民革命军事博物馆

中国人民革命军事博物馆位于北京天安门西面的长安街延长线上,筹建于 1959 年,是向国庆 10 周年献礼的首都十大建筑之一,1959 年 3 月 12 日经中共中央军事委员会批准,正式定名为中国人民革命军事博物馆。中国人民革命军事博物馆是中国唯一的大型综合性军事历史博物馆,占地面积 8 万多平方米,建筑面积 6 万多平方米,陈列面积 4 万多平方米。主楼高 94.7 米,中央 7 层,两侧 4 层。全馆有 22 个陈列厅、2 个陈列广场。军博收藏有 34 万多件文物和藏品,其中,国家一级文物 1793 件,大型武器装备 250 余件,艺术品 1600 余件,对外军事交往中受赠礼品 2551 件。

第二节　传统村落文化

传统村落是传承中华传统文化、展现壮丽自然景观的重要载体,是一种与物质文化遗产与非物质文化遗产都不相同的特殊遗产,也体现着传统的生产与生活。传统村落体现了当地的文化、建筑艺术以及当地的空间格局,反映了村落与自然环境的和谐关系。北京具有 3000 多年建城史、800 多年建都史,拥有悠久的历史底蕴。作为全国文化中心的北京对于传统村落的保护力度较大。截至目前,北京市共有 44 个村落入选市级传统村落,其中 22 个传统村落入选中国传统村落名单(见表 7-1)。

表 7-1　北京市中国历史文化名村、中国传统村落情况

类型	时间	村落名称	所在区域	始建时间
中国历史文化名村	第一批(2003 年)	爨底下村	门头沟区斋堂镇	明代
	第二批(2005 年)	灵水村	门头沟区斋堂镇	辽金时代
	第三批(2007 年)	琉璃渠村	门头沟区龙泉镇	辽金时代
	第五批(2010 年)	焦庄户村	顺义区龙湾屯镇	清代
	第六批(2014 年)	水峪村	房山区南窖乡	明代

续表

类型	时间	村落名称	所在区域	始建时间
中国传统村落	第一批（2012年）	水峪村	房山区南窖乡	明代
		琉璃渠村	门头沟区龙泉镇	辽金时代
		三家店村	门头沟区龙泉镇	唐代
		爨底下村	门头沟区斋堂镇	明代
		黄岭西村	门头沟区斋堂镇	明代
		灵水村	门头沟区斋堂镇	辽金时代
		苇子水村	门头沟区雁翅镇	明代
		焦庄户村	顺义区龙湾屯镇	清代
		岔道村	延庆区八达岭镇	明代
	第二批（2013年）	马栏村	门头沟区斋堂镇	明代
		千军台村	门头沟区清水涧沟	宋代
		长峪城村	昌平区流村镇	明代
		吉家营村	密云区新城子镇	明代
	第三批（2014年）	碣石村	门头沟区雁翅镇	明代
		沿河城村	门头沟区斋堂镇	明代
		古北口村	密云区古北口镇	明代
	第四批（2016年）	西胡林村	门头沟区斋堂镇	辽代
		东石古岩村	门头沟区王平镇	清代
		南窖村	房山区南窖乡	明朝
		宝水村	房山区蒲洼乡	清代
		令公村	密云区太师屯镇	宋代
	第五批（2019年）	黑龙关村	房山区佛子庄乡	元代

资料来源：宋怡宁，钱威．北京传统村落保护制度及现状问题初探［C］//中国建筑学会建筑史学分会，北京工业大学．2019年中国建筑学会建筑史学分会年会暨学术研讨会论文集（下），2019.

一、传统村落空间布局特征

1. 与自然环境融为一体

北京地势西北高、东南低。西部、北部和东北部三面环山，东南部是一片平原。自然地理环境塑造了传统村落的保留，除房山区石窝村和通州区张庄村处于地势相对平坦的平原地区，剩余42个市级传统村落均处于山区或邻近山区的地带。北京市三面环山的特殊地理环境，使坐落于山区的传统村落与自然环境融为一体，自然地形为村落充当保护伞，拥有悠久历史和文化的传统村落才得以被保留。

2. 远离城市主干道

从宏观角度来看，北京市主要环线公路干道分布在城六区与北京市近郊，传统村落主要分布在北京市远郊，远离城市主干道，相对不便的交通对传统村落的分布产生影响。从微观角度来看，虽然部分村落邻近高速与国道，但交通路径与方式单一。以门头沟区清水镇张家庄村为例，张家庄村距市中心103千米，位于109国道旁，交通主要干线为109国道。单一的交通路径使传统村落便利度低，同时也保护了传统村落整体肌理特征的延续。

3. 远离经济圈

北京市重点经济开发区主要为中关村产业园区、上地产业园区、金融街商圈、亦庄经济开发区、CBD国贸商圈、王府井商圈、通州运河经济开发区、雁栖湖经济开发区。44个传统村落在地理空间上均与8个经济开发区无交集，且大部分远离经济圈，由此可知，北京市传统村落均处于经济发展水平相对较低的区域。

二、典型村落概述

1. 古北口村

古北口村位于密云区古北口镇中心区，长城脚下、潮河之畔，是历史传承悠久、文化氛围浓厚的国家级传统村落。1861年，清政府发动"辛酉政变"，在此逮捕载垣、端华、肃顺、景寿任、穆荫、匡源、杜翰、焦佑瀛八大臣，确立了以慈禧为中心的统治基础。1933年3月10日，在这里爆发了古北口长城抗战，打响了北京抗战的第一枪。古北口村是北京东部以满族为主的少数民族聚居古村落，北京市少数民族村也是北京市规范民俗旅游村，有保存完好的原生态自然风光、丰富的人文景观，村北的蟠龙山长城以保持历史原貌而著称，将军楼和二十四眼楼是这段长城的精华所在。步入村内，建于清代的古御道、财神庙、药王庙和建于辽代的杨令公庙、三眼井等名胜古迹，似乎让时光倒流千年，引人穿越古今、陶醉其中，形成了村在林中、房在绿中、人在景中，自然构成的一幅和谐画卷。2008年，古北口村被评为"北京最美的乡村"，2010年被原农业部评为"中国十大最有魅力乡村"，2018年入选北京首批市级传统村落名录，2019年入选第一批全国乡村旅游重点村名单。表7-2所示为古北口村非物质文化遗产旅游产品。

2. 灵水村

灵水村位于门头沟区斋堂镇，既是中国历史文化名村，也是第一批国家级传统村落。灵水村历史悠久，在约2000年前就已经形成村落。明代《宛署杂记》

表 7-2　古北口村非物质文化遗产旅游产品

地点	非遗项目名称	非遗旅游产品	非遗类型	时间
药王庙	药王庙庙会	药王庙庙会	民俗	农历四月二十五开始，持续5天或7天
	村民采药救治边关战士的传说	采药与制药表演	民间文学	全年
杨令公庙	杨令公庙庙会	传统庙会	民俗	农历九月十三至九月十五
	杨家将传说	杨家将事迹展示	民间文学	全年
以灯笼坊为主要场所的民俗村落	古北口花灯制作技艺	御道宫灯制作技艺制作展示、宫灯展馆、村落装饰	传统技艺	全年
通往庙宇建筑的主干道	村民参军成守关口的传说	民兵表演	民间文学	全年
药王庙前空地	古法农事	古法农事表演	民俗	全年

资料来源：熊郁枝. 北京乡村地区非物质文化遗产旅游活化现状及建议——以古北口村为例〔J〕. 区域治理，2019，265（39）：26-28.

有记载，在灵水村有一座名为灵泉寺的寺庙，是门头沟区有史以来最早的一座寺庙。灵水村成村之后村落规模不断扩大，明清时期最为鼎盛，达到了300多户，2000余人。原因之一是在明清之时，村中崇尚文学，先后出过多名进士、举人、监生，说明灵水村是一个人杰地灵的地方。这些文人在取得成功之后都纷纷回村建设宅院，从而促进了村落的快速发展，也进一步促进了村民的尚文之风。原因之二是灵水村距离沟通北京和山西的古"西山大道"较近，是京西古道中的重要节点，逐渐形成了农商业结合的生产发展模式，村内曾有十几家商号、数十家商铺，在当时繁盛一时。灵水村是以"风水"理论选址建村的典型。村落位于群山环抱之中，负阴抱阳，前有罩、后有靠，依山而起，绕水而长，是经典的"天人合一"的风水格局。村落整体布局是"龟"的形状，村落东侧因山势较低而布置为村落出入口，意有"紫气东来"之意。灵水村内有两条主要街道和·条河道，它们共同将灵水村分割成了三个部分。其中，两条主要街道之间的部分为村内面积最大、地势相对平缓的核心地块。该区域所在地势西高东低，于是就形成了从东侧到西侧逐渐升高的台地形式，而村落的主体部分即建在这层层台地之上。从南面的山坡上看，该部分形如巨龟卧于山脚之下的高阜之地，凸显了其核心地位，村中现存的属于村中大姓刘姓的明代住宅院群即集中分布在这里。

3. 琉璃渠村

琉璃渠村坐落于京西明珠永定河畔,该村三面环山、一面邻水,依山傍水,景色迷人。村域面积 3.5 平方千米,东距市中心 26 千米,东南距区中心 4 千米。古村的整体空间布局并非严谨,而是自下而上的"自组织"方式,以村子最高处山脉为骨架,逐渐像四周铺设开来,形成一个网状结构。琉璃渠村拥有丰富的自然资源和浓厚的历史文化底蕴,先后被评为"中国历史文化名村""北京市新农村建设示范村""中国琉璃文化村""区级爱国主义教育基地"等。该村琉璃烧造技艺被评为国家级非物质文化遗产,五虎少林会被评为市级非物质文化遗产。琉璃渠村曾是中国皇家琉璃的生产基地,琉璃烧制技艺已存在千年,经过数代人的生产实践,琉璃在造型样式、装饰风格、工艺技术等方面都达到了相当的高度,尤其是将陶瓷烧制与中国传统文化相结合,更具地方民族特色和文化内涵,且这种琉璃烧制技艺被列入第二批国家级非物质文化遗产名录。琉璃已经成为了当地一个特色、一个品牌,琉璃文化也成为永定河文化的重要组成部分。村中砖瓦厂还开发了工业旅游,不断开拓产品市场,研制琉璃旅游纪念品,既弘扬了琉璃文化,又促进了该村旅游业的发展。

4. 爨底下村

爨底下村又名"川底下村",村落核心保护范围为 22.76 公顷。村落始建于明,它的形成与明代北京军事防御有关,是由守口军屯发展而成的村落。据村志记载,爨底下村为韩仕宁(明代沿河城所辖百户所的武官)后裔——韩甫金、韩甫银、韩甫仓三兄弟所建。在村落布局上,四神砂山讲究青龙、白虎、朱雀、玄武,爨底下村背靠的龙头山,山势向村落倾斜如同"玄武垂头",村前金蟾山高大峻峭形如"朱雀翔舞",村左蜿蜒起伏的虎山、龟山、蝙蝠山形如"青龙蜿蜒",村右山脉平缓对应"白虎驯服"。爨底下村的繁荣始于京西古道。作为北京连接山西、内蒙古高原和华北平原的通道,京西古道是商旅休息与货物转运的商贸要道。位于古道必经之路上的爨底下村,商旅往来,骡马声声,爨底下村有三四家骡马店、八家买卖铺子。村中关帝庙亦称大庙,是村中等级最高的建筑,拥有全村唯一的檐廊,是一个集伦理教化、祈雨祭天、转灯游庙等多种活动于一体的综合型公共活动场所。它最初为镇洪祈雨的龙王庙,京西古道带来商业发达后,村民为祈求保境安民、庇佑商贾,又供奉起了关帝。此外,村西北是为故去亲人送终升天的五道庙,东南是女子求福求子的娘娘庙,仿佛从中可以窥见历史上村民对生的虔诚、对生死的敬畏。

第三节 文旅产业

2014 年 2 月 25 日，习近平总书记视察北京时明确提出了建设全国文化中心、打造人文北京的要求。2015 年 4 月 30 日，中央政治局会议审议通过的《京津冀协同发展规划纲要》中正式提出了北京"四个中心"的战略定位。2016 年 6 月 3 日，北京市政府发布实施的《北京市"十三五"时期加强全国文化中心建设规划》中，首次将加强全国文化中心建设规划列为市级重点专项规划。2017 年 10 月 18 日，习近平总书记在党的十九大报告中提出，推动文化事业和文化产业发展，健全现代文化产业体系和市场体系。在新时代背景下，建设全国文化中心、发展具有北京特色的文化产业需要坚持以弘扬社会主义核心价值观为引领，充分利用首都深厚的文化底蕴和多元的文化资源，不断健全现代文化产业体系，丰富文化产品数量，提升文化服务质量，凝结文化创新成果。这既是增强民族文化自信、建设社会主义现代化文化强国的需要，也是贯彻落实党的二十大精神、满足人民日益增长的美好生活需要的应有之义。

一、北京文旅产业发展特征

北京是中国悠久历史和古老文化的记录与代表城市之一，是全国的橱窗和缩影，是世界最富有魔力的三大游览城市之一。建城 3000 多年、定都 800 多年的古老历史，给北京留下了宝贵的文化遗产和丰富的旅游资源（见表 7-3）。目前，北京市已提出"两区、三带、多点、一圈"的规划，并推进城市副中心、奥体公园、雁栖湖国际会都和台湖演艺小镇等文化旅游区域建设，推动京畿文化旅游圈建设。

表 7-3　北京旅游资源概况

资源类型	资源名称
文物古迹	天安门、故宫、颐和园、圆明园、天坛、长城、明十三陵、雍和宫、毛主席纪念堂、人民大会堂、景山公园、北海公园、中南海、钟鼓楼、地坛、中山公园、恭王府、胡同、四合院、白云观、戒台寺、潭柘寺、古观象台
博物馆	中国历史博物馆、中国科技馆、中国美术馆、炎黄艺术馆、钱币博物馆、北京民俗博物馆、北京艺术博物馆、北京航空航天博物馆、北京自然博物馆、北京观复博物馆、鲁迅博物馆、宋庆龄故居等
主题公园	世界公园、中华民族园、天下第一城、老北京微缩景园、明皇蜡像宫
历史文化活动	白云观庙会、雍和宫佛事活动、牛街穆斯林清真寺、春节庙会

续表

资源类型	资源名称
艺术活动	梨园剧场、天桥茶乐园、老舍茶馆、湖广会馆、北京之夜、北京国际旅游文化节、北京国际音乐节

资料来源：徐菊凤. 北京文化旅游：现状·难点·战略［J］. 人文地理，2003（5）：84-88.

（一）历史文化遗产独具魅力

皇家文化气势磅礴，包含内容丰富，艺术趣味浓郁，风景引人入胜。故宫博物院原为明清两朝的紫禁城，其建筑格局的艺术水准和审美价值颇高；居庸关、慕田峪、司马台等各段长城防御古迹凝结着历代先人的智慧；颐和园、圆明园等以前的皇家园林，现在已成为人们喜爱的游览之地。目前，皇家文化和历史遗迹这两种文化旅游形式是北京旅游的最典型特征，在世界上都别具特色。由于其资源的独创性和垄断性，每年都有许多旅游者来访，为北京带来了可观的经济利益。由于国家定期的投资和维修，北京的风景名胜区得到了良好的建设和保护。

（二）民俗文化旅游内容广泛

北京民俗文化旅游具有地域性集中的特点，经过多年发展，不断融合，形成了目前王府井、大栅栏、西单等超级繁华的娱乐商务街区，以及天桥、前门以相声曲艺为主要内容的平民文化区。而最受国内外游客喜爱的胡同之旅可以让他们领略北京老城区的风貌，探索北京的人文景观。北京的节日文化方面，每年春节在各大公园举办的庙会是最具代表性、老百姓参与度极高的节日文化活动。在庙会上，游客们品尝着驴打滚、艾窝窝、炸灌肠等各种小吃，观看抖空竹、踩高跷等传统技艺表演，购买与十二生肖对应的纪念品等，这些都让参与其中的人民群众感受到十足的年味。

（三）红色旅游资源特色鲜明

中国革命的每个重要阶段都与北京有着密切的联系，在现如今的北京城近郊区和远郊区，都分布着很多革命历史遗址，在各大博物馆、纪念馆里，陈列着许多革命文物。北京香山革命纪念馆于2019年9月13日建成开放，习近平总书记曾专程前往参观，纪念馆的建成运营带动了香山公园内双清别墅等革命纪念地的参观人潮，高效分流了去往香山公园的游客，曾一度形成该馆一票难求的火爆局面，在开馆短短一个月内，预约参观人数就达到了将近十万人。北京顺义区焦庄户的地道战遗址纪念馆，除常规参观遗址外，还增加了采瓜摘果、住抗战老百姓民居、吃抗战饭等配套项目。目前，北京各区都建有独具区域、革命年代等特色的红色旅游主题教育基地，如东城区围绕故宫、中山公园、新文化运动纪念馆的古韵地标之旅，西城区围绕宋庆龄故居、鲁迅博物馆、李大钊故居的寻迹故居之旅，朝阳区围绕民俗博物馆、农业博物馆、中华民族博物馆、现代文学馆的博物文化之旅，海淀区围绕李大钊烈士陵园、三一八烈士纪念园的英雄丰碑之旅，丰台区围绕抗日战争纪念馆、卢沟桥文化旅游区的烽火硝烟之旅等。红色旅游资源的开发和投入使用，不但有其重要的政治教育意义，而且可以极大地带动北京各区的经济发展。

（四） 文博旅游产品底蕴深厚

北京地区现有历史艺术、自然科学、民族宗教等各类博物馆共 163 家。各家主题鲜明的博物馆十分注重场馆功能和人才建设，注重展陈设计，最大化地将文物和文化美妙契合，从展览的策划、媒体的传播、现场的讲解等全流程使游客在参观过程中有很高的融入感。建于明清皇宫旧址之上的故宫博物院，收藏的文物有 186 万多件，总量占到全国文物的一半，且超过 90% 的文物材美工良，非常珍贵。故宫博物院近年来付出很大的努力，每年都举办多场重量级专题文物展，但也只能展出零光片羽。位于天安门广场东侧的中国国家博物馆地理位置极其优越，是全球单体建筑面积最大的"文化客厅"，馆藏文物 140 万件左右，每年举办各种展览 40 余场，2019 年以全年 740 万人次的参观人数位居全球十大受欢迎博物馆榜单第二。北京各家博物馆都积极开发周边文创产品，故宫、国博等的文创产品已享誉全世界。

（五） 数字新业态成为拉动北京文旅产业发展的核心力量

从需求端来看，居民文化消费习惯与模式发生明显变化，线下文化旅游消费支出下滑。与此同时，"云旅游""云展览""云演出"等各类网络视频、网络直播、网络新闻、网络游戏等用户数量激增。从供给端来看，在科技创新和变革的推动下，顺应多元化、个性化消费需求的新业态与新模式蓬勃兴起。2020 年，北京市规模以上文化企业中，文化新业态特征较为明显的 16 个行业小类占全市规模以上文化企业营业收入的比重为 61.3%；规模以上"文化+互联网"企业占全市规模以上文化企业营业收入的比重为 59.9%。

二、北京文旅产业发展模式

北京蕴含着丰富的旅游资源和文化资源，有充足的资本探索不同的文旅融合模式。2019 年，北京市发布 33 家首批北京市文化创意产业园区名单，推动文化产业集聚发展。

（一） 故宫博物院

2019 年，故宫年参观人数首次突破 1900 万人，成为世界上参观人数最多的博物馆，游客呈年轻化趋势。近年来，故宫采取 IP 化运营，从一个旅游景点转型成一个文旅大 IP。作为"成名早"的旅游景点，故宫较早着手谋求与文化创意产业融合，通过打造网红文创产品，增加展览、教育活动，利用互联网、VR等新技术延伸旅游产业的服务边界，真正实现了文化游、深度游、线上游。

故宫创立了线上文创店铺，推出了不少"网红"文创产品。故宫博物院原院长单霁翔在亚布力论坛上表示，故宫博物院的文创产品在 2017 年底数量已突破 10000 种，收入已达 15 亿元。故宫不断开放参观区域，根据《故宫保护总体规划》，2012 年故宫的开放比例为 42%，截至 2025 年，开放区域应当占保护范围面积的 85.02%。新增的开放区域大多能承担展厅的功能，改变了游客"只走中轴线"的情况。故宫内新增的故宫角楼餐厅、故宫角楼咖啡、冰窖餐厅等"网红"餐饮项目提升了景区文化经济价值。同时，故宫还举办常规文化活动和节假日特别活动。截止到 2019 年底，故宫博物院教育中心运营已 3 年，"故宫讲坛"系列讲座已开讲 157 期。2019 年 2 月，故宫博物院举办"紫禁城上元之夜"活动，第一次在夜间向民众开放，提升了民众传统节日的过节体验。

故宫还善用新媒体技术，加强对故宫文旅品牌的塑造。故宫官网及官微犹如一个数字博物馆，有"全景故宫""数字文物库""数字多宝阁""故宫名画记"等，让民众足不出户就能精细欣赏故宫建筑和藏品。故宫 11 款 APP、H5《穿越故宫来看你》、纪录片《我在故宫修文物》和《上新了·故宫》都在帮助阐释并传播故宫文化。数字化传播既可以辐射到更多难以到实地参观的人群，也能给线下参观者带来更细致深入的体验，促进电子化旅游。

（二）大栅栏

大栅栏于 2011 年启动更新计划，该计划是由政府主导、市场化运作、基于微循环改造的旧城城市有机更新计划，通过打造开放式、体验式文化生活区，开发日常化旅游的市场潜力，改造原有空间，突出京味建筑特色，发挥其观赏功能，引入高质量文化创意商铺，并在节日期间推出展览、体验活动等。北京坊和杨梅竹斜街是大栅栏最具有代表性并卓有成效的子项目。重点商圈——北京坊的整体建筑风格在延续民国建筑特色外，又融入空中连廊等现代建筑设计，具备了旅游打卡的潜质。除了建筑规划，进驻商家也要契合空间生态，多为兼具文化创意、体验性和独特性的店铺。杨梅竹斜街中的老北京兔儿爷店、模范书局、日式料理"铃木食堂"等都能给游客带来沉浸式体验，还会经常开设小型展览吸引游客。一些知名品牌入驻大栅栏时也做了特色化设计，如星巴克开设旗舰店，将甄选咖啡、茶瓦纳和酒类特调融为一体；MUJI HOTEL 将日式简约生活理念和传统京味生活融合，装修充满老北京胡同的味道。同时，大栅栏还通过举办大型活动实现文旅融合，塑造品牌形象，通过举办北京国际设计周和大栅栏生活节两个年度重点活动以及艺术节、市集、传统节日活动等日常活动，既和国内外文创行业从业者、商家、品牌保持了良好合作关系，也促进了与周边居民的共生关系，从而吸引更多游客持续性到访。

（三）大运河、长城、西山永定河、京西近代工业文化产业带

2015 年，北京市文物局提出了实施北部长城文化带、东部运河文化带、西部西山文化带的保护利用规划，并写入了 2016 年初的《北京市国民经济和社会发展第十三个五年规划纲要》，推进区域文化遗产连片、成线保护利用。2016 年 6 月，《北京市"十三五"时期加强全国文化中心建设规划》中提出了重点实施"两线三区四带"工程，其中"四带"是长城文化带、西山文化带、大运河文化带、京西近代工业遗产带。2017 年 6 月，北京市将西山文化带修改为西山永定河文化带，突出永定河文化的重要性。2017 年 9 月，《北京城市总体规划（2016—2035 年）》正式发布，将大运河文化带、长城文化带和西山永定河文化带作为北京历史文化名城保护体系的重要内容。

文化带内既有丰富的文化遗存，又有自然景观，它们连接在一起，形成一条条人文的、自然的、生态的线性文化遗产。长城文化带依山就势的明长城不仅建筑工艺高超，城墙、敌楼建筑雄伟坚固，而且与山川河流、古村古堡形成具有震撼力的线性文化遗产。这种遗产还包括长城精神、丰富的抗战红色文化等。西山永定河文化带有以"三山五园"为代表的皇家园林文化，以金陵、景泰陵为代表的墓葬文化，以潭柘寺、大觉寺为代表的宗教文化，以妙峰山为代表的民俗文化，以爨底下、灵水、三家店、琉璃渠为代表的古村落文化，以北魏造像为代表的石刻文化，以贝家花园为代表的中外交流文化，以霞云岭、挺进军司令部、双清别墅为代表的红色文化。大运河文化带中，大运河北京段从通州北运河一直到大西山，不仅穿过北京老城，而且将西山、北京老城、北京城市副中心联系起来，是中国南北最长的文化纽带，京杭大运河与万里长城一横一竖交会于北京，形成两条世界著名的、带有中华文化鲜明特色的文化遗产。

（四）首钢园

首钢工业文化景区为全国工业旅游示范点，以首钢集团工业生产活动为依托，以"钢铁是这样炼成的"为主题，以钢铁生产工艺流程为主线，使游客身临其境感受钢铁生产的壮观场面和现代化工业大企业的风貌。景区位于北京市石景山区，铁皮工厂的复古感加上石景山古建筑群的历史感，轰轰烈烈的钢铁生产场面与湖光山色有机结合，人与自然和谐统一。园区集工业文化、钢铁科普、绿色环保、爱国主义教育、现代艺术、观光旅游等主题内容于一体，突出活动的参与性和实践性，弘扬正能量。

园区占地面积达 8.63 平方千米，园内资源丰富，景色优美，三个主要景观群坐落其间：厂东门景观区，包括月季园、工业小火车、月季园；三高炉体验区，包括三高炉、雕塑艺术馆、石景山、朱德雕塑群等；群明湖体验区，包括

群明湖音乐喷泉广场、3D 画展等。目前，园区已形成初具规模的体育场馆群，初步形成了具有国际化视野的潮流运动中心和"体育+产业"融合创新中心。园区已先后引入腾讯体育、当红齐天等体育文化明星企业，冰球馆 360 度全景观赛项目已上线，腾讯体育演播间项目已正式运营，腾讯视频氧气厂演播厅项目于 2021 年投入运营。园区拥有短道、花样滑冰、冰壶、冰球四个冰上场馆，以及滑雪大跳台、攀岩场、滑板场、空中步道、三高炉等设施，可举办冰上项目、单板及自由式滑雪、篮球、滑板、轮滑、小轮车、跑酷、攀岩、电子竞技等赛事。四个冰上场馆均可举办国际级赛事以及开展高端体育培训。首钢极限公园场地规模在国内居于前三位，是北京市最大的户外滑板、攀岩场。滑雪大跳台作为北京冬奥会市区内唯一的奥运雪上项目比赛场地，不仅是一座体育比赛场馆，也成为地标景点和网红打卡地。

三、北京文化旅游面临的挑战

（一）夜间优质文旅项目供给有待丰富

大都市人工作生活压力较大，对舒缓放松休闲的需求较高。借鉴国内外城市发展成功经验，北京夜经济商圈和文娱区域项目有待进一步完善。首先，北京夜间经济业态和文旅品牌有待提升。北京市现有的夜间产品和服务多以餐饮和购物为主，在一些传统节庆日，例如端午节、中秋节、春节、元宵节等，广大市民需求较大的晚间文化主题活动不多，公园夜间的项目较少。其次，年轻人喜闻乐见的时尚聚集区域分布不够均衡。海淀区中关村区域的高校和西二旗后厂村互联网"大厂"区域聚集了大量年轻人，但周边缺乏年轻人喜欢的时尚文娱地标区域。城市空间大，导致交通时间成本较高。

（二）北京居民的本地游消费支出偏低

2019 年，外省市来京旅游人数 1.93 亿人次，旅游收入 5306.9 亿元，外地游客在北京人均花费约 2754 元。北京市民在京游人数 1.26 亿人次，旅游收入 559.2 亿元，北京本地游客人均花费约为 445 元。北京市民在京旅游花费构成中，购物和餐饮占比较高，住宿和娱乐占比较低。北京市民游客本地游人均消费偏低，与北京市民的收入水平不匹配，存在较大提升空间。

（三）近年北京居民的文旅消费下降

从需求端来看，受预期转弱的影响，北京居民的文化消费仍然较疲软，与2019 年前相比，北京居民的文化消费意愿减弱。从供给端来看，影院、演出场所、旅游景区等以线下集聚消费为主要特征的文化业态受到较为严重的影响。

（四）经营体制单一，旅游商品设计缺乏创意

北京的文物古迹种类多、品位高、价值大、可观赏性强，对旅游者有很强

的吸引力。故宫、长城、颐和园、天坛、明十三陵这五项世界文化遗产集中代表了中国几千年的帝王文化理念和建筑成果，是中外游客在北京的首选景点。此类景点中，除毛主席纪念堂免收门票外，其余景点均收取门票，而且门票收入在各景区收入中占有决定性的份额，表现出景区景点收入结构比较单一。北京旅游商品存在着设计、生产、销售等环节不贯通，创新少，价廉但不物美等问题，游客时常拿着钱却难买到心仪的旅游商品，"带什么纪念品回家"成为困扰游客乃至旅游业的一个难题。

四、未来发展策略

（一）加强品牌塑造与推广

第一，注重打造和传播年轻化和个性化的形象。北京文旅景点的游客呈年轻化趋势，需求也整体升级，这就要求景点能带给游客更优质的沉浸性文化体验。在品牌形象的打造和宣传上，要选取年轻人更喜欢的"人设"和语言习惯；在文创产品设计上，可以多开发年轻人喜欢的便携式用品，外观采用年轻化设计；文化活动形式可以更丰富多元，考虑与热门影视IP、流量明星合作；文化内核也可以更年轻化，突出年轻人的创新、独立精神。第二，通过开发IP打造稳定、高辨识度的品牌形象，为游客创造记忆点。把文旅项目当作一个IP运营，能够很好地管理无形文化资产，能够扩展运营范围。可以考虑设计拟人化形象，例如日本的熊本熊、故宫的故宫猫和小皇帝。除此以外，可以突出打造某一特性，在产品开发、活动策划和宣传推广时都采用符合该气质或特性的元素，加深"路人"记忆，稳定抓住偏好该风格的群体，比如三里屯着重打造潮流文化，吸引国内外游客。第三，善用网络资源推广宣传。善用微信、微博、抖音、快手等新媒体吸引更多游客，增加游客的黏性和返场率。将景区的景色、特定的仪式、背景音乐巧妙融合起来，塑造新的景区形象，吸引游客"种草"。利用社交平台"短平快"的特点，打造让受众印象深刻的"梗"，增加曝光度。利用好景区官方网站和微博、微信、抖音平台，通过发布互动游戏、公益讲座等活动，持续有效"圈粉"。

（二）优化文化与旅游供给结构

在消费升级和文旅融合的背景下，中高端消费逐步年轻化和品质化。文化旅游消费在很大程度上是为了满足人们对于感官和情感的享受和超越。在都市旅游目的地竞争格局中，本地工商业的繁华和市民生活的温暖更具吸引力，远比自然风光和历史积淀更为重要。旅游目的地是生活环境和生活方式的总和，既包括景区、度假区和文博场馆，更包括民风、民宿、美食和街市。未来，推动北京文旅产业发展需要在文旅项目的内容挖掘和开拓方面下大力气。

个性化、精品化、科技感、设计感、新鲜感和参与感成为文化旅游业转型升级的新引擎。加强对各区域的合理规划布局是重中之重。在政策上进一步鼓励和吸引国内外高科技文旅企业落地和长期在北京发展，支持知名品牌企业拓展更多的项目，为文化内容的承载开辟出新思路和新路径。持续培育和扶持中小微企业，推动文化制造业向智能化、高端化方向发展，提升北京文旅产业的核心竞争力和贡献度。

进一步整合和串联优质资源，加强旅游线路的创意设计和开发推广，将大众冰雪设施、体育设施、自然文化旅游资源相融合，积极培育冰雪文化娱乐旅游的新业态和新场景。打造夜经济文旅产业，提升夜间消费能力，利用新科技实施夜景点亮工程，打造有文化的夜生活空间，让北京的夜晚更加丰富多彩，让更多的图书馆、艺术展览、文化体验、娱乐演出以更加喜闻乐见的方式展示在城市居民与中外游客的面前，让更多的人能够在夜晚去感受一个不一样的有文化的北京城。夜经济将成为未来一段时间北京文旅产业发展的热点和亮点。

（三）注重旅游环境建设，提升城市整体旅游形象

城市的人们大多已经厌倦了钢筋水泥的硬朗城市形象，需要柔和的景观环境。政府应该在旅游环境设计中，提供更多的支持和引导，打造城市的整体景观环境，营造有亲和力的环境基底，给旅游产品提供一个有生命力的环境载体。一是完善城市整体景观环境设计。在景观环境设计和景区的建设改造过程中，应该注重传统和现代的衔接与互动，既体现北京的古朴韵味，又充分展示北京的现代与时尚；同时，强化区域的主题化建设，例如东城区的皇城文化旅游区和CBD的商业休闲区在景观环境的构建上应该是风格迥异的，一个注重保持传统，另一个充满现代气息。二是注重生态环境建设。改变北京日益恶劣的生态环境是优化城市品牌形象的一个亟待解决的问题。我们的目标是建设一个宜居的国际一流旅游城市，而在这个过程中，如果不能解决人口扩张对环境的过度消耗而引起的城市生态环境恶化的话，我们在其他方面所付出的努力都将大打折扣。控制人口数量、大力发展公共交通、城市功能区划分更加合理等方法都将是我们未来需要采取的一些措施和方法。

（四）推进文化旅游国际化发展

在"硬"项目方面，要保护、建设一批高标准、有特色的重大公共文化设施和文化空间，打造中华文化复兴的地标。以"一城三带"为重点，持续推动中轴线申遗，打造大运河、长城、西山永定河三大文化带。谋划建设"一带一路"博物馆、中华传统文化（非物质文化遗产）主题公园等重大文化项目。在"软"项目方面，实施优秀文化传承弘扬工程，挖掘中国传统雅乐、服饰、饮食、建筑等文化资源，充分彰显东方文化特色，创新文化表现形式，助力中华文化"走出去"和国际文化交流。落实好中华典籍整理工程，加强对文化典籍的收集、整理和相关文化研究，注重收集流失海外的中华文化遗产，同时推进北京文化内涵书系编纂，加强城市文学创作，努力把北京打造成为代表东方文化的国际城市。

抓好重大活动带动作用。一方面，要抓住举办"一带一路"国际合作高峰论坛、冬奥会、世园会等重大活动的契机，塑造城市文化形象，提升城市影响力和文化软实力；另一方面，要进一步提升北京国际音乐节、北京国际电影节、北京国际设计周等活动的国际影响力，策划举办孔子国际论坛、人类命运共同体世界论坛等国际文化交流活动以及各种国际化节庆活动，推动创意产业发展，助推中华优秀文化的国际传播与交流。

把握文化与科技融合发展的大趋势，抓住新技术、新业态和新模式的变革机遇，从国家文化产业创新试验区进一步向文化创意产业引领区拓展。2011 年以来，以互联网视频、文学作品、网络游戏、动漫等细分领域为外延的"泛娱乐"文化融合产业日渐形成，成为国内外文化产业新的增长点。北京具有难得的科技创新和人才资源禀赋，要加快制定促进文化、科技融合发展的政策意见，有力推进文化、科技融合发展，深耕数字文化融合产业，引领全球文化产业格局变迁，抢占全球文化经济资源配置中心，通过发展文创产业提升文化影响力。

参考文献

［1］李建平．"三个文化带"与北京文化中心建设的思考［J］．北京联合大学学报（人文社会科学版），2017，15（4）：15-21．

［2］王长松．北京三个文化带的文化精髓与保护传承创新［J］．人民论坛，2017，578（34）：128-129．

［3］程杰．北京走出文旅融合发展新路径［J］．投资北京，2019，336（6）：22-24．

［4］王婉婷．北京市文化创意产业与旅游业融合发展研究［J］．北京财贸职业学院学报，2020，36（4）：35-40．

［5］汪慧娴．北京旅游文创产品的设计研究［D］．北京建筑大学，2020．

［6］刘雁琪．减量发展框架下的北京文化旅游优势产业发展路径研究［J］．时代经贸，2020，501（4）：40-51．

［7］赵晗翕．北京市文化产业与旅游产业融合发展研究［D］．华中师范大学，2020．

［8］徐菊凤．北京文化旅游：现状·难点·战略［J］．人文地理，2003（5）：84-88．

［9］刘墨非．北京打造文化旅游之都［J］．北京观察，2011，248（6）：22-23．

［10］蒙吉军，崔凤军．北京市文化旅游开发研究［J］．北京联合大学学报，2001（1）：139-143．

［11］王培英．北京市文化旅游创意产业发展路径探析［J］．北京城市学院学报，2014，119（1）：82-86．

[12] 高瞻．基于文化整体性理念的北京传统村落价值评价体系研究［D］．北京工业大学，2020．

　　[13] 熊郁枝．北京乡村地区非物质文化遗产旅游活化现状及建议——以古北口村为例［J］．区域治理，2019，265（39）：26-28．

　　[14] 杨若凡，钱云．旅游影响下北京郊区传统村落空间集体记忆研究——以爨底下村、古北口村、灵水村、琉璃渠村为例［J］．现代城市研究，2019（8）：49-57+74．

　　[15] 张澎，常丽红．北京传统村落空间分布与保护方式研究［J］．北京农学院学报，2022，37（2）：91-94．

　　[16] 宋怡宁，钱威．北京传统村落保护制度及现状问题初探［C］//中国建筑学会建筑史学分会，北京工业大学．2019年中国建筑学会建筑史学分会年会暨学术研讨会论文集（下），2019．

　　[17] 李鑫．北京红色文化内涵和价值初探［M］//中国博物馆协会纪念馆专业委员会．"红色文化论坛"论文集—中国博物馆协会纪念馆专业委员会2012年年会．北京：中共党史出版社，2012：5．

　　[18] 李方正．民间曲艺传统与地域文化［D］．浙江大学，2016．

　　[19] 郭立亚，黄丽，何焕生．北京2022年冬奥会遗产的价值影响［J］．北京体育大学学报，2022，45（5）：21-31．

　　[20] 张国清，彭雨，王艳．2008北京奥运文化遗产整理与挖掘的研究［J］．体育科技文献通报，2011，19（3）：1，29．

　　[21] 孔繁敏，李岩．北京奥运文化遗产的内涵及实施方式［J］．体育与科学，2005（4）：28-30．

　　[22] 任珉．北京红色文化研究现状文献简述［J］．北京印刷学院学报，2022，30（11）：1-5．

　　[23] 刘聪，林君．北京奥运传统文化内涵及对我国体育事业发展的思考［J］．体育世界（学术版），2015，741（3）：41-43+46．

　　[24] 朱跃龙，李金亚．北京如何强化全国文化中心功能［J］．投资北京，2018，326（8）：22-25．

　　[25] 王炳林．打造红色文化研究的学术精品［J］．红色文化学刊，2017（1）：12-14．

　　[26] 曾丹，黄隽．数字化、文化产业集聚与技术创新［J］．统计与决策，2022，38（17）：119-123．

第三篇

首都、城市与区域可持续发展

第八章 国家首都定位与城市发展

1949 年北京成为中华人民共和国的首都，在至今的 70 多年间，城市功能定位基本保持稳定，经济社会和科技发展水平逐步提升。

第一节 首都城市定位

1949 年 9 月 27 日，中国人民政治协商会议第一届全体会议通过《关于中华人民共和国国都、纪年、国歌、国旗的决议》，将北平更名为北京。1949 年 10 月 1 日，中华人民共和国中央人民政府在北京宣告成立，北京正式成为中华人民共和国的首都。

一、首都城市的功能定位

北京是中国最具历史和文化底蕴的城市之一，考虑历史、政治、经济、文化等多方面因素，中华人民共和国把首都定在北京。北京的地理位置非常优越，北依高原、南控平原，是南北和东西交通的重要枢纽。北京在中国的历史上扮演了重要的角色，是辽、金、元、明、清等朝代的都城，具有丰厚的历史沉淀和文化积淀，这使其在中国的政治文化中具有重要的地位。

北京作为国家的首都城市，在城市功能定位、产业发展等方面与国内其他城市相比，更多地反映出本身的城市特点，包括国家发展的政治要求、北京古城的历史传承和文化传统、当时当地的制度环境等。

北京城市功能定位的演化如表 8-1 所示。

表 8-1　北京城市功能定位的演化

规划年份	功能定位	出处
1953	政治、经济、文化中心，工业基地、科学技术的中心	《改建扩建北京市规划草案的要点》

续表

规划年份	功能定位	出处
1992	政治中心和文化中心，对外开放的现代化国际城市	《北京城市总体规划》
1997	提出"首都经济"新概念	北京市第八届党代会
2005	国家首都、国际城市、文化名城、宜居城市	《北京城市总体规划（2004—2020 年）》
2008	具有国际影响力的金融中心城市	《关于促进首都金融业发展的意见》
2010	国际活动聚集之都、世界高端企业总部聚集之都、世界高端人才聚集之都、中国特色社会主义先进文化之都、和谐宜居之都	《北京市国民经济和社会发展第十二个五年规划纲要》
2012	建设首都城市是北京未来的方向	《2012 年北京市人民政府工作报告》
2015	全国政治中心、文化中心、国际交往中心和科技创新中心	《京津冀协同发展规划纲要》
2021	国际消费中心城市	《北京培育建设国际消费中心城市实施方案（2021—2025 年）》

资料来源：《改建扩建北京市规划草案的要点》、《北京城市总体规划》、《北京城市总体规划（2004—2020 年）》、《关于促进首都金融业发展的意见》、《北京市"十二五"规划纲要》、《2012 年北京市人民政府工作报告》、《京津冀协同发展规划纲要》、中共北京市委办公厅 北京市人民政府办公厅关于印发《北京培育建设国际消费中心城市实施方案（2021—2025 年）》的通知等相关报告。

自习近平总书记在 2014 年 2 月 26 日视察北京时提出"坚持和强化北京作为全国政治中心、文化中心、国际交往中心、科技创新中心的核心功能"之后，政治中心、文化中心、国际交往中心和科技创新中心这"四个中心"的定位成为了北京市的发展方向。2015 年中共中央政治局会议审议通过的《京津冀协同发展规划纲要》进一步强调了北京市"四个中心"的功能定位。

二、城市定位的"四个中心"

北京是中央党政军领导机关所在地；邦交国家使馆所在地；国际组织驻华机构主要所在地；国家最高层次对外交往活动的主要发生地；国家主要文化、新闻、出版、影视等机构所在地；国家大型文化和体育活动举办地；国家级高等院校及科研院所聚集地；国家经济决策、管理，国家市场准入和监管机构，国家级国有企业总部，国家主要金融、保险机构和相关社会团体等机构所在地；高新技术创新、研发与生产基地所在地；国际著名旅游地；古都文化旅游、国际旅游门户与服务基地；重要的洲际航空门户和国际航空枢纽；国家铁路、公路枢纽。

中央对北京"四个中心"的定位进一步明确了北京的城市功能发展方向。

作为全国的政治中心，这是处于第一战略高度的，要求首都必须在思想上、政治上和行动上与党中央保持高度一致，确保中央政令畅通。作为全国的文化中心，北京是历朝历代的文化古都，具有悠久的历史文化资源，尤其是当前北京高校林立，必须传承中华民族优秀传统文化，发挥文化引领作用，提高国家文化软实力，为中国特色社会主义建设注入新的活力和发展动力。作为国际交往中心，北京已经是全世界公认的大都市，在国际交往中的地位日益突出，尤其是举办各种国际性会议、国际性竞赛活动，显示出强大的优势和竞争力。2022年北京联合张家口举办的2022年北京冬季奥运会，使北京成为世界上唯一既举办夏季奥运会又举办冬季奥运会的城市，推动了北京国际交流的影响力和竞争力跃上一个新的台阶。

（一）政治中心

政治中心是指以行政管理为主要职能的城市，城市中设置各级行政管理机构。由于各个城市在行政管理体系中所处的地位不同，其中心作用大小也不同。如北京作为中国的首都，其政治直接管辖范围包括全中国，是全国性的政治中心。

政治中心是国家各种资源的分配中心，是集散地与辐射源。传统政治中心所分配的多为农产品与工业产品，同时，涉及的只是国内地区，但随着工业企业和工业技术从中心城市向边缘地区的扩散以及全球化的推进，政治中心有了新功能，即生产和分配知识与信息产品，相关范围也辐射到全球，演变为世界"信息与文化的首都"，而不仅仅是国家工业制造业的集散地。一个国家如果没有一个能够反映民族精神的独具特点的首都，就会缺乏统一的标志与象征，这种标志与象征是其他任何非政治中心都无法取代的。

政治中心是北京第一位的城市性质，也是北京第一位的城市功能。北京的其他城市功能，都是从政治中心衍生出来的。有了政治中心，才有其他城市功能。"四个中心"的关系如图8-1所示。

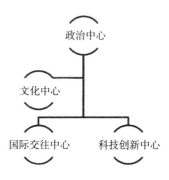

图8-1　"四个中心"的关系

综上所述，北京作为政治中心，要求要确保首都安全稳定，始终与党中央保持高度一致，坚决维护中央权威，确保中央政令畅通，不断增强服务全国政治中心的功能①。因此，这种定位对北京的城市功能要求是全方位、综合性的，要求北京不仅在文化、国际交往和科技创新三类首都功能方面繁荣发展，同时也要在和谐宜居、生态环境和基本公共服务等城市功能上达到高水准。

（二）文化中心

文化中心是具有雄厚的文化发展基础，在一个国家的文化领域处于绝对领先地位，对一个国家其他地区的文化发展具有强大影响力和示范作用的城市。它主导全国文化发展的方向，引领国家文化发展的进程。国家文化中心又是国际文化汇聚和辐射的中心，反映国家的文化精神、文化形象和文化价值，体现国家的文化软实力和国际竞争力。

本书认为：其一，国家首都文化体现的是文化建设中的文化价值导向，是社会主义先进文化，与北京作为首都城市的功能相对应；其二，中华优秀传统文化彰显的是北京作为全国的文化中心在汇聚、继承、传播和弘扬中华优秀传统文化方面的作用，是我们这个国家和民族的精神文化象征；其三，北京作为历史文化名城，具有3000多年建城史和800多年建都史，保护和弘扬历史名城文化是北京文化中心的重要责任。

综合来看，北京作为全国文化中心的内涵表现在七个方面：实践社会主义核心价值体系的首善之区、国家文化象征和民族优秀传统文化的代表地、国家文化体制改革和文化政策策源地、文化人才聚集和国内外文化交流的中心、全国人民文化需求和文化消费的服务中心、公共文化服务体系比较完善的城市、文化创意产业快速发展的聚集区。在这七个层面的建设上，北京要充分发挥在文化建设中的代表展示功能、示范带动功能、向心凝聚功能、服务保障功能、辐射影响功能，从而在改革、发展的道路上提升文化自信和文化自觉，推动首都科学发展，通过吸收各地区、各民族的优秀文化成果，向世界展示北京的文化形象。

（三）国际交往中心

国际交往中心是指在国际交往中具有一定影响力，能够在地区或全球发挥重要作用的城市。一般使用国际机构数量、国际交流活动情况、国际交往人口规模等来衡量国际交往中心的活跃程度。要提升国际交往中心的层级，就需要有较强的城市魅力、正面的城市形象、持久的城市吸引力，其形成的基础是拥有发达的国际交往设施，例如国际会议中心等大型交流设施、现代航空口岸、

---

① 引自北京市委十一届七次全会上郭金龙的讲话。

完善的接待服务系统和先进的信息服务系统等，以及相关涉外法律和政策的支持。

早先的国际交往中心通常产生于在世界上有巨大影响力的发达国家的中心城市，数量很少，特色不明显。随着国际交往活动的逐渐频繁和不断丰富，国际交往中心逐步形成了多类型和多层次发展局面。目前，国际交往中心按照交往功能的特色可以划分为两类：一类是综合性国际交往中心，如纽约、伦敦、东京、巴黎等。这些城市具有如下共同特点：一是具有较强的经济实力，在地区乃至世界具有举足轻重的地位；二是第三产业高度发达且国际化水平较高；三是具有现代化的设备以及齐全、方便、快捷的交通通信和信息网络，是国际交通和信息中心；四是注重发展具有国际水准的科学、技术、教育、文化、艺术事业，使全民素质及科学、教育、文化、艺术水平保持世界领先地位，是国际性的科技文化交流中心；五是保持了独特的历史文化名胜，优美的城市风光和自然景观吸引着大量的海外旅游者，是国际旅游和会议中心。另一类是专业化的国际交往中心。这些城市功能较为单一，国际交往的领域具有专一性，代表性的城市有国际港口城市鹿特丹和大阪、国际金融城市苏黎世和卢森堡以及国际宗教城市梵蒂冈、麦加和耶路撒冷等。国际交往中心按照辐射范围又可划分为全球性、区域性和地区性三个层次。这些不同层次和不同功能的城市共同构成了完整的世界国际交往中心体系，为国际城市提供了最主要的空间载体和活动舞台。

具体到北京，其目标是在成为全国国际交往中心的基础上成为世界级综合性国际交往中心，这就要求其实现更高级化的国际交流、更完备的服务体系以及更现代化的交流设施，相应地，对交通通信、总部经济、会展产业、旅游业和科技教育等多个方面提出了国际高水平的要求。最高档次的国际文化交流中心建设是北京国际交往中心的一个重要的发展目标，成为众多国际组织的驻地以及国际性文化、体育活动和国际会议的承办地。

（四）科技创新中心

科技创新中心是指拥有丰富的科技资源、产生大量的创新成果、建立先进的制度机制、形成优良的创新环境，自主创新能力不断提高、科技支撑引领作用突出、创新驱动发展成效显著，在全球科技创新版图中占有重要地位，对全国科技创新具有示范引领和辐射带动作用的城市。从全球城市发展的经验来看，科技创新中心城市一般都是对国家乃至世界经济社会发展具有较强带动能力的创新增长极。

国内学者总结出全国科技创新中心具有以下五个特征：一是原创性。全国科技创新中心拥有丰富的科学基础设施、科研仪器设备、网络科技资源、科学数据、科技文献和科技人才等，在自主创新成果的源头供给方面具有不可替代的特殊地位。二是主导性。全国科技创新中心在全国科技资源总量中占有较大的比重，聚集了大量的高端创新要素，产生了大量的科技成果，自主创新能力不断提高，创新驱动发展成效显著，对于全国科技创新具有举足轻重的地位。三是示范性。全国科技创新中心要形成有利于创新创业的思想观念、体制机制、创新环境和文化氛围，在全国发挥示范引领作用，形成一套可复制、可推广的体制框架和制度创新成果，为全国创新发展发挥示范作用。四是集成性。全国科技创新中心不能仅局限在狭义的科技创新领域，而是要积极顺应全球科技创新发展趋势，加强科技创新统筹协调，深化产学研合作，促进学科交叉融合，推动基础研究、应用研究、技术开发和产业化衔接配套，促进科技创新、产品创新、品牌创新、产业组织创新、商业模式创新和体制机制创新的协同融合，提高创新驱动发展的整体效能。五是世界性。科学技术是世界性的、时代性的，全国科技创新中心必须具有全球视野。全国科技创新中心是我国参加国际科技交流合作的"桥头堡"，是我国用好国际国内两种科技资源的重要主体，是我国抢占国际经济科技发展先机的主要力量，在全球科技格局的形成和演变中发挥着重要作用。

北京作为全国科技创新中心已是既成事实，但同时更要成为国际科技创新中心。具有全球影响力的科技创新中心的内涵和标准是通过高度对外开放，融入科技全球化进程，形成国际国内畅通的人才流、资金流、物资流、信息流和知识流，吸引和凝聚行业领军型创新研发人才，与此同时，产生一批世界领先的高新技术并且快速转化，科技创新的成果影响全球发展，形成一批世界知名的高技术企业或者行业隐形冠军，形成有利于科技创新的生态制度体系，最终使北京成为科技创新的沃土、乐园、集散地和栖息地，成为全球科技合作的重要节点和技术转移的重要枢纽。

而根据国际国内经验，科技创新的快速发展离不开金融行业的大力支持。因此要优化科技金融服务环境，进一步引导民间资本设立科技成果转化创投基金，并支持海外风险投资机构来京发展。同时还要支持以企业为主体的科技创新，为企业提供研发、中试、技术咨询以及人才培训等服务。另外，科技创新最重要的要素之一是人才，因此必须建设宜居城市吸引人才。

三、"四个中心"对北京城市定位的支撑作用

由于特定的历史局限和根深蒂固的工业化思路的影响，1953 年北京市第一版规划《改建与扩建北京市规划草案的要点》提出，首都应该成为我国政治、经济、文化的中心，特别要把它建设成为我国强大的工业基地和科学技术的中

心。之后到 20 世纪 80 年代之前的三次规划都以第一版规划为基础，坚持把北京建设成为大而全的全国政治中心、经济中心和文化中心。1983 年明确了北京的政治中心、文化中心、国际交往中心定位，在经济建设上"要适合首都特点，重工业基本不再发展"。1993 年明确了北京是全国的政治和文化中心，是世界著名的古都和现代国际都市。2005 年确定了北京四个城市发展目标：国家首都、国际城市、文化名城、宜居城市。2015 年提出将北京建设成为全国的政治中心、文化中心、国际交往中心和科技创新中心。以上表述体现了北京建设"四个中心"的优先度存在差别，因此城市功能对每个中心的支撑力在其对首都功能的贡献中有所差别。表 8-2 和表 8-3 分别为"四个中心"支撑力评价体系和权重。

表 8-2　"四个中心"支撑力评价体系

政治中心支撑力				
等级	强	较强	中等	较弱	极弱
描述	政治功能发挥的直接体现，政治中心形成的主要基础	政治功能的必要环节，政治中心形成的重要基础	对政治功能的发挥和政治中心形成没有明显影响	不利于政治功能的发挥和政治中心的形成	严重干扰政治功能的发挥和政治中心的形成

文化中心支撑力				
等级	强	较强	中等	较弱	极弱
描述	文化功能发挥的直接体现，文化中心形成的主要基础	文化功能的必要环节，文化中心形成的重要基础	对文化功能的发挥和文化中心形成没有明显影响	不利于文化功能的发挥和文化中心的形成	严重干扰文化功能的发挥和文化中心的形成

国际交往中心支撑力				
等级	强	较强	中等	较弱	极弱
描述	国际交往功能发挥的直接体现，国际交往中心形成的主要基础	国际交往功能的必要环节，国际交往中心形成的重要基础	对国际交往功能的发挥和国际交往中心形成没有明显影响	不利于国际交往功能的发挥和国际交往中心的形成	严重干扰国际交往功能的发挥和国际交往中心的形成

科技创新中心支撑力				
等级	强	较强	中等	较弱	极弱
描述	科技创新功能发挥的直接体现，科技创新中心形成的主要基础	科技创新功能的必要环节，科技创新中心形成的重要基础	对科技创新功能的发挥和科技创新中心形成没有明显影响	不利于科技创新功能的发挥和科技创新中心的形成	严重干扰科技创新功能的发挥和科技创新中心的形成

表 8-3 "四个中心"支撑力权重

分项	政治中心支撑力	文化中心支撑力	国际交往中心支撑力	科技创新中心支撑力
权重	0.45	0.30	0.15	0.10

基于以上的工作，我们对各城市功能的各中心支撑力进行分等量级，并计算出了各城市功能与首都功能的关联度得分和排序，结果如表 8-4 所示。

表 8-4 北京城市功能关联度排名

行业功能分项	关联度排序
教育	1
文化、体育与娱乐业	2
公共管理与社会组织	3
住宿和餐饮业	4
信息传输、计算机服务和软件业	5
交通运输、仓储和邮政业	6
金融业	7
科学研究、技术服务与地质勘查业	8
租赁和商务服务业	9
批发与零售业	10
建筑业	11
水利、环境和公共设施管理业	12
卫生、社会保障和社会福利业	13
工业	14
居民服务和其他服务业	15
房地产业	16

对首都功能支撑最高的行业分别为教育，文化、体育与娱乐业，公共管理与社会组织，住宿和餐饮业，信息传输、计算机服务和软件业，交通运输、仓储和邮政业，金融业，以及科学研究、技术服务与地质勘查业。其中，教育和文化、体育与娱乐业充分体现了首都文化中心功能，公共管理与社会组织则主要体现了首都政治中心和国际交往中心职能，住宿和餐饮业及交通运输、仓储和邮政业从侧面反映了旅游业的关键作用，主要是文化中心和国际交往中心的直接体现，而信息传输、计算机服务和软件业，金融业，以及科学研究、技术服务与地质勘查业主要是科技创新中心的基础，当然这些行业与国外交流较多，

也一定程度上是国际交往中心的支撑。

相对而言，其余八类行业除了满足居民的基本需求，体现城市的基本功能外，对首都功能发挥的支撑力较低，甚至阻碍首都功能的充分体现。这些功能对"四个中心"的建设没有直接的辅助作用，它们包括房地产业，居民服务和其他服务业，工业，卫生、社会保障和社会福利业，水利、环境和公共设施管理业，建筑业，批发与零售业，以及租赁和商务服务业。

第二节　城市功能定位的演变与功能疏解

从中华人民共和国成立伊始，北京首都城市的功能定位就被确定为全国的政治、经济和文化中心。70多年来，北京城市在政治中心、文化中心、国际交往中心功能稳定的前提下，其他功能有一些具体内容的调整。

一、城市功能定位的演变过程

中华人民共和国成立之后，北京首都城市的功能演变主要经历了以下几个阶段：

（一）第一阶段：1949~1978年

1953年北京市委市政府发布的《改建与扩建北京市规划草案的要点》中提出，"首都应该成为全国的政治、经济、文化的中心，特别是要成为我国强大的工业基地和科学技术中心"。所以，北京的城市定位确立为政治、经济和文化中心，是由当时国家发展的客观要求所决定的。作为政治中心，北京是中共中央、全国人民代表大会、全国政协、中央人民政府的所在地，70多年来没有任何变化；作为文化中心，北京作为中华几千年文化传统的集中承载地，传承中华文化的作用越来越突出；作为经济中心，北京伴随国家经济发展出现了较大变化。20世纪50年代初，依据国家发展工业特别是重工业的战略，北京被作为重要的工业中心城市进行建设，直到改革开放之后，北京不再被定位为经济中心。

1949~1978年，北京的经济总量得到了快速扩张。1949年全市GDP仅有2.2亿元，1952年为7.9亿元，占全国的比重为1%。到1978年，全市经济总量突破百亿元。1952~1978年，北京经济总量年均增长10.9%，但此间波动幅度非常大。人均GDP从1952年的165元（按当时价格计算）增至1975年的1086元，用20多年的时间突破千元。如果按美元计算，1952年北京人均GDP仅为63美元，1978年为797美元[1]。

---

① 北京新中国成立60年经济发展数据解读新闻发布会［EB/OL］．国务院新闻办公室网站，www.scio.gov.cn.

20 世纪 50 年代，北京新建、改扩建了一大批重大项目，到 60 年代，基本形成了以化工、机械、冶金、建材四大主导产业为支柱的重型工业结构。1952~1978 年，北京工业增加值年均增长 13.5%，在这一阶段，北京重工业产品产量大幅增加。1978 年，北京原煤产量 818.7 万吨，为 1949 年的 7.3 倍，钢产量191 万吨，为 1950 年的 1910 倍；水泥产量 191.5 万吨，为 1949 年的 54.7 倍。这种以重工业为核心的工业经济发展战略，在很大程度上改变了北京几百年来一直作为消费城市的地位，促进了北京城市建设和首都经济的发展。到此，北京的工业体系基本建立，工业化的过程基本完成。

北京的第三产业 1952~1978 年年均增长 8.8%，基本上以传统服务业为主体。1978 年北京的第三产业当中，商贸、物流、居民服务占主要部分，而金融业增加值占第三产业的比重为 7.4%，房地产业增加值占第三产业比重为 3.5%。

到改革开放开始的 1978 年，北京产业结构当中，第一产业占 5.2%，第二产业占 71.1%，第三产业占 23.7%，形成了一个典型的 Ⅱ>Ⅲ>Ⅰ 的产业结构。因此，从首都城市的发展定位的要求出发，北京城市功能转变成为当务之急，产业结构的转变也迫在眉睫：工业由传统制造业向现代制造业转变，第三产业由以传统服务业为主向以现代服务业为主转变。

（二）第二阶段：1978~2014 年

1982 年《北京城市建设总体规划方案》出台，在这一改革开放之后重新修订的城市总体规划当中，最大的特点是强调北京的"全国政治中心和文化中心"的城市定位，没有强调"经济中心"的定位，表明新时期北京的首都功能当中，经济中心逐步弱化，产业发展面临转型。1992 年制定的《北京城市总体规划（1991—2010 年）》将北京城市定位调整为"政治中心和文化中心，对外开放的现代化国际城市"，使北京城市定位更加符合改革开放后的经济社会发展要求，不仅进一步强调了城市发展的文化内涵，而且根据我国现代化建设和对外开放程度对首都城市的要求，在城市总体规划中第一次提出了北京要成为国际交往中心的定位。1997 年，北京市第八次党代会提出"首都经济"的概念，发展符合首都特点的经济，其本质是知识经济，核心是发展高技术产业。

1978 年改革开放后，北京城市发展进入一个新的阶段。到 2008 年北京奥运会召开，北京城市转型发展基本完成。1978 年，北京城市人口为 871.5 万人，到 2008 年，全市常住人口达到 1695 万人。进入 21 世纪后，外来人口呈现快速增长，2008 年在北京居住半年以上的外来人口为 465.1 万人，占常住人口的27.4%。2008 年北京城镇化率达到 84.9%。全市经济总量 1978 年突破百亿元，1994 年突破千亿元，2008 年突破万亿元。

在这个阶段，北京经济发展的主线是产业结构调整，重点是工业结构和产品结构的优化以及产业布局的空间优化。在这个阶段，北京第二产业比重明显下降的同时，第三产业比重迅速增加。到1994年，北京第三产业在国民经济中的比重首次超过第二产业，三产比例调整为6.9∶46.1∶47.0，形成了Ⅲ＞Ⅱ＞Ⅰ的产业结构，经济结构调整取得了明显进展。北京的第一产业增加值到2008年为112.8亿元，第二产业增加值为2693.2亿元，第三产业增加值为7682亿元。第二产业中，工业由传统重工业发展到以汽车、电子为主导的现代制造业，汽车年产量2008年为76.6万辆，手机产量为2.1亿台，微型电子计算机为691.7万台。第三产业由以传统服务业为主发展到以现代服务业为主。其中，金融业发展非常快，占第三产业的比重提高到19.4%；房地产业增加值占第三产业比重提高到8%。2001~2008年，科学研究、技术服务与地质勘查业，信息传输、计算机服务和软件业，租赁和商务服务业年均增速分别达到17.9%、17.6%和15.8%。2008年，全市现代服务业实现增加值达到5358.9亿元，占GDP的比重达到51.1%，服务业已经成为北京经济的主导力量。

2005年发布的《北京城市总体规划（2004—2020年）》将北京城市定位调整为国家首都、国际城市、文化名城、宜居城市。随着改革开放的不断深化和北京经济发展思路的全面调整，工业结构和布局调整进一步加大，北京城市经济结构发生了巨大变化。到"十五"期末，符合首都功能特点的现代服务业、高新技术产业、现代制造业和现代农业都取得了长足的发展，第三产业比重达到了67.7%，初步形成了与政治文化中心和国际城市相适应的城市功能结构。在这个阶段，北京逐步明确了经济发展与政治文化中心的关系，特别是"首都经济"概念的提出，是北京经济发展战略上的一次历史性突破，为北京在实现首都城市功能的同时发展区域经济提供了新的战略思路。

（三）第三阶段：2014年至今

21世纪以来，北京城市发展迎来了重要机遇期。伴随着筹办2008年北京奥运会，北京城市化建设进入高速发展阶段，经济结构调整思路投向了三次产业内部结构的优化和高端化。自主创新和文化软实力在北京经济增长中的作用不断提升，创意文化产业、科技研发服务业、信息服务业等新兴产业发展迅速，服务业结构高级化水平不断提高。围绕充分发挥首都城市功能，北京在实践中不断深化和完善"首都经济"发展思路，现代制造业、总部经济、文化创意产业、生产性服务业等高端、高效、高辐射力产业逐步被纳入"首都经济"发展的产业范畴，促进北京经济向服务化、知识化、总部化、绿色化方向发展。

经过改革开放多年的发展，北京城市已经进入一个相对成熟的发展阶段，城市定位逐步稳固，城市发展高速推进，但在发展的同时，"大城市病"逐步显现。到2014年，北京进入非首都功能疏解的新的发展阶段。

2014 年 2 月，中共中央总书记习近平视察北京并发表讲话，对北京的核心功能做出了最新的城市战略定位，要求坚持和强化北京作为全国政治中心、文化中心、国际交往中心、科技创新中心，深入实施人文北京、科技北京、绿色北京战略，努力把北京建设成为国际一流的和谐宜居之都。2015 年 4 月，中央政治局审议通过了《京津冀协同发展规划纲要》，其中进一步明确了北京市的城市定位。北京政治中心、文化中心、国际交往中心、科技创新中心的"四个中心"的定位进一步明确。

非首都功能是指那些相对低端、低效益、低附加值、低辐射的经济部门以及区位由非市场因素决定的公共部门，即非紧密型行政辅助服务功能。北京非首都功能疏解的重点领域包括一般性产业特别是高消耗产业，区域性物流基地、区域性专业市场等部分第三产业，部分教育、医疗、培训机构等社会公共服务功能，部分行政性、事业性服务机构和企业总部。2014～2019 年的北京非首都功能疏解，疏解内容以一般制造业、物流专业市场等市场主体为主，疏解去向主要是以浙江、上海、安徽、江苏为主的长三角地区和以广东省主要城市为主的珠三角地区，天津和河北承接占比低。新一轮的疏解内涵、内容有所不同，部分教育、医疗、培训机构等社会公共服务功能，部分行政性、事业性服务机构和企业总部是疏解重点。从这些部门本身的特点来看，集中疏解、比较好的配套设施、优良的管理效率、良好的生活环境是这些机构疏解的可能的要求。因此，这类部门和机构的疏解需要集中疏解，而不是分散疏解。

经国务院批准，北京、上海、广州、天津、重庆 5 个城市列入首批国际消费中心城市培育建设名单。北京国际消费城市建设启动之后，高端消费产业向北京聚集的趋势可能会更明显。国际消费中心城市建设是北京融入新发展格局的重要方面，已被纳入北京"十四五"规划的重点任务清单。北京将构建王府井、隆福寺、故宫文化金三角；结合城市更新打造新首钢、天宁一号等文体新地标；支持博物馆、图书馆、剧院、实体书店发展，用好国家大剧院、北京人民艺术剧院等资源，推出更多文艺精品；办好北京国际电影节、国际时装周、国际设计周等文化节会，打造品牌活动首选地。2021 年，北京探索将购物中心、专业专卖店纳入试点范围，目前 15 家试点企业中，长安商场、甘家口大厦、王府井百货大楼、乐多港万达广场、大悦春风里、菜市口百货、公益西桥华联、五道口购物中心 8 家试点企业基本完成升级改造。与国际消费城市建设相关联，北京自贸区的建设也开始启动。北京自贸区的实施范围为 119.68 平方千米，涵盖科技创新、国际商务服务、高端产业三个片区，其中国际商务服务片区 48.34 平方千米，包括北京 CBD 4.96 平方千米、金盏国际合作服务区 2.96 平方千米，城市副中心运河商务区和张家湾设计小镇周边可利用产业空间 10.87 平方千米，首都国际机场周边可利用产业空间 28.5 平方千米。这些地区将是北京高端消费产业的聚集之地。

北京金融中心的地位进一步巩固。北京国际金融中心的定位是金融管理控制中心、金融业支付结算中心、金融信息中心、金融行业标准制定中心、金融批发业务中心、资金调度中心、金融中介服务中心。中国各大金融机构的总部几乎都集中在北京，所有的资金调度在北京完成。据估计，中国银行业资金总量的 80% 左右集中在北京，如此庞大的资金调度总量，在整个东亚地区也是数一数二的。中国保险业 2/3 以上的资金统一运作也在北京完成，北京已经成为中国最大的金融结算中心。另外，国有资产总量的一半以上由总部在北京的国有大型企业控制，中石化、中石油、中海油、移动、联通、网通、华能、中远等所带动的庞大的资金流同样是北京成为金融中心的有力支撑。

北京城市副中心的建设是调整北京空间格局、治理"大城市病"、拓展新发展空间的需要，更是落实北京城市发展定位的客观要求，规划范围为原通州新城规划建设区，总面积约 155 平方千米，外围控制区即通州全区约 906 平方千米，进而辐射带动廊坊北三县地区协同发展。2016 年 5 月 27 日，中央政治局会议提出，北京城市副中心要构建蓝绿交织、清新明亮、水城共融、多组团集约紧凑发展的生态城市布局，着力打造国际一流和谐宜居之都示范区、新型城镇化示范区、京津冀区域协同发展示范区，行政、居住、消费的功能十分明确。在北京城市副中心规划面积范围内，除了已经开工的行政办公区工程外，其他区域和项目目前都在进一步完善规划，文化和旅游设施、商业中心、学校等都在有条不紊地推进建设。未来五年是副中心基本成型的五年，是加快控规实施、推动副中心框架基本成型、主导功能基本稳固、现代产业体系加快构建、区域协同突破发展、城市品质加快提升的重要五年。

二、新时期北京城市发展存在的问题

经过多年的发展，北京首都城市功能得到了有效的发挥，全国政治中心、文化中心、国际交往中心、科技创新中心建设取得了巨大的成效。然而，由于北京城市环境、土地、水资源等的限制，伴随城市发展产生的"大城市病"不断膨胀。到 2014 年，交通拥堵、大气污染、水源短缺、房价高企等使北京已经不堪重负。

（一）环境问题

目前，北京的环境在某些方面令人堪忧，大气环境、水环境、生态环境和污染物排放等都不同程度出现问题。

2014 年，北京市空中细颗粒物（PM2.5）年平均浓度值为 85.9 微克/立方米，超过国家标准的1.45倍；二氧化氮（NO$_2$）年平均浓度值为56.7微克/立方米，超过国家标准的42%；可吸入颗粒（PM10）年平均浓度值为115.8微克/立方米，超过国家标准的65%。从长期变化看，污染物浓度总体呈下降趋势。其中，二氧化硫浓度降幅最大，同比下降18%，创历史新低；二氧化氮近年处于平台期；可吸入颗粒物浓度呈波动下降趋势，PM2.5浓度同比下降4%。

对于大气污染中PM2.5的来源问题，根据PM2.5来源解析最新研究成果，北京全年PM2.5来源中区域传输贡献占28%~36%，本地污染排放贡献占64%~72%。在本地污染排放贡献中，机动车、燃煤、工业生产、扬尘为主要来源，分别占31.1%、22.4%、18.1%和14.3%，餐饮、汽车修理、畜禽养殖、建筑涂装等其他排放约占PM2.5来源的14.1%。因此，有关部门应有针对性地采取措施以有效地降低PM2.5的浓度。

（二）交通问题

北京市作为国家重要的交通枢纽之一，其交通基础设施建设已经具备较大的规模。在市内道路方面，2014年末北京市公路里程21892千米，其中高速公路里程981千米、城市道路里程6435千米，其余为乡村道路。

北京交通存在的主要问题是：道路交通拥挤，出行效率下降。市区道路交通堵塞路段增多、堵塞区域扩大，出行时间增加，出行效率下降；支路系统不健全，交通量过于集中在干线道路而引起主要节点出现堵塞；道路网应变能力差，遇事故极易引起大范围交通瘫痪。

2013年北京市的机动车保有量已达540万辆，位列中国所有城市第一。机动车密度在北京中心城区最高，达到每1000人310辆车，比全市平均水平高出60辆。截至2014年末，北京中心城区的人口密度高达每平方千米2.39万人，这与密集的机动车使用和停放形成了巨大的冲突。2014年3月统计数据显示，北京市停车位仅276.3万个，停车位的供需比接近1：2。城市静态交通管理问题突出。

（三）水资源问题

北京是水资源严重匮乏的特大型城市。近10年来，北京以年均不足21亿立方米的水资源，维持着36亿立方米的用水需求，每年水资源缺口已达15亿立方米。密云水库多年储水量低于10亿立方米，每年的用水缺口相当于1.5个密云水库的储水量。2014年，北京市水资源总量为20.25亿立方米，按照年末常住人口2151.6万人计算，北京市人均水资源占有量为94立方米，人多水少是北京的基本市情水情。其中，全市地表水资源量6.4亿立方米，地下水资源量13.80亿立方米，水资源总量比2013年的24.81亿立方米少18%，比多年平均值37.39亿立方米少46%。这种缺水的状况将会极大地影响到北京市的可持续发展。从各流域的水资源来看，北运河和潮白河的水资源总量和年降水量相对较多，而蓟运河和大清河的水资源总量和年降水量较少。

（四）住房问题

北京市作为国家首都，人口密度大，土地资源相对紧缺，这就导致在土地市场上出现了寸土寸金的现象。北京市城镇居民家庭的年人均可支配收入的增速并没有赶上商品房成交均价的增速。2003 年北京人均可支配收入仅为 13882 元，2008 年突破 20000 元，达到 24724 元，年均增速为 15.6%，但是 2008 年北京商品房成交均价已超过 10000 元，按照 2008 年的市场行情估算，一个四口之家需要用近 3 年全部的可支配收入才能支付 90 平方米左右商品房的首付，如果扣除一般的生活性支出，需要更长的时间才能负担首付。

三、北京的非首都功能疏解

针对北京城市发展中的问题，2014 年 2 月，习近平总书记视察北京时提出京津冀协同发展和北京非首都功能疏解。2015 年 4 月底，中央政治局审议通过《京津冀协同发展规划纲要》，明确提出了北京非首都功能疏解的目标和战略，并提出若干具体的办法。

（一）目的和意义

非首都功能疏解主要是实现以下三个目标：

第一，确保中央国家机关高效运行。北京的主要功能是作为国家首都的功能，北京城市的空间布局要满足国家最高政治权力管理国家的需求，这是北京城市战略的基本定位，也决定了非首都功能疏解的起点和立足点。

北京市的发展必须始终坚持"四项服务"，即服务于党中央和中央政府的正常运转、服务于国家层面的国际交流、服务于国家的科技和教育发展、服务于首都人民生活的改善。由于中央和国家的大多数机关位于东城区和西城区，中央党校和一些军事机关主要位于海淀区，外交使馆大多位于朝阳区，这些地区作为非首都功能疏解的核心区，主要政治任务就是起到中央政务区的作用。

第二，构建面向新时代的北京"高精尖"经济结构。北京的经济结构是中华人民共和国成立之后逐步形成的。非首都功能疏解的核心是寻求新的发展途径，在疏解的过程中逐步建立北京"高精尖"经济结构。也就是说，结合"疏解"，发展"高精尖"，培育新兴服务业，寻找新的增长点。疏解并不一定意味着"退缩"，而是为了促进产业结构调整和促进符合首都功能的产业集聚，以便更好地踏上新的康庄大道。非首都功能的被解构，目的是腾笼换鸟，促进产业转移，形成新的首都发展战略。

要进一步加强首都高端产业的空间集聚，通过整合区域创新资源，聚集高端创新要素，促进科技创新资源和成果的发展；加强科技人才的培养和交流，为创新驱动发展提供有力支撑。

第三，建设京津冀世界级城市群的核心城市，为协同发展奠定基础。北京市经济、政治、文化、科技、生态等方面发展很快，城市建设具有坚实的基础，当前最大的问题是面临着人口和资源环境的压力，具体反映在交通、环境、房价以及教育、医疗等方面。疏解非首都核心功能，旨在优化产业结构与优化城市功能结构相结合，突出产业发展的高端化、集聚化、融合化、低碳化，突出城市功能的高效化、服务化、有效化，增强区域人口分布的均衡性，促进区域协调发展。

调整疏解非首都功能具有重要的意义：一是有利于保障"四个中心"功能，强化全国政治中心、文化中心、国际交往中心、科技创新中心的首都城市战略定位。二是有利于北京市的可持续发展。疏解非首都功能是解决"大城市病"、实现北京可持续发展的根本出路。三是有利于全面落实创新、协调、绿色、开放、共享的新发展理念，提升北京的全球影响力和竞争力。四是有利于京津冀协同发展，打造现代化新型首都圈和具有较强竞争力的世界级城市群。

（二）功能梳理

城市功能是城市作为一个系统对其内外居民和要素的作用，即城市职能的集合，是城市存在的本质特征。首都是一个国家的政治中心和中央政府所在地，其本质体现在国家政治管理与权力的中心和民族国家构建与整合的象征两个方面。

1. 北京城市功能的梳理

本书从中华人民共和国成立以来北京城市功能的历史演变及新时期功能定位出发，采用集中度系数展示城市行业集聚程度，同时用区位商及聚类分析法对北京各区进行城市功能布局的现状分析。分析表明：北京城市功能呈现出"组团式结构"。第一类：东城区、西城区及朝阳区作为政治金融商贸区域。第二类：丰台区、海淀区与石景山区作为信息科技创新区域。第三类：顺义区、昌平区及大兴区作为工业发展主导区域。第四类：房山区、门头沟区、怀柔区、延庆区、密云区、平谷区作为生态发展区。第五类：通州区作为交通仓储物流区①。

2. 北京城市功能的效率分析

通过 DEA 和 Malmquist 指数法分析北京市各行业效率发现，横向效率与纵向效率均比较高的行业有金融业、工业、批发零售业、科研等行业，说明这些

---

① 孙久文等："疏解北京非首都功能研究"（研究报告），北京社会科学基金重大课题研究成果（2017 年 10 月）。

行业无论是北京市自身的投入产出效率，还是北京市该行业效率与其他省市相比均处于较高的水平。横向效率较高而纵向效率较低的行业有农林牧渔业和房地产业，这些行业尽管投入与产出的效率较高，但是北京市这些行业与其他省市相比并不占有优势；相反，教育与餐饮业尽管投入与其产值相比效率不高，但是北京市该行业效率高于其他省市的水平。无论是横向效率还是纵向效率均有待提高的行业有建筑业，交通运输、仓储和邮政业，医疗卫生业。

把优质的资源集合起来，扩展优势行业，就需要把已经没有比较优势的行业疏解出去，加强对城市发展的战略调整。对于首都的功能开发来说，关键是如何释放宝贵的资源，如何优化宝贵的开发空间。我们必须坚持全市战略定位、改善城市功能，就必须要打造"高精尖"的经济结构。坚持高端发展，培育高端产业，实现高效率、绿色、低碳发展。具体来说，在北京郊区建设新的发展平台，扩大创新产业的规模，是唯一的发展道路。

充分发挥经济社会发展的高端人才的带头作用，促进经济社会发展从要素和资本驱动转变为创新驱动。首先，要培育城市新的经济增长极，促进产业集群和产业链的形成，包括建设新的产业系统、发展机制、经济政策、市场制度等，形成多元集成的创新体系。其次，共同培育和加强企业技术创新主体，构建科技成果转化的服务体系，完善科技创新投融资体系，并尽快将科研成果提升到生产力。要做到这些，一个最关键的节点就是不断强化人才的作用，吸引人才，聚集人才，用好人才。

（三）疏解非首都功能的总体思路

疏解北京非首都功能，要坚持强化首都"四个中心"的功能，通过科学合理的规划，在提升经济效率的基础上，以弘扬京城文化、生态和谐宜居为基本原则，达到实现首都经济社会可持续发展的目标。

1. 有序疏解非首都产业功能

通过多年的发展转型，北京的产业结构已经成为以服务型经济为主的产业结构。城市基础设施产业不可能疏解，城市工业基本上已经调整完毕。目前可以向周边河北省转移的包括三类产业：一是科技成果转化和孵化类产业。发挥首都科技资源的辐射带动作用，推动科技成果转化应当是首都产业发展的重点。但是，多年来北京的制造业不发达，科技成果转化的能力比较弱，可以转移的并不多。科技成果孵化的科技创新环节可以考虑向周边地区集中疏解，特别是雄安新区未来应当是重要的集中转移区域。二是专业化市场和相关产业。非首都功能疏解是从专业批发市场开始启动的，北京的动物园批发市场、大红门服装批发市场等批发市场的疏解，拉开了非首都功能疏解的大幕。下一步要推动区域性物流基地向周边地区集中疏解。三是公共服务类产业。北京的教育、医疗等公共服务资源十分集中，有能力也有余力向周边地区疏解，特别要注重教育、医疗、养老、休闲等产业的定点疏解。

2. 优化首都城市空间布局

非首都功能疏解同时也应当是北京城市空间布局的一种优化。多年来，北京单中心形成的"摊大饼"式的城市蔓延始终受到人们的诟病。在北京非首都功能疏解的过程中，鼓励行政机构和事业单位外迁，在京津冀布局一批承接和延伸首都产业的功能区，将首都功能疏解落实到具体产业、具体城市和园区。重点建设都市圈内部以轨道为主的综合交通体系，加快非首都产业功能向北京周边地区的疏解关键在于建立跨区域的利益共享、利益协调机制。比如将优质资源在北京中心城区之外进行重新布局，在京津冀三地联合共建的重大项目、共建园区、共建产业基地、产业转移等方面，积极探索财税体制改革创新，实现利益共享，吸引新的经济要素在新区域集聚，吸引政府投资重点放在中心城区之外的新区域。

3. 实现公共服务合理配置

疏解北京医疗资源，关键是推进医疗资源均衡发展。在顶层设计中，要做好教育规划与产业、人口等规划的协同，建立京津冀地区多交通中心格局，加强北京市与主要功能疏解迁入地的交通联系。

北京市的医疗资源的使用者并不都是北京市民，有相当一部分医疗资源的使用者是非北京人口。也就是说，北京的医疗资源占用的是北京的空间，但是为全国人民服务。考虑到医疗单位的就业者多是北京市民，在京南地区选择交通条件优越和空间广大的地方建设医疗机构的集中疏解中心可以起到比较好的疏解作用。

北京市的教育资源也十分集中，是全国优质教育资源最集中的城市。考虑到教育事业发展本身的规律，特别是高等教育的发展规律，那种认为通过高校的搬迁来疏解教育资源的思路，想法过于简单。管理部门通过对河北省高校的政策倾斜，促进北京高校的高端人才与河北省高校结合，在一个相对较短的时间内把河北省的高校做大做强，是更好的办法。

第三节　城市建设与布局

2015 年《京津冀协同发展规划纲要》实施之后，北京非首都功能疏解进入具体操作阶段，结合北京城市规划，使北京城市面貌得到了很大改观。

一、北京城市规划

1949 年 1 月北京市和平解放，开始了一个新的历史时期。近 40 年来，北京城市建设贯彻"为中央服务、为生产服务、为劳动人民服务"的方针，有了很大发展。全市新建各类房屋约1亿平方米，相当于1949年全部城市房屋的5倍。城市道路、公共交通、给水、排水、电力、电信和城市绿化等方面都取得很大进展，并新发展了燃气和集中供热，修建了全长近40千米的两条地下铁道和40多座立体交叉桥。近40年来，北京已经建立了门类比较齐全的现代工业，商业、教育、科学、文化、卫生、体育、旅游和其他各项事业也都有了很大的发展。

中华人民共和国成立初期，北京市就提出了一些关于城市规划的设想和方案，1958年提出正式方案。实践证明，这个方案提出的若干原则，如从历史形成的基础出发进行改建、扩建，控制城市发展规模，市区采取分散集团式的布局形式，发展远郊区卫星城镇等，基本上是合理的；但也存在着对首都特点认识不足和对实现规划的措施研究不够等问题。

1980年4月中国共产党中央书记处提出，要把北京建成为全国、全世界社会秩序、社会治安、社会风气和道德风尚最好的城市；成为全国环境最清洁、最卫生、最优美的城市；成为全国科学、文化、技术最发达，教育程度最高的城市；同时，要使经济繁荣，人民生活方便、安定。根据这一指示，1983年制定了《北京城市建设总体规划方案》。

2017年9月29日，《北京城市总体规划（2016—2035年）》公开发布，明确提出北京的一切工作必须坚持全国政治中心、文化中心、国际交往中心、科技创新中心的城市战略定位，履行为中央党政军领导机关工作服务、为国家国际交往服务、为科技和教育发展服务、为改善人民群众生活服务的基本职责。此次总体规划的规划范围为北京市行政辖区，总面积16410平方千米。规划年限为2016~2030年，明确到2030年的城市发展基本框架，近期到2020年，远景展望到2050年。北京城市人口规模，2020年控制在2300万人以内，以后长期稳定控制在2300万人左右。城乡建设用地规模，2020年减至2860平方千米左右，2030年减至2760平方千米左右。具体如下：

落实首都城市战略定位，明确发展目标；调整城市空间布局，疏解非首都功能，优化提升首都核心功能；科学配置资源要素，提高城市发展水平；加强历史文化名城保护，强化首都风范、古都风韵、时代风貌的城市特色；提高城市治理能力，着力解决"大城市病"；转变规划方式，保障规划实施。

到2020年，建设国际一流的和谐宜居之都取得重大进展，率先全面建成小康社会，疏解非首都功能取得明显成效，"大城市病"等突出问题得到缓解，首都功能明显增强，初步形成京津冀协同发展、互利共赢的新局面。空气治理方面，PM2.5年均浓度2020年控制在56微克/立方米左右，2030年达到国家标准

35 微克/立方米左右。

到 2035 年，初步建成国际一流的和谐宜居之都，"大城市病"治理取得显著成效，首都功能更加优化，城市综合竞争力进入世界前列，京津冀世界级城市群的构架基本形成。民生保障领域，北京 2030 年养老床位不低于 18 万张，当年医疗卫生机构千人床位数提高到 7 张左右，当年人均体育用地面积达到 0.7 平方米，人均公共文化设施建筑面积达到 0.45 平方米，并将建成公平、优质、创新、开放的教育体系。

到 2050 年，全面建成更高水平的国际一流的和谐宜居之都，成为富强民主文明和谐美丽的社会主义现代化强国首都、更加具有全球影响力的大国首都、超大城市可持续发展的典范，建成以首都为核心、生态环境良好、经济文化发达、社会和谐稳定的世界级城市群。

二、北京城市空间布局

北京以所处的地理位置为基本依据，根据经济社会发展的需要，以北京城市"四个中心"的定位为基本准则，形成合理的北京城市空间布局。

北京的西部、北部是山区（包括浅山区），拥有大量的历史文化遗产，该地区还是北京的绿色生态屏障以及主要的水源保护地区，对于北京的生态环境和可持续发展意义重大，不适于大规模的人口和产业集聚。北京的东部、南部及西南平原地区是北京建设条件最好的地区，该地区有北京通往东北、华北、华南等重要经济区的交通要道，城市发展的限制因素少，适于大规模的人口和产业集聚，是城市发展的主要方向。

按照《北京城市总体规划（2016—2035 年）》，北京城市空间布局为：构建"一核一主一副、两轴多点一区"的城市空间结构。为落实城市战略定位、疏解非首都功能、促进京津冀协同发展，充分考虑延续古都历史格局、治理"大城市病"的现实需要和面向未来的可持续发展，着眼打造以首都为核心的世界级城市群，完善城市体系，在北京市域范围内形成"一核一主一副、两轴多点一区"的城市空间结构，着力改变单中心集聚的发展模式，构建北京新的城市发展格局。

一核：首都功能核心区。首都功能核心区总面积约 92.5 平方千米。一主：中心城区。中心城区即城六区，包括东城区、西城区、朝阳区、海淀区、丰台区、石景山区，总面积约 1378 平方千米。一副：北京城市副中心。北京城市副中心规划范围为原通州新城规划建设区，总面积约 155 平方千米。两轴：中轴线及其延长线、长安街及其延长线。中轴线及其延长线为传统中轴线及其南北向延伸，传统中轴线南起永定门，北至钟鼓楼，长约 7.8 千米，向北延伸至燕山山脉，向南延伸至北京大兴国际机场、永定河水系。长安街及其延长线以天安门广场为中心东西向延伸，其中复兴门到建国门之间长约 7 千米，向西延伸至首钢地区、永定河水系、西山山脉，向东延伸至北京城市副中心和北运河、潮白河水系。多点：5 个位于平原地区的新城，包括顺义、大兴、亦庄、昌平、房山新城，是承接中心城区适宜功能和人口疏解的重点地区，是推进京津冀协同发展的重要区域。一区：生态涵养区，包括门头沟区、平谷区、怀柔区、密云区、延庆区，以及昌平区和房山区的山区，是京津冀协同发展格局中西北部生态涵养区的重要组成部分，是保障首都可持续发展的关键区域。

三、北京交通布局

（一）铁路

北京是中国铁路网的中心之一，国内线路主要有京九铁路、京沪铁路、京广铁路、京哈铁路、京包铁路、京原铁路、京通铁路、京承铁路和京沪高铁、京广高铁、京哈高铁、京津城际铁路等。在国际铁路运输方面，经内蒙古自治区满洲里市去往俄罗斯各城市、经内蒙古自治区二连浩特市去往蒙古国首都乌兰巴托和朝鲜首都平壤以及去往越南首都河内的列车均从北京发车。主要车站如下。

北京站：位于东便门西侧，建于 1959 年，是全国铁路客运重要枢纽，北京第三大火车站。

北京南站：位于永外大街，2008 年改建完成，是京沪高速铁路的重要站点（仅次于上海虹桥站）。

北京西站：位于莲花池东路，建于 1996 年。

北京北站：位于西直门，建于 1905 年，是京张铁路上的车站之一，于 2009 年改建完成。

北京东站：位于朝阳区百子湾，建于 1938 年。

北京朝阳站：位于朝阳区，2021 年 1 月 22 日投入使用，是北京通往东北方向的主要高铁车站。

北京大兴站：位于大兴区，于 2019 年 9 月 26 日投入使用。

北京大兴机场站：位于大兴区，于 2019 年 9 月 26 日投入使用。

北京清河站：位于海淀区，于 2019 年 12 月 30 日投入使用。

北京丰台站：位于北京市丰台区，2022 年 6 月正式运营，是国内首个普铁、高铁双层车场站型的大型现代化铁路车站。

（二）航空

北京市境内共有两座大型机场，分别为北京首都国际机场和北京大兴国际机场。北京首都国际机场是全球规模最大的机场之一，是中国国际航空股份有限公司的主要运营中心，位于北京市顺义区（行政属朝阳区），距北京市中心 20 千米。机场和北京市区间由北京首都机场高速公路、北京地铁首都机场线连接。北京首都国际机场建成于 1958 年。1980 年 1 月 1 日，T1 航站楼及停机坪、楼前停车场等配套工程建成并正式投入使用。1999 年 11 月 1 日，T2 航站楼正式投入使用，同时 T1 航站楼开始停用装修。2004 年 9 月 20 日，T1 航站楼重新投入使用。2008 年春，机场扩建工程（T3 航站楼）完工。目前，北京首都国际机场拥有三座航站楼，面积共 14 万平方米；有两条 4F 级跑道、一条 4E 级跑道，机位共 314 个，共开通国内外航线 252 条。从 1978 年至 2018 年，北京首都国际机场年旅客吞吐量由 103 万人次增长到 10100 万人次，位居亚洲第一、全球第二。2019 年，北京首都国际机场旅客吞吐量为 10001.3 万人次，货邮吞吐量为 195.53 万吨。

北京大兴国际机场位于北京市大兴区和河北省廊坊市的交界处，于 2019 年 9 月 25 日正式通航。截至 2021 年 2 月，北京大兴国际机场航站楼面积为 78 万平方米；民航站坪设 223 个机位，其中 76 个近机位、147 个远机位；有 4 条运行跑道，东一、北一和西一跑道宽 60 米，分别长 3400 米、3800 米和 3800 米，西二跑道长 3800 米，宽 45 米，另有 3800 米长的第五跑道为军用跑道；可满足 2025 年旅客吞吐量 7200 万人次、货邮吞吐量 200 万吨、飞机起降量 62 万架次的使用需求。

（三）市内交通

北京老城区（二环路以内）的城市道路是棋盘式的格局，横平竖直。东西方向的道路有长安街（复兴门至建国门）、平安大街（东四十条豁口至车公庄）、广安大街（广安门至广渠门）。南北方向的道路有中轴线、从玉蜓桥到雍和宫的东线和开阳桥到积水潭桥的西线。东线路过方庄、红桥、崇文门、东单、东四、北新桥和雍和宫；西线路过菜市口、宣武门、西单、西四、新街口。因为天安门广场和故宫博物院的原因，北京的中轴线分为北中轴和南中轴。北中轴从地安门向北，经鼓楼、北辰路，达国家奥林匹克体育中心；南中轴从前门向南经天桥、永定门，达三营门。南中轴和 104 国道重合。

全市公路里程 22255.8 千米，比上年末增加 29.8 千米。其中，高速公路里程 1114.6 千米，比上年末增加 101.6 千米；城市道路里程 6394.8 千米，比上年末增加 35.8 千米。

2020 年末，北京公共电汽车运营线路 1207 条，比上年末增加 49 条；运营线路长度 28418 千米，比上年末增加 786 千米；运营车辆 23948 辆，比上年末增加 938 辆；全年客运总量 18.3 亿人次，较上年下降 41.7%。

北京地铁始建于 1965 年 7 月 1 日，1969 年 10 月 1 日第一条地铁线路建成通车，使北京成为中国第一个拥有地铁的城市。截至 2023 年 3 月，北京地铁运营线路共有 27 条，运营里程 807.0 千米，车站 475 座（其中换乘站 81 座）。截至 2023 年 3 月，北京地铁在建线路 12 条。到 2025 年，北京地铁将形成线网由 30 条运营、总长 1177 千米的轨道交通网络。2022 年，北京地铁年客运量为 22.62 亿人次。截至 2022 年 12 月，北京地铁单日最高客运量为 1375.38 万人次。

第九章　京津冀协同发展与非首都功能疏解

第一节　京津冀协同发展

一、京津冀协同发展的沿革

（一）早期的京津冀

明清两朝，京津冀本是一体，称为"直隶省"，是著名的"京畿地区"。当年，以北京的皇城为中心，直隶省涵盖了当今整个京津冀地区及其附近的若干毗连地区，承担着拱卫京师、安定北疆的国家责任。晚清以降，西潮东渐，现代化的交通运输线路铺建，形成以北京为中心的铁路和公路网，京津冀地区的区位优势和战略地位更加巩固。中华民国成立之后，首都南迁到南京，长三角地区成为政治、经济的核心区，京津冀地区的中心地位弱化，城市与区域发展开始分化。北京更名为北平，成为单一的文化中心和消费型城市；天津的北方经济中心地位形成，制造业有较快的发展。原直隶省的其余大部分地区成立河北省，是典型的农业和矿业地区。京津冀从"一体化"到"三分区域"，行政分割由此开始。

（二）中华人民共和国成立到改革开放前

中华人民共和国成立之后，从 1949 年到 1978 年，京津冀地区的行政区划又进行过较大幅度的调整，对区域发展产生了深远的影响。新中国的首都设在北京，为了首都发展建设的需要，从 1950 年起到 1958 年止，北京的行政区域不断扩展。1958 年 3 月，国务院批准将河北省的通县、顺义、大兴、良乡、房山 5 个县和通州市划归北京市管辖。10 月，将河北省的怀柔、密云、平谷、延庆 4 个县划归北京市。至此，北京基本形成现在的市域范围。天津是北方的商业和工业中心。在 1968 年重新成为直辖市之前，天津是河北省的省会城市。在"文化大革命"时期，受政治局势的影响，天津直辖，河北省选择了将石家庄作为省会。

（三）改革开放后的竞争与合作

20世纪80年代初，京津冀地区成立了全国最早的区域协作组织——华北地区经济技术协作会，通过高层会商，以物资交流作为主要的协作内容，进行地区间的物资调剂，并鼓励企业之间开展横向经济联合。例如，北京与河北环京地市合作建立了肉蛋菜等生活资料供应基地和纯碱、生铁等生产资料基地。

1988年，北京与河北环京地区的保定、廊坊、唐山、秦皇岛、张家口、承德6市组建了环京经济协作区，定位为"北京市、河北省政府指导下，以中心城市为依托的开放式、网络型的区域组织"，建立了市长、专员联席会议制度，设立了日常工作机构。该协作区以推进行业联合为突破口，以商品交易为主要内容，相继创办了农副产品交易市场、工业品批发交易市场，组建了信息网络、科技网络、供销社联合会等行业协作组织，建立起地区企业间的广泛联系，在当时京津冀处于区域合作的第一阶段，即商品合作阶段，确实卓有成效地推进了区域经济合作。基础设施的合作是区域合作迈向高级阶段的主要标志。2000年，北京和天津的机场实现了中国民航跨区域的机场首次联合。2002年，北京与天津的港口开始直通，实现了港口功能一体化。2004年，在国家发展和改革委员会的组织协调下，京津冀三省市就推进区域合作和发展达成了"廊坊共识"。2005年，国务院批准在曹妃甸建设一个具有国际先进水平的钢铁联合企业，作为首钢搬迁的载体及京津冀都市圈乃至全国的重化工基地和能源枢纽港。

（四）京津冀都市圈和首都圈的提出

2005年，天津滨海新区的开发开放开始加速，天津市在推进与环渤海地区各省市的区域合作中，出台了若干具体的政策。2008年，京津城际列车的开通，使京津的同城化进入新的实施阶段，也为京津区域合作向新的领域推进创造了条件。2009年，北京市为打破资源环境的制约，提出要发挥科技创新和综合服务优势，通过加强与河北、天津的区域经济联系，加快交通、能源、水资源、生态保护、旅游等方面的发展。2009年5月京津冀交通部门签订了《京津冀交通一体化合作备忘录》，2010年5月京津冀的规划部门共同签订了《关于建立京津冀两市一省城乡规划协调机制框架协议》，另外，京津冀旅游部门共同参与编制了《环渤海区域旅游发展总体规划》《京杭大运河国家旅游线路总体规划》《泛金海湖京津冀金三角旅游规划》等一系列规划，这些都对京津冀的区域合作起到了推动作用。

（五）协同发展新阶段

党的十八大以来，以习近平同志为核心的党中央高度重视和强力推进京津冀一体化发展。习近平总书记做出了一系列的重要讲话和指示，突出强调京津冀地区要加强顶层设计，建立起科学的长效机制，走出一条目标同向、措施一体、作用互补、利益相连的路子来。

2014年2月26日，习近平总书记在北京考察并发表重要讲话，提出京津冀协同发展战略。同年，国务院成立京津冀协同发展领导小组，为京津冀协同发展提供了组织上的保障。2015年4月底，中共中央政治局审议通过《京津冀协同发展规划纲要》，明确了京津冀整体和京津冀三地各自的发展定位，明确了布局思路和空间骨架，明确了以有序疏解北京非首都功能为京津冀协同发展战略的核心，以交通、生态环保、产业为率先突破的重点领域，提出促进基本公共服务均等化是推动京津冀协同发展不可或缺的重要内容，顶层设计初步完成。2016年3月的《中华人民共和国国民经济和社会发展第十三个五年规划纲要》指出，要以区域发展总体战略为基础，以"一带一路"建设、京津冀协同发展、长江经济带发展为引领，构建我国区域发展新格局。同年，通州北京城市副中心的建设开始启动。

2017年4月1日，中共中央、国务院决定设立雄安新区。这是以习近平同志为核心的党中央深入推进京津冀协同发展做出的一项重大决策部署，是继深圳经济特区和上海浦东新区之后又一具有全国意义的新区。雄安新区地处河北省保定市，涵盖河北省雄县、容城、安新和周边部分区域。新区距北京、天津均为105千米，距北京155千米，距保定30千米，距北京大兴国际机场55千米，区域优势明显、交通便捷通畅、生态环境优良、资源环境承载能力强。《河北雄安新区规划纲要》已经于2018年4月公布。规划蓝图充分体现了雄安新区的国际水平和中国特色，是中央关于雄安新区"千年大计"的具体体现。

二、京津冀协同发展实施效果

（一）体制机制不断创新，空间格局逐步优化

习近平总书记多次强调，要抓住疏解北京非首都功能这个"牛鼻子"。围绕这个核心，创新体制机制成为协同发展的一个重要的亮点。例如，已经出台的《关于推进京津冀产业协同发展战略合作框架协议》《京津冀区域环境保护率先突破合作框架协议》《京津冀文化领域协同发展战略框架协议》《北京加强全国科技创新中心建设总体方案》等机制性文件，把协同发展作为重要的历史性机遇期，实现优化区域发展格局、转换区域发展动力、拓展区域发展空间和改善区域发展环境的目标。

京津冀将形成以"一核、双城、三轴、四区、多节点"为骨架的产业空间布局。一方面，北京将沿东北（唐山、秦皇岛）、西北（张家口）、东南（廊

坊、天津）和西南（保定、石家庄）"四轴"向外辐射疏解，并形成四大区域：中部核心功能区、东部滨海发展区、南部功能拓展区和西北部生态涵养区。另一方面，分三步走推进多层次空间结构的形成：至 2017 年，实现"中心—外围"向"双城驱动"转变；至 2020 年，实现"双城驱动"向"三轴四区"转变；至 2030 年，形成"多节点网络"的高级空间形态。

（二）非首都功能有序疏解，减量发展初见成效

北京的非首都功能疏解，采取功能疏解与人口疏解并重的途径。首先是从产业上进行调整，疏解与控制的产业有传统制造业、农林牧渔业、超出首都需求的批发和零售业等。北京市提出"减量发展"的理念，在控制城市建设规模的基础上，腾出资源发展与首都功能定位相匹配的金融业、文化体育业、科技服务业等。其次，与功能疏解相配合，控制北京人口也是非首都功能疏解的重要内容。2011 年北京市常住人口比 2010 年增加 56.7 万人，到 2016 年仅增加了2.4 万人。2017 年北京市人口出现负增长，全年减少 15 万人。2019 年末，北京市常住人口为 2153.6 万人，比 2018 年又减少 0.6 万人，控制人口过快增长取得了阶段性的效果。从疏解非首都功能角度来讲，建设北京城市副中心，在大空间尺度上拉开城市框架是更加有效的途径。2019 年 1 月，北京市级行政中心正式迁入北京城市副中心，其他配套设施也在抓紧建设当中。城市副中心的另一个重要功能是综合交通枢纽功能。京唐城际铁路的始发站与终点站都是北京城市副中心站，北京市郊铁路直达副中心，对于推进京津冀交通一体化、助推城市副中心建设起到了重要作用，同时也更加有效地缓解了外来人口过多向城市核心区的聚集。与此同时，城市副中心的运河商务区也在建设当中，建成后将成为承载中心城区商务功能疏解的重要载体。

（三）产业、交通、环境等重点领域实现协同推进

一是京津冀产业协同发展，尤其是北京市与河北省的产业对接。从产业转移的要求来看，北京市作为产业转出方，需要河北省作为产业承接地的有效配合。河北省在产业对接方面做了很多工作，促进了河北省产业格局优化。例如，曹妃甸示范区五年累计引进北京项目 129 个；张承生态功能区张北云计算产业基地的两个数据中心已经投入运营；沧州渤海新区生物医药园五年中有 86 个北京转出的项目落户；石家庄的北京·正定集成电路产业基地已经处于建设当中。

二是交通作为先发领域，京津冀一体化的交通网络正在加快构建。高铁方面，建设"轨道上的京津冀"的目标十分明确。京津冀的国家高速铁路网已经大部分建成，京津城际、京沪高铁、京广高铁、京张高铁、津保高铁、京沈高铁和京雄城际建成运营；高速公路方面，京昆高速、京台高速先后建成通车，高速公路的"断头路"已经全部打通；航空方面，北京大兴国际机场已经正式启用，与北京首都机场、天津滨海机场、石家庄正定机场已经形成网络。在机制构建方面，京津冀交通一卡通、京津城际月票制等的推出，都使三地的出行更为便捷。

三是共同推进京津冀生态环境协同保护。在京津冀环保统一规划、统一标准实施之后，2016年区域PM2.5平均浓度比2013年下降大约33%。2019年大气质量进一步提升：区域PM2.5平均浓度为50微克/立方米，比2018年下降9.1%。其中，北京、河北PM2.5浓度分别为42微克/立方米和50.2微克/立方米，同比下降17.6%和5.8%，天津PM2.5平均浓度总体保持稳定。实际上，京津冀的生态环境协同保护是在更加宽阔的领域中向前推进，包括京津风沙源治理、张承地区小流域治理、永定河综合治理、北京长城国家公园建设等。目前，各实施方案已经编制完成。

（四）公共服务均等化有序推进

京津冀在公共服务领域的协同推进主要包括：首先是把教育合作放在首位。2018年北京市与津冀各地方签署的教育合作协议就达到21个，合作项目为30多个。其次是医疗卫生协作，其中北京市与河北省的合作是重点推进的领域。目前已经开展的有北京—燕达、北京—曹妃甸、北京—张家口、北京—承德、北京—保定5个重点医疗合作项目。推进京津冀医疗机构临床检验结果互认也是重要成果，试点纳入互认医疗机构数达到132家。再次是文化旅游共同发展。《京津冀旅游协同发展行动计划（2016—2018年）》的实施，切实推进了京津冀旅游环线建设。最后是开展城市与区域的社会治理协作，建立三地社保关系转移和接续，三地签订了《京津冀民政事业协同发展合作框架协议》。京津冀协同发展初战告捷，为后期推向深入打下了坚实的基础。京津冀协同发展率先展示出来的特点是协同发展战略和规划的权威性。首先，习近平总书记亲自定调，中央政治局审议通过《京津冀协同发展规划纲要》，顶层设计高端且权威。其次，中央有关部门依据《京津冀协同发展规划纲要》发布了《"十三五"时期京津冀国民经济和社会发展规划》，京津冀协同发展政策与规划体系从启动之初就已经形成。最后，三省市分别制定贯彻《京津冀协同发展规划纲要》的专项规划，选择环境、交通、产业作为优先启动领域，安排好年度重点项目。这种上下结合形成战略与规划体系的做法，在我国经济区的开发当中还是首次。

三、京津冀协同发展存在的问题

（一）三地仍存在断崖式发展差距

自京津冀协同发展战略实施以来，京津冀地区生产总值占全国的比重从2014年的9.68%下降至2019年的8.54%。在京津冀内部，三地的经济发展差距反而呈现越拉越大的趋势，这与协同发展的目标背道而驰。从统计数据来看，北京市地区生产总值占京津冀的比重从 2014 年的 34.26% 上升到 2019 年的 41.82%，天津市从 2014 年的 25.26% 下降到 2019 年的 16.68%，河北省从 2014 年的 40% 下降至 2019 年的 39%。2017 年，北京和天津的城镇居民人居可支配收入分别为 59473 元和 42067 元，分别是河北省的 3 倍和 2 倍。

河北省尽管在高等学校、医院和医疗机构总数方面并不少，但在优质的教育和医疗资源方面与京津差距较大。以高等教育为例，2019 年北京拥有 8 所 985 高校和 26 所 211 高校，天津拥有 2 所 985 高校和 3 所 211 高校，河北省辖区内没有 985 高校和 211 高校。

三地在经济、公共服务和教育水平方面的差距，使京津冀地区形成了核心—边缘格局，核心区通过要素聚集形成规模经济和聚集经济，通过循环累积效应，聚集区极化现象进一步得到加强，三地发展的鸿沟越来越明显，京津冀发展非均衡格局加剧。北京自身的经济、公共服务和教育等方面的优势，使本地要素资源产生路径依赖，仅依靠市场力量是无法消除的。

（二）产业发展差距

北京不仅是我国的政治中心和文化中心，也是我国科技创新最具活力和潜力的地区之一。但是，京津冀高技术产业近年来协同发展程度不高，北京、天津两枝独秀，对河北省的带动有限。京津冀城市群高技术产业由北京高度集聚向以北京、天津、保定、唐山为首的多地分布式转变，超过一半的城市集聚度上升，各城市经济协作和产业分工有所加强。截至 2019 年，京津冀地区城市高技术产业集聚度较高，但差异化明显，仍有许多城市区位熵指数在 0.5 以下（见表 9-1）。

表 9-1 京津冀地区高新技术产业区位熵指数

年份\城市	2014	2015	2016	2017	2018	2019
北京	1.94	1.89	2017	1094	1.97	20.1
天津	1.82	1.97	2.35	2.29	2.41	2.45
保定	2.14	1.67	1.68	1.23	1.11	1.27
唐山	0.93	0.84	1.03	1.11	0.03	1.18
廊坊	0.34	0.46	0.6	0.35	0.79	0.82
石家庄	0.21	0.19	0.16	0.16	0.16	0.23
秦皇岛	0.58	0.51	0.69	0.81	0.91	0.99
邯郸	0.24	0.30	0.42	0.63	0.57	0.72

年份 城市	2014	2015	2016	2017	2018	2019
邢台	0.19	0.17	0.28	0.47	0.25	0.37

资料来源：根据 2014~2019 年《中国统计年鉴》《中国城市统计年鉴》《中国高技术产业统计年鉴》计算所得。

北京产业发展呈现出后工业经济和服务主导、科技主导的高端化趋势的特征：第一产业仅有观光农业比较活跃；第二产业以技术密集型工业为主，且向服务化方向发展；第三产业长期占主体地位，并呈现高端化特征。这标志着北京已经步入以服务经济为主导的新阶段。

天津以第二产业为主导产业，呈现重化工和高新化特征。天津第二产业体系完备，其中加工制造业及一些新技术资金密集型的工业行业优势明显。天津已经形成由重化工业和高新技术产业两大板块组成的优势产业。整体而言，天津工业结构进一步优化，呈现出重工业化、深加工化、集约化和高新化等趋势特征。

河北以第二产业为主导产业，但第一产业占有重要的地位。第二产业以资金资源密集型产业为主，第一产业以粮棉、畜牧、蔬菜等为主要产品。

（三）创新要素流动存在障碍

在京津冀协同创新过程中，知识、技术、资本、信息等创新要素的跨区域流动仍存在一些体制机制障碍。比如，北京以"三城一区"为主平台，打造全国科技创新中心，塑造高精尖的经济结构，对高端创新要素资源具有很大的需求和吸引力。北京在疏解非首都功能和减量发展过程中，只会主动疏解不符合"四个中心"战略定位的功能，而对高端创新要素资源，非但不会主动疏解，还会尽力争取集聚。同时，北京作为首都，是各类优质资源密集的地区，与河北在公共服务领域存在断崖式落差，对高端创新要素有一种天然的"虹吸效应"。在当前的政绩考核体制下，地方政府会对创新要素流入提供各种优惠政策，对创新要素流出设置各种制度障碍。

与长三角和珠三角的省份相比，北京的高校、科研院所数目众多，R&D 经费投入强度较高，在基础研究领域优势明显，是中国原始创新的重要策源地。但是，北京 R&D 经费投入中一半以上来源于政府资金支持，而东南沿海省份的 R&D 经费投入主要来源于企业，比如浙江 R&D 经费投入中 90.9% 来源于企业（见表 9-2）。政府资金支持的 R&D 活动多为科研导向，在中国现行科研管理体制和科研评价体系下，科研人员较为重视论文发表、课题申报、成果报奖等，对科研成果转化重视程度不够，科研活动与本地区产业发展关系不密切。这一方面导致北京大量的科研成果被"束之高阁",或者到长三角和珠三角地区进行异地孵化转化,另一方面也导致京津冀地区从基础研究到应用研究、技术资本化和产业化的创新链条出现"肠梗塞",科技与产业呈现"两张皮"。

表9-2 2019年京津冀与长三角、珠三角各地区 R&D 经费投入情况

单位:%,万元

地区	R&D 经费投入强度	政府资金	企业资金	国外资金
北京	6.31	10692236	9867574	76534
天津	3.28	765514	3622659	879
河北	1.61	679657	4874130	99
上海	4.00	5490234	9105037	114586
江苏	2.79	2750055	24492226	6018
浙江	2.68	1363309	15069768	3368
广东	2.88	3972618	26499479	4384

资料来源:《中国科技统计年鉴2020》。

(四)产业价值链低端锁定

河北作为京津冀协同发展的重要一方,发展相对薄弱,甚至在产业链低端被无形"固化"的问题已构成协同发展的"短板",亟须突破。客观来看,已经进入后工业时代的北京与尚处在工业化中期的河北存在着不容置疑的产业"断层"。京津专注于知识技术密集型产业或传统产业高端环节,高精尖产业与河北重工业结构不匹配,技术密集型产业多选择落户产业演进速度较快的天津或南方城市。而河北尽管在智能制造、医药健康等较为传统的产业领域尚能承接北京的科研成果,但受三地现有政策的影响,京津转出的多为整个产业制造全流程的一个环节,此种转移方式甚至在一定程度上形成了河北新的产业分工价值链的"低端锁定"。

(五)疏解地与承接地之间的政策协同和制度衔接不够

目前,疏解地与承接地之间的政策普遍缺乏协同,难以形成促进非首都功能疏解的政策合力,集中表现在承接地建设用地指标落实、优惠政策衔接,以及三地间环保指标转移、跨区域高新技术企业资质互认、跨区域医疗机构设置及政策对接、社会保障执行标准和缴纳等方面。以高新技术企业资质互认为例,京津冀三地之间涉及高新技术企业的产业转移主要以局部迁移、增量迁移为主,不适用新版认定办法中关于整体迁移资质接续的规定,需要在迁入地注册满一年后重新申请;若迁出的环节以生产制造功能为主,往往不能满足高新技术企业认定标准,则无法重新申请。

四、京津冀协同发展的重点任务

（一）疏解北京非首都功能

北京作为国家的首都，强大的政治管理能力与调控全国资源的能力使其成为信息、资源集聚的中心，无论是金融机构、跨国公司总部，还是国际性组织、文化中心、科技研发机构，都将北京作为落户的首选之地。对比国际化大都市的主要特征，在企业总部数量、金融控制力、科研文化机构集聚度、国际交往活动频率等方面，北京已经能够做到与这些城市比肩。

但是，也正是这种无节制的发展，使北京的"大城市病"急剧恶化，主要表现在：北京城市功能的地域结构明显滞后于城市经济社会发展，由于人口与产业的过度集中，北京城市本身的交通拥堵和大气污染问题已经十分严重。而北京本身只有 16400 平方千米土地，其中 2/3 又是山地，城市发展的空间较小，无法容纳过多的人口与产业，同时与周边区域的协同互动也很弱。根据《京津冀协同发展规划纲要》的部署，北京非首都功能的疏解包括高耗能耗水的产业、区域性物流基地、区域性批发市场、部分教育医疗培训机构和部分行政性事业型服务机构及企业总部。通过疏解非首都功能，一是要解决北京人口与产业功能整体上分布过度集中的问题；二是解决长期以来单中心发展导致的城市空间无序蔓延的问题；三是解决北京产业、交通、环境与周边地区协同的需求问题。

（二）缩小区域发展差距

加快河北省的发展，是缩小京津冀区域内部发展差距的关键。京津冀内部存在较大的发展差距是一个普遍受到关注的问题。2015 年以来的"去产能"政策导向使河北付出了经济增速大幅下滑的代价，急需新的发展动力的输入。发展河北可以缓解北京"大城市病"问题，解决北京和天津发展中遇到的空间不足的问题，也是对河北多年来为京津发展做出的贡献的补偿。

（三）实现交通运输一体化

交通运输是京津冀区域协同发展的纽带。目前，京津冀协同发展中交通运输一体化存在的问题主要有：交通基础设施建设各自为政、城际铁路发展相对滞后、海空港发展协调度不够、综合交通运输网络急需完善等。因此，实现交通运输一体化的着力点，一是建设"轨道上的京津冀"，即建设以北京为中心，以京津为主轴，以河北省主要城市为重要节点的大容量、低成本、快速便捷的轨道交通网络；二是建设北方国际航运港口群，形成渤海湾内各港口合作分工、优势互补、协调有序的发展局面；三是高标准建设北京新机场，与首都机场协同打造大型国际航空枢纽，形成以北京、天津为主，石家庄为辅的国际国内航空客货运枢纽机场群。其中，建设城际交通网络是京津冀协同发展中交通运输一体化的核心。

（四）实现生态环境保护与治理一体化

2014 年以来，京津冀区域生态环境共治得到了各方面的高度重视，区域生态环境合作明显加速，信息共享机制逐步完善，一批重点领域污染治理工程开工建设。但是，由于该区域大气污染较严重，雾霾频发，生态压力较大，生态环境建设仍然存在一些障碍：京津冀生态环境综合治理规划欠缺，生态环境合作仍未形成有效的补偿机制；京津冀区域在环境政策执行方面存在差异，部分地区政策执行过于宽松，不利于整体的生态环境共建。推动京津冀生态环境保护与治理一体化，需要做好如下工作：一是完善体制机制。在目前已经建立的机构和制定的规划的基础上，推动生态环境整体综合规划的编制和生态补偿机制的实施。二是推动生态环境协同治理。通过建立覆盖三个行政区的管理机构，推行相同的生态环境污染控制指标、生态环境治理标准和生态环境监督办法。三是构建复合生态建设空间，优化生态空间布局，构建多层次生态屏障，扩大生态空间和区域环境容量。四是围绕治理雾霾、生态防护林建设、水资源保护、水环境治理、节能减排等重要领域，实施京津冀全区域的联防联治。

（五）实现京津冀产业发展一体化

京津冀产业发展一体化是协同发展中推进最快的一个领域，也是各区域最乐于合作的领域。其原因在于：一方面，河北原有的以能源原材料为主体的产业结构正面临"去产能"的艰巨任务，急需新的产业部门补充和充实；另一方面，北京和天津的部分产业向河北的疏解起到了有效优化京津冀区域产业结构的作用。作为"十三五"时期京津冀协同发展的当务之急，其发展的方向是：第一，京津冀产业转移的方向需要进一步明确。以北京与河北的关系为中心，调整京津冀第三产业布局；以天津和河北的关系为中心，梳理第二产业的协同发展。第二，构建京津冀协同创新共同体。构建京津冀协同创新共同体既是产业发展的需要，更是国民经济转型升级的需要。要协调区域财政政策、货币政策、产业政策等，创造公平的竞争环境，形成区域统一的市场体系。第三，形成京津冀产业分工新格局。北京应充分发挥其作为首都的人才、技术、信息等优势，发展"高精尖"产业，重点打造京津冀的创新源头；天津发挥港口和物流中心的优势，发挥辐射作用，发展成为创新产品的实验和制造基地；河北以资源优势和产业基础条件为依托，发展成为协同创新共同体的产业化基地。

（六）推进京津冀公共服务一体化

推进基本公共服务一体化，是京津冀协同发展的长期任务，是京津冀经济社会发展到目前阶段的必然要求，也是保民生保增长的重要手段。按照《京津冀协同发展规划纲要》提出的总体目标，到 2017 年，实现京津冀公共服务规划和政策统筹衔接，在教育、医疗、文化等方面开展改革试点，逐步推广。到2020年，河北与京津的公共服务差距明显缩小，区域基本公共服务均等化水平明显提高，公共服务共建共享体制机制初步形成。推进基本公共服务一体化包括四个方面：第一，劳动就业。建立覆盖城乡、区域均衡、全面共享、服务均等的公共就业服务体系和全面统一的就业服务标准，实行京津冀劳动者统一的就业登记和资格准入制度，完善区域内扶持创业的优惠政策。第二，公共教育。优化京津冀公共教育资源的配置，建立合理的教育资源配置机制，在北京疏解非首都功能的过程中，大力开展地区间教育的交流与合作。第三，医疗卫生。优化地区间的医疗卫生资源配置，探索建立京津冀区域医疗"一卡通"制度及药品供应和安全保障体系。第四，社会保险。逐步推进社会保险制度城乡衔接，制定适合京津冀经济社会发展水平的统一保险标准，探索建立城乡居民各类保险制度之间的衔接机制。

五、京津冀协同发展构想

以都市圈支撑京津冀世界级城市群的建设，形成都市圈化发展的态势，是对京津冀协同发展未来空间选择的基本设想。

（一）京津冀都市圈空间范围的划定

《京津冀协同发展规划纲要》将京津冀城市群划分为中部核心功能区、东部滨海发展区、南部功能拓展区和西北部生态涵养区四大功能区。可将这四个城市划归天津都市圈。石家庄、衡水、邢台和邯郸同属于河北中南部地区，河北省政府目前也在全力推进冀中南功能拓展区建设，并规划将这些城市打造为以石家庄为中心的都市圈，因此可将这四个城市划归石家庄都市圈。

（二）北京都市圈

都市圈是城市发展的高级空间形态，对于扩大中心城市辐射范围、释放经济增长潜能具有重要意义。北京都市圈的发展要解决好北京作为中心城市本身存在的问题。此外，要重点加强北京作为中心城市的辐射带动力，以京津冀协同发展战略为指引，坚持共商共建共享的区域协调发展理念，促进产业、交通、环境等重点领域的协同推进。

（1）加快副中心建设。通州城市功能框架已初具雏形，北京市级行政中心也已搬迁至通州，基础设施建设不断加快，教育、医疗、文化等公共服务正在不断完善。未来仍然要进一步加快企业搬迁转移进度，提高副中心的要素集聚能力，加强副中心的经济承载力和吸引力，加快形成新的城市增长极，释放城市增长潜力。

（2）巩固和发挥北京创新中心的作用，完善科技创新生态系统。北京是全国的科技创新中心，目前拥有国家高新技术企业 2.9 万家、独角兽企业 93 家，并规划建设有中关村科学城、怀柔科学城、未来科学城等科技创新平台和创新型产业集群。要进一步加强北京作为中心城市的创新驱动作用，加强科技创新平台、创新产业集群等创新主体的互动，优化都市圈内部创新空间布局，形成良性循环的科技创新生态系统。

（3）吸引国内外人才向北京聚集。人才是创新活力的源泉，人才集聚是城市持续高质量发展的基础。近年来，北京应届毕业生的留京比例不断下降；高层次科技人才也出现了外流趋势，近年来北京市国家杰出青年科学基金获资助者净流出 29 人，而上海、天津等地区则呈现净流入状态。因此，北京要把握好人口规模控制与人才引进的平衡，避免人才持续流失带来的人口老龄化和城市活力不足的问题，促进人口的双向流动，增强人才集聚力，提高城市竞争优势。

（4）促进产业协同发展，推动北京与周边河北省各地区的产业有效对接。京津冀协同发展战略实施以来，从中央到地方相继出台了一系列产业转移规划和政策文件，建设了一批承接产业转移的特色园区和功能平台，京津冀产业融合发展水平不断提高，创新合作不断加强。北京都市圈在发展的过程中，要注重打造完整的产业链条，因地制宜地推动形成布局合理的产业分工体系；充分利用北京作为研发中心的优势，推动产业链持续优化升级，促进产业链、创新链和供应链深度融合，以及北京都市圈价值链与全球价值链的有效衔接。

（5）贯彻生态优先发展理念。推进京津冀生态环境协同保护与生态文明建设，有利于倒逼产业结构转型升级，加快生产方式转变和消费模式转型。京津冀地区山同脉、水同源、气相通，同属一个自然生态系统，京津冀协同发展必然要求推进生态环境协同保护。在北京都市圈建设过程中，要加强生态环境保护协同发展，强化资源环境生态红线约束，提高生态环境承载力；以举办冬奥会为契机，发展绿色经济、循环经济、低碳经济；创新生态保护体制机制，建设多元化生态补偿机制，完善生态环境联防联控、共建共治共享机制。

（三）天津都市圈

天津都市圈工业基础雄厚，拥有较为完备的产业链。都市圈中心城市天津市是我国重要的工业基地，工业门类齐全，航空航天、装备制造、石油化工、汽车工业等产业优势明显，战略性新兴产业发展迅速。在都市圈外围城市中，唐山市是我国现代工业的摇篮，钢铁、煤炭、水泥等重工业发达；沧州市的石化工业历史悠久，正在加速形成绿色石化产业集群。此外，天津都市圈濒临渤海，区位优势独特，港口条件优越，滨海产业集群规模初现，具备建设海陆空联动综合交通运输体系的基础。

（1）以高质量发展为引领，激发中心城市的增长活力。坚持以高质量发展为引领，以创新驱动动能转换、增强发展内生活力，增强科技创新对发展的支撑作用；促进传统制造业智能化升级，推动产业链的完善和价值链的提升；发展壮大战略性新兴产业，建设全国先进制造业产业集群；打造现代绿色产业体系，加快金融、咨询、信息服务等生产性服务业发展，提高都市圈周边城市的生产效率，释放都市圈增长潜能。

（2）建设沿海临港产业带，提升产业协同发展水平。在推动都市圈中心城市高质量发展的基础上，逐步将石油化工等产业转移至沧州等地区，加强天津与沧州在化工产品研发方面的合作，推动炼化一体化等重大项目建设，促进沧州绿色石化产业集群规模不断壮大；充分利用曹妃甸等港口规模优势，将钢铁、汽车零部件制造等产业逐步转移至唐山等地区，并加快发展先进制造业；以秦皇岛为中心，打造滨海旅游休闲带，推动天津和秦皇岛的医疗资源合作共享，促进秦皇岛养老服务业及健康服务业的发展。此外，利用独特的沿海区位优势，推动沿海港口集群发展，建设世界级港口群；促进都市圈内交通运输体系的高效衔接，打造海陆空联动物流体系，协同建设北方物流集散中心。

（3）重振滨海新区，巩固区域增长极。天津滨海新区作为经济发展的增长极，有着很多其他地区无法相比的优势条件：滨海新区处于环渤海地区的中心位置，有北方最重要的港口天津港，经济技术开发区、天津东疆综合保税区、中新天津生态城等改革要素齐全，也有渤海油田、大港油田等资源型企业。要重振滨海新区，应给予滨海新区新的定位，明确其与北京城市副中心、河北雄安新区同等的京津冀增长极的地位，重新配置发展资源，提升基本公共服务水平，吸引高端人才。

（四）石家庄都市圈

石家庄都市圈位于河北省南部，距离北京和天津均为 300 千米左右，是河北省经济的重要组成部分。从都市圈中心城市的发展情况来看，石家庄作为中心城市的首位度不够，经济实力偏弱。石家庄都市圈要紧抓发展机遇，深入实施创新驱动发展战略，加快新旧动能转换。科技创新是破解经济增长困局、打造经济发展新引擎的重要方式。

北京疏解非首都功能为石家庄都市圈的发展带来了良好机遇。石家庄是我国重要的铁路交通干线枢纽，具备良好的工业发展区位条件，是北京和天津产业转移的重要承接地。石家庄都市圈要紧抓产业转移发展机遇，通过产业转移促进产业转型升级，在产业转移过程中注重企业提质增效，加快打造和培育一批高科技企业；加强科研经费投入，促进跨区域科技合作，提高转移企业技术水平，并通过辐射和扩散作用，促进科技创新和经济发展的融合，加快培育经济发展新动力。

第二节　非首都功能疏解

一、北京首都功能的演变

（一）对首都城市定位的探索

1949年中共七届二中全会决议定北平为新中国的首都，在第一版规划《改建与扩建北京市规划草案要点》中提出，首都应该是我国的政治、经济、文化中心，特别是建成强大的工业基地和科学技术中心。第二版规划《北京城市建设总体规划初步方案》中提出建设现代化工业基地的思想，提出建设"子母城"。第三版规划《北京市总体说明（草稿）》提出分散集团式的城市布局，工业发展上提出控制市区、发展远郊区的设想。第四版规划《关于北京城市建设总体规划中几个问题的请示报告》提出到远郊新建工厂、现有市区工厂采用先进技术、建设一批小城镇等建议。

（二）对首都功能定位的明确

第五版规划《北京城市建设总体规划方案（草案）》明确了北京的政治中心、文化中心、国际交往中心，在经济建设上不再强调经济中心和现代化工业基地，同时提出北京的经济事业要考虑首都的特点，向"高精尖"发展。第六版规划《北京城市总体规划（1991—2010年）》明确了北京是伟大社会主义中国的首都，是全国的政治和文化中心，是世界著名的古都和现代国际都市。重申北京不再发展重工业，提出城市建设重点要实现"两个战略转移"。改革开放后的20年，北京城市定位在全国政治和文化中心的基础上，增加了国际性要求，突出了古都文化。

（三）对首都功能定位的深化

第七版规划《北京城市总体规划（2004—2020年）》在延续第六版城市定位的基础上，补充了四个城市发展目标：国家首都、国际城市、文化名城、宜居城市。

在成功举办2008年北京奥运会后，2009年12月，党中央从建设世界城市的高度，加快实施人文北京、科技北京、绿色北京发展战略，以更高标准推动首都经济社会又好又快发展。此后，建设中国特色世界城市成为北京城市战略发展的方向。2010年8月，习近平同志视察北京，针对建设中国特色世界城市，提出"要努力把北京打造成国际活动聚集之都、世界高端企业总部聚集之都、世界高端人才聚集之都、中国特色社会主义先进文化之都、和谐宜居之都"。

2014 年 2 月 26 日，习近平同志在北京市委主持召开座谈会，就推进北京发展和管理工作提出五点要求，明确了北京的城市战略定位：坚持和强化首都全国政治中心、文化中心、国际交往中心、科技创新中心的核心功能，深入实施人文北京、科技北京、绿色北京战略，努力把北京建设成为国际一流的和谐宜居之都。

（四）新时期首都北京的定位

1. 政治中心

北京作为政治中心，要求确保首都安全稳定，各方面工作具有代表性、指向性，需要进一步增强"四个意识"，始终与党中央保持高度一致，坚决维护中央权威，确保中央政令畅通，不断增强服务全国政治中心的功能。要求北京不仅在文化、国际交往和科技创新三类首都功能方面繁荣发展，也要在和谐宜居、生态环境和基本公共服务等城市功能上达到高水准。

2. 文化中心

北京作为全国文化中心的功能定位要与其他的首都功能协调发挥。一是和国家首都的城市性质相融合，是国家首都功能的一个重要组成部分；二是和全国政治中心的功能相互依存、相辅相成；三是和国家的国际交往密切相连，具有开放性和国际化的特点；四是与科技创新中心互促发展，提高文化价值；五是具有唯一性，是国内任何城市不可替代的。

3. 国际交往中心

作为首都，服务国家总体外交是北京国际交往中心建设的首要任务。要充分发挥首都优势，主动融入国家对外工作大局，不断提升服务保障国家外事工作的能力和水平，有力发挥中国特色大国主场外交核心承载地的角色，向世界充分展示中国经济社会发展成就和国际交往理念。在加快推进北京国际交往中心建设过程中，要充分发挥国际主体的作用，以吸引国际组织、跨国企业总部、国际人才等高端要素聚集为目标，打造与国际要素交融的发展环境，为日益增长的国际交往服务，满足国家、城市和国际主体的综合需要。

4. 科技创新中心

北京作为全国科技创新中心，更要成为国际科技创新中心。具有全球影响力的科技创新中心的内涵和标准是通过高度对外开放，融入科技全球化进程，形成国际国内畅通的人才流、资金流、物资流和信息流，吸引和凝聚行业领军型创新研发人才，与此同时，产生一批世界领先高新技术并且快速转化，科技创新的成果影响全球发展，形成一批世界知名的企业或者行业隐形冠军，形成有利于科技创新的生态制度体系，最终使北京成为科技创新的沃土和栖息地，成为全球科技合作重要节点和技术转移枢纽。

二、北京非首都功能疏解政策演变

（一）人口规模调控（2009～2012年）

2009年的北京市政府工作报告结合民生改善，在"积极解决群众住房困难"方面围绕旧城风貌保护、危旧房改造提出人口调控。2010年进一步提出以城市功能疏解和产业结构升级带动人口合理分布，首次出现"功能疏解"的表述。2011年、2012年的北京市政府工作报告则要求从疏解和承接两方面推进。此阶段的疏解工作侧重"以功能疏解、产业疏解带动人口调控"，分散在民生改善、城乡统筹、城市精细化管理等章节，未成独立部分。

（二）结合城市功能提升（2013～2014年）

此阶段明确将功能疏解与城市功能优化提升相联系，并区分了中心城区内外的不同要求，中心城区以功能疏解带动功能优化、新城地区以功能优化带动功能承接。如2013年提出中心城区要"实行最严格的建设规模控制，着力推进功能疏解，增强服务保障能力"，城市副中心和新城要"通过不懈努力，使城市副中心和新城的基础设施、公共服务、生态环境更具有吸引力，逐步发挥疏解中心城功能和人口的作用"。党中央开始研究制定疏解配套政策，如"中心城优质公共资源和人口向新城疏解的利益引导机制"等。

（三）完善疏解工作体系（2015～2016年）

2015年在落实《京津冀协同发展规划纲要》的背景下，"一般性制造业、区域性物流基地和区域性批发市场、部分教育医疗机构、部分行政性事业性服务机构"四类功能疏解成为阶段工作重心。2015年北京市政府工作报告首次将"加快疏解非首都核心功能"综合形成独立部分，提出"严格控制增量，有序疏解存量"。随着《北京市新增产业的禁止和限制目录（2014年版）》等文件陆续出台，区域差别化公共服务及资源性产品价格形成机制、配套财政转移支付机制等不断建立健全，配套政策逐渐充实。2016年北京市政府工作报告进一步提出"腾退空间再利用""文保区腾退疏解和有机更新"议题，功能疏解的工作体系不断丰富完善。

（四）专项行动重点突破，更加注重优化提升（2017～2019年）

北京于2017年组织开展"疏整促"专项行动。同年《北京城市总体规划（2016—2035年）》经中共中央、国务院批复同意，提出"抓住京津冀协同发展战略契机，以疏解非首都功能为'牛鼻子'，统筹考虑疏解与整治、疏解与提升、疏解与承接、疏解与协同的关系"的要求，明确了北京城市发展建设的新路径。这个阶段重点落实了"疏整促"专项行动的10项工作内容。与前阶段相比，虽然"人口资源环境矛盾依然突出"的判断持续，但更侧重于从人口、功能匹配的综合角度考虑，提出"把疏解非首都功能、城市综合治理专项行动与人口调控紧密挂钩"，且由于 2017 年以来全市常住人口总体规模控制较好，更关注结构合理，要求"引导中心城区功能人口有序转移，保持合理的职业结构"。对于功能优化提升、腾退空间再利用的关注度不断增加。优化提升方面，2017 年提出"把疏解与提升有机结合起来，在疏解功能中谋发展"的整体要求，2018 年进一步将"更加注重优化提升"专项行动的独立部分加以阐述。腾退空间再利用方面，2017 年明确落实腾退空间管理和使用意见，建立新增建设用地与疏解腾退土地挂钩机制的要求，2018 年针对中心城区提出编制统筹腾退空间再利用规划。此后，街巷治理、腾退土地"留白增绿"、建设提升基本便民商业网点、建设城市休闲公园口袋公园小微绿地、"回天地区"三年行动计划等各类优化提升工作逐渐成为非首都功能疏解的重点内容。

三、非首都功能疏解成效

一是北京非首都功能增量得到严控。按照"能不增则不增、能少增则少增"的总体要求，严格审批北京市域范围内投资项目，一批原本打算在北京新增的非首都功能设在了京外。实施更加严格的产业准入标准，累计不予办理新设立或变更登记业务超过 2.3 万件。

二是部分北京非首都功能存量有序疏解。在严格控制增量的同时，推动一批区域性批发市场、一般制造业企业、学校、医院等非首都功能有序疏解，发挥示范带动作用。2014 年以来，已有 20 多所北京市属学校、医院向京郊转移，疏解一般制造业企业累计约 3000 家，疏解提升区域性批发市场和物流中心累计约 1000 个。

三是北京非首都功能疏解空间格局加快构建。推动雄安新区从规划阶段转入大规模建设阶段，近两年加快推进 120 多个重大项目建设，高峰时期有 20 多万建设者在紧张有序施工。北京城市副中心加快建设，北京市级机关 35 个部门共 1.2 万人搬入副中心办公。《首都功能核心区控制性详细规划（街区层面）（2018—2035 年）》出台实施，推进首都功能不断优化提升。

四是北京经济结构和人口规模得到调整优化。北京非首都功能疏解为"高精尖"经济发展（见表 9-3）创造了空间，科技、信息等"高精尖"产业新设市场主体占比从 2013 年的 40.7% 上升至 2020 年的 60%。不断完善北京人口调控机制，2020 年北京常住人口 2189.3 万人，控制在 2300 万人以内的目标顺利完成。

五是雄安新区承接非首都功能进入实质性阶段。中科院雄安创新研究院、国家医学中心等疏解项目有序推进，北京市支持建设的北海幼儿园雄安园区即将完工，史家胡同小学雄安校区和北京四中雄安校区正在进行室内外装修和设备安装，雄安宣武医院正在开展主体结构施工。雄安区块链实验室、新一代网络实验室相继成立。截至 2021 年 6 月，雄安新区本级企业共有 4181 家，其中北京投资来源的企业 3709 家，占比 88.71%。2021 年上半年，雄安新区部分片区雏形初步显现。雄安新区已启动实施重点项目 125 个，完成投资 2035 亿元；外围交通骨干路网初步成型，京雄城际及雄安站和津石高速开通运营，京雄高速、荣乌高速新线、京德高速一期等外围高速和主干线公路主体基本完工。

表 9-3　"高精尖"经济结构主要体现三个方面的高端

三个方面	具体内容
要素高端	随着科学技术的进步和全球信息化的发展，相对于劳动力、土地和资本等传统的基本生产要素而言，技术人才、科研机构、知识产权等成为现代社会生产中更为重要的高级生产要素。高级生产要素是创新的成果，也是创新的条件，更是北京构建高精尖产业机构的基础
过程高端	在产业链中占据核心部位，发展水平决定产业链的整体竞争力。在产业链中占据核心部位的是研发、设计、营销、品牌等环节，北京要发展其功能优势必须推动这些专业化的产业环节持续提升，从而不断增强其服务产业链和影响控制区域发展的能力
价值高端	在产业链中，附加值更多体现在高端的研发、设计、营销和品牌环节，处于中间环节的制造附加值最低。北京推动产业向高端、高质、高效提升的根本是获得高附加值，通过高技术含量、高知识集聚、高管理水平获得高附加值

四、疏解北京非首都功能的实施路径与措施

（一）疏解北京非首都功能实施路径

（1）坚持城市特色发展定位，优化产业结构。中心城区坚持服务经济、知识经济和绿色经济的特色发展定位。充分考虑自然条件适宜性及资源环境承载能力，按照生活、生态、生产的顺序优化空间结构，优先保证生活空间，扩大绿色生态空间，适度压缩生产空间。对不符合首都功能定位的元素，从源头严格防止新增；对现有的存量，直接调整退出或推动转型升级。注重国土开发强度、时空尺度的有序增长和城市中心—外围的有机协调，避免"城市病"的蔓延和恶化。

在充分结合自身区位条件、交通枢纽、文化创意、金融服务等方面优势的基础上，整合科技创新、文化创意、人才聚集等资源，进一步推动产业结构的优化和升级，促进金融业和商务服务业繁荣发展的同时，有重点地发展教育、文化、休闲等服务业，从而实现城市的绿色发展和资源空间的集约化利用。

（2）巩固首都功能，疏解冗余功能。强化中关村高科技园区核心区、金融街、经济技术开发区、商业中心区、临空经济区和奥林匹克中心区六大高端产

业功能区职能。巩固中心城区保护古都历史文化价值，全面展示北京文化内涵、城市风格和城市魅力等重要职能。引导优化国家级科研院所、高等院校、央企总部、外企总部及分支机构向中心城外围发展和布局，弱化政治功能对经济活动集聚空间的锁定效应。严格控制旧城区新建住宅开发项目和大型公建项目，严格限制医疗、行政办公等大型服务设施新建和扩展，严格禁止疏解搬迁区域的人口再聚集。着手推进中心城区小仓储物流、商品批发市场、服装批发市场等升级转型和有序退出。逐步引进高端业态，利用好原有市场，促进业态升级；推动小商品市场从批发向零售转型升级，通过电子化提升交易效率，减少市场周边的物流需求。

（3）突破环状空间，提高城市运行效率。突破传统的环状空间发展，有效疏解中心城区人口，建设新城，降低单位国土面积的人口和产业密度。建设的新城为承担疏解中心城区人口和功能、集聚新的产业、带动区域发展的规模化城市地区。通州城市副中心主要突出商务、文化、教育、医疗等城市综合服务功能；顺义、大兴亦庄、昌平和房山等重点提升面向中心城区的综合服务和人口疏解功能，成为综合性新城。门头沟、延庆、怀柔、密云和平谷重点提升区域功能服务中心和产业集聚中心功能，带动区域城市化，形成区域性新城。

（4）改造旧城，实现全域城市化。在旧城开发改造中，进行渐进式有机更新和有限度的现代化，坚持旧城人口异地安置与基本公共服务设施双集中，高标准建设医院、学校、文体休闲等公共服务设施，避免人口回流；鼓励社会力量参与名人故居、胡同、历史宗教建筑的修缮保护与合理利用。推动中心城区医院、学校等优质资源向新城转移。加速与中心城区功能的分工协同，在保持功能融合的基础上加速新城区居住、工业等功能区的建设，适量转移中心城区的居住功能、低端服务功能，提高中心区的商业商务功能。坚持旧城内有机更新与旧城外集约利用相结合，大力优化地上空间格局，实现资源整合与用地功能置换。

（二）有序疏解非首都功能的措施

（1）精细和集约地使用建设用地，减少非首都功能承载空间。综合考虑北京人口和就业、地均投入和产出效益等因素，研究制定更科学、更高的产业准入与考核标准。减少由于盲目竞争带来的不真实土地需求，以及压低土地价格、税收政策所造成的损失。创新土地开发和利用方式，探索土地持有型的产业发展模式以及利用集体用地发展高端产业的模式。加快制定集体建设用地在融资、准入等方面的相关政策，提高农村基层组织管理水平，制定具体实施模式和措施，切实保障农民权益，并与首都功能定位相适应。建立工业用地集约利用管理协调机制，充分发挥重大工业项目落地协调机制的作用，做好开发区产业布局、项目落地等相关工作的沟通和协调，提高产业用地供地效率。强化规划的引导约束机制，规划、土地等部门要建立健全规划实施的监督跟踪机制，及时解决规划实施中的重大问题，并根据相关问题对规划进行调整，按照审批程序报批和公布。土地、规划主管部门要与产业主管部门以及区县、乡镇政府加强沟通协调，将规划修编与未来的产业项目引进布局充分结合，促进区域产业升级和经济结构调整。

（2）完善非首都功能疏解的顶层设计。尽快制定北京非首都功能疏解的中长期路线、战略目标，明确首都城市总体功能布局及功能定位，坚决退出不符合首都功能定位的非首都功能；加快部分优质公共服务资源等向新城及津冀地区疏解，推动公共服务资源在京津冀范围内的空间均等化。尽快建立非首都功能疏解专项基金，争取中央转移支付，用于北京中心城区非首都功能外迁的人口安置、补贴奖励等。积极推进减量规划的实施，新增建设用地指标向周边新城倾斜。在非首都功能疏解的同时，盘活非首都功能疏解后用地指标存量，并探索中心城区用地指标交易机制、中心城区同新城建设用地指标置换机制，给予搬迁机构土地指标流转溢价。探索北京中心城区与周边新城以及北京与周边地市在税收等方面的分成机制，在一定年限内，由北京搬迁至周边地市的重点利税企业实施税收共享，其后，北京税收分成逐年递减。建立健全公共服务设施对接机制，加强三甲医院、重点高校等的合理布局，提升区域公共服务水平，不仅要加强非首都功能疏解，同时也要推动北京优质公共服务资源联动疏解，在解决北京"城市病"的同时，优化承载地整体承接环境，形成功能和人口流入缓冲区，为疏解外迁的企业等提供户口、医疗、教育等方面的优惠政策，建立北京与承载地房屋置换公共服务平台，对置换的房屋给予优惠政策。

（3）核心区分区布局与定位。东城区和西城区需要将非首都功能向外疏解，进一步提高高端服务业的发展水平和聚集度。部分医疗、教育资源应限制发展，尽量疏解至四环以外的城市区域；推进中心城区的小商品批发市场、服装批发市场升级转型和退出，逐步引进高端业态。同时，东城区和西城区要充分利用文化资源，建设中华文化区。朝阳区以 CBD 为中心大力搭建中国企业进行跨国投资并购活动的平台，推进 CBD 成为生产型服务业的国际商务中心；积极推进奥林匹克森林公园文化综合区建设，着力把奥运功能区打造成为世界级的国际文化体育商务中心和大型国际旅游会展中心。海淀区要着力建设北部研发服务和高新技术产业集聚区，中部研发、技术服务和高端要素集聚区，西北部高端休闲旅游区，南部高端商务服务和文化创意产业区；严禁教育、医疗机构大规模扩张，鼓励根据不同专业特点和年级在新城建设分校。

（4）推进综合性和区域性新城建设。未来新城建设要加快转型升级，更好地承接中心城区疏解的产业并且完成与高端服务产业的对接。提高新城基础设施建设水平，尤其是医疗和教育机构的质量，使新城人口能享受到更好的生活服务；制定合理的产业政策，根据新城人口结构引导相关产业发展，保证人口充分就业。重点建设通州、亦庄、昌平、大兴等这些距离中心城区较近的、地理位置比较优越的新城；在辐射带动区域发展的同时，着重提升面向中心城区的综合服务和人口疏解功能，成为综合性新城。加快建设门头沟、延庆、怀柔、密云等生态涵养区新城，重点提升区域公共服务中心和产业集聚中心功能，带动区域城市化，成为区域性新城。

（5）推进雄安新区建设。雄安新区发展有必要以集聚优质公共服务资源为先导，先形成磁体效应，进而发展高端高新产业，产生"容体"功能。北京作为首都，拥有大量优质公共服务资源，创造了大量就业机会。加快推进雄安新区发展，一个有力的抓手是通过规划手段和政策激励，引导部分优质公共服务资源流入雄安新区，显著改进新区公共服务设施。一些研究发现，居民对新城的主观评价会影响其迁居意向，对迁居目的地的设施服务评价高的居民，其迁居的倾向性更大，更有可能成为新城未来的居民。对于需要疏解的中央企业，有必要进行整体搬迁，或将总部迁到雄安新区。而对于高校、医院、科研院所等事业单位，这些机构直接面向首都居民提供公共服务，如果整体搬迁，难免会产生消极影响。为减少矛盾，对于提供优质公共服务的单位，可采取增量疏解为主的措施，支持其到雄安设置新校区、新机构。

参考文献

［1］苏峰．北京城市定位的几次演变［J］．北京党史，2014，207（4）：35-37.

［2］王吉力，杨明．从疏解整治到优化提升——2009 至 2020 年北京非首都功能疏解政策回顾［J］．城市发展研究，2020，27（12）：29-37.

［3］孙久文，卢怡贤，易淑昶．高质量发展理念下的京津冀产业协同研究［J］．北京行政学院学报，2020，130（6）：20-29.

［4］李国平．京津冀产业协同发展的战略定位及空间格局［J］．前线，2017，447（12）：92-95.

［5］池靖翔．京津冀高技术产业集聚对经济增长的空间溢出效应研究［J］．改革与开放，2021，558（9）：1-12.

［6］陶凤，吕银玲．京津冀七年　产业转移破局［N］．北京商报，2021-07-12（002）.

［7］孙久文，张皓．京津冀区域经济合作的优化与拓展［J］．前线，2021，489（6）：61-64.

［8］孙久文．京津冀世界级城市群的现状研判与发展建议［J］．理论与现代化，2020，264（4）：31-37.

［9］田学斌，柳天恩．京津冀协同创新的重要进展、现实困境与突破路径［J］．区域经

济评论，2020，46（4）：109-115.

　　［10］柳天恩，田学斌．京津冀协同发展：进展、成效与展望［J］．中国流通经济，2019，33（11）：116-128.

　　［11］孙久文．京津冀协同发展70年的回顾与展望［J］．区域经济评论，2019，40（4）：25-31.

　　［12］王德利，许静，高璇．京津冀协同发展背景下北京非首都功能疏解思路与对策［J］．经济研究导刊，2019，395（9）：53-54.

　　［13］孙久文．京津冀协同发展的目标、任务与实施路径［J］．经济社会体制比较，2016，185（3）：5-9.

　　［14］周静，郭越．京津冀协同发展取得新成效［N］．中国信息报，2020-03-16（007）.

　　［15］邓丽姝．京津冀产业协同发展战略研究［J］．生产力研究，2017，300（7）：64-69.

　　［16］王欣，花红星．京津冀协同发展中北京非首都功能疏解问题对策研究［J］．呼伦贝尔学院学报，2018，26（6）：39+55-59.

　　［17］白小伟．科技创新驱动北京现代化经济体系建设研究［J］．当代经济，2020，508（4）：28-31.

　　［18］牢牢把握北京非首都功能疏解"牛鼻子"努力推动京津冀协同发展迈上新台阶取得新成效［J］．经济管理文摘，2021，768（6）：3-6.

　　［19］杨宏山．首都功能疏解与雄安新区发展的路径探讨［J］．中国行政管理，2017，387（9）：65-69.

　　［20］赵弘，李柏峰．疏解非首都功能的思路与对策［J］．北京经济管理职业学院学报，2017，32（1）：3-7.

　　［21］孙久文，高宇杰．新发展格局与京津冀都市圈化发展的构想［J］．北京社会科学，2021，218（6）：95-106.

　　［22］孙久文，夏添．新时代京津冀协同发展的重点任务初探［J］．北京行政学院学报，2018，117（5）：15-24.

　　［23］武凌君，陈怡霖．新中国70年北京市产业结构演变的历程、特点和启示［J］．北京党史，2019，238（5）：40-45.

　　［24］孙久文．"十四五"背景下京津冀协同发展与雄安新区建设［J］．金融理论探索，2022，202（2）：3-9.

第十章　通州城市副中心建设

第一节　通州城市副中心发展实践

一、通州发展定位演变

（一）从划归河北到划归北京

1949 年以来，通州在行政归属上主要经历了从划归河北省到划归北京市的变化。1949 年 8 月，当时的通县划归河北省。1954 年分设通县和通州市。1958 年 3 月，国务院决定通县、通州市由河北省划归北京市。同年 4 月，撤销通县专区，通县、通州市合并称为通州区。1960 年，撤销通州区，又称通县。从 1949 年到 1960 年，通县的名称经历了多次变化后回到了原点。

（二）从郊区县到卫星城

自 1958 年划归北京市以来，通州（包括通县、通州市、通州区等曾经的行政区划）的角色主要是北京市的郊区县，称为通县，直到 20 世纪 90 年代被定位为北京的卫星城。1993 年《北京城市总体规划（1991—2010 年）》中，通县定位为北京卫星城，与北京的其他郊区卫星城开始进入重要的发展起步阶段。1997 年 4 月，通县再次更名为通州区，这意味着通州正式进入郊区的序列之中。2004 年，北京市修编《北京城市总体规划》，要求核心发展通州、顺义、亦庄 3 个新城，通州在北京卫星城中的重要性得以凸显。2005 年版的北京城市规划中，提出通州为"面向未来的新城区"。总体规划中提出，在通州预留发展备用地，作为未来行政办公用地使用。通州是承接中心城人口、职能疏解和新的产业集聚的主要地区，是东部发展带的重要节点、北京核心发展的新城之一，也是北京未来发展的新城区和城市综合服务中心。

（三）从核心新城到城市副中心

2014 年 2 月，习近平总书记视察北京，提出要调整疏解非首都核心功能，增强区域人口均衡分布，促进区域均衡发展的指导意见，提出："结合功能疏解，集中力量打造城市副中心，做强新城核心产业功能区，做优新城公共服务中心区，构建功能清晰、分工合理、主副结合的格局。"疏解非首都功能，是城市副中心建设蓝图的点睛之笔，从此通州建设开始进入全面提速的新时期。2015 年 7 月，北京市全面部署了贯彻《京津冀协同发展规划纲要》的路线图和时间表，提出"有序推动北京市属行政事业单位整体或部分向市行政副中心转移"。至此，通州作为北京市行政副中心的"新身份"亮相。通州的发展正式进入了快车道。

二、通州城市副中心建设成效

（一）海绵城市

海绵城市是新一代城市管理概念，是指城市在适应环境变化和应对雨水带来的自然灾害等方面具有良好的"弹性"，也可称为"水弹性城市"，国际通用术语为"低影响开发雨水系统构建"，下雨时吸水、蓄水、渗水、净水，需要时将蓄存的水"释放"并加以利用。北京是我国最早开展城市雨水利用研究与应用的城市之一。2016 年，通州代表北京市入选第二批国家海绵城市试点。

1. 内涝积水点基本消除

通州区通过老旧小区海绵改造、海绵型公园绿地建设、海绵型道路建设等工程的建设，削减了源头径流总量和峰值；通过下凹桥区泵站提标改造及排水管线的定期清淤维护，提升了过程排水能力；通过河道清淤改造增加了河道行洪能力。以上工程措施的实施，结合区域防汛应急体系的逐步完善，使试点区原有积水点已经基本消除，并经受了多次特大暴雨的考验。

2. 生态环境品质显著提升

一是开展了减河公园、休闲公园、六环西辅路绿化工程、玉带河大街绿化工程、行政办公区一期景观绿化工程等一批高品质的公园绿地项目，有效地增加了区域绿地面积，有效地保护了区域生态本底。二是从系统角度出发，建设行政办公区景观水系及排水暗涵工程，实现了行政办公片区内排水、蓄涝、面源控制与风景观赏四大功能的充分融合，成为新区建设的典范。通过源头海绵改造、过程管网完善、末端再生水厂和调蓄设施建设，合流制溢流污染问题得到有效控制，北运河和运潮减河的水环境质量明显改善，全面消除黑臭水体。三是试点区内绿化灌溉用水、景观水体补水、市政杂用水逐步使用再生水和雨水，非常规水资源利用率逐步提升，地下水位得到有效恢复。四是北运河、运潮减河水质逐步改善，城市人居环境得到显著提升，试点区初步形成了蓝绿交织、水城共融的生态格局体系。

3. 生活环境大大改善

通州区通过海绵城市建设，合计改造老旧小区 15 个，总面积 100 余万平方米；改造、新增公园广场 6 处，面积达 34 万平方米；改造学校及幼儿园 6 所。这在解决原有区域内涝积水问题的同时，也提升了区域景观效果，大大改善了生活环境，扩展了城市居民的休闲游憩空间，累计受益居民达到 2 万余人，极大提高了人民的获得感。

（二）绿色城市

1. 生态环境治理成果显著

2017 年，通州区完成全部煤改清洁能源任务，实现全区无煤化，散煤治理进入常态化。逐步推进老旧柴油货车淘汰和加油站油气回收在线监控改造工作，扩大清洁能源车辆使用比例，加大移动污染源监管，推进移动源低排放。健全"散乱污"企业台账，采取市区联合、公安配合、"两断三清"等手段，清理整治取得积极成效。组织开展印刷、家具、汽修、餐饮等重点行业挥发性有机物排放专项执法检查，深度治理污染行业。截至 2019 年，全区范围内 60% 的垃圾分类示范片区建设完成，设置再生资源回收站点 540 座，生活垃圾无害化处理率达到 100%。

2. 生态环境质量明显改善

2019 年，通州区大气中二氧化硫（SO_2）、二氧化氮（NO_2）、可吸入颗粒物（$PM10$）和细颗粒物（$PM2.5$）年均浓度与 2015 年相比，分别下降了 75.1%、24.6%、35.5%、50.3% 和 20.7%，全区降尘量降至 6.9 吨/平方千米/月。其中，二氧化硫达到国家环境空气质量二级标准限值，降尘量满足国家推荐参考标准；其他指标虽未达到国家环境空气质量二级标准限值，但整体改善效果显著。2016 年以来，通州区生态环境状况指数由 54.0 上升为 62.5，生态环境状况不断改善。2019 年，通州区优良天数为 226 天，较 2015 年增加 69 天，增加比例约 43.9%；重污染天数为 13 天，较 2015 年下降 51 天，下降比例约 79.7%，由 2015 年占全年有效监测天数的 22.3% 降至 2019 年的 3.6%；严重污染天数比例不断缩小，由最高的 7.5% 降至目前的 0.3%。

3. 水环境治理取得良好成效

2019 年，通州区 30 个村的污水治理任务全面完成，全年再生水利用量达到 1.7 亿立方米。全区污水处理率由 2015 年的 67.2% 提高到 2019 年的 90%。区级、乡镇级地下水水源地饮用水水质达标率为 100%。积极推进城北水网、两河水网和城南水网建设，重点建设北运河（温榆河）、潮白河、运潮减河、凉水河 4 条河流水生态自然修复带，建成宋庄蓄滞洪湿地、凤港减河蓄滞洪湿地等多处湿地。滨河带景观、亲水公园、滨水湿地等亲水工程逐年完工，水生态系统修复效果开始显现，主要河流水体的水生态功能得到初步恢复。

（三）森林城市

1. 城市绿心特色突出

通州区高标准开展行政办公区及周边生态景观建设，完成千年守望林及公园绿地建设，实施地栽花卉常态布置，打造10条"三季有花、四季常绿"风景林荫道路，实施西海子公园、滨河公园等9个城市公园改造提升工程，并利用街边空地和裸露地块，建设口袋公园、休闲公园68处，逐步提升城区人均公园绿地面积和公园500米服务半径覆盖范围，完成留白增绿6200亩（约4.13平方千米）及八里桥地块等3处城市森林建设。

2. 郊野公园蓝绿交织

沿副中心周边规划了由13个公园串联组成的绿色休公园。其中，以永顺城市公园、刘庄公园、宋庄公园等工程建设为主体的北部一环实现闭环。全区建成万亩以上大尺度郊野公园和森林湿地8处，建成镇域中心公园8个，城郊大型生态旅游休闲场所数量均匀分布、搭配合理，为城乡居民提供了更多休闲游憩的场所。

3. 东西两带贯通南北，生态绿带协同发展

以新一轮百万亩造林工程为载体，依托大运河、潮白河及周边森林湿地资源，以潮白河森林生态景观带为主体，建成东部生态绿带3.5万亩（约23.33平方千米）；依托温榆河及两侧湿地，以东郊森林公园、台湖万亩游憩园等为主体，建成西部生态绿带2.6万亩（约17.33平方千米）；以近自然的模式实现大尺度生态绿化，形成卫翼东西、贯通南北的水源保护林和风景带，城市重要水源地植被得到有效保护，城市森林生态系统稳定健康。

4. 生态产业蓬勃发展

通州区以"西集大樱桃""张家湾葡萄"两个国家级地理标志为抓手，通过推广优新技术，改良土壤和设施设备，建设现代化高效果园，提升产量和品质，做大做强特色林果产业。目前，全区经济林面积共4.8万亩（约32平方千米），年产量4751万千克，年产值逾4亿元。通过政策、资金引导，建设交易中心、培育品牌企业，促进花卉苗木产业发展，形成了较为完善的现代林木花卉种苗体系。全区已建成规模化苗圃2.9万余亩（约19.33平方千米），规模化苗圃数量位居全市第一。以大运河生态文化景区申报国家5A级景区为契机，通过基础设施建设和品质提升，公园生态旅游配套设施不断完善，大运河森林公园成功申报国家森林休闲体验基地，培育形成以区级森林公园及镇域中心公园为主体，采摘园、农家乐等为补充的生态旅游产业链。全区年接待游客351.5万人次，产值达38.5亿元。

（四）智慧城市

智慧城市建设的核心就在于将物联网、云计算、大数据等新一代信息技术应用于城市管理服务的方方面面。

1. 智慧交通方面

2019 年，通州 155 平方千米核心区内，对 255 个路口的信号灯进行了联网联控和智能化升级，7 条道路实现绿波带全覆盖，包括新华大街、通胡大街、芙蓉东路、玉带河大街以及六环西侧路等。

2. 智慧文化方面

潞邑街道首家 24 小时智能文化空间建成使用。该智能文化空间内有 2000 册图书可供借阅，还可在线浏览阅读 500 多种精品大众期刊和 30 多种全国主流报纸。除了读报机、电子阅读器、自助借还机，这里还有酷似唱吧的朗读亭。读者可在线选择作品，戴上专业耳机配乐朗诵。市民凭身份证就可以办理联名读者卡，在智能文化空间的自助办证机上即可办理，借书、读书均免费。

3. 数字生态城市

155 平方千米的通州核心区域完成了环境监测的智能化改造，打通了区城管委、住建局、环保局等多部门的信息平台，接入 1437 路视频、1100 个大气预警传感器；每 10 分钟就可以完成一次全区域视频扫描。在视频探头覆盖的区域内，针对工地未苫盖、渣土车未苫盖、道路遗撒等问题，基于视频智能算法，实现全天候自动识别和发现。

（五）大运河文化带建设

通州区在全国大运河文化带保护传承利用中具有独特地位。通州区遗留的大运河现状河道长度为 44.4 千米，其中北运河 40.1 千米、通惠河 4.3 千米，河道整体连贯性较好。

1. 运河文化遗产保护挖掘工作扎实推进

通州区保护、修缮了世界遗产燃灯佛舍利塔等一批重点文物，路县故城、张家湾古镇等考古工作取得重要进展，通州古城整体保护、张家湾古镇保护利用建设加快推进；编辑出版了《北京城市副中心·通州历史文化丛书》《潞阳遗韵》等一批通州运河历史文化研究成果，精心打造了《天地运河情》等一批运河文艺作品。

2. 运河生态环境逐渐美化提升

通州区全面实施了北运河、萧太后河等重要水系综合治理，完成了 139 千米 53 条黑臭水体的治理；开展了北运河、萧太后河等河流环境治理监测、污染源溯源等工作，实施了"一月一河"的专项执法，运河生态环境明显改善。

3. 运河特色与城市发展深度融合

通州区沿运河规划布局了运河商务区、环球影城等一批高端要素载体，建成了大运河森林公园、滨水慢行道等一批市民公共活动空间，文化生态空间更加优化，运河与城市、运河与市民的关系更为亲密，蓝绿交织、水城共融的城市空间格局加快形成。2019年，京杭大运河北京城市副中心段实现旅游通航，北京大运河景区正式被列入国家5A级旅游景区预备名单，初步形成以宋庄艺术区和文化旅游区两个大型产业集聚区为核心，台湖演艺小镇、张家湾设计小镇等多点支撑的文化产业发展格局，形成了以大运河文化带等为主的运河文化旅游板块，同时依托城北的燃灯佛舍利塔等历史文物古迹，不断推出以人文历史为灵魂的文物古迹文化旅游体验产品，逐渐发展成为集观光、体验、娱乐、休闲等于一体的都市休闲旅游目的地。

4. 协同保护行动持续深化

通州区与河北省廊坊市、天津市武清区签订实施了《北运河开发建设合作框架协议》，携手开展北运河综合治理，为全线游船通航积极创造条件。

三、通州城市副中心建设过程中存在的问题

（一）城市集聚效应尚不明显

按照《北京城市副中心控制性详细规划（街区层面）（2016—2035年）》，未来城市副中心要以科技创新、行政办公、商务服务、文化旅游为主导功能，形成配套完善的城市综合功能。这些城市功能的建设都需要足够的城市空间与发展腹地来承载，但目前副中心总体上处于规划建设的起步阶段，行政办公区、运河商务区、文化旅游区等许多功能板块均处于开发建设阶段，功能集聚效应尚未发挥出来。一是主导功能核心承载区集聚力亟待提升。行政办公区虽然一期已基本建成，市委市政府已迁入办公，但二期尚处于规划建设阶段，办公区与中心城区核心区以及城市其他功能节点的交通联系网络有待健全，支撑行政办公区等重点区域的公交出行公共服务有待完善；行政办公区周边配套设施尚未启动，重点商业配套设施等有待进一步加强。高端零售及休闲娱乐商业网点占比较低，且空间布局不均衡。行政办公区周边景观环境建设需进一步完善，绿化景观品质特色有待进一步彰显。运河商务区建设已取得积极成效，但是很多核心项目仍处于建设规划阶段，截至2019年，运河商务区仅有76%的项目开发取得开工证、47%的项目取得预售证，仅有36%的项目达到竣工备案标准，加上目前通州区写字楼主导产业不鲜明、定位雷同，商务区的高端要素集聚效应尚不明显，规模效应和集聚效应都亟待提高。二是副中心辐射作用尚不明显。近年来，通州区开展了镇域规划编制工作和特色小镇、乡镇功能定位研究工作，但是内部发展不平衡问题依然突出，城乡收入差距依然较大，城区内部资源配置差距依旧显著。重点规划发展的宋庄、张家湾镇尚存在严重短板，部分镇区

公共服务处于空白，集聚功能尚处于初级阶段，核心区对周边区域的辐射带动作用尚未发挥。

（二）基础设施和公共服务短板突出

城市副中心与中心城区在城市建设品质、公共服务水平、产业生态环境等方面都存在较大差距，受制于交通和公共服务不完备等因素，副中心目前对中心城区人口和资源等各类要素的吸引力不足。一是城市副中心与中心城区交通联系不够便捷。通过实施建设市郊铁路副中心线、地铁 7 号线东延、八通线南延、广渠路东延等一批重大交通基础设施项目，城市副中心的区域交通承载力不断提升，但与中心城区的交通联系仍不够便捷，效率不高，通勤问题依旧突出。二是城市副中心与中心城区之间的公共服务落差很大。近年来，通州区引入了北京学校、景山学校、友谊医院通州院区等一批优质公共服务资源，但大部分处于建设阶段，即使全部落地实施，能在一定程度上弥补公共服务设施"历史欠账"，总体上也仍存在优质公共资源不足的问题，国际优质资源尤其缺乏。图 10-1 所示为 2019 年通州区医疗资源水平与其他区的比较。

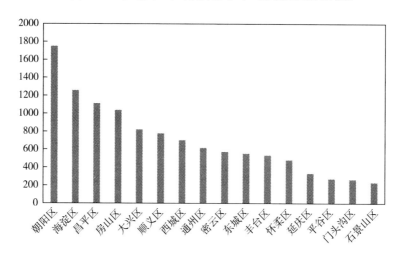

图 10-1　2019 年通州区医疗资源水平与其他区的比较

（三）城市治理能力有待提升

目前，副中心城市治理方面存在突出短板，城市综合治理能力有待提升，副中心的现代化建设水平与建设国际一流和谐宜居现代化城区的目标还有较大差距。一是生态环境建设短板突出。近年来，通州区通过城市绿心、大运河森林公园、流域水系综合治理等一批生态环境治理工程，生态环境建设取得了积极成效，但仍需持续发力，大气污染、水污染治理任务依然艰巨。2019 年，通州区 PM2.5 年均浓度为 46 微克/立方米，高出全市年均浓度 4 微克/立方米，在全市排名倒数第一（见表10-1）。二是城乡治理能力亟待提升。通州区社会民生建设存在短板，对照"七有""五性"标准，学前教育缺口、老旧小区更新改造、生活性服务业品质和便利化程度有待提高等关系人民生活的部分诉求还不能从根本上予以解决；基层治理机制有待进一步完善，服务群众的"最后一公里"亟待打通，精治共治法治水平仍有待提升；城乡之间发展不平衡的问题仍然存在，农村集体经济活动不强，基础设施和公共服务差距依然明显，新型城镇化建设和改革任务依然艰巨。

表10-1　2019年通州区与全市及其他区PM2.5年均浓度

单位：微克/立方米

	年均浓度		年均浓度
全市	42	丰台	42
密云	34	房山	42
怀柔	35	石景山	43
门头沟	36	朝阳	43
延庆	37	亦庄	44
昌平	37	西城	44
平谷	40	大兴	44
海淀	40	东城	44
顺义	41	通州	46

资料来源：北京市生态环境局官网。

（四）高质量发展面临诸多体制机制约束

当前，城市副中心建设发展面临着许多瓶颈制约，亟待加强体制机制的改革探索。一是推进城市更新、实现土地减量集约利用面临着拆迁成本抬高、减量背景下空间改造利用对社会主体吸引力降低、农村集体经营性建设用地统筹利用难度加大等诸多困难，迫切需要在土地管理制度、规划审批改革、投融资机制等方面进行改革探索。二是国际化开放发展层次有待进一步提高。与中心城区以及亦庄、顺义等开放型经济发展较好的区域相比，通州区开放型经济发展水平较低，开放发展层次有待提高。2018年，通州区实际利用外商直接投资5.5亿美元，仅为顺义的1/3，不及海淀的1/14。高品质的国际化服务设施缺乏，对国际高端人才和产业资源的吸引力不强。通州区拥有国际学校5所，不及顺义区的一半，仅为海淀区的1/3、朝阳区的1/4。北京市获得JCI认证的医院共13家，主要集中在朝阳、西城等城区，通州尚未有JCI认证的医院。

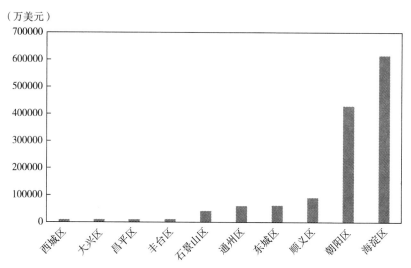

图 10-2　2018 年通州区实际利用外资与其他城区比较

四、推动城市副中心建设路径

（一）提升北京城市副中心综合承载力

北京城市副中心的人口规模和开发强度要与其综合承载力相适应。北京城市副中心所在的通州区目前的综合承载力水平还较低，低水平的综合承载力会制约北京城市副中心的发展。为避免综合承载力水平过低给北京城市副中心的发展带来约束，未来应着力提高北京城市副中心的社会、环境和经济三大承载力，增强其承接各种要素的能力，使其成为承接中心城区非首都功能疏解的重要空间载体。

提升北京城市副中心的社会承载力应关注制度、文化、基础设施建设与公共服务供给等方面：改善其制度环境，增强制度包容性；深入挖掘北京城市副中心的文化内涵，尤其是大运河文化，推动有特色的城市文化建设；加强北京城市副中心的基础设施建设，提高公共服务供给水平。在提升北京城市副中心的环境承载力方面，应集约利用土地资源，节约利用水资源，提高能源利用效率，保护生态环境；通过采用资源节约和环境友好技术，避免和防止对资源的过度开发、低效开发和破坏性行为，发展北京城市副中心绿化美化系统，尤其重视居住区的绿化建设，提高宜居水平，完善区域发展环境。在提升北京城市副中心的经济承载力方面，通过引入高端产业和原有产业的高端化发展，加快产业结构调整，促进产业转型升级，合理布局产业，扩大北京城市副中心的经济规模，提高产业生产效率，构建合适的产业发展体系，加强经济发展的可持续性。

（二）构建与城市副中心相匹配的产业体系

支撑北京城市副中心定位，要积极构建与之相匹配的产业发展体系。一是要做大总体产业发展规模，达到与北京城市副中心定位相匹配的产业量能。二是围绕通州区产业发展定位，努力打造金融商务类产业集群、文化旅游类产业集群以及未来新兴产业集群。三是不断调优产业结构，引进培育具有较高科技含量、处于产业链高端、附加值较高、资源消耗较少、能够为高层次人才提供就业机会的产业；发展壮大符合通州区资源环境条件、有一定发展基础与比较优势，能够不断创造就业的产业；稳固提升已具备一定发展规模、可以发展形成产业集群、能够提供稳定的就业机会，但目前还较为弱小、需要政策扶持的产业；疏解消减能提供稳定税收和就业岗位，但与通州产业定位不符的产业；清理腾退提供税收少、附加价值低、市场前景不大的产业。四是完善产业布局，积极推进运河商务区、宋庄文化创意产业集聚区、北京环球影城主题公园及度假区等的协调发展。五是强化与三河、大厂和香河的产业协同发展，按照比较优势原则，合理确定各自产业定位，积极推进要素跨界流动和资源整合，率先突破京津冀协同发展的体制机制障碍，实现多方协同共赢发展。北京城市副中心未来应重点发展金融业、商务服务业、文化旅游产业、现代商贸物流业、高品质生活性服务业、科技创新及技术服务业，积极培育总部经济，促进北京城市副中心产业的持续发展。

（三）促进产城融合

产城融合是产业不断发展与城市功能完善良性互动的动态过程。在这一过程中，产业的发展能够促进城市功能不断优化，通过要素、产业和城市的有序流动与发展，提升城市服务水平，主要表现为产业布局和城市功能的有机统一、就业与居住的深度融合、产业与城市的和谐相处等。影响产城融合的因素主要有产业生产要素、经济水平、城市化程度和发展环境，其中产业生产要素是促进产城融合的原动力。北京城市副中心在产城融合发展过程中，要促进中心城区、副中心及周边地区的要素流动，注重产业与城市融合发展。北京城市副中心的建设，一要注重产业发展与人口聚集协同发展。要科学合理地确定主导产业，通过主导产业带动相关产业发展，从而促进人口快速集聚；加快发展现代服务业，促进传统产业升级和新兴产业发展，提供更多高质量的就业机会。二要注重配套设施建设，满足就业人口的生活需要，完善各项生活配套体系，让北京城市副中心更加宜居，避免出现"堵城""睡城""空城"等现象。产业与城市副中心的融合发展，将持续推动北京城市副中心健康发展，使其成为集实体产业发展、创新集群导入、完整生活配套设施于一体的具备多功能的城市综合体。

（四）完善城市综合功能

城市功能是城市满足市场需求的性质和能力。从城市功能分类的角度，可以将城市功能分为主导功能、一般功能和基本功能。其中，城市主导功能是建立在主导产业基础上的，主要向其他区域提供服务的功能，决定了城市的性质；城市一般功能是为主导功能配套和服务所显示出来的功能；城市基本功能是为城市本身服务的功能。城市功能是城市存在的本质，也是城市发展的动力因素。富有特色的多样化职能定位是增强副中心发展活力的关键。北京城市副中心的功能定位应以其自身的基本条件为基础，寻找发展机会，探索发展可能，明确其在较大的区域范围中承担的职能及所处的地位，与传统中心城区的功能定位形成错位，实现北京城市副中心经济、社会的全面发展。根据《北京城市总体规划（2016—2035年）》的要求，尽快构建"一带、一轴、多组团"的城市空间结构，沿生态文明带布置运河商务区、北京城市副中心交通枢纽地区和城市绿心三个功能节点；在创新发展轴周围形成宋庄文化创意产业集聚区、行政办公区、城市绿心和北京环球影城主题公园及度假区四个功能节点。围绕对接中心城区功能和人口疏解，发挥对疏解非首都功能的示范带动作用，促进行政功能与其他城市功能有机结合，以行政办公、商务服务和文化旅游为主导功能，形成配套完善的城市综合功能。

五、加快通州城市副中心建设的对策

（一）制定急需人才引进政策

一是制定城市副中心紧缺人才积分落户加分政策。积极推动人才资源自由有序流动和优化配置，围绕副中心发展定位和产业发展需求，以人才业务领域、教育背景、专业技能等为主要参考指标，制定和发布通州区急需紧缺人才目录。可争取北京赋予副中心国内人才引进直接落户和留学回国人员落户审批权，符合目录范畴人才可直接落户。二是实施自由便利的国际人才管理。争取放宽与城市副中心建设相关领域的从业资格限制。建立境外人才工作和创业绿色通道。争取相关部门赋予城市副中心更大的引进外国人才自主权，试点实行外国人来华工作许可差异化流程，缩短引进外籍人才手续办理周期；对拥有重大创新技术的外籍高层次人才以技术入股方式在城市副中心注册企业的，进一步简化办理程序和申请材料。三是扩大对在城市副中心扎根就业且稳定居住的人才的住房供给。对于符合城市副中心购房条件、在城市副中心稳定就业且稳定居住的人才，给予优先选房购房资格。拓宽租赁住房配套建设渠道，提高商业办公用地配套建设租赁住房等生活服务设施建筑面积比例上限，更好地提供人才的生活服务设施，实现职住平衡。

（二）完善产业发展配套政策

一是聚焦文化、旅游、科技创新，积极争取国家税收政策支持。建议围绕文化、旅游、科技创新等重点产业方向，建立鼓励类清单，明确产业项目入驻标准，借鉴海南自贸港、上海自贸区临港新片区等区域税收政策，争取国家支持。对在城市副中心设立的符合标准的文化、旅游、高新技术产业企业免征企业所得税。二是深化金融领域开放政策创新，推动放宽银行保险等领域金融机构市场准入，积极构建与国际接轨的金融监管体系，支持金融机构开展跨境金融业务。三是积极争取市级产业政策支持。适当降低城市副中心总部企业享受市级政策的门槛标准，针对城市副中心制定特殊总部支持政策和金融政策。

（三）完善城市用地政策

一是探索新型产业用地供地模式试点。在通州区产业园区或特色小镇选取部分区域开展新型产业用地试点，对试点区域的用地性质进行微调，优化整合形成集中连片区域进行整体开发建设。二是探索建立国有企业存量用地盘活机制。探索政企利益分享机制，推动存量用地高效盘活利用。对城市功能变化和规划调整后国有企业的存量低效土地（工业用地、仓储用地），鼓励企业申请变更土地性质（商业、办公、居住用地），并与企业签订协议，保证企业在原规划下享有的土地价值不减少，土地性质变更后的增值部分由政府与企业按一定比例分享。以国有企业存量低效用地盘活为突破口，进行探索，推动国企转型成为专业化的产业运营商。三是探索农村集体经营性建设用地出让和利用模式。通过以宅基地置换回迁安置房的方式对农民进行搬迁安置，然后农村其他集体经营性建设用地作为产业用地，以农民土地承包经营权作价入股组建股份合作社，由合作社组织建设并运营，采取只租不售的模式，取得的收益按农户土地入股份额进行分配。

（四）加强基础设施供给

北京城市副中心所在的通州区公共服务配套设施与北京城市定位相比较为匮乏，尤其是医疗方面和教育方面与中心城区的差距较大。基础设施和公共服务的缺失将会削弱北京城市副中心对人口和产业的吸引力。政府应对通州产业功能区进行基础设施配套建设，更好地促进产业生产要素向北京城市副中心集聚。加快北京城市副中心教育、科技、医疗、卫生、环境保护、园林绿化、消防、文化、体育及信息化等基础设施的建设步伐，提高北京城市副中心的公共服务能力和水平，逐步形成相对完善的基础设施和公共服务体系。抓住非首都功能疏解的契机，积极支持中心城区著名高校、医院在通州兴办分校、分院，以更为优惠的政策吸引著名高校、医院整体搬迁落户通州，通过引进优质资源，促进与北京城市副中心职能相匹配的配套服务业的发展，推动北京城市副中心与中心城区之间基础设施和公共服务能力的差距稳步向不断缩小的方向发展。

第二节 国内外城市副中心建设对通州建设的启示

一、国内外城市副中心建设

（一）日本东京城市副中心建设

1. 建设背景

20世纪50年代，随着日本经济的高速增长，东京都中心的商务功能得到快速发展，很快形成了高度集中的中央商务区，地价高涨，居住地开始向郊外转移，出现了城市功能的单中心高度集中、通勤时间长等大城市问题。20世纪60年代初期，中央商务区办公用房出现短缺，政府开始意识到要向外分散，实现职住平衡，并提出建设东京城市副中心，引导城市由单中心结构向多中心结构转移的构想和规划。经过近30年的建设，都心的商务功能聚集得到有效控制。目前，东京已形成了包括七个副都心和多摩地区五个核都市的多心型城市结构。七个副都心是池袋、新宿、涩谷、大崎、上野、锦系町、临海，它们基本上位于山手线环线与各个铁路放射线的交会处，充分利用了交通枢纽对于商务及人流的聚集效应。

2. 副中心功能

日本城市副中心功能分为行政主导型、金融主导型、商务办公型、文化旅游型、会展型、科技型、国际贸易型、零售商业型8种类型。

（1）东京池袋。池袋以池袋车站为中心，也以此为界，分成西口区和东口区。出池袋车站东口至阳光城为止的街道两旁，分布着无数大百货店、电器店、时装店、电影院、餐饮店、游艺中心、附展馆设施的大型会议中心。池袋是集商业、文化、教育、交通于一体的综合型城市副中心。作为交通枢纽，铁路干线有山手线、琦京线、副都心线、西武池袋线在池袋站停靠；地铁有乐町线在东池袋站停靠；市内电车在东池袋四丁目站停靠；还有首都高速5号池袋线途经该区。池袋站仅次于新宿站，居日本最繁忙车站第二位，亦仅次于新宿站成为世界第二大繁忙铁路车站。作为商业中心，其区域内遍布制造业、批发业、零售业、建筑业、服务业等行业的大中小型各种规模企业，吸纳了众多就业者。文化教育方面，从幼儿园到大学教育体系完备，公私学校并立，其中大学有学习院大学、东京音乐大学、立教大学、大正大学4所大学；此外，还有知名大型艺术剧场和展馆。

（2）东京新宿。新宿是东京都内 23 个特别区之一，位于东京市区内中央偏西的地带，紧靠东京老 CBD，是东京市内主要繁华区之一。以新宿车站为中心，新宿副中心包括 3 个功能区：东新宿是传统商业街区，由以流行时尚名品为主的繁华商业街和以娱乐为主的歌舞伎街组成；西新宿是行政与商业新都心，以银行、证券、贸易、信息、传媒等大公司总部及写字楼、政府机关、高级饭店等集聚区为主；南新宿是多功能区域，集聚信息产业、办公和购物中心等。新宿副中心的主要功能是商业商务功能，占新宿总面积的 90%，其中商业、办公及写字楼建筑面积为 300 多万平方米；超高层建筑群共有 40 余栋大厦。1980～2014 年，新宿第一、第二产业就业比重不断降低，第三产业与其他类就业比重不断增加。新宿副中心的经济、行政、商业、文化、信息等部门云集于商务区；就业主要集中在批发零售业、医疗保障业、信息通信业、餐饮住宿、学术研究与专门技术服务业和科学技术等行业；人口就业构成已接近东京都中心三区，起到了对东京老 CBD 的疏解功能。

（3）东京临海副都心。临海副都心在东京城市中心以南约 6 千米，位于东京湾临海中央地带，面积 4.48 平方千米，1986 年后开始建设，作为东京第七个副都心以缓和城市中心一点集中带来的城市问题，促进东京向多心型结构转变。副都心城市空间骨架以景观散步大道为轴线，由干线路网、铁路和轻轨车站、大型公园等公共空间构成。临海副都心的城市功能空间分为 4 类：①多元功能复合化的临海副都心中心区；②具有尖端信息通信基础设施的智能商务区；③沿滨水地带的城市度假区；④高舒适度的都市型生活区。中心区以商务和商业消费空间为主；智能商务区以商务空间、商业消费空间、居住空间、公共服务空间为主；城市度假区以公园绿地、商业消费空间、居住空间为主；都市型生活区以居住空间、公共服务空间、商业消费空间、公园绿地为主。经严谨规划，临海副都心城市空间分区清晰、功能明确、结构紧凑，各类用地有机组合，协同促进完善主导功能，并采用多层面空间体系，实现空间集约利用。

（4）埼玉新都心。埼玉新都心建有国家综合官厅办公楼，综合官厅由政府机关（中央官厅）和管辖关东的地方机关（各省厅地方机关分部）入住，办公部门目前包括法务省、厚生劳动省、财务省、警察厅、防卫省、总务省、农林水产省、经济产业省、国土交通省、环境省、人事院。埼玉分担了东京作为首都的行政功能，成为名副其实的新都心。埼玉新都心地区同时是埼玉县内最大的商业区，包括民间高层大楼、埼玉超级体育馆、榉树广场、Cocoon 新都心、约翰·列侬博物馆等，还建有许多写字楼、办公楼。除此之外，埼玉新都心基础设施建设包括了埼玉新都心站、地上二楼连接各设施的行人步道、都市计划道路、区划街道、首都高速道路、维生管线的共同管线、雨水的滞洪池等。

（5）横滨 MM21。MM21 的主要构成包括：①商业设施、剧院、主题公园，如横滨地标大厦、横滨广场、TOC、日本丸纪念公园等；②办公室、业务关联设施，如日产汽车全球总公司、三菱重工横滨大楼、横滨银行总部大楼、日本石油横滨大楼等；③研究开发设施机构，如富士施乐研发广场、联想集团（面向日企）笔记本电脑研究开发基地等；④研修、实习设施机构，如 MUFG 全球教育中心（三菱 UFJ 金融集团的研修机构）；⑤酒店；⑥公园、绿地、人行道。MM21 集成了企业、文化设施、研究机构等，给市民提供了就业场所和岗位，活化了当地的经济，确立了该区域的经济基础，从而强化了横滨的自立性；建设公园、主题公园、绿地等，给市民提供了休息、观光的空间；还集合并扩大了商业以及国际交流等功能，从而分担了东京的相关首都功能。

（二）法国巴黎城市副中心建设

1. 建设背景

1958 年，为了满足巴黎日益增长的商务空间需求，保护旧城区的历史风貌，缓解巴黎老城区的人口、交通压力，巴黎市政府决定在城市轴线西端紧邻巴黎城的近郊区拉德芳斯建设新的商务区，承担全市大部分的商务功能。

2. 建设经验

（1）便捷的交通系统。目前，拉德芳斯区内已形成了高架交通、地面交通和地下交通三位一体的交通系统：地下有地铁 Ml、RER-A 线，将拉德芳斯区与巴黎市中心区紧密连接起来。地面 1~3 层是车行快速干道、立交桥和停车场，其中地下停车位共有 2.6 万余个；同时还设立了大量清晰的道路标志，引导车辆快速通过、有序停放；区内各部分之间有着发达的高速运输系统，保证了各企业间的紧密联系。地面 3~5 层的平台上建有人行道，步行系统总面积达 67 公顷（0.67 平方千米），人车分离的交通系统使车行、人行互不干扰，保证了交通的通畅。

（2）良好的文化景观。拉德芳斯区在建设中非常重视城市景观的营造，保持建筑物的多样性与独特性，其最具有标志性建筑新凯旋门建于 1989 年，集办公、展览、观光、餐饮等多种功能于一体，是现代科技与古典艺术的完美结合。新凯旋门不仅成为拉德芳斯区的标志，更成为巴黎现代都市文明的象征。MAX 剧院、CNIT 会展中心、德芳斯宫、新凯旋门屋顶展厅等常举行展览、艺术表演、音乐会等文化活动，提高了拉德芳斯的城市品位，丰富其城市内涵，也为其建设聚集了更多人气。

（3）多样化的商务空间。拉德芳斯区对办公楼进行了更加灵活多样的规划，注重建筑物外部形态、室内空间设计和设施配置的多样性，为不同性质、不同规模的公司度身定做不同类型的办公空间；同时，在大楼设计中推广节能技术，强调城市发展与环境保护之间的协调关系，为区内企业提供良好的外部环境。目前，拉德芳斯区内不仅有 IBM、摩托罗拉、日立、通用电气、菲亚特等 190 多家世界著名跨国公司的总部和区域总部，还有 1000 余家从事咨询、培训、市场调查等服务行业的中小型公司，可以说，每家进入拉德芳斯的公司都找到了符合其要求的办公空间。

（4）合理的开发机制。在拉德芳斯区的开发中，拉德芳斯区域开发公司扮演了重要的角色。一方面，拉德芳斯区域开发公司与中央政府密切联系，贯彻执行政府对拉德芳斯地区的发展规划，对开发者在区内的建设进行有效控制，保证了政府在区域规划与计划中的主导权。另一方面，拉德芳斯区域开发公司在土地收购、基础设施建设与出售上又拥有较大的自主权。建设初期，拉德芳斯区域开发公司通过建设交通道路等基础设施，吸引投资者，向开发者出售建筑权，从而取得收入。此外，它还通过与地方政府的合作，处理政府与当地居民的利益关系，为居民争取更多的权益。实践证明，在区域土地开发的早期建立类似 EPAD 的机构，既能保证政府的主导作用，又能充分利用市场机制进行运作，同时还能更好地协调地方政府与居民之间的利益关系，在中央与地方、政府与市场、政府与居民之间达到一个最佳的平衡，为副中心的开发建设提供体制保证。

（三）韩国首尔城市副中心建设

1. 建设背景

2003 年 12 月，韩国国会通过《新行政首都特别法》，决定将首都从首尔迁往中部地区。2006 年 12 月，韩国确定世宗市为新建行政首都。2012 年 9 月，总理室作为首个政府部门迁入世宗市，拉开了副中心的建设帷幕。新建城市副中心，有利于疏解集聚在首尔都市圈的全国 47% 的人口以及 50% 多的经济力量，从而推动中部地区协同发展。

2. 建设经验

一是制定行政副中心特别法和规划，推进行政机关搬迁。2010 年 12 月，韩国政府制定《世宗特别自治市设立相关特别法》，从国家层面规划发展世宗市，为行政机关迁入提供法制保障。2011 年 3 月，由总理室牵头组织世宗市支持委员会进行中长期城市发展规划研究。2012 年 6 月，形成世宗市中长期发展战略规划。

二是国家投资与社会资本互动，多渠道提升城市建设动力。首尔副中心建设资金实行的是国家力量与社会资本的有机互动，在行政机关完全迁入之前，世宗市建设以国家投资形式为主，之后通过引入社会资本参与，多渠道、全方位增强副中心建设动力，破解建设资金不足难题，并通过鼓励社会资本参与，形成多元化投资环境。

三是吸引高端资源迁入，完善教育、医疗等配套设施建设。世宗市积极动用社会力量，吸引高级人才和高端资源进入。除此之外，世宗市提出建设以教育科学为中心的经济城市，打造科技特区，引进高科技、绿色产业和大学等，推出土地优化、免收国税和地方税等多项优惠政策招商引资，提升副中心疏解首都功能的吸引力。

四是以协同发展为理念推进区域合作。如加强副中心城市空间结构优化促进区域协同发展，加强土地供给促进区域利益协调，扩大副中心城市设施的辐射和服务范围，对周边发展利益受损者给予适当经济补偿，多领域推进副中心与周边区域的协同发展与合作。

（四）中国上海城市副中心建设

1. 徐家汇

上海市现有的徐家汇、江湾—五角场、花木、真如四个城市副中心是在1994年上海市第四次规划工作会议上提出的，并写入了《上海市城市总体规划（1999—2020年）》。经过十年建设，徐家汇广场成为建设最为成功的 Sub-CBD 商圈。而五角场环岛地区则被政府、专家与市场视为继徐家汇之后，最具发展潜质和特色的 Sub-CBD 商圈。探析这两大商圈并存的优势与问题，以及新一轮建设中的业态演进和空间转型趋势可以为在上海乃至其他大型城市逐渐展开的 Sub-CBD 商圈建设提供某些借鉴。

徐家汇城市 Sub-CBD 商圈主要分布在徐家汇广场附近地区和华山路、天钥桥路等周边支马路。20世纪90年代初，地铁工程和第一轮旧区改造带来的城市形态布局变化直接导致了上海消费格局的重新分配。中心城区由于城市"空心化"发展步伐相对放慢，而沿地铁一号线动迁的人口让徐家汇成为新兴城市中心。十年发展造就一个徐家汇。"七五"时期末，徐汇区的商业在当时的中心城区排名还处于中下游的第七或第八位。而新近统计数据表明，徐家汇商圈是目前经济增长最快的商业中心。

2. 真如

真如城市副中心位于上海市普陀区中部，上海2040年总体规划将真如定位为上海的市级副中心之一。其核心区用地面积2.43平方千米，西起桃浦河，南至武宁路，东至静宁路，北至上海西站，研究范围东西向扩展至岚皋路、真北路，用地面积6.21平方千米。真如副中心核心区建设规模460万平方米，主要用途为商业、商务办公和住宅。真如副中心定位为积极承担城市中心功能的疏解，依托沪宁发展轴线，结合上海西站城际城内交通转换节点建设，建成辐射长三角的开放性生产力服务中心和服务上海西北地区的公共活动中心。其总体空间结构为纵横双轴、南北两心，依托曹杨路商务功能轴、铜川路文化休闲轴，设置以铜川路、曹杨路为中心的南核心区和以上海西站为中心的北核心区。

3. 虹桥新区

虹桥新区位于上海西部，既紧邻苏浙，是上海连通长三角的关键性节点区域，又紧邻中心城区，可以承接中心城区的外溢功能。位于虹桥新区的虹桥交通枢纽更具有得天独厚的区位优势。从虹桥枢纽乘坐高铁出发，2小时之内可以到达杭州、南京、合肥范围圈内的大部分城市，而2小时恰是商务活动当天往返的最佳旅行时间。虹桥机场承接日韩航班以及大多数国内航班。位于虹桥新区内的上海虹桥商务区是《上海市国民经济和社会发展第十三个五年规划纲要》中明确提出的重点发展功能区域，同时也是上海市低碳实践区。国家财政部和商务部也明确将虹桥商务区确定为现代服务业综合试点区，上海市政府还设立专项基金支持其总部经济及现代化服务业的发展。虹桥新区依仗得天独厚的区位条件，发挥虹桥枢纽、中国博览会展综合体项目的优势，将自身建设成为以物流和会展为特色、以总部经济和创新创意产业为主导、享受优质生活的新型城区，成为上海市乃至全国的产业结构转型、功能转型和空间转型的示范型城区。虹桥新区设立后，上海市域将形成由中心城、新区、新城、新市镇、中心村构成的新型城镇空间结构体系，从而为上海2040年建成"全球城市"目标的实现奠定空间架构。

4. 五角场

五角场因处于五条街道的交会处而得名。昔日的五角场是上海东北部唯一的商业中心，而且建设程度和规模有一定局限。而今，该区域被规划成与徐家汇媲美的现代化商都。五角场也成为杨浦区最重要、最有潜力的商业区。

围绕五角场中心商业设施，打造黄兴路购物休闲街、四平路文化餐饮街、邯郸路科技文化街、淞沪路休闲健身街和翔殷路休闲街5条特色街区，初步形成具有购物、休闲、娱乐、旅游、商务等综合功能的市级副商业中心基本构架。五角场商圈周边有10多所高等院校，周边有大型社区——中原社区，还有众多普通住宅区，所以消费群体主要是高校学生以及附近居民。作为上海市教育、科研院所最密集的地区，五角场地区有复旦大学、同济大学、上海财经大学、第二军医大学等十几所高等院校和近百所科研单位，周围还有复旦科技园区、同济科技园区。大学城的主力消费群体——高校师生实际上有着很大的消费需求，同时又具有很好的流动性，不断更新。如目前复旦大学周边的各色店铺大都十分火爆，经营状况很不错。因此，能够契合这部分消费人群的商业中心和服装品牌，在未来还会有更大的发展空间。

二、经验启示

在副中心建设中，有必要借鉴国外成功经验，设立兼顾政府与市场的开发机构，保证副中心土地与建设规划的科学性与严肃性。同时，进行高标准的对内对外交通规划，配置合理的服务设施，精心营造优美的生态环境和良好的文化氛围，建设交通便捷、环境优美、配套服务到位、拥有较高文化品位的城市副中心。

（一）引导社会资源向副中心集聚

国际大都市城市副中心建设都是分阶段开发建设，每个阶段聚焦几个副中心建设，实现目标聚焦，进而促进副中心的有序开发建设。比如，东京分三个阶段推进副都心建设。1958年，为缓解中心区因过度拥挤引发的地价、交通、环境等问题，东京提出"首都圈整备计划"，率先确定新宿、涩谷、池袋三地为副都心；1982年，为进一步缓解中心区商务功能，增设上野—浅草、锦系町—龟户以及大崎三个副都心，将生活、周转功能和教育、研究设施向东京外围地区疏散；1987年，为扩展商务办公空间以满足东京日益增多的国际商务活动需求，同时建设信息化、智能化的东京通信港，东京制定《临海副都心开发基本构想》，推动资源配置向上述区域集中。通过三个阶段的开发建设，东京最终形成"一主七副"多中心格局，大大提升了城市综合承载力。1965年，巴黎地区城市规划实现了从"以限制为主"到"以发展为主"的发展战略的转变，《巴黎大区国土开发与城市规划指导纲要（1965—2000年）》规划提出在巴黎外围设立城市副中心，以平衡城市布局，分散居住人口，规划在外围塞纳河两边轴线上建设新城。1965年以后的三次规划方案则继承了以推动巴黎地区整体均衡发展为核心的城市发展思路。

（二）确定差异化的功能定位

从国外大都市建设副中心的经验来看，许多城市都通过科学规划，安排城市居住、产业、公共服务、交通等功能在副中心布局，结合副中心的自身区位和产业基础，确定清晰、差异化的功能定位（见表10-2、表10-3）。比如，在东京的副都心中，早期的新宿、池袋、涩谷位于东京主要对外交通走廊上，承担面向城市区域腹地的综合服务职能，逐步发展成为东京重要的交通枢纽和商业中心。据统计，新宿、池袋、涩谷日均客流均突破200万人次，最高的新宿达到367万人次，是世界日均客流量最大的3个站点；商业、商务办公比重均保持70%左右，构成副都心主导业态。随着东京中心区商务功能持续疏解，上野—浅草、大崎、临海等副都心在满足商务活动需求的同时，在功能定位上呈现出专业化、特色化趋势，形成了功能定位和业态布局差异互补的城市副都心体系。为减轻办公、商业活动和交通对中心区的压力，巴黎在近郊原有基础较好的地点建立了9个新的副中心，分别承担商贸、教育、研发等特色功能。比如埃夫里建有欧洲著名的生物科技园，重点承担研发功能；马恩拉瓦莱建有欧洲迪士尼乐园，是重要的娱乐中心。

表10-2 东京城市副都心功能定位

功能类型	功能定位	副都心名称	主要业态
综合型	以商业为主导的枢纽型、复合型副都心	新宿	商业、商务办公、娱乐
		池袋	商业、娱乐
		涩谷	商业、文娱、信息
专业型	以文娱旅游为主导的文化型副都心	上野—浅草	传统文化旅游
		锦系町—龟户	商务、文娱
	以科技创新为主导的产业型副都心	大崎	科技商务
	以贸易会展为主导的门户型副都心	临海	国际商务、信息、会展

表10-3 上海各城市副中心功能定位

类型	名称	功能定位
主城副中心	江湾—五角场	融商业、金融、办公、文化、体育、高科技研发及居住为一体的以知识创新为特色的城市公共活动中心
	真如	功能复合、文化多元、生态优先、创新引领的综合性城市副中心
	花木—龙阳路	行政、文化、商务中心
	张江	科技研发、科技商业服务、文创交流、综合公共服务
	金桥	以商务办公、文化休闲、会议展示、创意研发、生态游憩为主功能的全球城市副中心
	吴淞	现代服务业、先进制造业
	虹桥	面向国际、面向长三角的门户枢纽，上海服务、辐射长三角的前沿和上海建设国际贸易中心的新平台
	莘庄	行政、文化、商务商业
	川沙	国际旅游、文化展示、生态休闲
新城中心	嘉定	以现代服务业、世界级体育休闲产业和高科技产业为核心的上海都市圈区域性核心城市、郊区发展战略的重点示范新城
	松江	面向松江全区的公共活动中心，形成辐射沪杭方向以及上海西南地区的区域综合服务中心
	青浦	具有综合性辐射带动能力的综合性节点城市

类型	名称	功能定位
新城中心	南桥	杭州湾北岸综合型城市、服务型区域核心城市、上海南部中心城市
	南汇	中国（上海）自由贸易试验区临港新片区的服务中心
核心镇中心	金山滨海地区	杭州湾北岸地区长三角海洋经济发展的战略先导区和核心区、上海国际航运中心和科创中心重要承载地
	崇明城桥地区	综合性节点城镇、本地城镇人口集聚和吸引外来高素质人才的核心地区

（三）建设快速高效、密度较高的交通网络

国外大都市通过把市中心和副中心、郊区新城紧密地联系为一个统一的整体实现区域内的协调发展。比如，东京副都心建设以交通基础设施为支撑，通过铁路、私铁、地铁联运，构建了完善的快速轨道交通网络，使各副都心之间、副都心与主中心以及外围辐射区域之间高效互联互通。其中，山手线依托各交通枢纽中心将副都心串联，形成6千米直径的环形城市铁路疏散系统，并与多条地铁、轻轨线接驳，形成以副都心为中心的放射状轨道交通网络，半小时内到达东京21区任意一点。此外，副都心线将东京都、埼玉县西南部乃至横滨地区完全联通，实现对涩谷、新宿和池袋三大副都心腹地区域大范围辐射。数据显示，东京轨道交通系统日均运送旅客2000万人次，承担全部客运量的86%，远高于纽约的54%、巴黎的37%和伦敦的35%。交通先行的建设理念同时促进了TOD模式发展，新宿、涩谷等多个副都心以火车站为核心建立起多层立体步行网络，联通地铁车站、地面、连廊、空中走廊以及"城市核"建筑，使轨道交通与更大范围城市空间连接融合。

（四）打造多功能城市空间

随着人本主义和生态优先理念的发展，国外大都市副中心建设强调公共服务供给能力提升，大型开放空间逐步成为城市副中心重要的空间组织要素。比如，在东京传统副都心建设中，城市级公园一般位于核心区边缘（距离核心约1~1.5千米），典型代表有涩谷代代木公园、新宿御苑等。而在新兴副都心建设中，大型开放空间作为发挥城市功能的重要载体，成为空间布局的核心。以临海副都心为例，公园、绿地、人行道建筑面积占总建筑面积的27%，城市空间骨架以景观散步大道为轴线，由干线路网、铁路和轻轨车站、大型公园等公共空间构成。

（五）提升城市品质，严控城市边界

加强城市副中心的行政、商务、科研、居住服务、生态等复合功能设计，

提升城市品质，把人的需求与城市建设紧密结合。重点规划引导人口和产业由东西城核心城区向副中心疏散转移，实现人口、职业与居住平衡，防止"造城运动"。严控城市增长边界，加强城市副中心及周边区域的规划衔接，实现规划一张图，加强规划实施的监督与评价，提高规划执行力和权威性，杜绝"先违规后修规"行为发生，避免"摊大饼"式扩张。在副中心与主城区、津冀交界区域规划环首都国家公园和城市绿隔，拓展城市生态空间，严守生态保护红线，预防新"城市病"。

（六）优化公共服务

在住房方面，为迁移到副中心的工作人员提供低廉的公租房。鼓励迁移者到通州安家落户，避免"候鸟式"生活和"睡城"现象。为职工提供公租房，租金优惠，解决其后顾之忧，实现宜居宜业。在教育方面，借鉴东京经验促进优秀教师合理流动，避免优质教育资源在中心城区过度集聚，避免市民过分追逐"学区房"。重点加强通州薄弱学校的改造和提升。已建成或在建的 19 所合作学校数量有限，对整体提升该区教育质量还不够，建议进一步扩大覆盖面和推广效果，加强通州所有中小学与名校的全面合作共建力度，整体提升通州教育服务水平，以减少迁移到副中心的工作人员对子女就近入学的担忧。在医疗方面，重点加强对通州医疗设施落后、医疗水平不高的医院和诊所的改造提升，鼓励更多的三甲医院如协和医院、301 医院到城市副中心及周边区域建立分院，全面提升通州医疗水平和服务质量。在文化服务与就业方面，完善副中心文化服务设施，加强本土历史文化保护，新建国家或市级图书馆、博物馆、文化馆等，满足高端公共文化服务需求。打造文化创意产业集聚区，增加更多的就业岗位，以便迁入副中心的公务员家属能在通州就业，提升居民本地就业率，减少与中心城区的人口潮汐式流动。

参考文献

［1］孙铮，孙久文．"十四五"期间京津冀协同发展的重点任务初探［J］．河北经贸大学学报，2020，41（6）：57-65．

［2］张开琳．巴黎拉德芳斯城市副中心建设启示录［J］．上海经济，2004（5）：58-60．

［3］张刚．北京城市副中心：加快智慧城市建设步伐［J］．中国建设信息化，2020，124（21）：60．

［4］王璐．北京城市副中心打造未来之城［J］．投资北京，2019，332（2）：14-21．

［5］李瑶，安树伟．北京城市副中心的形成机制、路径与对策［J］．城市，2018，221（8）：24-32．

［6］刘振锋，蔡殿卿．北京城市副中心海绵城市试点建设成效与经验［J］．北京水务，2020，212（3）：7-9+19．

［7］张鹏飞，王玉海，刘学敏．北京城市副中心建设效应分析［J］．城市发展研究，2018，25（9）：159-164.

［8］郗志群，熊志鹏．北京城市副中心文化建设的回顾与展望［J］．新视野，2020，218（2）：108-114.

［9］余欧．北京副中心建设对城市蔓延的作用研究［D］．首都经济贸易大学，2017.

［10］蔡殿卿，于磊，潘兴瑶等．北京海绵城市试点区建设实践［J］．建设科技，2019，377（Z1）：92-95.

［11］李文化，李媛．法国城市规划建设实践对北京城市副中心建设启示［J］．投资北京，2018，319（1）：32-36.

［12］李苑溪，王开泳．国内外城市副中心建设经验对北京市通州区的借鉴与启示［J］．中国名城，2018，201（6）：10-18.

［13］陆小成．国外首都城市副中心建设的经验与教训［J］．前线，2017，447（12）：104-106.

［14］赵芳，刘彦君，张炜等．日本城市副中心建设的经典案例及经验借鉴［J］．天津科技，2017，44（1）：30-34.

［15］石忆邵，北方．上海虹桥新区的战略规划构想［J］．同济大学学报（社会科学版），2016，27（2）：110-117.

［16］宋培臣．上海中心城区多中心空间结构的成长［D］．上海师范大学，2010.

［17］雷欢，迟诚．通州：森林环绕北京城市副中心［J］．绿化与生活，2020，282（11）：4-8.

［18］冯奎．通州副中心建设要借鉴国内外经验教训［J］．中国发展观察，2015，127（7）：8-10+24.

［19］林洁．我国城市副中心的开发模式与营建对策探讨［D］．重庆大学，2006.

［20］王文雅．新常态下城市规划管理对于城市规划设计的影响——以上海真如城市副中心规划建设为例［J］．住宅与房地产，2017，467（18）：100-101.

第十一章 交通及其他基础设施

第一节 交通基础设施

一、城市轨道交通

（一）基本概况

城市轨道交通是城市公共交通的主干线，是世界公认的"绿色交通"，对实现城市可持续发展意义重大。北京第一条轨道交通开工于 1965 年，并于 1971 年正式向公众运营（之后出于某些原因多次停运，直到 20 世纪 80 年代开始逐渐转向客运），到 1984 年增加到 2 条线路，2001 年之前一直只有 2 条线路。1978~2001 年，轨道交通运营线路长度和运营车辆数量年均分别增长 3.69% 和 7.54%；2001 年之后发展速度加快，2001~2006 年，运营线路长度和运营车辆数量年均分别增长 11.04% 和 10.83%；自 2007 年开始高速发展，运营线路长度和运营车辆数量年均分别增长 15.65% 和 16.81%。2017 年，北京城市轨道运营线路共有 22 条，覆盖 11 个区，客运量达到 37.78 亿人次，首次超过公共电汽车客运量。2019 年，北京城市轨道运营线路共 22 条，覆盖 11 个区，运营里程为 637 千米，共设车站 391 座，其中换乘站为 58 座（见图 11-1）。

从开通运营时间来看，1 号线开通时间最早，于 1984 年 9 月 20 日全面通车运营；2 号线于 1987 年底开通；2003 年开通 13 号线与八通线；2007~2011 年，北京城轨建设快速发展，新增八条线路，分别为 5 号线、首都机场线、8 号线一期、4 号线、昌平线、大兴线、亦庄线、房山线；2012 年底，开通 9 号线；2013 年，10 号线全面通车，14 号线（西）、8 号线二期开通；2014 年，6 号线、7 号线、14 号线（东）、15 号线开通运营；2015 年，14 号线（中）和昌平线二期开通运营；2016 年，16 号线（北段）投入试运营；2017 年，磁悬浮地铁 S1 线、燕房线、现代有轨电车西郊线、房山线（西延段）开通运营；2018 年，6 号线

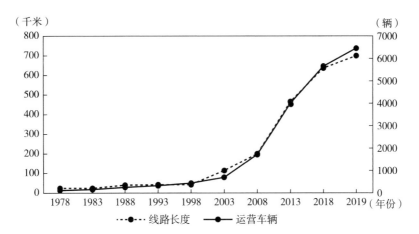

图 11-1 1978~2019 年北京轨道交通运营基本情况

（西延线）、8 号线三期、8 号线四期开通运营；2019 年，新机场线一期、7 号线东延、八通线南延。截至 2020 年 12 月，北京市轨道交通路网运营线路达 24 条，总里程 727 千米。

（二）空间布局

从北京城市轨道交通网络形态来看，已经形成"三环、五横、五纵、九放射"的网络格局。其中，三条环线是 2 号线、13 号线和 10 号线；五条横线是 1 号线、6 号线、7 号线、14 号线一期和 15 号线；五条纵线是 4 号线、5 号线、8 号线、9 号线和 14 号线二期；九条放射线是八通线、昌平线、房山线、燕房线、亦庄线、16 号线北段、机场线、S1 线和西郊线。

（三）存在问题

1. 城市轨道交通空间布局有待进一步优化

北京城市轨道交通在快速发展的过程中，空间布局有待进一步优化。第一，城市轨道交通网络空间布局与人口集聚程度关联度不高，不同功能区的人均轨道长度、站点拥有程度与人口密度不匹配。第二，轨道交通网状结构与职住空间不协调，两者匹配程度不高。第三，部分交通干线运输效率有待提升，10 号线连接了 CBD 中心商务区、海淀黄庄、国贸等重点地区，但西部、南部布局在人口较少的区域，客流量相对较小，运输效率不高。第四，换乘站数量较少，截至 2019 年底，北京城市轨道交通运营车站 428 座，换乘车站 64 座，与世界典型城市的轨道交通换乘站占比相差较大。

2. 北京城市轨道交通线网的建设时序不尽合理

部分干线和非干线的建设时序倒置；部分干线分段建设，而且建成时间相隔较长，导致通道效率下降；一些枢纽车站建设滞后。这些问题直接导致城市轨道交通网络运输效率总体不高，影响了轨道交通对城市交通拥堵缓解作用的发挥。8
号线是一条纵向主干线，全长 45.6 千米，设 35 座车站。一期工程（奥运支线）
于 2008 年 7 月 19 日开通，并直接服务于北京奥运会。二期工程北段于 2011 年 12
月 31 日开通，二期工程南段（北土城—鼓楼大街）于 2012 年 12 月 30 日开通，二
期工程南段（鼓楼大街—南锣鼓巷）于 2013 年 12 月 28 日开通；三期工程南段和
三期工程南延段于 2018 年底开通，三期工程北段于 2020 年底开通。由于 8 号线分
三期建设，建成时间间隔较长，全线贯跨时 12 年，影响了通道运输效率。

3. 网络化程度较低

城市轨道交通网络化程度的衡量指标是线网密度和人均拥有长度。与外国
典型城市或都市区相比，北京城市轨道交通网络化程度较低。北京城市轨道交
通总里程虽然不是最低，但线网密度、人均拥有长度都是最低的，远远低于巴
黎、马德里、伦敦和纽约（见图 11-2）。

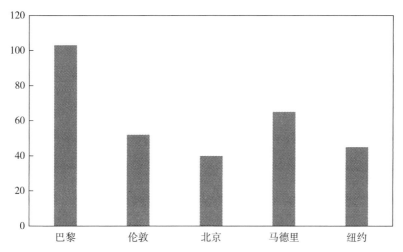

图 11-2　2018 年世界主要城市轨道交通密度

（四）提升建议

1. 增加车站和换乘站

首都机场线、大兴机场线、房山线、昌平线、平谷线、13 号线和 15 号线的
平均站间距较大，应在人口密集或产业集聚的地方增加车站。尤其是首都机场
线、大兴机场线、各大火车站线路，增设车站，兼顾通勤等功能。应考虑在线
路交会处设置换乘站或将线路规划交会在已建站点上，实现换乘；在城市级公
共活动中心尽可能规划多线交会并实现换乘。

2. 规划建设连接人口密集地区的支线

北京城市轨道交通放射线的运输效率较低，主要原因是沿线人口规模不大

和密度较低，规划建设连接人口密集地区的支线是提高放射线运输效率的措施之一。对于运输效率较低的放射线，如房山线、昌平线、亦庄线等，可考虑规划建设列车跨线运营的支线。在重点区域，如通州区，通过规划建设支线，形成城市轨道交通局域网。

3. 规划建设跨中心城区的长大干线或延长线

一是规划建设中心城区连接东部地区和南部地区的城市轨道交通通道，例如，考虑再规划建设一条连接主城区与副中心的通道。二是放射线向中心城区纵深方向延长，例如，昌平线、15 号线、首都机场线、大兴机场线、平谷线向中心城区纵深方向延长。

二、高速公路及城区道路建设

（一）基本概况

1. 高速公路

高速公路作为公路网络体系重要组成部分，是公路网中的骨架网络，在陆路交通运输中发挥重要作用。北京高速公路建设一直走在全国前列，大致分为四个阶段。

（1）起步阶段：1986~1998 年。1986 年，北京第一条高速公路（京港澳高速）开始修建，标志着北京进入了高速公路发展时代。截至 1998 年，北京高速公路达到 176.5 千米，分别是京港澳高速北京段，长约 45.6 千米；京沪高速北京段，全长 35 千米；京哈高速北京段，长约 15.7 千米；1993 年竣工的首都机场高速公路，全长 18.5 千米；京藏高速一期、二期工程，全长 61.7 千米，于 1998 年底正式通车。在此期间，北京高速公路没有形成完整的网络结构，缺少大容量的快速过境交通线路，也缺乏连接各主要干线的快速大容量环路。

（2）快速发展阶段：1999~2004 年。随着城市的快速发展，北京高速公路远不能适应经济的需求。1998 年，北京市政府提出，重点解决高速公路建设的资金不足问题，决定成立首都公路发展有限责任公司，负责城外高速公路的融资、建设、运营和其他相关项目的开发。2004 年，北京高速公路里程达到 525 千米。在此期间，北京高速公路里程增加了 348.5 千米，是过去总建设里程的 2 倍，主要建成的高速公路包括京开高速、五环路、京藏高速三期、六环路、京承高速、京哈高速，基本形成了环放结合的高速公路网络布局。

（3）全面发展阶段：2005~2014 年。该时期，北京高速公路的建设更加注重与周边地区的交流，高速公路的建设与城市结构布局的发展方向和区域间的社会经济联系强度的结合更为紧密，高速公路的服务功能更加凸显。在此阶段，北京高速公路里程达到 1000 多千米，主要建成的高速公路包括六环路、京平高速、机场南线、机场北线、京承三期、京新高速、京津高速等。在此阶段，形成了以高速公路为龙头，国道、市道为骨架，区、乡道为支脉的公路网络系统，大大缩短了市中心与各郊区县的时空距离，促进了北京经济的发展，增强了首都对周边城市的辐射作用。

（4）京津冀协调发展阶段：2015年至今。北京市先后建成通车首都地区环线高速通州大兴段、京台高速北京段、京昆高速北京段、京秦高速北京段、京礼高速兴延段、延崇高速平原段、大兴国际机场高速及北线高速京开至京台段，已建成高速公路总里程约1150千米。"十三五"时期，北京市高速公路建设速度达到196千米/年。2019年，北京市在公路交通方面还围绕四个重点区域开展工作，包括推进北京城市副中心建设、推进大兴国际机场周边公路交通建设、支持雄安新区规划建设、完善冬奥会大型活动交通保障体系。图11-3所示为1990~2019年北京高速公路里程。

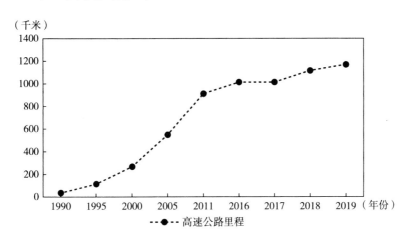

图11-3 1990~2019年北京高速公路里程

2. 城区道路

截至2019年底，北京市城区道路长度共计6156千米，其中，城市快速路390千米，城市主干道1006千米，城市次干道657千米，支路及以下4103千米；道路总面积达10459万平方米，其中步道（人行道）1776万平方米，占道路总面积的17%。表11-1所示为2019年北京市各行政区公路基本情况。

表11-1 2019年北京市各行政区公路基本情况　　　　　　　　单位：千米

行政区划	公路里程	高速公路里程
东城区	0	0
西城区	10	2.3

续表

行政区划	公路里程	高速公路里程
朝阳区	170	122.1
海淀区	122.2	88.7
丰台区	102.3	46.5
石景山区	7.9	7.9
通州区	2574.5	165.3
顺义区	2943.8	91.3
怀柔区	1674.1	18.9
密云区	2147.7	80.7
平谷区	1656.9	26.4
大兴区	2944.7	187.7
房山区	3142.5	100.5
门头沟区	982.3	18.8
昌平区	1925.3	132.5
延庆区	1961.8	78
合计	22365.9	1167.6

资料来源：北京市交通委员会。

（二）存在问题

1. 拥堵问题

随着城市的发展，北京市机动化进程明显加速。截至 2019 年底，北京机动车保有量已经超过 630 万辆，并且随着经济的快速发展，北京对内和对外的交流日益频繁，高速公路和城区道路承担着更大的交通压力，城市内部交通和对外交通相互交织，导致造成拥堵问题难以解决。2020 年，北京市通勤高峰拥堵指数达 2.06，仅次于重庆和贵阳，实际速度为 26.91 千米/时。

2. 高速公路网布局有待进一步优化

随着城市不断向外围扩展，市中心与城郊交通联系的需求日益增强，导致市中心与城郊的高速公路交通压力较大，容易造成拥堵。同时，城郊之间的高速公路也不够发达，给城市中心的高速公路换线带来较大的交通压力。另外，在一些高速公路上，出现私家车与公交车混行、客货车混用车道等问题，进一步加大了交通拥堵问题。

3. 管理机制缺乏活力

目前，大部分高速公路管理企业直接隶属于政府行政部门，收入上缴财政，管理经费由行政主管部门下拨，企业没有成为真正意义上的法人主体和利益主体。由于存在行政隶属关系，企业经营管理活动更多从行政角度出发，而不是从经营效益出发；另外，企业没有外在压力，缺乏活力，整体经济效益不高，导致经费不足，公路的养护和维修得不到保障。

（三）提升建议

1. 提高城市中心区停车收费标准

北京中心区停车价格低于上海、广州等城市，更远低于国外同类城市的停车收费标准。如上海中心区每小时停车费为 15～20 元，东京每小时停车费相当于人民币 40～100 元，悉尼为 40～60 澳元，香港为 20～30 港元，阿姆斯特丹为 5～10 欧元。为减少市民开车进入城市中心区，引导其在中心区外围换乘公共交通，建议进一步扩大实施差别化停车价格的地域范围，全面提高中心区停车收费标准，并将所收取的费用大部分用于轨道交通的建设。在地处市中心区的企事业单位和行政机关建设立体车库来吸收道路、人行道所停车辆的同时，要限制其向社会开放来增加收益，否则会加剧城市中心的交通拥堵程度。

2. 充分发挥公交专用道的作用

公交专用道不仅保障公交车的高效运行，在特殊情况下，也是城市应急救援、贵宾车辆等的保障性通道。采取有效措施强化专用通道建设和管理，对公平分配有限的道路资源、促进公共交通发展和缓解交通拥堵十分必要。为提高专用道使用效率，可以根据公交车辆运行密度，允许大型客车、公交车使用专用通道。

3. 收取交通拥堵费

用经济手段调控城市中心区交通需求效果明显。当前，对进入城市中心区的机动车收取拥堵费在国际上有扩大的趋势，这是体现社会公平、资源合理使用的有效措施。2003 年，伦敦实施了中心区拥堵收费，对进入中心区的车辆收取 5 英镑，后调整为 8 英镑。实施拥堵收费后，伦敦 2006 年拥堵水平与 2003 年持平，在减少的小汽车出行中，50% 以上转向公共交通。收取交通拥堵费可以直接减少小汽车进入中心区的数量，效果显著。建议北京尽早研究交通拥堵收费和相应的配套措施。

三、航空建设

（一）基本概况

1. 北京大兴国际机场

北京大兴国际机场于 2014 年 12 月开工建设，2019 年 9 月 25 日正式投入运营，是中国内地第 15 座 4F 级机场。机场位于北京市大兴区与河北省廊坊市广阳区交接处，距离天安门 46 千米，距离廊坊市 26 千米，距离雄安新区 55 千米，距离首都国际机场 67 千米。机场建设共分两期，目前一期建成一座航站楼，面积为 70 万平方米；建成东一、北一、西一、西二 4 条跑道；机位 268 个，年货邮量设计为 200 万吨，年旅客量为 7200 万人次。远期到 2040 年，将增加 2 条跑道，共达到 6 条跑道，年货邮量为 400 万吨，旅客量达到 1 亿人次以上，将成为全球最大枢纽机场。自开航至 2019 年末，北京大兴国际机场完成旅客吞吐量313.5 万人次，货邮吞吐量 7362.3 吨。

大兴国际机场航站楼是目前全球最大规模的单体航站楼，外观宛如金色凤凰，建筑面积达 140 万平方米，配套建设有现代化的立体交通体系，不仅在机场内部实现公路、轨道交通、高速铁路、城际铁路等不同运输方式的立体换乘、无缝衔接，而且在外部建设了五纵两横的交通网络。

大兴国际机场将大数据、云计算、人工智能等先进技术有机融合，是智慧机场的典型代表。在旅客服务方面，大兴机场实现了 5G 网络全覆盖，基于 5G技术的应用，节省了旅客的时间，提升了运转效率。在行李服务方面，大兴机场采用了 RFID 定位摄屏跟踪，机场和旅客均可精准监控行李当前所在位置，保证旅客在出站时即可提取行李。在机场管理方面，大兴机场依托云计算、大数据、人工智能技术构建了一套全面的机场信息系统，不仅可以实现机场与机场之间、部门与部门之间的实时数据共享，还实现了机场与旅客之间、旅客与行李之间的信息共享。

2. 首都国际机场

北京首都国际机场建成于 1958 年，从 1978 年至 2018 年，北京首都国际机场年旅客吞吐量由 103 万人次增长到 1 亿 100 万人次，位居亚洲第一、全球第二。表 11-2 所示为 2007~2019 年首都机场客货运量情况。

表 11-2　2007~2019 年首都机场客货运量情况

年份	年旅客吞吐量（万人次）	年货邮吞吐量（万吨）	起降架次（万次）
2007	5358	119	40
2008	5592	136.8	43
2009	6537.5	147.6	48.8
2010	7377	155.1	51.8
2011	7867.5	164	53.3
2012	8192.9	180	55.7
2013	8371.2	184.3	56.8
2014	8612.8	184.8	58.2

续表

年份	年旅客吞吐量（万人次）	年货邮吞吐量（万吨）	起降架次（万次）
2015	8993.9	188.9	59
2016	9439.3	194.3	60.6
2017	9578.6	202.96	59.7
2018	10098.3	207.40	61.4
2019	10001.6	195.55	59.4

资料来源：历年《北京统计年鉴》。

北京首都国际机场凭借得天独厚的地理位置、方便快捷的中转流程、紧密高效的协同合作，成为连接亚洲、欧洲、美洲三大航空市场最为便捷的航空枢纽。截至 2019 年底，在首都机场运营商业航班的航空公司有 93 家，其中国内（含港澳台地区）航空公司 31 家，国外航空公司 62 家；通航 65 个国家及地区的 294 个航点，国际航点 133 个。

3. 南苑机场

北京南苑机场创建于 1910 年，位于北京市丰台区，地处北京南四环路以南 3 千米，距天安门广场正南 15 千米，是中国历史上第一个机场。该机场为军民合用机场，只对中国联合航空公司和中国东方航空公司开放，同时也是中国联合航空公司的主运营基地。南苑机场拥有一座年处理 120 万人次的航站楼，跑道长度为 3200 米，飞行区等级为 4C。航站楼在 2007 年完成改扩建，增设廊桥、电梯等设施，环境和设施明显改善。该航站楼建筑面积近 1 万平方米，可同时接待近千人候机，大大改善了乘客的候机环境，内设售票、值机、安检距离很近，快捷方便，设有自动售货机、银行 ATM 机、行李打包机等设施设备。北京南苑机场起到了分流部分旅客的作用。2011 年底，中国民航局、北京市政府、军方签署了一个三方协议，就南苑机场的搬迁达成共识。2012 年上半年，首都第二机场项目获得国务院原则批准。2019 年 9 月 25 日，北京大兴国际机场投运，北京南苑机场关闭。

4. 通用航空机场

截至 2019 年，北京市通用航空机场数量为 7 个，分别为北京八达岭机场、平谷机场、密云穆家峪机场、海淀机场、定陵机场、北京石佛寺机场、中国北京红十字 999 怀柔机场；通用航空企业数量为 43 家；飞机数量总计 274 架，其中，固定翼飞机数量为 130 架，直升机数量为 140 架，其他 4 架；通用航空飞机作业量共计 62396 小时，同比增长 11.6%，以空中巡查、执照培训、航空器代管、包机飞行等为主。

（二）存在问题

1. 新机场建设带来的流动人口集聚

随着北京新新机场的建设，新机场建设区、周边配套建设区可能有大量散居在周边农村的流动人口涌入，进入机场建设区域周边和机场建设辐射区域，加之流动人口的流动性加大，导致对于流动人口的管理难度骤然增大。新机场建设区域的属地管理，一部分归属北京市大兴区，另一部分归属河北省。由于两个属地管理区域经济社会发展水平有差异，社会管理措施也有差异，因此可能造成更复杂的管理难题和城乡接合部区域的形成。

2. 首都机场相关规划相对滞后

首都机场客货运量高，周边地区城市化快，临空产业区、城市居住区发展迅速。但是，在数次改扩建机场及周边地区城市化的过程中，机场区内部交通规划和道路改造与建设未能配合，许多道路规划未实施。目前，机场地区道路结构不合理，交通混乱，拥堵现象严重。三条机场跑道的走向带来的航空限高、噪声和电磁干扰等，制约了相关土地的利用。首都机场目前东西方向的用地已没有发展空间，呈南北方向的空间发展模式，造成了南北两侧区域交通联系的不便。

3. 新机场综合交通发展滞后

目前，新机场的交通基础设施综合实力相对薄弱，与首都经济圈其他城市交通联系不强。由于新机场的选址位于北京边界的大兴，邻近廊坊，机场的交通组织跨北京、廊坊两个城市。连接大兴和中心城区的高速公路——京开高速道路拥堵严重，大兴边缘地区的小城镇交通基础设施薄弱，居民出行不便。与北京接壤的廊坊的城镇，交通基础设施薄弱，交通一体化约束较大。从京津冀协同发展的交通来看，廊涿高速、密涿高速是新机场周边的两条重要高速，但是两条高速没有接驳，无法与新机场形成高效的交通网络。

（三）提升建议

1. 补齐交通与城市公共服务设施短板

打通机场周边区域内循环公共交通道路，同步加快"大交通"建设，完善连接首都机场与昌平南部、海淀北部等就业人口密集区域以及新机场与通州、亦庄等重要功能区的轨道交通体系。围绕机场客流、新国展客流消费需求，有针对性地建设一批高档酒店、高端消费、娱乐休闲等城市配套服务设施，增强区域配套服务能力，促进整体服务功能的提升。

2. 有序疏解低端产业，延伸临空产业链条

加强土地盘活利用强度，促进低端产业择机退出，拓展首都机场国际化功能，吸引国际大型航空物流企业、高水平航空维修企业和高端免税商业集聚；

坚持差异化发展，充分定位协调好与新机场的关系，促进信息共享、资源共享，共同服务首都经济发展和国际交往等功能，增强北京作为国际航空枢纽城市的整体竞争力。对于新机场的临空经济区来说，要建立一套临空经济区企业的准入制度和退出机制，保障高端要素集聚以及土地利用的集约化、产出高效化，形成适合首都功能定位、高质量发展的临空经济区。

3. 增强新机场周边城市管理能力和综合治理能力

依托大兴区原有的"一区五园"产业布局，形成与北京新机场的产业及空间互动，加快大兴新城建设。航空新城及周边的航空小镇按照国际标准改善硬环境，加强城市基础设施建设，优化空间布局，加大城乡接合部的整治力度，形成适度超前、相互衔接的城市设施体系，从而疏解北京的人口压力及行政压力，改善"城中村"及城乡边际混乱的现象。

四、铁路建设

（一）基本概况

北京铁路基础设施发展在国内起步较早。北京南站始建于1897年，2006年封站改造并于2008年投入使用，成为当时亚洲第二大火车站、中国首座高标准现代化的大型综合交通枢纽；北京站始建于1901年，曾有多个名称，1949年被正式命名为"北京站"，期间经过大型翻修和扩建，成为文物型火车站；北京北站始建于1905年，前身为西直门站，后于1988年更名为北京北站，期间也经过改造和新建工程，2016年因高速铁路施工需要，暂停客运业务并同时进行升级改造；北京西站的建设构想始于20世纪50年代，经过三次规划研究于1993年正式开工建设，并于1996年正式开通运营；北京东站规模最小，始建于1938年。北京各个火车站的规划、新建、升级、改造工程从未停歇过，随着清河站、朝阳站、丰台站和城市副中心站等铁路枢纽投入使用运营，北京铁路基础设施体系逐渐完善。

1. 北京站

北京站是中国铁路最重要的车站，是北京铁路局首批全国铁路枢纽之一，地处北京市东城区二环路内，建国门与东便门以西，崇文门与东便门之间，原北京内城城墙以北、东长安街以南，隶属北京铁路局管辖，为直属特等站。北京站站房建筑面积20000平方米，站前广场65000平方米，有8个站台，于1959年迁至现址，是全国铁路客运的重要枢纽。

北京站最初按照20万人次/天的旅客周转吞吐量进行设计。2019年，北京站日开行旅客列车132对，高峰期开行153对，发送旅客总量达3521.3万人次，平日发送量为9.6万人次；高峰期日发送量为18.0万人次（见图11-4）。

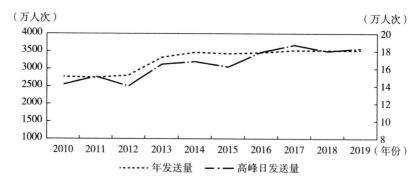

图 11-4　北京站旅客发送量及高峰日发送量

2. 北京西站

北京西站位于北京市丰台区，是北京市四大铁路客运站之一。北京西站于1996年开通运营，曾是亚洲规模较大的现代化铁道客运站之一，先后于2003年下半年、2005年进行了扩建，并于2015年建成了连接北京站的北京地下直径线。截至2019年，北京西站占地51万平方米，总建筑面积约为70万平方米，其中站房约占50万平方米，车场规模达10台（18台面）20线。2019年，北京西站日开行列车181对，高峰期开行列车208对，年发送量高达5464.5万人次，高于北京南站（4750.2万人次）和北京站（3521.3万人次）（见图11-5）。

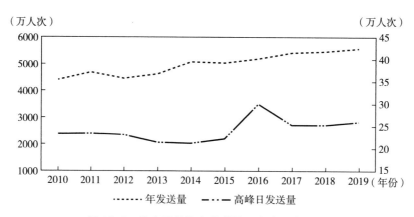

图 11-5　北京西站旅客发送量及高峰日发送量

3. 北京南站

北京南站位于北京市丰台区，南二环路、马家堡东路、南三环西路和开阳路之间，是集铁路、地铁、公交车、出租车等市政交通设施于一体的大型综合交通枢纽站。北京南站是中国铁路北京局集团有限公司直属特等站，是北京铁路枢纽内的主要客运站之一。

北京南站自 2008 年京津城际开通以及 2011 年京沪高铁全线通车以来，旅客发送量逐年上升。2019 年，北京南站日开行旅客列车 226 列，高峰期开行 252 列，旅客发送量 4750.2 万人次，其中高峰日旅客发送量 21.3 万人次（见图 11-6）。

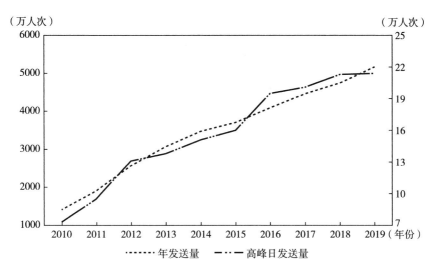

图 11-6　北京南站旅客发送量及高峰日发送量

4. 其他铁路枢纽

（1）北京朝阳站。北京朝阳站是北京铁路客运枢纽总格局中主要客站之一，是京哈高铁的北京始发终到站，也是京哈高铁全线规模最大的车站。车站位于北京市东北部四五环之间，车场规模为 7 台 15 线，站房建筑面积 18.3 万平方米，雨棚上盖停车场面积为 6.2 万平方米。地铁 3 号线和 R4 号线换乘车站位于西广场地下，在地下二层形成 L 形平层换乘。北京朝阳站的建设可将高速铁路、普速铁路、市郊铁路东北环线、城市公交、城市轨道交通等基础设施融为一体，形成北京东北部地区新的大型综合交通枢纽。

（2）北京北站。北京北站原名为西直门站，作为京张铁路最重要的中间站之一，建站初期即为头等站，承担客运和货运功能。该站始建于 1905 年，并于 1909 年正式投入使用。1918 年，为满足增长的客货运量要求，西直门站站区扩建。1988 年，西直门站改称北京北站。截至 2019 年 12 月，北京北站站房建筑面积 2.14 万平方米，高度 31.5 米，站台规模为 6 台 11 线，有效长度为 550 米。北京北站汇聚了城市快速路、地铁、轻轨、公交、铁路等多种交通形式，交通节点多，相互间关系复杂，目前有地铁 2 号线、4 号线、13 号线和铁路在此交会。

（3）北京丰台站。北京丰台站位于京沪铁路、京广铁路、京原铁路、丰沙铁路、丰广联络线的交会处。地铁 10 号线和 16 号线在丰台站均建有换乘厅。丰台站的定位为北京铁路枢纽七大主站之一，主要发挥缓解北京西站过度聚集的功能，并带动周边区域的产业要素集聚式发展。

（4）北京清河站。北京清河站位于北京市海淀区清河街道，是京张高速铁路沿线的一座铁路客运站，隶属于中国铁路北京局集团有限公司，是京张高速铁路沿途各站中最大的一座枢纽站，内含火车站和公交枢纽。清河站始建于1905 年，2019 年底投入使用，总建筑面积 14.6 万平方米，站场规模为 4 台 8线。清河站在设计理念上被赋予了"海纳百川"之意，车站采用曲面屋顶、抬梁式悬挑屋檐等结构手法体现北京古都风貌，同时以简约有力的曲线与 A 型支撑结构展示最新的建筑技术，凸显了古都古韵、新貌新颜，在致敬京张铁路的同时，借冬奥会向世界展现中国发展新成果、中华百年复兴新梦想。

（二）存在的问题

1. 缺乏交通枢纽文化建设

北京地区的铁路客运交通枢纽，作为城市公共空间的一种特殊类型，每天都有大量的人口进出，对往来旅客和城市居民的日常生活带来了十分重要的影响。目前这些已建成运营的交通枢纽，虽然在站房的设计和建造上都各具文化特色，但大多在整体规划及运营管理中对城市文化缺乏关注，各类商业广告充斥了公共空间，有的一味地追求经济价值，未能与周边地区形成良好衔接，与北京"四个中心"特别是全国文化中心的功能定位不相符合。

2. 城市内部接驳交通保障能力不足

铁路客运枢纽的重要作用之一是解决城市对外交通与城市内部交通的衔接转换问题。目前，北京铁路客运枢纽在日间城市接驳交通保障能力较强，基本可以满足到发旅客的出行需求，夜间则存在较为严重的交通供需矛盾，具体体现在夜间城市接驳交通承接客流的能力不能满足抵达客流的交通需求。

北京站配套交通接驳设施条件相对较差，公交站可达性较差，出租车调度站面积较小，在地铁 2 号线夜间停运后，公交夜班线与夜间运营的出租车难以满足到达旅客的疏散需求，旅客滞留、排队现象严重。

北京西站旅客到达高峰时段与城市早高峰通勤时段重叠，地铁 7 号线、9 号线早高峰时段满载率高，导致早高峰期间地铁 7 号线、9 号线难以承接北京西站到达旅客的交通疏散要求，换乘地铁乘客不得不在换乘大厅排队等候进站。

3. 交通枢纽站管理水平有待提升

铁路客运枢纽作为城市的重要客流集散区域，人员种类复杂，客流量大，这对枢纽地区的管理运输水平提出了严格的要求。北京火车站地区存在着管理水平较低的问题。三站的执法力量不足，效率较低，主要在于火车站地区没有专门的执法力量，存在着公安、交通执法总队以及城管（火车站地区管委会）三家执法机构分管不同的违法行为，没有有效的衔接配合机制，致使执法效率低下。

（三）提升建议

1. 提升城市接驳交通能力

北京市夜班出租车司机总体数量较少，且前往中心城区内部火车站排队接客意愿不强，建议针对网约车规划出专门的停车区，为旅客的个性化出行提供便利条件。对于夜间公交吸引力较低的问题，一方面要结合客流需求于旅客起讫点分布优化夜间公交线路并加强信息组织引导，另一方面要推出定制公交等个性化的出行服务以满足不同类型旅客的交通需求。

2. 建立执法管理信息共享机制

明确站区不同区域执法管理权责，确定相关执法、运营部门，整合一支队伍，进行统一归口管理，相互授权综合执法，实现一人执多法，提升执法效率，增大管理力度。积极利用大数据等信息技术助力综合执法，提升出发比例，将各部门的执法管理视频接入统一平台，建立机制，实现监测信息共享。

3. 提升铁路文化建设

一是挖掘文化特色，打造文化品牌。挖掘各交通枢纽的历史文化底蕴，找出特色，如车站标识等，通过文化符号来展现首都核心价值体系、生活方式等，凸显城市记忆，构建城市文化综合体，打造文化氛围浓厚的城市客厅，实现"一站一品牌，一区一风景"，展现首都文化的风采。二是促进"文化+"建设，增强交通枢纽智慧化和文化活力。积极促进站区文化与科技融合，加强智慧车站建设，提高车站服务水平；促进文化与创意融合，提高车站文化品质；促进站区文化与商业融合，激发现代商业新活力。三是改造站区公共空间，提升文化内涵。对站区空间进行系统的文化改造，根据各站不同的文化特点，打造公共文化空间，提升场地文化内涵。充实文化内容，丰富文化表现形式，提供优质多样的公共文化服务，完善文化阵地建设，丰富站区周边居民文娱生活，实现站城融合发展。

五、慢行交通建设

（一）建设现状

慢行交通就是把步行、自行车、公交车等慢速出行方式作为城市交通的主体，有效解决快慢交通冲突、慢行主体行路难等问题，引导居民采用"步行+公交""自行车+公交"的出行方式。

1. 专用自行车道

2019 年 5 月 31 日，北京市第一条自行车专用路——回龙观至上地自行车专用路建成通车，起点位于昌平区同成街与文华路交叉路口，终点位于海淀区后厂村路与上地西路交叉口，全长 6.5 千米，共有 17 个出入口、3 部无障碍电梯、7 部自行车助力系统。全程采用封闭式管理，仅服务于非助力自行车通行，禁止行人、电动自行车及其他车辆进入。路面使用环保树脂底胶黏结彩色陶瓷颗粒，防滑性、舒适性和耐久性甚至高于一般机动车道，同时安装了防护设施，并设置了潮汐车道。该条专用自行车道成为回龙观地区与中关村软件园之间通勤者安全、便捷、高效、绿色、健康的出行新选择。

2. 公共自行车建设

公共自行车建设主要指公共自行车租赁和互联网租赁自行车两部分。截至2019 年底，北京市已建成公共自行车租赁服务网点共 3667 个，公共自行车车辆规模共计约 11.7 万辆，其中城六区共计 2.7 万辆，占公共自行车总量的 23.1%；办卡数量为 102.8 万张（见表 11-3）。依据《北京市非机动车管理条例》，2019年持续推进落实互联网租赁自行车总量调控，统筹考虑道路承载力、市民骑行需求、车辆运营效率等因素，指导企业自主减量。截至 2019 年底，共享单车规模为 90 万辆，共享单车运营企业数为 5 家。

表 11-3　北京市自行车系统建设情况

指标＼年份	2015	2016	2017	2018	2019
租赁服务网点（个）	1730	2588	3513	3575	3667
车桩数（个）	—	—	113131	114842	117555
车辆规模（万辆）	5	8.1	8.3	10.4	11.7
城六区（万辆）	2.2	—	2.3	2.6	2.7
郊区（万辆）	2.8	—	3.9	4.2	4.7
通州区（万辆）	—	—	2.1	3.6	4.3
办卡数量（万张）	55	81	88.4	98.4	102.8

资料来源：2016~2020 年《北京市交通发展年度报告》。

（二）存在的问题

1. 自行车道不满足行车需求

城市对自行车通行空间的规划目前没有一个完整的设计和管理体系，致使自行车专用通行空间少，严重缺乏，自行车通道间的连贯性得不到保证即便有了自行车道，但很多车道都过窄、人车共行或路面凹凸面不平的现象，部分干道和支路的自行车道还被私自停放的小汽车或被小摊贩所占用。因此，城市自行车交通所能使用的空间资源已大打折扣，无法满足行车需求。

2. 机动车道与非机动车道冲突严重

自行车交通最大的威胁就是机动车，机非混行成为了最大的安全隐患。目前，一些次干路、支路的机非车道只用标线隔开，缺乏物理隔离，机动车和自行车经常出现随意窜道、相互干扰，在部分道路交叉口和公交出入口处，自行车的行车流线组织不畅，机非冲突频频出现。

3. 停车供给无法满足需求

部分居住小区由于没有正规的自行车存车处，致使自行车使用者结束出行后不得不把车扛到自己家里。不少公共场所在扩建机动车停车场的同时，不断缩减自行车存放处面积，甚至直接将其取消。由于自行车停车区太少，不易寻找，有些市民为了方便，直接把车停于人行道一侧。停车位少、停车管理差的供给现状无法满足城市自行车停车需求，直接影响了自行车出行便利性。

（三）提升策略

1. 保证自行车道的通行能力

严格控制机动车驶入自行车道，尤其是自行车流量较大的空间和时间段，机非车道间尽量使用物理隔离，如绿化带、隔离栏，禁止机动车占用自行车行驶空间，保证自行车道有效通行宽度。当自行车道够宽时，可在自行车出入口处设置路障防止机动车违法驶入，避免对自行车行人的伤害。

2. 提高自行车路网的连续性和通达性

实施城市自行车系统内部系统化，必须积极建设和加密自行车道。在城市土地利用规划的基础上，结合交通需求和安全，实现利用自行车道将商业、服务业等城市公共服务设施与居民住宅区等直接连接起来，尤其是无公交覆盖的区域，以提高路网连续性和易达性，达到四通八达的路网效果。

3. 改善自行车出行环境

在慢行聚集区，改变自行车道现有的灰色，使用彩色路面予以呈现，路段采用褚红，交叉口处采用黄色，慢行优先区域如商业区、住宅区自行车道采用青绿色，提醒机动车驾驶员慢行优先，同时增加标志标线，分化自行车交通流；自行车道两侧增加绿化设施，与步行系统和城市绿化系统相结合，种植连续的行道树，最好选择绿荫效果良好的乔木，既能起到良好的避暑效果，又能改善自然环境，缓解骑行者的出行视觉疲劳，创建安全、宜人、健康的出行空间。

六、智慧交通建设

智慧交通是在智能交通的基础上，在交通领域中充分运用物联网、云计算、互联网、人工智能、自动控制、移动互联网等技术，通过高新技术汇集交通信息，对交通管理、交通运输、公众出行等交通领域全方面以及交通建设管理全过程进行管控支撑，使交通系统在区域、城市甚至更大的时空范围具备感知、互联、分析、预测、控制等能力，以充分保障交通安全、发挥交通基础设施效能、提升交通系统运行效率和管理水平，为通畅的公众出行和可持续的经济发展服务。

（一）地面公交车

截至 2019 年底，北京公交集团累计完成千余条线路、两万多辆公交车的更新工作，所有线路启用扫码乘车。北京公交 APP 下载用户量达 500 余万人。为提升乘客乘坐公共交通出行体验，北京市制定了公共交通"一码通乘"二维码支付业务规则和技术规范，完成了公交终端车载机具升级改造，开通了地面公交二维码测试。北京公交、亿通行和北京一卡通均可实现刷码乘坐所有常规公交车和地铁，使用范围覆盖了北京城区和郊区全部 1500 余条常规地面公交线路、全部 23 条城市轨道交通线路，以及 S2 线和怀密线 2 条市郊铁路线路，初步实现公共交通 APP 互联互通。

（二）轨道交通

京港地铁联合中国移动北京公司完成了地铁 16 号线站厅台及隧道区间 5G 项目施工，这标志着地铁 16 号线成为了全国首条 5G 信号全覆盖的地铁线路。5G 网络具有大带宽、低时延、广连接等特点，16 号线 5G 信号实测速率可达下载速率 933Mbps、上传 87Mbps，均远高于现有 4G 网络平均速率，支持高清视频直播回传、高清视频通话和 VR 实时监控等 5G 业务，是全国轨道交通路网中最早实现 5G 信号全覆盖的线路，为广大乘客提供了更加优质的乘车体验。

（三）自动驾驶

截至 2019 年底，北京市累计开放了 4 个区的自动驾驶测试道路，共计 151 条，503.68 千米；开放了首个自动驾驶测试区域，面积约 40 平方千米；开放全国首个车联网与自动驾驶地图应用试点区域；累计为 13 家自动驾驶企业 77 辆车发放一般性道路测试牌照；首次为自动驾驶企业的 40 辆车发放了允许载人测试的联席审查意见；测试总里程超 100 万千米，整体安全可控。北京市开放测试道路数、区域面积、服务规模、测试牌照数及测试里程均位居全国第一。

第二节　其他基础设施

一、互联网等新型基础设施建设

新型数字基础设施涵盖了传感终端、5G 网络、大数据中心、工业互联网等，也包括利用物联网、边缘计算、人工智能等新一代信息技术对交通、能源、生态、工业等传统基础设施进行数字化、网络化、智能化改造升级。新型数字基础设施的突出特点在于其全新的数字化技术体系，立足于当前世界科技发展的前沿水平，以新一代数字化技术为依托，通过新技术的产业应用，催生出大量创新业态，形成了新的商业模式，带动相关产业快速发展。

（一）发展现状

1. 信息网络基础设施建设全面展开

截至 2020 年底，北京 5G 基站数量已经超过 3.7 万个，基本实现了城区和部分重点业务区的连续覆盖，全市 5G 用户数超过 500 万人，相关行业合作项目超过 1000 个；形成了体系完备的人工智能产业基础，拥有国家级人工智能创新平台 7 个，人工智能论文发布和专利申请量居全国首位，人工智能相关研究人员数量超过 4000 人，有 32 家人工智能独角兽企业，人工智能企业融资总额超过 3000 亿元。在企业上云方面，超过四成的规模以上工业企业实现上云、上平台，中小企业赋能效应逐步增强；在标识系统方面，北京作为全国工业物联网标识解析国家顶级节点之一，标识体系一体化建设已初具规模。

2. "互联网+"快速发展

智能政务全面升级。配合"一网通办"，全市各部门已刻制电子印章 2200 多枚，汇聚电子证照 355 类、数据 1.12 亿条，网上办事率全面提升，2020 年北京市"接诉即办"政务服务便民热线 12345 开通了 15 个网络渠道，全年通过网络反映事项 102.56 万件。在线医疗方面，目前北京市已经获北京市级卫生健康行政管理部门审批的互联网诊疗执业许可的医院有 22 家，在线问诊、线上购药接入渠道更加多元，部分医保定点机构的互联网诊疗已被纳入医保。

3. 创新平台快速布局

作为全国科技创新中心，北京在一系列关键科研基础设施平台建设方面持续提速，工程研究、先进计算、新能源汽车等创新平台超过 300 家，占全国的三成以上，成为开展各类重要科研活动的关键平台。此外，北京数字产业创新链条完备，汇聚了 20 万家创业服务企业、670 多家创投机构、近 500 家各类众创平台，双创示范基地数量占全国的 35%。

（二）存在的问题

1. 新型基础设施与大城市精细化管理关联性不强

新型基础设施建设总体进展较快，但对北京超大城市治理的基本支撑作用还有待进一步提升。云计算、物联网、AI、移动互联网等技术在城市治理应用上呈现散点化的特征，在缓解拥堵、解决通勤问题中尚未形成有效合力；智慧社区依然处于探索阶段，社区智慧化改造的供给能力与居民群众的需求不匹配，社区智能化改造资金的社会化投入机制依然不顺畅；城市治理的数据孤岛等问题依然存在，新型基础设施在强化公共设施、提升应急能力、完善服务体系等领域仍有较大的发展空间。

2. 新型基础设施重点领域的应用场景依然不足

以5G为例，个人应用方面，5G与消费、医疗、交通等重点应用场景的结合依然有限；企业应用方面，5G在工业互联网等重要新型基础设施领域的应用场景依然不足，由于工业企业基础不强，重点领域工业企业的内部数字化转型程度还不够，5G技术与工业互联网深度融合依然处于探索阶段。

3. 新型基础设施示范效应不强

北京虽然集聚了大量科学技术人才，但购房成本高，导致对新基建人才要素的吸引力下降。资本方面，北京金融优势对新型基础设施建设的拉动效应还不明显，民间资本进行相应投资建设的积极性还不高。科技方面，北京科技创新能力全国领先，但在人工智能、工业互联网等核心技术方面与国外先进水平依然存在较大差距。

（三）提升措施

1. 构建新基建良性发展机制

资金方面，进一步加快改革，优化金融服务模式，提升新基建领域金融服务供给的适配性，吸引民间资本投入新型基础设施建设，形成多元化的新基建投融资模式。科技方面，强化核心技术的自主研发，发挥北京科研院所和平台企业集中的优势，开展联合攻关研究，提升新型基础设施核心技术的自主化水平。人才方面，强化北京本地高校对重点学科、复合型人才的培养，尤其是完善信息基础设施产业核心技术类人才以及大数据、物联网、区块链等各领域的通用技术人才的体系化培养机制。

2. 拓展新应用场景

一是强化对产业技术应用的研究，营造创新环境。如围绕教育、医疗、交通等重点行业领域，组织开展应用场景沙龙和创新应用大赛等主题活动，充分发挥北京应用场景孵化的科技、人才、资本等要素优势，推动5G应用的落地发展。二是充分发挥示范效应，结合冬奥会等重大活动开展5G、人工智能的示范应用，在北京城市副中心建设等重大工程中充分发挥政府购买的示范效应，孵化、培养和带动新技术应用的庞大市场需求。

3. 增强对城市治理的融合度

结合北京现代化城市治理的重点领域，有针对性地布局新型基础设施建设。尤其是加快传统公共服务基础设施的数字化，全面提升交通系统的算力和算法，加快智慧社区、智慧能源、智慧管网等基础设施部署，推动人工智能、感知设施在机场、展馆、医院等公共场所的应用。结合新型基础设施的技术特点，依托超大城市人口庞大、资源聚集、需求旺盛的应用优势，充分发挥市场主体的作用，推动形成北京新型基础设施规模经济的新优势。

二、市政基础设施建设

市政基础设施是指在城市区、镇（乡）规划建设范围内设置、基于政府责任和义务为居民提供有偿或无偿公共产品和服务的各种建筑物、构筑物、设备等。城市生活配套的各种公共基础设施建设都属于市政工程范畴，比如常见的城市道路、桥梁、地铁、地下管线、隧道、河道、轨道交通、污水处理、垃圾处理处置等工程，又如与生活紧密相关的各种管线——雨水、污水、给水、中水、电力（红线以外部分）、电信、热力、燃气等。

（一）供水设施

截至 2019 年底，北京全市城市公共供水厂 72 座，供水能力为 598 万立方米/日，年供水总量为 14.22 亿立方米；城镇自建设施年供水总量为 1.50 亿立方米。全市乡镇供水厂 104 座，供水能力为 76 万立方米/日，年供水总量为 0.96 亿立方米；村庄供水站及分散供水工程为 3659 处，年供水总量为 2.07 亿立方米。

北京中心城区已建成 24 座公共供水厂，供水能力为 440 万立方米/日，供水管道总长度为 1.07 万千米。中心城区已初步形成了以二、三、四环供水环网为主，沿圆明园西路、八达岭高速公路、来广营路、机场高速路、朝阳北路、阜石路向外放射的供水格局。其余各区已建成 48 座公共供水厂，供水能力为 158 万立方米/日，供水管道总长度为 0.61 万千米（见图 11-7）。

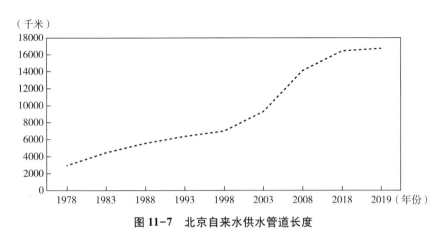

图 11-7　北京自来水供水管道长度

（二）污水处理设施

2019 年，全市城镇污水排放量为 19.9 亿立方米，全市城镇污水处理量为 19.2 亿立方米，全市城镇污水处理率为 96.2%，其中，中心城区城镇污水处理率为 99.3%，其余各区城镇污水处理率为 89.3%。全市农村污水排放量为 1.2 亿立方米，污水处理量为 0.8 亿立方米，污水处理率为 67.3%。截至 2019 年底，全市共有万吨以上城镇污水处理厂 67 座，污水处理能力为 679 万立方米/日，具有深度处理能力的再生水厂 56 座，深度处理能力为 648 万立方米/日。全市现状再生水管道共计 2006 千米，污水管道总长度为 13188 千米，雨污合流管道总长度为 1528 千米（见图 11-8）。

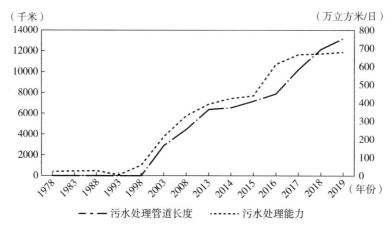

图 11-8　改革开放以来污水处理管道长度及污水处理能力

（三）燃气设施

北京市天然气用户总数和用气量位居全国各大城市之首。2019 年，北京市天然气消费量约 187.7 亿立方米，天然气居民用户约 699.9 万户。北京市已建成陕京一线、二线、三线及四线和大唐煤制气管线等多条长输管线，形成了以陕京供应系统为主、多气源向协调的供应格局。截至 2019 年，北京市已建成城镇天然气管线约 2.9 万千米，形成了"一个平台+三个环路+多条联络线"的城镇输配系统，已建成门站 10 座、高压 A 调压站 21 座。截至 2019 年底，全市拥有液化石油气储备厂 3 座、灌瓶厂 3 座、充装站 6 座、换瓶站 166 座。

（四）生活垃圾处理设施

截至 2019 年底，全市共有现状生活垃圾处理设施 19 处，焚烧处理能力约为 16650 吨/日，生化处理约为 5750 吨/日，填埋处理能力约为 7931 吨/日，安定、北天堂等卫生填埋场已经临近饱和。截至 2019 年底，全市共有餐厨垃圾处理厂 14 座，设计处理能力 2380 吨/日（见图 11-9）。

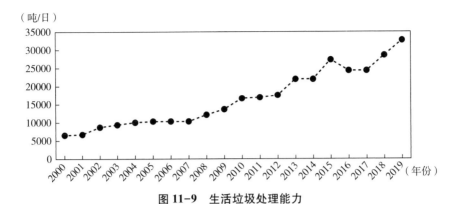

图 11-9　生活垃圾处理能力

（五）通信设施

截至 2019 年底，北京地区建成电信管道约 24600 千米。固定电话用户达到 543.1 万户，移动电话用户达到 4019.8 万户，固定互联网宽带接入用户数达到 688.1 万户。全市建成移动通信宏基站物理站址约 2.6 万余座。全市城区和农村地区普遍具备 100Mbps 和 20Mbps 的宽带接入覆盖能力，部分地区可达 1Gbps，百兆光纤接入覆盖率达到 80%；三大基础电信企业国际互联网出口带宽能力约 8703Gbps。北京市互联网骨干网络网内、网间以及国际访问性能位居全国前列。

（六）综合管廊

截至 2019 年底，北京市建成并投入运营的综合管廊 22 条，总长度约 122 千米；在建管廊 16 条，总长度约 97 千米。方巾巷、东长安街综合管廊为全市最早建设的综合管廊，建成于 20 世纪 50 年代。20 世纪 90 年代以来，北京市相继建设了中关村西区、未来科技城、CBD、运河核心区等综合管廊。

（七）防洪及河道设施

北京全市共建有水库 87 座，其中大型水库 4 座，中型水库 17 座，小型水库 66 座，已建水库控制了境内山区面积的 68%。21 座大中型水库总库容为 92.9 亿立方米，防洪库容为 52.8 亿立方米。全市主要河道长度为 7224 千米，其中市内流域面积大于 10 平方千米的河道共 425 条，已纳入河长制管理，总长度为 6362 千米。全市 5 条骨干河道中永定河、北运河、潮白河、泃河上段历经多次规划治理，现状防洪标准达到 20~100 年一遇，拒马河和泃河下段现状防洪标准为 5~10 年一遇。北京市现有蓄洪（涝）区 12 处，其中小清河分洪区、西郊雨洪调蓄工程、奥运湖、玉渊潭湖、水碓湖、崔家窑、沈家坟、沙子营蓄洪（涝）区已建成。现状蓄洪（涝）区占地面积约 23937 公顷，可实现蓄洪（涝）量约 1.87 亿立方米。

三、防灾基础设施建设

防灾基础设施指占据一定土地空间，并能够保障城市及农村地区在灾害发生前后居民生命及社会经济安全的基础设施。防灾基础设施不仅具备灾前预防、灾时抵御、灾后救援恢复的能力，还能够在灾害发生时对城市的交通、给排水、能源、通信等生产生活基础设施起到保障作用，也是城市居民生活的安全保障。

（一）北京市主要灾害

1. 地震

地震属于纯自然灾害，且很难进行预测，强震一旦发生，往往带来严重的损失。由于北京市处于燕山地震带与华北平原中部地震带交会处，是地震易发生地区，且北京市人口和资源高度集中，因此防震基础设施的防灾能力对保障北京市民的生命财产安全起着极为重要的作用。由于目前对地震的监测和预警水平有限，加上部分基础设施自身的抵御能力不足，因此应急能力有待进一步提高。

2. 火灾

火灾易发生于人口密集区，因此大城市应特别关注城市火灾易发区。火灾的发生一般是由于操作不慎，火灾发生后如果建筑物的防火等级不够、救援不及时就会造成严重的生命财产损失。北京市人口、建筑密集，冬天天气寒冷干燥，是取暖电子设备使用的高峰期，极易发生火灾事故，而许多建筑内的消防设施并没有被管理者重视以及进行定期的维修和更新，火灾发生时不能及时灭火，同时北京市的交通拥堵状况也会造成救援的不及时。

3. 洪涝灾害

洪涝灾害属于自然灾害，其中主要原因是城市发生持续性的大暴雨，而另一个重要原因在于防洪基础设施的防灾能力弱，地势低平、地面硬化导致不易排水，加上部分区域排水设施系统老旧，设防标准过低。北京市近几年夏季频发的洪涝灾害表明，目前北京市的排水管道及泄洪设施建设与管理远远落后于北京市的经济发展速度。

（二）北京防灾基础设施发展存在的问题

1. 对城市防灾基础设施规划不足

北京市在城市规划建设与管理过程中更加注重制造业、商业、房地产业等经济发展的需要，导致防灾基础设施"历史欠账"较多。以消防基础设施的建设为例，《北京市"十三五"时期消防事业发展建设规划》中提到，北京市消防基础设施的建设进度较慢，多种形式的消防力量发展缓慢。消防基础设施的建设数量、消防力量与伦敦、巴黎等城市还存在很大的差距（见图11-10）。此外，北京市在规划建设中没有重点考虑灾害因素和城市安全，防灾基础设施的规划及建设在空间发展中具有盲目性，且开发强度大、缺陷多，表现为部分已建成的设施空间布局不平衡、凌乱且分散，例如北京市早期建成的老城区居住楼群密集，消防基础设施缺乏科学的规划及管理，见缝插针、随意布局，绿地和公共避难空间缺乏，灾害来临时很难进行人员疏散避灾。

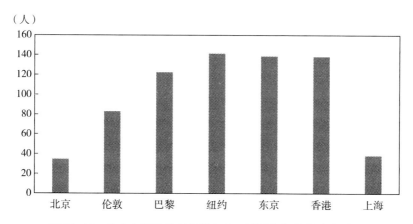

图 11-10　北京市消防站平均服务人口及面积与其他城市对比

2. 防灾基础设施抵御能力不高

北京市对已建成的防灾基础设施的日常管理和设备更新换代覆盖不完全，抗震等级、防洪等级、防火等级没有达到设施安全性评价标准本身就存在灾害隐患，灾害来临时才发现防灾基础设施因年代久远、设防标准低及维护不力而出现功能非正常衰减，很容易造成小灾难大损失的后果。以防洪基础设施为例，北京市夏季的排水量已经超过了排水管线初始设计的排水能力，且排水管线已经非常老化，最新的管线也是 20 世纪 80 年代建成，排水系统的标准通常为"一年一遇"或"三年一遇"，雨量一旦超过 50 毫米就会发生积水。北京城区44%的排水管依旧为雨污合流管道，由于缺乏管理部门的监管，居民倒入的垃圾杂物以及雨污合流管的沉积物未能得到定期检查和清淤，造成排水管线和泵站占压、腐蚀、老化等问题。北京城区内涝年年都在发生，但并未得到改善。

3. 应急管理能力有待提高

北京市交通的拥堵以及救援力量薄弱往往造成救援的不及时，消防接警后很难在规定的5~7分钟内赶到受灾现场；由于缺乏统一的应急救援指挥中心，各部门临时协调构建灾害救援小组往往错过救援的最佳时间；灾后应急物资储备系统在灾害来临时准备不足或者瘫痪，导致生活供水、供电、供气及相关救援物资储备匮乏。《北京市"十三五"时期消防事业发展建设规划》列出了北京市 2014 年和 2015 年针对北京市居民的消防安全常识知晓率调查统计得分，整体知晓率得分为 69.9 分，有近一半的题目的知晓率得分在 60 分以下，表明目前北京市全社会的应急避灾救援意识薄弱，管理部门对灾害应急宣传和组织演练不够重视，居民自救和紧急避难意识缺乏（见图 11-11）。

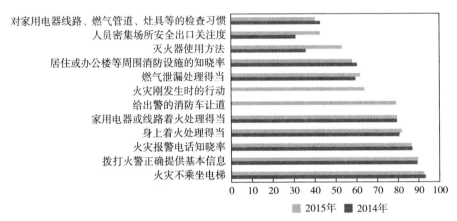

图 11-11　2014 年和 2015 年北京市居民消防安全常识知晓率调查得分情况

资料来源：《北京市"十三五"时期消防事业发展建设规划》。

（三）提升措施

1. 加大资金投入

以政府作为投资主体继续加大资金投入力度的同时，可根据北京市的实际情况主动争取上级的财政补贴，设立用于提升防灾基础设施防灾能力的专项资金，并由某一部门专门负责管理，加强资金使用监管力度，防止由于资金无法做到专款专用及部门繁多导致资金下拨困难。防灾基础设施的规划建设要紧跟国际水平，积极学习和借鉴国外在防灾减灾设施领域的先进技术，同时设立专项科研基金用于加强自主研发，同时促进科研成果向实际应用转化。

2. 建设专业化的管理队伍

每个社区安排一位工作人员轮流担任灾害信息员，在负责本社区的防灾基础设施检查、防灾宣传等工作之余，对区内其他社区的防灾基础设施管理情况进行走访和调查，针对管理薄弱的情况，及时提醒和纠错。开设培训课程，通过考核的方式对管理人员进行定期专业培训，提升管理人员专业技能水平，建设专业化的管理队伍，同时派遣人员去发达国家、城市进行学习交流和实地调研，优化防灾减灾合作机制。

3. 提高全社会的应急避灾救援意识

通过媒体进行突发灾害及事件的预防与应急、自救与互救知识的宣传，并定期组织避灾演练，可以让企业和居民熟知工作、生活周边的防灾基础设施的位置、功能等信息。每个区的街道办事处都应设立应急管理办公室，负责救灾物资储备的登记和定期管理工作。由社区居委会占主导，指导和监督社区内防灾基础设施的管理维护和防灾减灾宣传工作，实现政府、物业管理公司和业主委员会的专业救援力量相衔接。

参考文献

［1］王军.迈向国际大都市面临的挑战——关于北京城市建设若干问题的思考［J］.瞭望周刊，1993（51）：27-29.

［2］北京交通发展研究院.2020年北京市交通发展年度报告［R］.2020.

［3］北京交通发展研究院.2019年北京市交通发展年度报告［R］.2019.

［4］北京统计年鉴，http：//nj.tjj.beijing.gov.cn/nj/main/2020-tjnj/zk/indexch.html.

［5］刘微.大兴国际机场临空经济区、自贸区及综合保税区建设问题研究.北京经济发展报告（2020-2021）［M］.北京：社会科学文献出版社.

［6］连玉明，朱颖慧，秦坚松.中国临空经济发展报告（2014）［M］.北京：社会科学文献出版社，2014.

［7］谢利国.从"大兴机场"看智慧机场建设［J］.中小企业管理与科技（中旬刊），2021（2）：124-125.

［8］王婧.北京公共服务发展报告（2018～2019）［M］.北京：社会科学文献出版社，2019.

［9］吴沐暄，王晶.北京城市轨道交通网络化的现状及问题［J］.改革与开放，2016（1）：30-32.

［10］颜九红.首都人口调控的思路和建议——以北京新机场建设中流动人口问题为例［J］.北京政法职业学院学报，2015（3）：89-96.

［11］胡小波.北京首都机场发展战略研究［D］.对外经济贸易大学，2006.

［12］郑雨.基于新时代智能精品客站建设总要求的北京朝阳站建设策略［J］.铁路技术创新，2020（5）：5-18.

［13］夏天.城市慢行交通系统设计策略分析［J］.交通信息与安全，2010，28（5）：81-84.

［14］周雪洁.北京北站的空间演化及其与周边城市空间的关系研究［D］.北京交通大学，2012.

［15］仇保兴.缓解北京交通拥堵难点与对策建议［EB/OL］.https：//news.qq.com/a/20100504/001225.htm.

［16］许琦.北京市防灾基础设施承灾能力提升研究［D］.天津商业大学，2019.

［17］孟月.5G"新基建"赋能 北京互联网加速发展［J］.通信世界，2020（25）：12-13.

［18］施昌奎，孟凡新.北京市新型基础设施建设现状特点与发展对策［R］.北京公共服务发展报告（2020～2021）：139-148.

［19］北京市加快新型基础设施建设行动方案（2020~2022年）.

［20］林旭，白同舟，刘雪杰，李先. 北京市铁路客运枢纽共性问题剖析与基本治理思路［C］//中国城市规划学会城市交通规划学术委员会. 交通治理与空间重塑——2020年中国城市交通规划年会论文集. 中国城市规划学会城市交通规划学术委员会：中国城市规划设计研究院城市交通专业研究院，2020：6.

［21］北京市市政基础设施专项规划（2020-2035年）［EB/OL］. http：//yewu. ghzrzyw. beijing. gov. cn/zkdncmsUploadFile/gwzykfile/ueditor.

［22］王文勋. 北京地区铁路客运交通枢纽文化建设路径研究［J］. 现代营销（经营版），2021（5）：100-101.

第十二章　古城保护与城市更新

北京是一座具有 3000 多年历史的古城，拥有珍贵的历史文化遗产。北京城是承载中华文化的载体，首先是建筑遗存，其次是皇家文化和京城民俗文化。当前的任务是加强北京的古城保护，推进古城的城市更新，为北京建设世界历史文化名城创造良好条件。

第一节　皇城保护

北京古城是北京文化底蕴的主要载体。作为 800 多年的都城，北京皇城是古城保护的重点对象。

一、北京皇城保护的历程

1. 皇城保护的范围

北京皇城占地面积约 6.8 平方千米，位于北京古城的中央。以故宫为核心，东起东皇城根，西至西皇城根、灵境胡同、府右街，北起平安大街，南至东西长安街，是国内目前唯一保存完整、规模宏大的中国古代皇家宫殿建筑群。北京皇城在规划布局、建筑形态、建造技术、色彩运用等方面具有极高的历史价值和艺术价值。城内分布皇家宫殿园囿等设施，呈现出为帝王服务的完整理念和功能布局。传统的长达 8 千米的中轴线，以及六海等水面目前仍基本保存完好，各种类型的历史文化建筑在北京旧城内比比皆是，丰富多彩的传统文化习俗也仍在旧城保持一定的活力①。

北京皇城的建城可以追溯到 850 年前，女真人在营建金中都时就曾在城内建有皇城。13 世纪中后期，蒙古人在原金中都城的东北侧建起了气势恢宏的元大都，建设者特别在元大都中心正南方偏西的位置上，建设了以太液池为中心

---

①　王晶. 浅谈北京古都风貌保护与城市发展 ［J］. 中国经贸，2009（2）.

的皇城，又称萧墙，并在太液池两岸建有皇家宫殿和园林。在大小宫殿之间，还建有各种储物的仓库、服务机构、办事的衙署等。

明成祖永乐元年（1403年）改北平为北京。永乐四年（1406年）开始筹建北京宫殿城池，永乐十九年（1421年）正月"告成"，历时15年，正式定都北京。明代的北京城在元大都城的基础上改建，北墙南缩5里（1里＝500米），南墙向南展出2里，成为东西向的长方形，并以南京故宫为蓝本营建，重建了宫城和皇城。明嘉靖三十二年（1553年），又修筑外城，仅筑成南侧一面。至此，北京城的基本轮廓已经构成，即宫城、皇城、内城和外城。皇城的内城集中布置宫殿、园林、王府、衙署等机构。

清王朝定都北京以后，基本上完整地继承了明代的所有建筑，所有的宫殿仍然沿用前代的，皇城的总体布局没有变更，只不过将原来明代宫殿的名字改为新名。清代还将在战争中毁于兵火的殿堂全面修复，使过去那种恢宏、整一的故宫建筑群得以重现。清代对紫禁城的改造，进一步保护并加强了中轴对称布局，利用环境气氛的感染力突出了威严气势，对生活的适用性和装饰设施的华丽方面也进行了大量的改造①。

2. 皇城保护的历程

1948年11月，中共中央认为"蒋介石的国都在南京，他的基础是江浙资本家。我们要把国都建在北平，我们也要在北平找到我们的基础，这就是工人阶级和广大的劳动群众"。北京成为中华人民共和国的首都，城市发展十分迅速，旧城保护与城市更新相应被提上日程。1990~1998年，北京市进行了大规模的旧城改造，共拆除老房子420万平方米，其中大部分是四合院。皇城的很大一部分也受到波及。

2002年，北京市政府制定了《北京历史文化名城保护规划》，主要目的是正确处理发展与保护的关系，加强北京历史文化名城的保护，其中强调了重点在于文物的保护、历史文化保护区的保护、历史文化名城的保护三个方面，实施重点是北京市旧城区。2003年，北京市规划委制定了《北京皇城保护规划》，指出皇城是北京历史文化名城的重要组成部分。《北京皇城保护规划》是《北京历史文化名城保护规划》的深化，是加强皇城整体保护，正确处理皇城保护与城市现代化建设关系的重要保障，其中明确了皇城的规划范围为东至东黄（皇）城根，南至东、西长安街，西至西黄（皇）城②。

---

① 【北京历史上的今天】1644年10月30日 大清定都北京［EB/OL］. 千龙网，2015-02-16.

② 北京皇城原来有四面城墙，四至为天安门、地安门、东安门、西安门。自1912年壬子兵变火烧东安门以来，尤其是经过1920年北京修建大明濠时洗劫式的拆毁，到1927年时有着几百年历史的皇城城垣已被拆毁殆尽，仅有几处留存。

2012 年 2 月启动编制的《故宫保护总体规划》，提出了故宫整体保护目标，进一步提升故宫保护、利用与管理的科学性、合理性，促进文物保护与经济社会协调发展，发挥故宫这一世界文化遗产在民族振兴与增强文化自信等国家战略目标中特有的、广泛而深刻的社会教育与文化传播作用；同时提出按照真实完整的保存原则、最小干预的保护原则、整体保护的管理原则、保护优先的利用原则、基于价值的阐释原则、公众参与的展示原则，全面保存并延续故宫文化遗产载体的完整性、真实性，并制定了具有可操作性的分级、分类、分区、分批、分期规划措施等。《故宫保护总体规划》十分重视对皇城古城风貌的保护，提出：故宫重点保护区内，拆除所有与保护和展示无关的建筑物和构筑物；一般保护区内，适时拆除屏风楼等影响故宫内部景观的建筑物和构筑物，在已损毁的院落，依据历史空间和建筑形态，修复建筑空间环境，作为故宫博物院科研、展示和安全管理的办公设施。根据《故宫保护总体规划》的要求，周边景观控制力度也需加强。沿筒子河东、西、北三边的南北池子、南北长街、景山前街是与故宫直接关联的历史环境，道路不得更名、不得拓宽。路面应在可能的条件下参照历史形象进行修复或改善，并立牌解说街巷历史沿革，使之在环境氛围上与故宫和谐统一。《故宫保护总体规划》还提出，在故宫缓冲区范围内，按照《北京皇城保护规划》要求，严格执行建设高度控制，保障故宫关联区域的空间景观。在城市总体规划层面，控制明清北京城范围内的建筑高度，保障故宫景观影响区域的天际轮廓。

3. 习近平总书记对北京旧城保护的指示

党的十八大之后，习近平总书记十分重视北京的旧城保护。习总书记多次指示："历史文化是城市的灵魂，要像爱惜自己的生命一样保护好城市历史文化遗产"；"北京是世界著名古都，丰富的历史文化遗产是一张金名片，传承保护好这份宝贵的历史文化遗产是首都的职责，要本着对历史负责、对人民负责的精神，传承历史文脉，处理好城市改造开发和历史文化遗产保护利用的关系，切实做到在保护中发展、在发展中保护"；"北京历史文化是中华文明源远流长的伟大见证，要更加精心保护好，凸显北京历史文化的整体价值，强化首都风范、古都风韵、时代风貌的城市特色"；"一个城市的历史遗迹、文化古迹、人文底蕴，是城市生命的一部分。文化底蕴毁掉了，城市建得再新再好，也是缺乏生命力的"。

根据习近平总书记的指示，北京市政府制定了《北京市"十四五"时期历史文化名城保护发展规划》（以下简称《规划》）。本《规划》以习近平新时代中国特色社会主义思想和习近平总书记对北京重要讲话精神为根本遵循，明确了"十四五"时期历史文化名城保护工作的总体思路、具体目标、主要任务和重大举措。北京皇城的保护进入一个新的、向现代化迈进的阶段。

二、北京皇城保护的基本情况

1. 故宫保护

北京故宫是中国明清两代的皇家宫殿，旧称紫禁城，位于北京中轴线的中心。北京故宫以三大殿（太和殿、中和殿、保和殿）为中心，占地面积约72万平方米，建筑面积约15万平方米，有大小宫殿70多座，房屋9000余间。北京故宫于明成祖永乐四年（1406年）开始建设，到永乐十八年（1420年）建成，成为明清两朝24位皇帝的居所。北京故宫南北长961米，东西宽753米，四面围有高10米的城墙，城外有宽52米的护城河。故宫有四座城门，南面为午门，北面为神武门，东面为东华门，西面为西华门。城墙的四角，各有一座风姿绰约的角楼。

北京故宫内的建筑分为外朝和内廷两部分。外朝的中心为三大殿，是皇家举行大典礼的地方。三大殿左右两翼辅以文华殿、武英殿两组建筑。内廷的中心是乾清宫、交泰殿、坤宁宫，统称后三宫，是皇帝和皇后居住的正宫。其后为御花园。后三宫两侧排列着东、西六宫，是后妃居住休息的地方。东六宫东侧是天穹宝殿等佛堂建筑，西六宫西侧是中正殿等佛堂建筑。外朝、内廷之外还有外东路、外西路两部分建筑。1961年北京故宫被列为第一批全国重点文物保护单位，1987年被列为世界文化遗产[①]。

2. 太庙、社稷坛、皇史宬的保护

太庙是明、清两代皇帝祭祖之处，始建于明永乐十八年（1420年），嘉靖二十三年（1544年）改建，清顺治八年、乾隆四年都曾修缮。明、清两代每逢登极、亲政、凯旋、献俘、奉安梓宫等重大事件，均需告祭太庙。太庙面积139650平方米，享殿（大殿）、寝殿（二殿）、祧庙（三殿）为庙中主要建筑。大殿对面为大戟门，门外有玉带河，河上有5座桥，再往南为五色琉璃门，门外还有宰牲房、治牲房、井亭等建筑。中华人民共和国成立后，经周恩来同志批准，太庙改建为北京市劳动人民文化宫。

社稷坛是皇帝祭祀社稷神之处，建于明永乐十九年（1421年），其旧址是元代万寿兴国寺。清代沿袭明制，并对社稷坛进行了多次修缮。社稷坛坐南朝北，成正方形，通高四尺，分为三层，上层方五丈，二层方五丈三尺，四面出陛，各四级，坛四面设汉白玉的棂星门。坛上五色土——中黄、东青、南赤、西白、北黑象征全国土地，即"普天之下莫非王土"之意。坛北有拜殿，也称

① 世界文化遗产：故宫［EB/OL］. 华夏经纬网［2016-11-29］.

祭殿或享殿，是一座建于明初的木结构大殿。1915 年，社稷坛改为中央公园。1925 年，孙中山先生在北京逝世，曾在社稷坛拜殿内停放灵柩，接受各界人士吊唁。1928 年，社稷坛拜殿改名为中山堂，社稷坛改名为中山公园。

皇史宬初名神御阁、表章库，位于北京市东城区东华门街道南池子大街 136 号，始建于明嘉靖十三年（1534 年），占地面积 8460 平方米，建筑面积 3400 平方米，为中国明、清两代的国家档案存放处。皇史宬分南、北两院，由正殿、东配殿、西配殿、御碑亭、宬门等建筑组成，是中国现存最完整、历史最悠久的皇家档案库建筑群，现为中国第一历史档案馆明清档案陈列室①。

3. 西苑三海和景山

皇城中除了高大雄伟的宫殿建筑和祭祀设施外，还有一大部分是供帝后游幸娱乐的皇家园林，即御苑。西苑三海和景山就是明清皇城中皇家园林的杰出代表。

西苑三海是北海、中海和南海的总称，是一片历史悠久、保存完好的皇家园林建筑群。其整体规划属"一池三山"的布局，即我国古代传说中东海三仙山（蓬莱、方丈、瀛洲）之体现。西苑三海总面积 2500 余亩（1 亩≈666.67 平方米），水面近 1300 亩，园内水面宽广、景色万千，建有琼华岛、瀛台、水云榭、丰泽园、紫光阁、静心斋等多处景点，因此地与紫禁城近在咫尺，故成为昔日帝王重要的赏景、游宴之地②。

景山位于故宫正北方、城区南北中轴线的中心点，景山主峰也是封建时代北京城的最高点。景山占地总面积 28 万平方米，周长 1015 米，主峰高 47.5 米；园内花卉草坪占地 1100 平方米，各种树木近万株。景山的历史可以远溯到 13 世纪中叶，元代此地曾是专供帝后游乐的"后苑"，曾在此修建延春阁等建筑。当时园内有一土山，称"青山"。元朝灭亡后，明代统治者为清除前朝的"王气"，将元代的大内宫殿全部拆除，并将开挖护城河和南海的渣土堆于元代延春阁的旧址之上，将形成的五座山峰取名"万岁山"；明初，朝廷在此山堆煤，以防北京燃料短缺，因此该山又称"煤山"。清顺治八年（1651 年），万岁山改称为景山。乾隆年间在山前修建了绮望楼，依山就势在山上建筑五方佛亭。中心建有万春亭，东侧依次建有观妙亭和周赏亭，西侧依次建辑芳亭和富览亭。在山后重修寿皇殿建筑群。由于景山园林自元代起划为皇宫的重要组成部分，因此所有建筑都按照皇宫规制建造，等级之高、形态之异、原貌保持之完整，非常少见③。

①　世界文化遗产：故宫［EB/OL］. 华夏经纬网［2016-11-29］.

②　北京市西城区文物保护研究所. 文物古迹览胜 西城区各级文物保护单位名录［M］. 北京：北京联合出版公司，2016：64-66.

③　北京景山公园网站-服务指南［EB/OL］. 北京景山公园官网［2020-11-26］.

三、皇城保护与城市发展

进入 21 世纪，随着北京建设现代化国际大都市的步伐加快，旧城改造基本停止，古城保护进入新的时期。由于皇城保护区内存在一些居民房屋年久失修、危旧房众多、胡同道路狭窄、公共服务设施分布不均、市政基础配套设施薄弱、私搭乱建现象普遍等问题，安全隐患严重，客观上对皇城风貌保护造成了隐患。

皇城保护与城市发展的关系主要有以下三个方面：

（1）良好的皇城风貌保护是北京国际化大都市建设的基础。作为世界知名的古都，在社会、经济发展的同时，城市的现代化建设若不建立在继承优秀传统文化的基础上，就很难持续地发展。一座城市的特色不是通过现代化高楼大厦来体现的，而是通过从城市诞生的那一天起经过岁月的洗礼和沉淀，通过厚重的历史演变为我们留下的宝贵遗存来彰显其独一无二的城市魅力。古都风貌是北京最宝贵的人类文化遗产，是无价之宝，其社会价值不但不随岁月而逝，反如醇酒，历久弥香，社会越现代化，其价值越大。

（2）现代化发展可以为皇城保护提供更好的社会基础和经济基础。皇城的保护需要振兴历史建筑的功能，使之适应现代化的使用需求；需要改善基础设施；在保留传统的建筑材料和施工方法的同时，也更需要现代化的材料和技术；同样需要科学的、现代化的管理手段和方法。城市发展了，保护才更有意义；社会经济发展了，才有可能为保护提供足够的资金和技术支持；文化素质提高了，才会对城市的历史环境有更进一步的认识和需求。总之，现代化发展可以为旧城保护提供更好的社会基础和经济基础，更好地促进保护工作的进行①。

（3）非首都功能疏解中的皇城地区的人口疏解。在人口疏散方面，将中心城区高度叠加的办公、医疗、教育等功能适度向郊区转移，优化旧城产业与空间结构，有序引导人口外迁。继续加大定向安置新区的建设力度。对于中心城区给予供地上的支持，同时授权中心城区政府负责统筹规划未来新区的建设。结合全市住房保障体系建设，优先为外迁居民提供充足的保障性住房，并制定相应优惠政策，鼓励居民外迁。

第二节　历史文化街区的保护

北京的首都功能核心区，时至今日仍然有着它的特色，仍然还是很鲜明的。

---

① 王晶. 浅谈北京古都风貌保护与城市发展 [J]. 中国经贸, 2009（2）.

其中，一条 7.8 千米的中轴线，从永定门到鼓楼，中轴线两侧按照传统的布局铺陈开来，使整个城市有一个鲜明的秩序。周边以胡同、四合院为主的传统民居，和街巷、城市干道组成了一个方正的城市格局。在这个历史城区里面有着很多传统和现代的文化设施，有故宫、天坛、大运河等世界文化遗产和国家级的文物。

一、历史文化街区保护的政策

当前，北京市老城内共有 33 片历史文化街区，涵盖了总面积 20.6 平方千米的区域，占老城总面积的 33%，占 92.5 平方千米核心区的 22%。2005 年 3 月 25 日，北京市第十二届人民代表大会常务委员会第十九次会议通过《北京历史文化名城保护条例》。2019 年 7 月以来，根据市人大常委会立法工作安排，在市人大城建环保办公室、法制办公室、市司法局、市规划和自然资源委等部门的共同参与下，《北京历史文化名城保护条例》修订工作启动。2021 年 1 月 27 日，北京市第十五届人民代表大会第四次会议通过修订的《北京历史文化名城保护条例》，自 2021 年 3 月 1 日起施行。《北京历史文化名城保护条例》的目的是加强对北京历史文化名城的保护，保护北京老城的主要特色，传承城市历史文脉，改善人居环境，统筹协调历史文化保护利用与城乡建设发展，对北京城市的老城保护具有至关重要的作用。

1. 保护老城特有风格和底色

老城历史文化街区的天际线呈现一种平缓有序、水平延展的状态，街区整体色彩则以青灰色为主，点缀以金黄、红、绿等较高等级的建筑色彩和浓荫密树。这是北京老城区特有的风格和底色，是应该保护的部分。东城区是北京文物古迹最为集中的区域，辖区内拥有国家级文物保护单位 16 处，占北京市的 37%；市级文物保护单位 60 处，占全市的 24%；区级文物保护单位 57 处。著名的新北京十六景中的"天安丽日""紫禁夕晖"雍和宫、国子监、太庙、社稷坛、北京古观象台、钟鼓楼、文天祥祠、北大红楼等早已名扬海内外，此外还有毛泽东故居、茅盾故居、老舍故居、宋庆龄故居等一批名人故居。

2. 把非物质要素纳入保护当中

《北京历史文化名城保护条例》侧重于强调街区内各类有保护价值的元素，特别是街区天际线、整体形态特征和色彩基调、景观和街道等整体风貌方面的元素。在其他方面，除了有保护价值的建筑和构筑物、街道和胡同肌理、历史水系、古树名木等物质要素之外，街区功能、人口构成和社区结构、传统文化和非物质文化遗产等非物质要素也应系统纳入"保护要素"的范围。

3. 街区保护与更新并举

2015 年 4 月 21 日，国家住房和城乡建设部、国家文物局对外公布第一批中国历史文化街区，北京市有皇城历史文化街区等 30 个街区入选。在对历史文化街区的保护当中，建筑风貌的保护是历史文化街区保护的重要组成部分，要按照不可移动文物、历史建筑、传统风貌建筑、其他建筑的标准进行建筑保护价值的分类，并系统提出了街区内建筑保护、修缮、改善、保留、整饰、更新中风貌控制应遵循的详细规则。

二、皇城历史文化街区

皇城历史文化街区位于故宫周边地区，是历史上北京皇城所占据的范围，东城区部分主要含南北池子、东华门大街、景山东街、景山后街、景山前街、地安门内、五四大街等历史文化街区。其区域内包括坛庙祠观、官署府邸、城垣苑囿、街巷胡同、民居宅院等，目前都保存完整，是北京旧城核心区之精华，也是明清时期借元大都萧墙基址改建与再创造的精华体现。保护范围面积 683公顷（1 公顷＝1000 平方米）。

北京的历史文化价值和传统建筑艺术魅力主要体现在古都的规划格局、城市的空间塑造和重要历史建筑群的营造上，而处在北京旧城核心的皇城，则代表了中国古代社会在都城建设上的最高成就，集中体现了中华民族的悠久历史和文化古都的恢宏气魄。

北京皇城始建于元代，主要发展于明清时期。现今的皇城基本保持了清末民初的格局与风貌，具有极高的历史文化价值。皇城保护的主要特点有四个：一是唯一性。明清皇城是我国现存唯一保存较好的封建皇城，拥有我国现存唯一、规模最大、最完整的皇家宫殿建筑群，是北京旧城传统中轴线的精华组成部分。二是完整性。皇城以紫禁城为核心，以明晰的中轴线为纽带，城内有序分布着皇家宫殿园囿、御用坛庙、衙署库坊等设施，呈现出为封建帝王服务的完整理念和功能布局。三是真实性。皇城中的紫禁城、筒子河、三海、太庙、社稷坛和部分御用坛庙、衙署库坊、四合院等传统建筑群保存较好，真实地反映了古代皇家生活、工作、娱乐的历史信息。四是艺术性。皇城在规划布局、建筑形态、建造技术、色彩运用等方面具有极高的艺术性，反映了历史上皇权至高无上的等级观念[1]。

三、大栅栏历史文化街区

大栅栏历史文化街区位于北京前门地区，地处北京中轴线东侧。该地区拥有大量传统建筑和文物、独特的胡同文化、众多老字号商业及独特的会馆文化，

---

① 王晶. 浅谈北京古都风貌保护与城市发展 [J]. 中国经贸，2009（2）.

在北京绝无仅有，且具有得天独厚的商业、旅游区位优势。该区域的保护与修缮，将有利于改善周边民生，同时促进市旅游经济的发展。保护范围面积47.09公顷，核心范围面积15.67公顷。用地功能主要为居住、零售商业。商业主要集中在大栅栏头条、大栅栏街、大栅栏西街、煤市街，分布着众多驰名中外的老字号，此外，还有多处银行钱市、梨园会馆、宗教祠庙等历史建筑与场所，这些建筑现多改为居住用途。该地区是以商业与居住为主，具有浓郁传统市井风貌的历史文化街区。

大栅栏历史文化街区内大量的历史遗迹、遗存是值得保护与开发利用的文化资源。明清时期形成的北京文化，除了以皇城为中心的各种宫殿、坛庙等官方典章建筑以外，外城一带则形成了市井文化区。特别到近代，这里集儒雅、通俗、繁华、简朴于一体，表现出十足的京味文化内容。因此，应通过保护工作使地区的特色得以保留与发展。

1. 传统街巷胡同

保护区内有一批保存完整的传统商业服务业的胡同群。如廊房头条曾聚集20几家专门制作和销售宫灯、纱灯的灯笼铺，过去被称为"灯街"；廊房二条先后开设了20多家专门经营珠宝、玉器的店铺，有"玉器街"之称；廊房三条虽是死胡同，但全是珠宝、玉器和银钱业店铺集中地；大栅栏（四条）则是多种行业的综合性商业街；珠宝市街则更是因珠宝业店铺集中而得名。

2. 近代老字号店铺和银行

在大栅栏街区内曾有祥义绸布店、瑞蚨祥绸布店、皮货店、一品斋靴鞋店、长和厚绒线店、步瀛斋鞋店、张一元茶叶店、聚庆斋饽饽铺、精明眼镜行、东北魁帽店、天惠斋鼻烟铺、同仁堂药店等20多家驰名京内外的老字号。由于大栅栏地区商业发达，因此也就成为银、钱互兑的钱市以及钱庄、银号的集中地，专为官方铸银的炉行和民间小型炉行都集中在此。这些既有中国传统形式又吸取外来形式要素的店面，形成一种新旧混合、土洋结合的风貌，成为北京近代市井文化的特色。

3. 会馆建筑

作为都城和全国商业中心，除各地各行业商人在京设馆外，各地大量士子来京参加"会试"，使会馆大量兴起，成为北京城市风貌的一部分，也成为京师文化的一个内容。由于清时规定内城只住旗人，因此会馆几乎都在外城。大栅栏地区正是北京近代会馆建筑的集中地之一。

4. 梨园旧居

京城戏院多设在前门外一带，这里可以说是我国京戏形成发展的重要场所。清朝中后期嘉庆至光绪年间大栅栏一带就建有庆乐戏园、庆和戏园、广德戏园、三庆戏园，门框胡同有同乐轩戏园，粮食店街有中和戏园等。我国几代京戏著名演员都在此留下了他们的足迹，一批梨园名家故居，如梅兰芳祖居、谭鑫培故居、梨园公会就位于保护区内。

5. 四合院集中区

上述几条斜街以北的耀武胡同、火扇胡同、茶儿胡同、笤帚胡同、炭儿胡同一带保存着一批北京外城特有的、建筑形态特殊的四合院居住区。大栅栏历史文化街区是北京旧城重要的城市片区，其已成为历史延续最长、遗物遗存最多、旧城风味最浓、范围最大的传统市井文化区，因此对于历史文化的传承也最为生动、真实，是北京城市中不可复制的历史研究区域。

四、东四历史文化街区

东四三条至八条历史文化街区位于北京市东城区，朝阳门内大街以北，东四十条以南，东四北大街以东，朝阳门北小街以西，行政隶属于东城区北小街街道。保护范围面积 65.7 公顷，核心范围面积 48.8 公顷。

这里是京城最老的街区之一，已有 700 多年历史，基本保持了元代寅宾坊的概貌，胡同走向横平竖直、整齐有序，是典型的以传统四合院为主的居住型街区。东四在元代已形成繁华商业区，是全城三大商业中心之一，明代迁都北京后建立的城市格局已基本定型，是最典型传统的以四合院落为主的居住性成片街区。东四牌楼地处东城区中心地段，是朝阳门内第一大路口。

清晰的历史文脉、经典的四合院群是东四历史文化街区的特点之一，且很多历史遗存具有丰富的文化背景和人文内涵，与历史变迁、历史事件、历史人物紧密相关，文化风韵与建筑空间交相辉映。街区内包括全国重点文物保护单位 2 处、区级文物保护单位 4 处、登记不可移动文物 10 处、历史街巷 20 条、古树名木 55 株、区级非物质文化遗产 2 项。规矩的道路系统、完整的胡同肌理是本保护区的特点之二。由南北向的四合院落的有机排列，形成东西向的胡同，再生长成南北向的街坊，是北京旧城典型的院落与街坊生长模式，是完整的鱼骨式的胡同肌理，其面积之大、胡同之长、道路之直在各保护区中最为突出。因此，本街区是展示经典的四合院落的极佳场所，对名城保护、文化遗产、旅游开发、经济发展具有特别重要的意义。

五、南锣鼓巷四合院保护街区

南锣鼓巷四合院保护街区范围东至交道口南大街，西至地安门外大街，南至平安大街，北至鼓楼东大街。总占地面积约 84 万平方米。南锣鼓巷地区与元大都同期建成，地区以南锣鼓巷为主干，分为东、西两片。元朝时此处为昭回、靖恭坊，街巷状态形成于此时，并几乎完整地保留至今。该地区一直为北京重要的居住区。明清时在区域内设有衙署、寺庙及达贵府邸等建筑，如圆恩寺、显佑宫、步军统领衙门等。

该地区的街巷以南锣鼓巷为主干，呈鱼骨式格局。区域内保留有69个院落格局完好的四合院，是北京旧城保存最完整、四合院最集中的地区。保护街区内有菊儿胡同、后圆恩寺胡同、帽儿胡同、北兵马司胡同等胡同；有可园、僧格林沁祠堂、婉容旧居、茅盾故居等文物保护单位。南锣鼓巷为南北走向，长约800米，东、西各有8条胡同整齐排列着，从南向北，西面的8条胡同是福祥胡同、蓑衣胡同、雨儿胡同、帽儿胡同、景阳胡同、沙井胡同、黑芝麻胡同、前鼓楼苑胡同；东边的8条胡同是炒豆胡同、板厂胡同、东棉花胡同、北兵马司胡同、秦老胡同、前圆恩寺胡同、后圆恩寺胡同、菊儿胡同。

有代表性的胡同文化包括：板厂胡同30号、34号僧王府为区级文物保护单位；27号院为区级文物保护的四合院。胡同内还有9棵挂牌古树，其中4棵国槐、3棵枣树、1棵侧柏、1棵银杏。东棉花胡同15号拱门砖雕为区级文物保护单位。胡同内有1棵挂牌古树，为国槐。炒豆胡同63号、65号院为僧格林沁府邸，为区级文物保护单位，有2棵挂牌古树，均为枣树。地安门东大街47号为显忠祠，原为僧格林沁祠堂，为区级文物保护单位，有3棵挂牌古树，其中1棵国槐、2棵银杏树。

此外，离南锣鼓巷不远的国子监街也是北京重要的保护街区。国子监街在东城区安定门内，是一条东西向的胡同，清代名成贤街，因孔庙和国子监在此而得名，又称国子监胡同。国子监街元时已然形成，明时称国子监孔庙，清时称成贤街，民国以后称国子监，1965年称国子监街。国子监街是北京仅存有牌楼的街道，街上有四座牌楼，东、西街口各一座，上题"成贤街"，国子监附近左、右各一座，上题"国子监"。国子监街上还有祭祀唐代大文学家韩愈的韩文公祠、始建于明代的火神庙、祀灶王爷的灶君庙等。

第三节　古城更新

2014年和2017年，习近平总书记两次视察北京的过程中，一直强调"建设一个什么样的首都，怎样建设首都"。落实习近平总书记的指示，北京市从国家顶层设计和首都发展战略两方面提出转变城市发展模式，以非首都功能疏解为"牛鼻子"，加快城市更新。回顾历史，1990~1998年，北京市曾经进行了大规模的旧城改造，共拆除老房子420万平方米，其中大部分是四合院。这些动作，损害了北京的古城风貌。因此，在北京市实现中国式现代化的建设进程当中，不能再走旧城改造的老路，而是要通过城市更新，保护古城风貌，完成新时期的发展任务。因此，北京市第十五届人民代表大会常务委员会第四十五次会议于 2022 年 11 月 25 日通过《北京市城市更新条例》，自 2023 年 3 月 1 日起施行。北京城市更新进入到一个新的阶段。

一、城市更新的主要内容

2022 年 9 月，中共北京市委办公厅、北京市人民政府办公厅印发《北京市城市更新行动计划（2021—2025 年）》，全面提升城市发展质量，加快推动城市更新，聚焦在城市建成区存量空间资源上，同时不进行大拆大建。

在改造项目方面，北京城市更新行动划分为 6 大类型，即首都功能核心区平房（院落）申请式退租和保护性修缮、恢复性修建，老旧小区改造，改建和简易楼腾退改造，老旧楼宇与传统商圈改造升级，低效产业园区"腾笼换鸟"和老旧厂房更新改造，城镇棚户区改造。①

6 大类型对应的 5 年计划主要有：完成首都功能核心区平房（院落）1 万户申请式退租和 6000 户修缮任务，全市 2000 年底前建成需改造的 1.6 亿平方米老旧小区改造任务，实施 100 万平方米危旧楼房改建和简易楼腾退改造；同时，推动 500 万平方米左右低效老旧楼宇改造升级，完成 22 个传统商圈改造升级，有序推进 700 处老旧厂房更新改造、低效产业园区"腾笼换鸟"，基本完成 134 个在途城镇棚户区改造项目，完成 3 万户改造任务。

在实施路径方面，北京市设置了 4 条路径，以街区为单元统筹、以轨道交通站城融合方式、以重点项目建设带动以及单个项目推进城市更新。从整体来看，除了棚改区之外，北京推进方向为非拆除重建，以微改造、更新升级为主。对比发现，《北京市城市更新条例》是《北京市城市更新行动计划（2021—2025 年）》的"精细版"，固然在改造目标、改造实施路径上大致相同，但在指引方向、实施范围等方面做了进一步的要求。《北京市城市更新条例》提出四大原则：规划引领、街区统筹，总量管控、建筑为主，功能完善、提质增效，民生改善、品质提升，政府引导、多元参与。

具体来看，北京城市更新专项规划有两条主线：一是全面落实北京城市定位的功能性更新改造；二是以生态保护、文化传承、基础设施服务为主的社会性更新改造。前者的核心是经济发展、重大项目建设、扩大内需，比如国际科技创新中心建设、国际消费中心城市建设、京津冀协同发展等。后者的核心是

---

① 本小节依据《北京市城市更新条例》整理。

以民生为本，包括居住环境整治、便民生活圈、绿色建筑、文物保护等。

北京市集中建设区内共有可更新建筑约2.45亿平方米，将以"一核一主一副、两轴多点一区"的城市空间结构，分圈层差异化明确更新方向。其中，有着丰富历史资源的首都功能核心区、城市副中心成为了更新重点，强调历史文化保护与城市修补，存量可更新建筑分别为约0.42亿平方米、约0.13亿平方米，对应的改造目标为：历史文化保护与更新的和谐共融、塑造为城市建设特色标杆。作为"一主"的中心城区是存量可更新建筑规模最大的一个片区，达到1.24亿平方米，将在"减量双控"前提下，做好生活、生产、生态融合发展，并加强学前教育、医疗、养老等公共服务配套的建设。

北京城市空间发展和布局规划其实与两个标志事件密切相关：2008年北京奥运会和2022年北京冬奥会。北京城市扩张与中心城区规划空间是一个统一多源与综合演进的过程，可以分为三个阶段：以政治生活为导向的起步阶段、以经济生活为导向的增长阶段和以文化为导向的阶段。对应的时间为1949~1978年、1978~2008年、2008年以后[1]。

第一个阶段的重点是天安门广场及其周边的长期改造；第二个阶段的重点是开展大规模城市开发，诞生了王府井、西单广场、三里屯等；第三个阶段的重点则是在举办2008年北京奥运会的背景下，一方面是奥林匹克森林公园、鸟巢、国家大剧院等一批大型项目建设落地；另一方面是前门大街、北京坊、前门东、南锣鼓巷等"老北京"的更新改造。2008年之前，北京城市空间发展有一个关键词——拆迁安置，原因与建设奥运比赛场馆密切相关。官方披露数据显示，2008年北京奥运会在北京市的所有场馆和相关设施建设，共涉及搬迁居民约6037户，14901人。其中，奥林匹克公园为4614户，10355人，约占总搬迁规模的80%。在拆迁安置过程中，北京城市空间得到了跨越式发展。以基础设施建设为例，2001年，北京道路总里程仅为4312千米，北京机场的旅客吞吐量为2418万人，为了奥运场馆及相关配套设施的建设，北京投入大量资金建设基础设施。图12-1所示为2001~2020年北京基础设施投资与增速。实际上，国内其他城市借助举办重大赛事或国家层面项目建设的机会，实现跨越式发展的案例不在少数。城市更新则成为了冬奥会场馆建设的核心。

二、古城更新的关注重点[2]

1. 集中建设区的更新

依托《北京城市总体规划》确定的"一核一主一副、两轴多点一区"的城

---

① 参见中国城市规划学会城市更新学委会副主任委员边兰春的观点。
② 根据新京报记者梳理的关注要点修改。2022-05-19 14：34 新京报社。

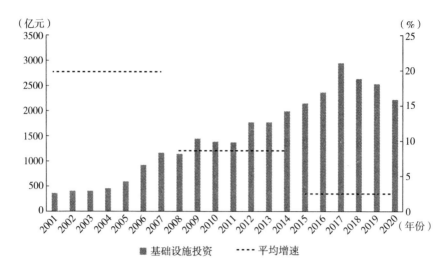

图 12-1 2001~2020 年北京基础设施投资与增速

资料来源：戴德梁行研究报告。

市空间结构，"一核"强调保护更新，实现人居环境和谐共融。核心区作为城市更新的重点地区，强调保护更新，更新用地优先用于保障政务中心建设和做好"四个服务"，提升中央政务环境，促进重点地区环境品质优化。中心城区存量可更新建筑约 1.24 亿平方米。"一主"突出减量提质，推进功能完善、品质提升。中心城区突出减量提质，立足"减量双控"，将更新空间优先用于改善民生与科技创新，统筹好生产、生活和生态空间。城市副中心存量可更新建筑约 0.13 亿平方米。"一副"承接功能疏解，塑造城市建设特色标杆。副中心应利用更新空间发挥对疏解非首都功能的示范带动作用，加强对首都功能的服务保障能力，率先探索出高标准、高质量推进城市更新的实施路径，形成"北京经验"。"两轴"优化首都功能，提升国际城市文化形象。以长安街为依托，优化中央政务功能布局。加大非首都功能疏解力度，有序推进中央政务功能合理布局，使中央党政机关办公功能相对集中，凸显政务集群优势。推动中轴线申遗保护综合整治，彰显古都风韵。平原新城及地区存量可更新建筑约 0.54 亿平方米。"多点"全面承接疏解，推动平原新城发展建设。生态涵养区存量可更新建筑约 0.12 亿平方米。生态涵养区结合城市更新适度承接与绿色生态发展相适应的城市功能。

2. 老旧小区的改造

全面推进老旧小区更新改造，注重适老化和无障碍改造。《北京市城市更新行动计划（2021—2025 年）》提出，要聚焦老旧小区更新改造工作，统筹推进老旧小区分类改造，提升居住品质，促进职住平衡。支持配合央产、军产老旧小区综合整治，全面有序推进市属老旧小区综合整治。重点关注央产、军产及各类混合产小区的落地实施，建立完善央地、军地协调调度机制，深入研究探索混合产小区资金拨付、审批渠道等路径问题。其中要求，要把握改造重点，聚焦人民群众切身利益与迫切需求，重点推进基础类改造，着力保障房屋安全，持续推动住宅节能改造，提升建筑性能，降低既有建筑能耗，打造宜居住房，推进碳达峰、碳中和工作进程。按照尽力而为、量力而行原则，推进完善类和提升类改造，注重适老化和无障碍改造，加强适老化改造设计管理，突出加装电梯、公共环境适老化改造和无障碍环境建设等重点任务，统筹养老、助残等相关政策，鼓励"物业服务+养老服务"。同时，构建完善的社区居家养老服务体系，支持社区嵌入式、小微型、功能复合型养老服务设施建设。补充停车与上下楼设施，完善社区配套服务体系。支持物业服务企业开展养老等专业化服务。老旧小区改造同步统筹小区内外、建筑内外市政管线改造，破解老旧小区加装电梯管线拆改移难题，实现系统全面、高效更新。在中心城区高密度就业区及轨道站点周边，探索老旧小区改造与租赁置换相统筹的模式，实现居住空间更新与职住空间优化调整相结合。

3. **解决好北京居民的住房问题**

提高住房供给能力，满足多层次住房需求。规划提出，北京将健全完善多主体供给、多渠道保障、租购并举的住房制度和住房体系，保障住房困难的中低收入户籍家庭居住需求，增加保障性住房与共有产权住房供给，帮助新市民、青年人解决住房问题，逐步满足多层次住房需求，推动实现全体市民住有所居、宜居宜业。北京积极推进城市更新、存量盘活和用途转化，优化存量资源配置，借鉴广州规范复建安置住房建设模式，探索通过城中村、城边村有机更新，推动剩余安置住房房源纳入保障性租赁住房体系，增加本地居民资产性收入，降低公共财政负担，保障住房有效供给。通过政府引导、市场参与、居民共治的方式，依托存量更新提供保障性租赁住房。鼓励利用集体土地建设租赁住房。

4. **发挥轨道交通的作用**

最大限度发挥轨道交通促进职住平衡的优势。规划提出，北京将强化轨道交通一体化建设，围绕轨道站点布局功能中心。提升既有线网的运营水平，结合北京城市空间结构优化和客流特征，明确中心城区以地铁服务为主，注重优化织补、挖潜提升，外围建立以市域快线（含市郊铁路）服务为主、中低运量轨道交通系统为补充的多元化轨道交通服务体系，弥补线网层级结构短板，提升轨道网络的运营效率和经济效益。同时，优化各类功能区布局，与轨道线网和枢纽站点更加紧密地结合起来，系统梳理和调整轨道交通廊道上的职住功能关系，最大限度发挥轨道交通促进职住平衡的优势。推广平安里站一体化改造经验，通过规划引导一体化建设，统筹地上地下空间，加强基础设施建设与老城更新的紧密衔接，弥补老城公共服务设施及市政设施的不足。此外，还将以轨道交通站点为核心组织城市生活，丰富轨道站点周边业态，在站点周边构建以人为本、步行、自行车优先的交通系统，实现"轨道+慢行"的低碳生活方式。探索轨道站点周边土地开发的市场化运作模式，通过区域规划指标平衡与动态调整，最大限度发挥高价值存量空间的发展优势。

5. 推进老旧楼宇升级转型

推进老旧楼宇升级转型，满足现代服务业发展需求。规划提出，北京将推进老旧楼宇升级转型，提升楼宇商业品质和发展效益。推动产业功能提质增效，满足科技创新、数字经济、金融管理、商务服务等现代服务业发展需求，为产业高端转型、高能级企业落位提供载体。鼓励通过空间疏解、腾挪、置换等方式，整合闲置空间，补充人才公寓、职工宿舍及公共配套设施，促进职住平衡。核心区老旧楼宇更新应坚持服务中央保障需求，构建"高精尖"经济结构，改善民生，补齐设施缺口，加强现代化治理和专业化运营，提升城市公共空间品质和形象。促进金融街、东长安街、东二环提升金融业核心竞争力，增强服务国家金融管理中心功能，拓展数字金融应用场景，加速传统产业数字化赋能。中心城区老旧楼宇更新应匹配功能区产业定位，提升楼宇品质和发展效益。支持有条件的老旧楼宇转型为国际人才公寓。推进 CBD 数字贸易、国际金融、高端商务服务产业发展，增强高品质楼宇集聚程度，完善 5G 设施布局，合理补充创意办公空间、人才公寓、文旅商配套等设施。推进望京、酒仙桥、奥体中心区信息技术、新媒体、专业服务产业发展，提升国际化服务水平，推动生活服务设施品质化、便利化发展。平原新城及地区和生态涵养区的老旧楼宇更新应优先发展符合"十四五"规划、总体规划、各区分区规划、功能区规划定位的产业功能，促进产业功能提质增效。

6. 确定重点更新街区

北京近期将划定 178 个城市更新重点街区。根据规划，北京将加强规划引领，借鉴上海、广州、深圳的城市更新规划体系，立足北京实际，在全市 1371 个街区（3562.5 平方千米）管控范围内，聚焦街区实施率≥80%及更新资源任务分布比较集中的地区，结合《北京市城市更新行动计划（2021—2025 年）》600 余个近期拟实施项目，划定近期 178 个城市更新重点街区。规划称，下一步北京将落实总规要求，聚焦更新重点区域规划远期目标，至 2035 年完成全市 557 个更新街区的任务。"十四五"时期，聚焦 178 个城市更新重点街区，形成各区的主要更新资源及任务台账，发挥辖区和街镇对存量更新的统筹作用。同时，将对接《北京市城市更新行动计划（2021—2025 年）》，推进更新项目实施。按照首都功能核心区平房（院落）、老旧小区、危旧楼房和简易楼、老旧楼宇和传统商圈、低效产业园区和老旧厂房、城镇棚户区六大项目类型，明确"十四五"时期工作任务。在更新项目推进过程中，要坚持规划引领、分类施策，积极吸引社会资本参与，加强试点案例的宣传推广，以点带面、打造样板、形成经验，形成一批可复制、可推广的更新案例指引。还将根据北京市住建委备案的示范项目清单，分圈层进行引导，推动重点项目的滚动生成与动态更新。

　　此外，北京还将分阶段明确城市更新的具体任务、项目构成、工作清单以及重要领域，确定近期重点任务。积极推进《北京市城市更新条例》立法相关工作，完善城市更新指导意见及配套实施细则，统筹研究规划土地、金融财税、经营管理等方面的配套政策及标准规范，重点解决更新领域广泛关注的使用权出让年限、建设用地功能混合、更新项目准入退出机制等瓶颈问题，通过持续释放政策红利，赋予更多更新动力，推动更新项目的顺利实施。

参考文献

[1] 孙久文. 走向区域繁荣——新时代京津冀协同发展研究［M］. 北京：北京出版社，2020.

[2] 孙久文等. 中国经济地理概论［M］. 北京：经济管理出版社，2020.

[3] 安树伟等. 京津冀建设世界级城市群［M］. 北京：经济科学出版社，2020.

[4] 叶堂林等. 京津冀协同发展研究的历史、现状与趋势［M］. 北京：中国社会科学出版社，2021.

[5] 侯仁之. 论北京旧城的改造［J］. 城市规划，1983（1）：13.

[6] 侯仁之. 元大都城与明清北京城［J］. 故宫博物院院刊，1979（3）：20.

[7] 侯仁之. 北京城市历史地理［M］. 北京：北京燕山出版社，2000.

[8] 吕拉昌等. 新中国成立后北京城市形态与功能演变［M］. 广州：华南理工大学出版社，2016.

[9] 侯仁之. 从北京到华盛顿——城市设计主题思想试探［J］. 城市问题，1987（3）.

第十三章　生态文明建设

第一节　生态文明建设现状

一、首都生态文明建设的必要性及意义

北京作为连接西北、华北、东北的交通枢纽，其生态文明建设对周边地区产生着广泛而深远的影响。生态文明建设是实现北京城市可持续发展的重大战略和必由之路。北京的生态城市建设与北京的自然生态、资源环境、经济、社会、文化等城市背景条件密切相关。

（一）北京生态文明建设的时代背景

1. 生态环境形势严峻

生态文明是中国特色社会主义建设全局中的突出短板，在首都北京依然如此。面临着资源耗竭、环境污染、生态恶化等现实难题，习近平总书记提出，不断发展的北京面临令人揪心的很多问题，需要加强资源环境的底线约束。2017 年 2 月 24 日，习近平总书记在北京视察时强调，对大气污染等突出问题，要系统分析、综合施策，这是对北京生态环境污染等严峻形势做出的重要论述。

2. 首都城市发展模式发生深刻转型

当前，北京城市发展模式发生深刻转型，表现为从聚集资源求增长到疏解功能谋发展，从城市发展转向首都发展，从减量发展转向创新发展，从城市管理转向城市治理，从单中心城市发展转向区域协同发展。北京是一座超大、复合型城市，集政治、经济、文化、科技、国际交往等多种功能于一体，承担着多重性、多维度、多层次、多样化的复杂城市功能。习近平总书记提出，要明确首都城市战略定位，强化首都"四个中心"功能建设、"四个服务"水平提升等城市发展的战略要求。

3. 对美好生活提出更高期待

人民对美好生活的需要，不仅包括更高水平的物质文化生活需要，还包括

在民主、法治、公平、正义、安全、环境等方面日益增长的需要。以生态环境质量提升为核心的生态文明建设成为我国社会主义现代化建设的重要战略任务。随着生活水平和生活质量的提升，越来越多的人更加重视生态环境的改造，对干净水源、清洁空气、生态食品的需求越来越高，承载着人民群众对美好生活的更高期待，是解决当前社会主要矛盾、推进首都生态文明建设、提升首都市民获得感需要重视的问题。

（二）北京生态文明建设的必要性

1. 资源环境层面

（1）地理位置。从地理位置上看，北京地处我国华北平原的西北角，自古有"北枕居庸，西峙太行，东连山海，南俯中原"之说，说明其地理位置之重要，是连接东北、西北和中原地区的重要交通枢纽。从北京所处的流域（自河流的源头至河口处）位置看，北京地处海河流域。海河流域东临渤海，西倚太行，南界黄河，北接蒙古高原，地跨北京、天津、河北、山西、山东、河南、内蒙古和辽宁等多个省份。从北京的地理位置和所处的流域位置来看，北京的城市发展状况将制约和影响华北平原、海河流域乃至整个国家的发展。

（2）地形地貌。北京地处华北平原的西北角，是平原和高原、山地的连接地带，西、北、东三面环山，顺时针方向自西向东依次被西山（属太行山山脉）、军都山（属古老的燕山山脉）等环绕，山势陡峭，峰峦起伏跌宕。有"京都第一峰"美誉的京西东灵山主峰海拔 2303 米。北京地形以平原和山地为主，山地面积约为平原面积的数倍，此外，在崇山峻岭间还分布有河流宽谷和山间盆地。平原、山地交接处为多年流水侵蚀割裂而成的地质复杂的低山丘陵。东南潮海入海地带分布着海拔低于米的冲积平原，并有略微隆起的缓岗和沙丘散布在沿河两岸。错综复杂的地形地貌特征，使北京的生态城市建设实践面临较大的自然和技术难题。此外，三面环山的地形，影响城市空气污染物的扩散，成为了导致北京空气污染严重的客观因素。

（3）水资源短缺。受地理和气候条件限制，北京降水量严重不足，加之城市人口密集并持续增长，城市经济、社会高速发展，生活和工业用水量大且水污染严重，地下水资源地过度开采等因素影响，北京水资源短缺形势越发严峻。北京人均水资源占有量不足，城市发展面临严重的水资源瓶颈。

（4）大气污染。近年来，北京市虽然蓝天已成"常客"，但仍有雾霾来袭，尤其是每年的秋冬季更是大气污染防治的重要时段，大气污染已经成为北京地区影响人们生命健康的头号环境问题。北京地区的主要大气污染物是入肺颗粒物、可吸入颗粒物和二氧化氮等，机动车尾气对大气的污染日趋严重，成为与燃煤、扬尘并列的主要污染源。北京三面环山的地形特点以及拥堵的城市交通进一步加剧了污染程度和防治难度。按照 PM2.5 源解析，北京大气污染物的构成比例大体为：燃煤污染占 16.7%，机动车尾气占 22.2%，工业及溶剂使用占 16.3%，各类扬尘占 15.8%，餐饮油烟、农业面源及其他占 4.5%。综上，由于经济发展、城市运行、居民生活等造成的本地污染物排放占 PM2.5 污染的 75.5% 左右。

（5）水土流失。北京山区山高坡陡，地形条件差，山区坡度大于 25° 的坡面面积占山区总面积的 46%，沟壑密度为 28 千米/平方千米。这样的地形条件为水土流失的发生发展提供了动力来源。北京市山区有 200 多千米的干线铁路（山区段）、1054 千米的干线公路，县级公路 827.9 千米，乡村级公路 1973 千米。根据实地调查和经验估算，每千米干线公路造成的水土流失面积为 0.005 平方千米，县级公路是 0.03 平方千米，乡级公路是 0.01 平方千米，干线铁路是 0.05 平方千米。

表 13-1　北京地面坡度统计

坡度	面积	占全市面积	占山区面积
<3°	7137.65	43.5	
3°~7°	635.7	3.86	6.91
7°~15°	1843.74	11.22	18.3
15°~25°	2109.55	12.84	20.94
>35°	1765.6	10.69	17.43

资料来源：靳怀成. 北京地区的水土流失及其防治 [J]. 水土保持研究，2001（4）：154-157.

2. 社会和经济层面

（1）城市人口快速增加。随着社会经济的快速发展和城市化进程的加快，北京市的人口呈持续增长的趋势。2000 年，全市总人口数 1364 万人，城镇总人口数 1052.2 万人，城镇人口占总人口比重为 77.14%。截止到 2019 年底，北京市总人口 2153 万人，其中城镇人口 1865 万人，城镇人口占总人口比重为 86.62%。庞大的人口带来了资源能源过度消耗、环境污染和破坏加剧等一系列问题，造成城市自然、经济和社会可持续发展的沉重负担。

（2）基础设施建设。北京市基础设施总体建设水平处于全国领先地位。然而，超过 2000 万的庞大城市人口基数，以及与日俱增的城市常住和流动人口，使北京能源、交通、信息、防灾等基础设施建设水平呈现相对滞后状态，城市基础设施建设水平远不能满足不断增长的城市人口的现实需要。例如，北京是水资源严重缺乏的城市，水资源已经成为制约北京经济发展的瓶颈，尤其是庞大的城市人口带来的水资源过度消耗、浪费和污染，导致北京水资源和经济、社会发展矛盾渐趋严重。为保障北京城市居民生活用水，国家实施了南水北调工程，政府采取提高企业用水成本等措施来限制企业用水。

（3）产业发展。北京在产城融合过程中，往往更关注产业发展这个维度，追求产业质量、产业规模、产业集群，对空间和社会的维度关注较弱，由此出现了北京特有的职住分离现象，产生潮汐交通现象和交通拥堵问题。基础设施方面，郊区的供水、供热、供气和污水及垃圾处理等与城区差距较大。公共服务方面，教育、医疗领域优质资源配置存在城乡之间的严重不均衡，70%以上的市级示范幼儿园和一级园、示范性普通高中、80%以上的三级医院都集中在中心城区。产业分布不均导致空间上的位置优势和社会上的公共资源都分布在城市中心区，给人们的生活带来了极大的不便。这种单纯以经济、产业去衡量城镇化标准的问题日益凸显。

（三）北京生态文明建设的意义

生态文明建设是社会发展中至关重要的方面。就城市发展而言，推进生态文明建设能够在很大程度上保障城市的良性发展，使人民群众在生活中获得幸福感。也就是说，北京推进生态文明建设具有极其重要的意义。

1. 实施好新版城市规划的重要体现

生态文明建设总体来说，是新版北京城市总体规划的一部分，生态文明建设总体的发展方向是基于城市总体规划，从全局方向统筹城市发展的定位，建立一座山清水秀、鸟语花香、环境优美、人与自然和谐相处的生态城市。

2. 提高城市治理能力和水平

生态文明建设的重要意义还在于为城市发展指明方向，城市发展不是盲目地追求经济利益，而是人与自然和谐发展，建立一座资源友好型、经济高效型、适宜居住型的生态文明城市。明确方向，就能在城市发展过程中，针对性整治、治理一些发展中的不足之处，提升城市在发展过程中的治理能力和治理水平。

3. 推动城市高质量发展

城市的发展应该是统筹长远发展的道路，这样的发展符合城市长远利益，也是落实国家发展战略的重要体现。城市的高质量发展能够在很大程度上与周边形成一个紧密联系的整体，这样能够使经济发展与生态发展共同前进，在经济发展的同时，环境的各个要素也就处在良性发展当中。

4. 提升人民群众获得感

城市生态文明的建设，能够使居民在生活中充分享受发展带来的福利。居民能够在生活、工作、学习当中享受城市的碧水蓝天、山清水秀。城市生态文明的建设与推进，在很大程度上让居民在城市生活中获得归属感，城市经济的发展充实了居民的物质生活，城市生态文明建设将满足居民对于生活的精神需求。北京推进城市生态文明建设，有利于提升人民群众获得感。

二、北京生态文明建设进程

改革开放前，北京市布局了很多工业企业，承载着较强的生产功能，在推动经济发展的同时，也对环境造成了一定的污染。改革开放以来，北京市不断探索自身功能定位，并通过文化培育、制度建设、科技支持等措施逐步加快生态文明建设步伐。

（一）1978~1999年：逐步探索生态文明定位，加强生态文明建设

1983年的《北京城市建设总体规划方案》强调，首都经济发展要适应和服从于城市性质的要求，大力加强环境建设，抓紧治理工业"三废"和生活废弃物的污染，对污染严重、短期又难以治理的工厂企业实行关停并转或迁移；要提高绿化和环境卫生水平，开发整治城市水系，加强风景游览区和自然保护区的建设和管理，把北京建设成为清洁、优美、生态健全的文明城市。从1978年到1985年，北京市建成首都机场至石景山的百里长街、二环、三环等数十条绿带和有树有花草的林荫路及立交桥绿地；整修了大量公园风景区建筑设施；新建、改建、扩建了公园绿地等。

1992年的《北京市城市规划条例》提出，北京是全国的政治中心和文化中心，北京市的城市建设和各项事业的发展应适合北京的性质和特点。要调整和优化产业结构，重点发展高新技术产业和第三产业，严格限制耗能多、用水多、运量大、占地大、污染严重的产业。1992年，北京被原建设部命名为"园林城市"。1999年，国务院批复《北京市环境污染防治目标和对策》。此后，针对燃煤、机动车排气、地面扬尘等问题，北京市分若干阶段实施了一系列大气污染防治措施。北京市还对通惠河、城市中心区水系、故宫护城河等进行了治理。

（二）2000~2012年：快速发展阶段

北京市紧紧抓住迎奥运、办奥运等重要战略发展机遇，生态文明建设进入新阶段。"绿色奥运"是2008年北京奥运会的三大理念之一，北京奥申委、北京市环保局和部分在京环保民间组织于2000年共同签署的《绿色奥运行动计划》被称为中国公民环保史上划时代的一页。经过社会各界的共同努力，切实解决防沙治沙、污水治理、节能节水、清洁能源、清洁交通、固体污染控制等问题，北京奥运会的确做到了空气清新、环境优美、生态良好，并得到国内外一致好评。

奥运会后，北京市进一步提出建设"人文北京、科技北京、绿色北京"，把城市的发展建设与改善生态环境紧密结合，并适时发布了《"绿色北京"行动计划（2010—2012年)》《北京市清洁空气行动计划（2011—2015年大气污染控制

措施)》《北京市 2012—2020 年大气污染治理措施》。在国务院发布《大气污染防治行动计划》的同时，北京市发布了《北京市 2013—2017 年清洁空气行动计划》，并对该计划进行了分年度逐步实施。

《北京城市总体规划（2004—2020 年）》提出，北京的建设要坚持生态保育、生态恢复与生态建设并重，逐步建设成山川秀美、空气清新、环境优美、生态良好、人与自然和谐、可持续发展的生态城市，2010~2020 年为成型阶段。为此，北京市继续调整产业结构，在市区、城郊和山区均采取系列措施加强生态文明建设，推进市中心区集中绿地建设，实施市区边缘绿化隔离带和沿四环、五环路绿化带建设，实施"五河十路"绿化工程，建设城市健身绿道等；"垃圾分类""垃圾减量"等活动效果显著；在城郊和山区，建立生态涵养区，实施生态补偿机制。

（三）党的十八大至今：生态文明建设新阶段

北京市一方面响应国家供给侧结构性改革的号召，积极关停或转移高污染的落后产能，调整产业结构；另一方面积极培育壮大节能环保产业、清洁生产产业、清洁能源产业，全面推进资源节约和循环利用，实现生产系统和生活系统的循环链接。这些年发展得风起云涌的新能源汽车产业便是其中的佼佼者。北京市摒弃了过去那种唯 GDP 论英雄的粗放型发展模式，在积极推动首都绿色发展的同时，实现了经济社会发展和生态环境保护的协调统一，是"绿水青山就是金山银山"的积极实践者。

2021 年《北京市生态涵养区生态保护和绿色发展条例》实施，明确提出建立健全生物多样性保护制度；将生物多样性保护相关内容纳入年度重点工作，把开展本底调查、加强生物多样性保护和打好污染防治攻坚战同部署、同落实。北京还推动绿色发展，以生态文明示范创建为重要抓手，探索推进生态文明建设的地方实践以及"绿水青山就是金山银山"的转化路径。2021 年，海淀区、怀柔区荣获第五批国家生态文明建设示范区称号，平谷区荣获"绿水青山就是金山银山"实践创新基地称号。目前，北京市生态文明示范创建工作已经覆盖五个生态涵养区，并辐射到中心城区，打出了首都生态文明建设和绿色发展"金名片"。

北京市紧紧围绕"四个中心"的首都城市战略定位，以资源环境承载能力为硬约束，切实减重、减负、减量发展。统筹山水林田湖草，全面加强生态环境建设，逐步建设形成各级各类自然保护区 21 个；划定 4290 平方千米生态保护红线，占市域总面积的 26.1%，并实施最严格的保护，确保生态功能不降低、面积不减少、性质不改变；实施新一轮百万亩造林绿化，拓展绿色生态空间。

三、北京生态文明建设取得的成效

（一）生态环境质量持续改善

首先，在环境监测、污染源监管等方面全面构建"智慧+环保"监管新模式，建成"天空地"一体化、智能化空气质量网格化监测系统，实现对街道（乡镇）颗粒物监测全覆盖；搭建全国首个重型汽车在线监控平台，建成全市统一的扬尘视频监控平台，创新开展挥发性有机物（VOCs）和道路尘负荷走航监测；利用"热点网格"技术，实现精准识别、精准执法。其次，绿色发展成果丰硕。产业结构绿色转型，第三产业占 GDP 比重进一步提升。能源结构绿色低碳，大力推进能源清洁化战略，燃煤消费总量不断下降，基本实现平原地区"无煤化"，优质能源占比逐年提高。车辆结构绿色优化，疏堵结合累计淘汰老旧机动车 112.5 万辆，推广新能源车 48.5 万辆，国五及以上排放标准机动车占比达 70%，机动车结构达到历史最优。城市面貌绿色洁净，狠抓施工、道路、裸地扬尘精细化治理，城市洁净度显著提升。北京市将绿色发展作为城市发展的基本战略，在碳排放总量和强度"双控"机制、碳市场运行机制、管理体系建设等多方面进行创新探索，持续推动产业结构优化和能源清洁转型，在绿色低碳发展领域取得积极进展。2020 年，北京万元 GDP 二氧化碳排放量仅为 0.41 吨，比 2015 年下降了 26% 以上，超额完成国家下达的 20.5% 的"十三五"任务，为全国各地低碳城市建设贡献了"北京经验"。

（二）污染防治攻坚战取得决定性成就

从生产领域到生活领域，从城市环境到农村环境，从本地治理到区域协同，北京市生态环境保护逐步从末端治理走向结构优化调整等源头控制，从工程减排转向工程与管理减排并重。聚焦燃煤、机动车、工业、扬尘等重点领域，持之以恒开展大气污染治理；深入实施污水治理和再生水利用，有效保障饮用水源安全，逐步消除黑臭水体；以农用地土壤污染分类管理和建设用地土壤风险管控为抓手，切实保障土壤环境安全，蓝天、碧水、净土三大保卫战齐头并进、集中发力。2016 年，北京市人民政府印发《北京市"十三五"时期环境保护和生态建设规划》，明确提出北京市"十三五"时期的生态环保目标。其中，到 2020 年，北京市大气主要污染物排放量持续削减；大气环境质量明显改善，细颗粒（PM2.5）年均浓度比 2015 年下降 30% 左右，全市空气质量优良天数的比例达到 56% 以上。2018 年，北京出台了《北京市打赢蓝天保卫战三年行动计划》，要求到 2020 年 PM2.5 浓度明显降低，重污染天数明显减少，环境空气质量明显改善，市民的蓝天幸福感明显增强。"十三五"时期，相关指标得到了明显改善。空气中 PM2.5 的年平均浓度值"十二五"时期末为 80.6 微克/立方米，

2020 年为 38 微克/立方米，下降 52.85%；二氧化硫（SO_2）的年平均浓度值"十二五"时期末为 13.5 微克/立方米，2020 年为 4 微克/立方米，下降 70.37%；可吸入颗粒物（PM10）的年平均浓度值"十二五"时期末为 101.5 微克/立方米，2020 年为 56 微克/立方米，下降 44.83%。2020 年全市空气质量优良天数的比例达到 75.41%。

（三）生物多样性更加丰富

北京自 1985 年建立松山、百花山两处自然保护区以来，经过近 40 年的努力，又先后建成了森林公园、湿地公园、地质公园、风景名胜区等各级各类自然保护地 79 处，总面积 36.8 万公顷，约占市域面积的 22%，形成了以自然保护区为基础、各类自然公园为补充的生物多样性保护空间格局。这些保护地主要集中在生态涵养区，使全市 90% 以上的国家和地方重点野生动植物及栖息地得到有效保护。2020 年，北京市启动生物多样性调查，实地记录各类物种 5086 种，发现 70 种北京新记录种，包含苔藓植物 40 种、维管植物 3 种、昆虫 16 种、大型真菌 11 种。其中，有中国新记录种 12 种，即大型真菌 11 种、昆虫 1 种。特别是党的十八大以后，北京连续开展了两轮百万亩造林工程，形成了千亩以上绿色板块 260 处、万亩以上大尺度森林湿地 29 处，"十三五"时期，北京市生态环境状况指数（EI）连年攀升，由 2015 年的 64.2 增长到 2020 年的 70.2，增长 9.3%。北京市域面积约占全国陆域国土面积的 0.17%，植物种类数量约占全国总数的 8%，反映了当地独特而丰富的生物多样性。

（四）美丽乡村建设成效显著

北京市把持续提升农村人居环境、建设美丽宜居乡村作为实施乡村振兴战略的重要抓手和主要载体。2014 年，以"减煤换煤、清洁空气"行动、农村电网改造、农民住宅抗震节能改造等为重点的农村人居环境整治，进一步改善了农民的生产生活条件。2018 年，北京市印发《实施乡村振兴战略扎实推进美丽乡村建设专项行动计划（2018—2020 年）》，实施"百村示范、千村整治"工程，全面推进"清脏、治乱、增绿、控污"，全市 3200 多个现状村庄普遍达到了干净、整洁、有序的要求，建设并验收了美丽乡村 2000 余个，美丽乡村 2.0 版取得重要进展。门头沟区、密云区先后获评国务院农村人居环境整治激励县；延庆等六个区获评全国村庄清洁行动先进县；72 个村镇被评为全国文明村镇；970 个村被认定为首都文明村镇；房山区周口店镇黄山店等 8 个村正在创建国家乡村振兴示范片区。

（五）生态涵养绿色、高质量发展成效显著

生态环境品质明显提升。通过持续实施百万亩造林绿化、京津风沙源治理、永定河综合治理和生态修复等重点工程，推进河长制等具体举措，全面落实

《北京市 2013—2017 年清洁空气行动计划》。2017 年，生态涵养区 PM2.5 年均浓度多数处于 50 微克/立方米上下，低于全市平均水平；森林覆盖率达到 53.25%，比全市高 10.25 个百分点；人均公园绿地面积 25.9 平方米，比全市高 60%，为北京市绿色发展奠定良好基础。产业结构方面，各区严把产业准入关，制定并严格执行新增产业禁限目录，对不符合功能定位的坚决不予注册。

功能引领推动高质量发展。门头沟区挖掘整合历史村落资源，提升京西古道品牌。平谷区筹办 2020 年世界休闲大会，发展特色休闲旅游。怀柔区建设怀柔科学城、雁栖湖国际会都，着力发展高端科技文化。密云区把保水作为首要责任，发展特色农业与旅游休闲。延庆区通过北京世园会和 2022 年北京冬奥会，发展冰雪运动和园艺产业。房山区（山区）统筹历史文化和地质遗迹资源，发展国际休闲旅游。昌平区（山区）统筹历史文化和生态农业资源，发展文化旅游和生态休闲。通过持续实施疏解整治促提升专项行动，一般制造业、低小散乱企业等加快退出，在建设用地和开发强度减量约束下，生态涵养区正在加快腾笼换鸟，实现更加节约、集约、高效、高质量的发展。

第二节　实现可持续发展的经验借鉴及路径

一、经验借鉴

（一）政策助力低碳城市建设

智利在建设低碳城市、倡导绿色发展时，完全遵循可持续发展规律。例如，大力推广风能，建设了很多大型风力发电厂。在社区里，支持可再生能源的使用，控制垃圾以及减少塑料袋的使用。政府在低碳管理方面做了很多工作，如：气候变暖办公室拟定了第一个定量管理的项目，目标是纠正过去的行为，尤其是二氧化碳的排放；同时，计算碳足迹来进行标准化的管理，包括设计和减少碳排放的排放值；政府还设立了减排办公室，作为公共机构提供管理职能，对碳排放监测定量，制订减少碳排放的计划。另外，还有旅游局、工业局等都会共同应对气候变化的挑战，共同拟订气候变化机制，明确二氧化碳减排目标。

（二）城市群促进区域经济协调发展

日本的城市群发展注重中心城市的辐射，采取"环状多极"的发展结构，以东京都市圈为例，包括东京、横滨、川崎、横须贺、千叶、埼玉、筑波等城市。东京作为核心增长极，以第三产业为主，是全国金融、政治、文化、交通中心；中间环状地带主要是第二产业；外圈层则主要是第一产业。依靠发达的轨道交通体系，通过建设 1 个中心区、7 个副都心、多座卫星城，各个圈层之间形成了紧密联系的高度一体化经济区域，也是世界上规模最大的都市圈之一——东京都市圈，东京的城市功能也相应得到有效疏解。

东京都市圈内各城市根据自身的基础和特色，有不同的定位和功能，从而使城市群具有区域综合职能和产业协作优势，形成每个城市特色鲜明却又不同的发展模式，促进了市场、产业和服务等要素的高效配置，提高了区域经济协同发展效率。筑波科学城位于东京市中心北部约 60 千米处，是首都城市圈的重要组成部分，人口约 20 万人，是根据日本有关法律建设的主要从事科学与教学研究的城市，是日本最大的科研集群地。利用完善的轨道交通体系，东京都市圈将整个城市群串联起来。东京都市圈在规划之初就确定了以轨道交通连接整个城市群的方向，密集的轨道交通网络将城市群各个城市紧密有机地联系起来，轨道交通成了人们每天出行必须依赖的交通工具。东京都市圈除了东京两家地铁公司拥有的 400 多千米的地铁运营线路之外，还有不同轨道交通公司经营的数百千米的路面有轨电车，是世界上公交线路最密集的城市群之一。

（三）花园城市建设

早在 1967 年，通过经济和城市的均衡增长政策，新加坡启动了绿化计划，目的是把新加坡改造成为接近大自然的"花园城市"，使新加坡高速城市化的同时更适宜居住。过多的城市化进程中的问题，例如人口的高速增长、住房短缺、失业率高企及不充足的城市基础设施建设，导致了城市自然植被的流失。这启动了城市绿化计划的进程，使我们最终看到了多种绿化形式审慎地进入城区：新城镇建的绿色防护林、公园和花园；公园连路边的树木和灌木、攀缘植物和登山灯柱、墙壁、架空行人桥和其他混凝土表面及天台花园等。这些愉悦的环境被人们所认可，并带来强烈的归属感。

新加坡实施"花园城市"的重要步骤是一个调整国家规划系统的发展计划和发展控制的协调框架，并提出了三个城市环境绿化策略：一是建立更多的公园和花园；二是精心抚育天然植被；三是带给市区更自然的环境。通过公园的网络式连接，实现"无缝绿化"以及高楼屋顶的"垂直绿化"。新加坡远期规划和概念蓝图，通过采取环境发展的综合方法，充分证明了环境并不一定会受到高速的经济发展和城市化带来的影响。"花园城市"的创建使新加坡成为了一个充满活力、特色鲜明、令人愉快的有更大更广阔发展空间的城市，为我国提供了一个由个人和国家参与绿化的参考。

构建和维持利益相关者是绿化进程中的重要方面，赋予了发展的可持续性。认养公园的社区团体和安置果树的公共住房公园和花园是鼓励学校、居民和其他社区团体及组织的方案，这样可以使他们在"花园城市"的建设过程中有强烈的参与感和归属感。虽然新加坡"花园城市"的转变大部分是以政府为主导，但一些非政府组织也越来越多地支持自然保护以保持国家的生态环境。

（四）绿色低碳城市建设

深圳市生态文明建设思路日趋成熟，探索出了以产业为基础的发展路径。深圳经济特区建立40多年来，生态环境保护与生态文明建设工作不断改革和飞跃。

一是落实生态环境治理领导和管理。虽然大部分地方已将生态环境纳入政府考核指标，但由于生态建设的经济属性较弱，低碳建设仍为基层政绩考核的边缘领域，部分地方经济社会发展绩效评价不够全面。为此，可提升生态文明考核的核心度，将生态考核作为政绩考核和选拔任用的重要依据；借鉴深圳"一年一考"的制度要求，增强生态考核频度；同时，由于低碳建设具备一定的技术难度，可纳入专家评审制度，定期更换专家团成员，避免自评自考问题。

二是强化资源有偿使用和生态补偿。受实际情况影响，资源有偿使用存在一定监管难度，违法行为的治理成本较高，资源违法利用的监测较难实现滴水不漏。可借鉴深圳"有堵有疏"政策，以堵为方法，改进环境监管执法模式，推动"查管分离"执法模式改革。

三是增强信息披露。社会公众在低碳建设评价上具有"结果导向"特征，而气候环境变化很大程度上具有不可控性和不可知性，因此，有必要构建畅通有效的民众沟通渠道，使政策措施广为人知，增强双向互信。国内大部分地方政府在公众宣传领域基础较薄弱，仍有较大改进空间，深圳作为新经济发展主体，善于调动市场媒体资源，创新大众沟通渠道，"深圳模式"具有较强借鉴意义。

（五）区域协作、联保共治

上海坚持区域协作、联保共治，共建绿色美丽长三角。上海牢牢把握长三角一体化上升为国家战略的重大契机，紧扣"一体化"和"高质量"两个关键词，建立健全全方位的长三角区域生态环境保护协作机制，推动长三角污染防治协作往深里做、实里落；推进落实《长江三角洲区域生态环境共同保护规划》，牵头推动区域重污染天气预警应急联动、柴油货车污染协同治理、重点跨界水体联保共治、建立固废危废物利用处置"白名单"机制；打破行政壁垒，在一体化示范区先行先试，推动区域生态环境保护标准、监测、执法"三统一"制度创新（用一套标准规范生态环境保护、"一张网"统一生态环境科学监测和评估、"一把尺"实施生态环境有效监管），基本实现区域重点城市空气质量监测、预报预警信息常态化共享。

上海市坚持多元共治、精细管理，持续提升城市环境治理的现代化水平。

上海市不断加强地方立法，制定修订了《上海市环境保护条例》《上海市大气污染防治条例》《上海市饮用水水源保护条例》等地方法规，发布30余项地方性标准，推进生态环境损害赔偿制度改革，用法治思维和法治力量推动生态文明建设，守牢生态环保底线。上海市不断强化市场治污，在全国率先推行环境污染第三方治理试点，推动排污收费向环境税全面转变；全国碳排放权交易市场在沪上线运行，上海地方碳市场是全国唯一连续8年实现企业履约清缴率100%的试点地区，国家核证自愿减排量（CCER）成交量始终稳居全国第一。上海市大力发展绿色金融，积极推进生物多样性金融（Biofin）、绿色供应链等试点，浦东新区成为全国首批气候投融资试点地区。上海市全面实施排污许可、环评改革，推动重大项目加快落地，放大环评制度改革促进经济增长的优势效应。上海市不断夯实企业环境治理主体责任和基层"最小单元"监管责任，积极探索基层组织社会自治，加快实现政府治理和社会调节、企业自治良性互动，充分发挥全过程人民民主在基层环境治理中的作用。

二、发展路径

（一）提高第一、第二道绿隔建设质量

1. 明确政府与市场应承担的责任

总结绿隔实施的历史经验教训，明确政府与市场应担负的责任。绿色空间作为城市公众利益载体和公益性建设对象，影响到市民的公共权益和生活品质。政府应调控公共资源分配，保障社会整体利益公平，这也是创建和谐社会的重要内容。因此，绿隔地区的规划建设，政府应承担主要责任并发挥主导作用，而不应完全依靠市场机制来运作。政府应掌握绿隔土地使用主导权，探索土地使用权制度改革以防止土地使用权变相流失和他用，以土地收益分成等创新形式确保农民利益和土地用于绿色生态空间建设。

2. 加大绿隔建设资金补贴力度

第一道绿隔充分采用市场化手段的重要原因之一，就是当时政府财政支付能力有限，转以土地和房产开发来平衡绿化建设所需资金，目前已出现把剩余"包袱"留给政府来处理的结局。当前第二道绿隔的绿化建设靠政府财政补贴难以调动建设积极性，需要估算实施绿隔所需资金总量，一方面需要随财政转移支付能力的增强而加大公共财政投入，另一方面仍需运用多种市场经济手段辅助实施。第一道绿隔的建设实践证明，运用市场化手段更多牺牲的是公众利益，而不可能是投资开发方的利益。第二道绿隔急需做的工作是通过规划、政策、整治等措施，控制住建设发展速度，保住绿色空间，保障其内农民的生活。之后，随着公共财政能力的增强，可择机大力推进绿色空间建设。因此，以政府

公共财政投入为主导，探讨多方式非赢利性经营，才是保障绿色生态空间实施和公共利益的主要方式。

3. 探索绿隔产业绿色发展新路径

绿隔建设区域是北京"瓦片经济"最发达地区，而梳理村庄、拆旧房和拆违章建筑会引发当地社会利益分配问题。北京近郊面临从第一产业向第三产业转型的问题。发展绿色产业以及相关服务业，增加本地居民收入和提高当地生产、生活水平，是绿隔产业研究的主要依据之一。面对促进就业和保障绿色生态空间的双重任务，把绿隔地区作为功能复合、内涵丰富的"国家公园"来建设推广，必要时划定若干自然保护区和自然保护地，有助于保证绿色空间的可持续发展，有助于实现绿隔内村庄转化为城市社区。绿隔中的"国家公园"战略需要把生态、产业和生活有机融合。

4. 重构绿隔社会结构

尽量减少绿隔外来人口，其安置要通过政府廉租房、定向出租房等方式化解。既有村庄在现有基础上逐步集约，不宜采取大拆、大建方式，也不宜异地建新村。农民安置问题按实际需求，可以本村解决、本乡协调、本区统筹，采取货币化及其他多种安置方式结合解决。村庄要逐步打破自然村、行政村的界限来集约发展成为城市的新社区，突破旧的邻居关系，建立新的社区邻里、社会关系，从根本上改变农民的生产方式和生活方式，转变思想观念，逐渐和城市文明接轨。

5. 保护耕地并拓展新的农业依托空间

土地是农业功能实现的最基本的条件。目前，北京已经进入减量化发展时代，这表明依靠土地实现城市扩张的时代结束。这要求北京改变以往农业过分依附于土地资源的发展模式，充分拓展新的农业依托空间。北京未来可以借鉴纽约、东京等国际化大都市经验，依托城市湿地公园、学校、绿地等空间，充分挖掘农业的生产潜力，最大限度拓展新的农业依托空间。北京已经规划了"一绿"地区和"二绿"地区，初步形成了环绕城市绿色生态景观带，两地区城乡建设用地减量约62平方千米，减量增绿取得显著成效，将这些空间与农业发展有机结合起来，在兼顾绿化、生态涵养的同时，还可以发挥满足城市居民休闲旅游需求、传播农业文化等功能。

（二）跨区域生态环境综合治理

1. 加大京津冀区域内环境生态容量

优化城镇生态绿地布局，建设有层次的区域内部生态屏障。在城市间依托河流共建生态廊道，在城市内部建设依托公路的生态绿地，完善城市内部森林公园体系，在城市地势较好且具有一定基础的区域，建设大型的森林公园，在保障城市生态环境质量的同时，提升公共服务水平。在城市周边的农村地区，发展景观农业和农业旅游，使农村经济和生态功能协同发展。

跨区域统一规划，建立统一机构。在全域整体层面规划生态保护和环境治理的各项举措，统筹区域资源，共同面对挑战，积极推进京津冀和周边地区对于生态环境共建的配套工作，协调分工，将整体的生态环境规划落到实处。建立京津冀及周边区域生态环境共建领导机构，建立生态环境联系较强的区域或事项的专项管理机构，建立生态保护和环境治理的整体监督管理机构。通过机构的整合和权利责任的疏导，推动生态环境共建整体规划的有效落实，保证生态环境政策的实施力度和效率，推进生态环境项目和生态补偿的有效建设。

设立专项基金，执行特别政策。在京津冀以及周边生态保护区，设立共同生态环境基金确保生态环境共同建设的推进。明确生态环境共建的成本分担机制，合理划分政府的生态保护和环境保护责任，明确分担各地方政府的建设成本。在京津冀及周边生态保护区，在产业、要素流动等方面给予统一的扶持政策，帮助承担生态建设任务的区域实现良好的经济社会发展。

2. 完善区域生态补偿机制

构建多元化补偿主体，促进生态补偿网络的构建。明确生态补偿的受偿主体和利息相关者，对保护生态环境主体进行奖励，对因生态环境保护而利益受损的主体进行补偿，对生态环境保护区域内减少环境破坏的主体进行补助。区分政府、企事业单位、个人的职能和作用，明确受偿主体。根据各主体对于生态环境建设的贡献和享受到的成果，完善各主体之间的利益分配。明确补偿方式和补偿标准，建设跨区域生态补偿试点，注重多种补偿方式的结合，参照相应的补偿主体和受偿主体，结合相应空间区域特点，综合运用各项补偿方式。以政府补偿为支撑，调动市场机制补偿的动力，以社会补偿为补充。保证政府大型工程建设，完善市场主体生态权责实施，调动社会参与生态建设积极性。根据实际情况合理确定补偿标准，注重与补偿方式及乡村振兴协调。建立健全生态补偿区以外及第三方的监督机制。

3. 建立区域环境信息化网络体系

随着大数据时代的到来，京津冀生态环境协同治理需要连接三地已有的数据库资源，打破区域和部门壁垒，实现区域整体和协同决策。因此，建立生态环境区域统一的信息化网络体系成为迫切需要。建议由北京牵头，推动组织建立京津冀生态环境区域统一信息化网络体系。北京拥有不断完善的信息基础设施，背靠国家超级计算中心，又有阿里巴巴、百度、京东、腾讯和华为等一大批企业。北京可以以此为基础，创新发展新一代信息技术，将京津冀地区的生态环境信息与数据进行整合，建立生态环境信息共享平台，为三地政府职能部门与跨区域协作组织相互连接提供实时信息与便捷交流的渠道，优化京津冀生态环境协同治理决策方式。

推动生态环境多元协作治理机制建设，不仅有利于加强京津冀三地在决策、实施和监管等环节的沟通与协商，而且是保障京津冀生态协同治理有序、有效开展的必要前提。建议北京作为"中间人"，积极参与协调区域内府际关系，通过拓宽沟通渠道与创新合作方式，加强三地府际合作，提高京津冀生态协同治理效率。同时，北京可以依托自身雄厚的信息网络化基础，尝试构建区域内多元利益主体合作网络，充分考虑各参与主体利益，实现信息与利益共享，提升多元利益主体参与生态环境协同治理的积极性、主动性和创造性。

（三）加快构建高精尖产业结构

1. 优化高精尖产业发展区域布局

依据首都各区域发展现状与优势，实现区域与产业的良好对接。首都功能核心区以发展软件与信息服务为主。中心城区中，海淀区重点发展新一代信息技术、人工智能、软件与信息服务、科技服务，朝阳区重点发展软件与信息服务、新一代信息技术，丰台区重点发展新一代信息技术、节能环保、智能装备和新材料，石景山区重点发展软件与信息服务。城市副中心通州区以发展软件与信息服务、科技服务为主。大兴区重点发展新一代信息技术、医药健康、新能源汽车和智能装备，昌平区重点发展医药健康、节能环保和智能装备，顺义区重点发展新能源汽车、航空航天和第三代半导体，房山区重点发展新材料、智能装备、医药健康和现代交通。生态涵养区中，门头沟、怀柔、密云、延庆、平谷则以发展智能装备、新材料、节能环保、新能源和通用航空为主。

2. 完善高精尖发展政策体系

（1）资金政策方面，除了科技创新基金设立、新型研发机构资助、资金支持项目与个人等方式，还需加大研发投入的力度与方式引导。其一，要持续加大对北京高精尖产业的研发投入。制定明确的研发投入金额和研发投入强度目标，将更多的科研经费和科研人员向高精尖产业倾斜。其二，要注意创新研发投入的方式。根据高精尖产业发展特点实行差异化的财政科技投入模式，原始前瞻性产业和关键性高精尖产业可以多投入，高精尖服务业可以实行政府、企业、社会三方共同投入；重点支持高精尖项目研究，加大公共财政科技投入对高精尖产业大科学装置和重大科研设施建设的支持。其三，要加强对研发投入的政府引导。采取后补贴、研发费用加计扣除、技术先进型企业税收优惠等多种形式的支持政策，引导企业加大研发投入力度。

（2）财税政策方面，政府可以加强普惠性税收优惠，降低高精尖企业成本，引导企业发展。其一，降低增值税税率，适当加大对高精尖产业增值税减免优惠力度。其二，探索扩大鼓励性税收优惠范围。研究给予主动引进先进技术提高产业技术含量和自主研发新技术的企业减税降费优惠，探索推动技术交易所得税覆盖面由技术开发向技术转让、技术咨询和技术服务扩展，细化研究将租赁场地约定纳税的机构纳入房产税减免范围。除了土地、人才、财政等相关政策，还需根据各类产业特点和属性，制定完善高精尖产业细分领域的专项扶持政策，形成包括政府采购、招商投资、技术转移、知识产权、科技管理等方面的多维政策体系。

3. 加快高精尖人才队伍建设

完善高级技能人才的评价和培养支持政策。通过补贴、奖励、宣传推广标杆经验、组织评比竞赛等方法，支持企业制定内部课程和标准体系，开展企业内部高技能人才的评价及培养工作。同时，支持企业与职业教育机构合作，定向培育高技能人才。积极引导行业机构、社会培训机构、行业龙头企业开展关于技能型人才的能力评测的课程开发、科目设计、评比竞赛和培训培育工作。

要发挥企业主体作用，构建多元化的评价及培养机制，调动企业培训高技能人才的积极性。鼓励并支持企业制订技能型人才培训计划，开展适应岗位需求和企业发展需要的技能培训，对于企业的培训支出给予适当的补贴和奖励，鼓励企业开展和参加技能竞赛。支持企业发挥技术、设备、信息等资源优势，加大企业与职业院校在人才培养、实习实训基地建设、技术开发等领域的深度合作。深入实施"工学结合"的技能人才培养模式，广泛开展订单培养等定向培养模式，积极推行校企联合招生和联合培养的现代学徒制，提高技能人才培养的针对性和有效性。

发挥行业、龙头企业和培训机构等第三方机构的作用，建立健全行业技能培训、测试、评价课程体系，引导小微企业和民营企业积极开展职工培训。改革完善企业和行业培训标准以及职业资格等级鉴定标准，鼓励行业协会参与高技能人才培养。发挥好行业信息公布、教学指导、质量评价的功能，推动行业深度参与职业院校人才培养方案制定、课程开发、教学评价和培训质量认证等人才培养的全过程。支持行业、企业与职业院校共同组建覆盖全产业链的职业教育集团，促进产业链、岗位链、教学链的深度融合。充分利用现代化的信息技术手段，构建涵盖学历、职称、工作经历和收入水平等评价指标的高技能人才信息管理系统。充分利用互联网教育技术，建设功能完善的网上教育培训平台，提高技能人才学习的便利性。

（四）加快布局和发展新能源产业

1. 推动新能源产业集群化发展

发展新能源产业的重点是使产业链集成延伸，形成适应需求多样化、动态化特点的具有优势和特色的企业集群。一是建设工业园区产业集群。重点扶持包括北京经济技术开发区风电产业园等一批基础好、集群规模较大的新能源产业园区，打造园区企业之间的协作体系，为产业园区的发展提供政策支持和便利服务保障，从而实现园区内资源要素的优势互补和有效配置，达到互利合作、合理分工和共赢的局面。二是发展新能源企业集群。促进新能源产业集群的形成，加强新能源企业之间的分工协作，使设计、制造、应用等环节紧密结合。北京市新能源企业集群可以通过发挥太阳能电池生产及高端装备制造企业的优势，加强企业之间的联合，强化各自的优势，实行区域的专业化生产和产业链分工，打造新能源汽车产业链，获得可持续发展。

2. 推进新能源服务体系建设

打造一个可以为科研机构、高校、创新公司或企业提供信息、设备、人才和资金等高起点发展要素的全方位自主创新服务体系。一是建设开放式公共服务平台，一方面为政府提供决策支撑服务，助力产业决策和管理水平的提升；另一方面能够有效整合资源，为新能源产业发展提供技术、标准、评估等公共技术服务，从而优化产业发展环境，促进区域企业竞争力的提升。二是中介服务机构为新能源企业提供的中介服务应是全方位的，包括信息咨询、技术贸易、技术转移、创业孵化、知识产权法律服务、高科技风险投资等。积极引导技术供需双方朝着有利于科技成果转化的方向发展，还可以极大地满足新能源中小企业技术创新多元化、整体化、全程化的需求。三是积极发展专业化市场中介服务机构及行业协会、商会等自律性组织，为新能源产业发展提供应用推广、技术支撑、知识产权和人才培训等专业服务。

3. 加强国际交流与合作

新能源国际合作应立足于北京市经济社会发展的战略需要，立足于绿色北京和世界城市建设的大局，以科技进步为动力，以产业转型升级、延伸高起点发展的产业链条、扩大高起点发展的产业规模为重点，在国际合作中大力培育和发展核心基础产业的高起点发展能力，积极探索"引进来"与"走出去"的互动模式，充分利用国内和国际资源，形成内外联动的交互发展局面，为北京市的新能源产业发展服务。要积极探索与西方地方政府之间、企业之间、科研机构之间的合作伙伴关系，逐步深化合作领域，探索新的合作模式，扩大双方合作规模，开展新能源技术合作、经验交流及能力建设等一系列形式多样的合作活动，以提升自主创新能力。积极推动北京市企业与跨国公司交流合作，加快先进技术和管理经验在企业间的转移，促进新能源企业研发水平的提高；支持新能源企业积极"走出去"，在海外设立研究开发机构或产业基地；支持新能源企业参加国际标准化组织的活动，争取有更多的国内标准成为国际标准。

（五）发展都市生态农业

北京都市农业具有综合功能，可以维持自然生态平衡，改善都市生态环境，营造绿色屏障。推进北京都市生态农业的发展，必须跳出农业搞农业，必须坚持质量优先和保持生态底色两个基本点。

1. 加强农业资源保护和生态环境改善

建立农业资源和生态环境监测预警机制，开展耕地资源保护，推进化学品投入减量化，实行农业标准化清洁生产。采取专项整治措施，强化标准化农场和养殖场建设，提高农业废弃物的综合利用率，形成种植业和养殖业之间的良性循环。实行农业生态补偿制度，健全耕地地力提升与责任落实相挂钩的耕地保护补偿机制。实施"生态+"发展战略，构建都市现代绿色农业发展体系，形成包含产品种源、标准化种植、初加工、精深加工、连锁销售终端等的农业产业链。推行农业绿色生产方式，完善农产品质量安全监管体系，提高农产品质量安全水平。

2. 打造农产品特色优质品牌

从农产品生产源头开始，给予农产品双重身份认证，即原产地的标签认证和加工企业的标签认证，建立农产品质量追溯体系。农产品从产出到销售，应进行严格的身份把关。推行农产品无公害、绿色食品、有机食品认证，树立北京都市现代绿色农业发展的整体品牌形象。依托良好的资源条件，发展符合城市功能定位的乡村特色产业，打造集科普展示、教学研讨、康养休闲等功能于一体的田园综合体。加快高标准特色农业产业园建设，以绿色消费为导向，提供蔬菜、水果、花卉等名特优产品，增加绿色优质农产品供给。

3. 创新农业科技，为生态农业提供核心动力

围绕生态农业发展的需要，一是加强基础性研究和实用技术的推广与应用，逐步形成国家扶持与兴办、无偿服务与有偿服务相结合的新型农业技术推广体系。二是遵循市场化原则，通过政府购买科技服务的方式，采购科技含量高的专利和重大科技成果，促进生态农业的发展。三是加快良种繁育技术体系的引进和推广，包括育种目标的调整，将农业发展重点从原有的提高产量转向提高农业品质及抗性，进一步加强对动植物质量、品质选育等的研发、引进和推广；完善繁育良种的基地建设，通过已有良种与引进良种相结合繁育，尽量满足本地产业发展对良种畜禽的需求。四是加大人才引进和培训的力度，组织发展重点技术的科研攻关。

参考文献

［1］倪明 . 21 世纪初期北京市城市河湖水环境治理的探讨［J］. 北京水利，2003（5）：4-5.

［2］庄佑英．保护水资源，改善水环境　治理好城市污水［J］．市政技术，1996（4）：1-5.

［3］张春明，陈庆平，周毕文．北京城镇化过程中产业发展面临的问题及对策［C］//中国商品学会．中国商品学会第十六届学术论坛论文集，2015：8.

［4］靳怀成．北京地区的水土流失及其防治［J］．水土保持研究，2001（4）：154-157.

［5］陈媛媛，赵宏伟．北京高精尖产业发展演变分析与对策研究［J］．科技智囊，2021，300（5）：33-40.

［6］罗楠怡．北京生态城市建设研究［D］．首都师范大学，2014.

［7］刘京辉，林泽，潘永红．北京市高精尖产业领域高技能人才队伍建设研究［J］．北京市工会干部学院学报，2019，34（4）：55-60.

［8］周文华．北京市生态文明建设的成效、问题及对策［J］．北京联合大学学报（人文社会科学版），2015，13（3）：18-24.

［9］孙振华．城市化可持续发展成功案例分析借鉴：新加坡、温哥华和曼彻斯特［J］．地方财政研究，2013，104（6）：76-80.

［10］张永仲．创建绿色宜居北京——北京第二道绿化隔离地区的规划与建设［J］．北京规划建设，2007，117（6）：88-91.

［11］刘悦，张力康，李白鹭．国际城市可持续发展经验与模式研究——2018国际城市可持续发展高层论坛综述［J］．城市发展研究，2018，25（11）：125-129.

［12］王鹏．基于北京市民垃圾分类的基本现状调研的政策建议［J］．世界环境，2021，191（4）：53-56.

［13］孙媛．京津冀生态环境协同治理研究［J］．城市，2021，257（8）：28-34.

［14］金树东．全力推进新形势下首都水生态文明建设［J］．前线，2017，440（5）：86-88.

［15］任毅，王武魁．首都生态文明建设的阶段性特征与重点问题［J］．中国行政管理，2015，359（5）：158-159.

［16］陆小成．首都生态文明建设的时代背景与实践路径——基于习近平多次视察北京的重要论述研究［J］．北京城市学院学报，2021，162（2）：13-18.

［17］一鸣．优化北京水环境营造绿色生态城［J］．投资北京，2004（7）：32-33.

［18］刘薇．2020北京生态文明建设愿景［J］．石家庄经济学院学报，2014，37（2）：25-31.

［19］包晓斌．北京都市农业绿色发展新路径［J］．前线，2020，481（10）：80-82.

［20］梁丽娜，李奇峰．北京都市农业数字化建设路径与前景［J］．农业展望，2021，17（7）：73-77.

［21］李卫芳．北京都市型现代农业发展评价及对策研究［D］．北京林业大学，2012.

［22］闫世刚．大力发展新能源产业，助推北京生态文明建设［C］//中共北京市委宣传部，北京市社会科学界联合会，北京市哲学社会科学规划办公室．中国梦·深化改革与转型发展—聚焦十八届三中全会：第七届北京市中青年社科理论人才"百人工程"学者论坛文集．北京：对外经济贸易大学出版社，2013：9.

［23］王辉健，林震．建设亲自然的生态文明典范城市［J］．前线，2020，482（11）：61-63．

［24］刘薇．绿色金融支持农业发展的着力点与实践路径——以北京生态涵养区为例［J］．农村经济与科技，2020，31（23）：120-121．

［25］谷树忠，胡咏君，周洪．生态文明建设的科学内涵与基本路径［J］．资源科学，2013，35（1）：2-13．

［26］陆小成．首都生态文明建设的时代背景与实践路径——基于习近平多次视察北京的重要论述研究［J］．北京城市学院学报，2021，162（2）：13-18．

［27］李庆旭，刘志媛，刘青松等．我国生态文明示范建设实践与成效［J］．环境保护，2021，49（13）：32-38．

［28］郭巍．绿色低碳建设的深圳经验［J］．中国报道，2021，208（11）：86-87．

第四篇

战略与展望

第十四章　建设走向现代化的国际化大都市

第一节　建设国际化大都市的基础

一、国际化大都市内涵

《北京市国民经济和社会发展第十个五年计划纲要》确立了未来50年首都现代化建设实施"新三步走"的战略，即第一个10年打好基础，到2010年，率先在全国基本实现社会主义现代化，构建起现代化国际大都市的基本框架；第二个10年巩固提高，到2020年，使北京的现代化程度大大提高，基本建成现代化国际大都市；再用30年争创一流，到21世纪中叶建国100周年的时候，完全实现社会主义现代化，北京成为世界一流水平的现代化国际大都市。

"国际化大都市"的概念最早是由城市规划师格迪斯于1915年提出来的。目前关于国际化大都市还没有形成一个公认的定义。

（一）国外学者关于国际化大都市的内涵界定

英国地理学家、规划师彼得·霍尔将这一概念解释为：对全世界或大多数国家有着全球性经济、政治、文化影响的国际一流大都市。他认为，世界城市应具备以下特征：通常是主权国的主要政治中心、国家对外交往中心和国家金融中心、各类人才聚集的中心；信息汇集和传播的地方；不仅是人口中心，而且集聚了相当比例的富裕阶层人口；随着制造业贸易向更广阔的市场扩展，文化产业逐渐成为世界城市的另一种主导产业。

美国学者米尔顿·弗里德曼提出了七项衡量世界城市的标准，即金融中心、跨国公司总部所在地、国际性机构的集中地、第三产业的贡献度超过第一产业和第二产业比重之和、高端制造业中心（具有国际意义的加工工业等）、世界交通的重要枢纽（尤指港口与国际航空港）、城市人口达到一定标准。

（二）国内学者关于国际化大都市的内涵界定

一种观点认为，所谓国际化大都市，是指具有较强经济实力、优越的地理位置、良好的对外服务功能，还应是跨国公司和金融总部的集聚地，并对世界和地区经济起控制作用的城市。另一种观点认为，国际化指的是大都市的性质、功能、地位和作用，表现为三个特征：一是拥有雄厚的经济实力，是世界经济、贸易、金融中心之一，在世界经济中有相当竞争力和影响力；二是经济运行完全按国际惯例，并有很高的办事效率；三是第三产业高度发达，综合服务功能强。除了城市本身的人口面积外，还要有向外延伸的广泛空间即经济区域，称大城市连绵区。除了城市拥有跨国公司总部外，还要有庞大的企业集团、中介组织以及相当的资产存量、要素存量和内外贸易额；城市的一般基础设施比较完善，还要有能够彰显现代化的公用事业、商住楼群和生态环境。

二、北京经济发展概况

（一）综合实力大幅度提升

中华人民共和国成立以来，北京发展成为具有国际影响力的现代化大都市，城市综合经济实力大幅度提升，城市发展质量不断提高。1949 年，北京的地区生产总值仅为 2.8 亿元，1978 年提高到 108.8 亿元，不到 30 年的时间从亿元增长到百亿元。改革开放后，北京经济发展进入快速发展阶段，1994 年地区生产总值超过千亿元，2007 年已经超过万亿大关，从百亿元增加到千亿元只用了 16 年，从千亿元增长到万亿元只用了 13 年。党的十八大以来，全市经济总量持续扩大，截止到 2019 年，全市地区生产总值已经达到 3.46 万亿元，位居全国第二（见图 14-1）。从经济增长速度来看，北京市 2019 年的地区生产总值，按可比价来计算，是 1950 年的 710 多倍，年均增长 10.5% 以上。随着经济进入新时代，我国经济逐渐由高速开始向中低速换挡，北京经济增长速度仍保持在 6% 左右，增长的稳定性进一步增强。

经济快速增长的同时，北京市财政收入也实现大幅度增加。1949 年，全市财政收入为 2000 余万元，1978 年为 50.5 亿元，2018 年达到 5800 多亿元。财政收入的增加为推动首都经济发展、保障和改善民生、加强城市建设提供了强有力的财政支持。

（二）经济结构优化升级

中华人民共和国成立之初，北京产业发展呈低水平的"三二一"发展格局，第三产业比重为 40.1%，第一产业比重为 23.1%，第二产业为 36.8%。20 世纪 50 年代初到改革开放前，北京以建设现代化工业基地为目标，第二产业成为经济发展的主导产业。1954 年，第二产业比重为 44.1%，首次超过第三产业，1978 年

（亿元）

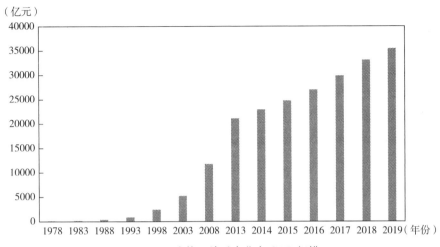

图 14-1　改革开放以来北京 GDP 规模

比重达到 71%。20 世纪 80 年代以来，北京逐步调整产业结构，明确第三产业为
主导产业。1994 年，第三产业比重再次超过第二产业，并持续提高，"三二一"
的产业结构基本确立。2019 年三次产业比例为 0.3：16：83.7，与 1978 年相比，
第三产业比重提高了 60 个百分点，对经济增长的贡献率超过了 80%，成为全市
经济增长的"压舱石"（见图 14-2）。

（%）

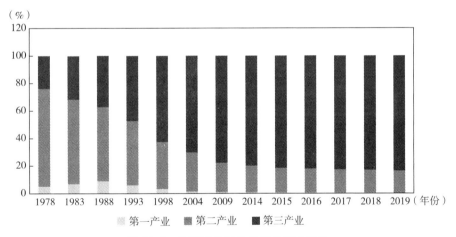

第一产业　第二产业　第三产业

图 14-2　改革开放以来北京的产业结构

在产业结构不断升级的过程中，北京市产业内部结构不断向"高精尖"方
向发展。1949 年底，全市登记的工业户中 80% 以上是手工作坊和工场手工业。
1978 年，化学原料及化学制品制造业、黑色金属冶炼及压延加工业、有色金属

冶炼及压延加工业产值占工业的比重合计为 31.5%，1998 年下降为 11.5%。2019 年，高技术产业增加值占地区生产总值的比重为 24.4%，战略性新兴产业增加值占地区生产总值的比重为 23.8%。1952 年，批发与零售业、交通运输仓储和邮政业等传统服务业增加值合计占第三产业的 52.9%，2019 年降为 14.5%；以金融业、信息服务业、商务服务业、科技服务业等为主的现代服务业占第三产业的比重持续提高，2019 年为 78.8%，比 2004 年提高 13 个百分点。

（三）经济发展动力交替主导

中华人民共和国成立以来，北京经历了消费投资交替主导、投资消费双轮驱动到消费主导的变化。2007 年以来，消费率持续超过投资率，经济增长向消费趋于主导转变。2019 年，全市消费率达到 60% 以上，高于投资率 24 个百分点，对经济增长的贡献率超过七成。从消费、投资两大内部需求看，消费增长由依靠商品消费向商品消费、服务消费双轮驱动转变。2019 年，全市社会消费品零售总额 15063.7 亿元，1950～2019 年年均增长 13%（见图 14-3）。党的十八大以来，高技术制造业占制造业投资的比重大幅提高，由 2012 年的 20.1% 提高至 2019 年的 54%，对北京市产业转型升级发挥了重要作用。与此同时，固定资产投资更加注重社会效益，1949～2019 年全市基础设施投资占同期全社会固定资产投资的比重近 3 成，主要投向交通运输、公共服务业和能源领域，有力地促进了城市建设、公共服务水平提升和民生改善。2019 年，全市公共电汽车运营线路长度比上年末增加 8387 千米，固定互联网宽带接入用户数达到 687.6 万户。

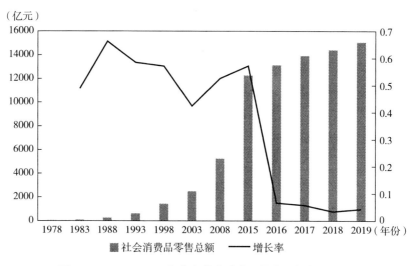

图 14-3 1978～2019 年全市社会消费品零售总额与增长率

（四）经济发展方式向集约式转变

北京在积极调整产业结构的同时，不断优化经济发展方式。2014 年以来，北京市在减量刚性约束下，城市实现更高质量发展的新模式，成为国内第一个提出减量发展的城市。全市紧紧抓住疏解非首都功能这个"牛鼻子"，城市发展深刻转型，经济发展方式正在向减量集约转变。2019 年，全市劳动生产率达到 28.2%，居全国首位，按可比价格计算，是 1978 年的 16 倍，年均增长 7 个百分点以上。万元地区生产总值水耗由 1988 年的 1033.6 立方米下降到 2019 年的 11 立方米，年均下降 9%。

（五）全面对外开放，彰显国际大都市影响力

随着 2001 年我国正式加入世界贸易组织，北京对外贸易呈现高速发展特征。2005 年进出口总额突破千亿美元，2019 达到 28663.5 亿元，与 1983 年相比，年均增长 8%；1992 年机电产品出口占全市出口的比重为 28.1%，2019 年为 45%。北京对外贸易结构也在发生变化。2018 年全市服务贸易进出口总额达到 1605 亿美元，是 2003 年的 9.9 倍；占对外贸易总额（货物和服务贸易进出口之和）的比重为 28%。1987 年实际利用外资不足 1 亿美元，1994 年超过 10 亿美元，2015 年超过 100 亿美元，2019 年为 142 亿美元，与 1987 年相比年均增速为 17%。第三产业吸引外资规模持续扩大。2018 年第三产业吸引外资额为 148.6 亿美元，占比达到 85.8%。2003~2018 年，全市累计对外投资额达 577.4 亿美元，年均增长 23.4%。2018 年，对外承包工程完成营业额 40 亿美元，是 1984 年的千余倍，年均增长 23.2%。截至 2019 年末，北京与近 230 个国家和地区有贸易往来，与 56 个国际城市建立市级友好城市关系。2008 年以来，北京先后成功举办北京奥运会、北京残奥会、"一带一路"国际合作高峰论坛、亚太经合组织北京峰会、中非合作论坛北京峰会等；2010~2019 年共举办 ICCA 国际会议 909 场，累计接待国际展览面积 3395.4 万平方米，城市的国际影响力逐步扩大。作为国际性综合交通枢纽，2019 年首都国际机场进出境人员 2667 万人次，是 2008 年的 2 倍，大兴国际机场口岸开航至今出入境人员总量达 9.2 万人次。随着中国公民电子护照的普及以及在华永久居留外籍人员的增加，具备自助出入境通关条件的人员数量不断攀升，2019 年，北京口岸自助通关总量达 1142 万人次。

（六）城市生态环境日益改善

北京城市环境更加绿色宜居。随着绿色发展理念的不断深入，北京对环境保护的投入力度逐渐加大，城市环境综合治理能力不断提高，城市环境更加宜居。全市人均公园绿地面积由 1949 年的 3.6 平方米增加到 2019 年的 16.4 平方米；林木绿化率由 1980 年的 16.6% 提高到 2019 年的 62%（见表 14-1）。北京

市先后组织实施多个阶段的大气污染防治行动，2019 年二氧化硫（SO_2）年均浓度为 5 微克/立方米，比 1991 年下降 95%；细颗粒物（PM2.5）年均浓度由 2013 年的 89.5 微克/立方米降至 2019 年的 50 微克/立方米。北京市污水处理率由 1978 年的 7.6% 提高到 2019 年的 95%，基本改变了污水直排的局面；生活垃圾无害化处理能力由 2000 年的 6550 吨/日提高到 2019 年的 30150 吨/日，基本实现无害化处理。

表 14-1　1978~2019 年北京城市绿地基本情况

年份	年末公园绿地面积（公顷）	人均公园绿地面积（平方米）	城市绿化覆盖率（%）	林木绿化率（%）
1978	2693	5.07	22.3	
1983	2823	5.14	20.1	16.6
1988	4074	5.8	25	16.6
1993	4452	7.76	31.33	28.3
1998	6351	9	35.6	36.3
2003	9115	11.43	40.87	47.5
2008	12316	13.6	43.5	52.1
2013	22215	15.7	46.8	57.4
2014	28798	15.9	47.2	58.4
2015	29503	16	48.4	59
2016	30068.57	16.1	48.4	59.3
2017	31019	16.2	48.42	61.01
2018	32618.5	16.3	48.44	61.5
2019	35157	16.4	48.5	62

资料来源：历年《北京统计年鉴》。

三、北京"四个中心"战略定位

（一）政治中心

北京市始终把服务保障"政治中心"作为根本任务，认真贯彻执行中央关于首都建设的重大决策部署，强化首善意识，坚持首善标准，不断提升"四个服务"水平，圆满完成党和国家赋予的各项重大活动服务保障任务，确保首都的安全稳定。党的十八大以来，北京市牢牢把握城市战略定位，坚持把服务保障政治中心放在更加突出位置，政治中心功能持续加强，国家政务活动保障更加安全高效有序。坚持以"四个意识"为统领，坚决维护党中央权威和集中统一领导，始终与以习近平同志为核心的党中央保持高度一致，确保党的路线方针政策和各项决策部署在北京落地生根；坚持以"四个服务"为根本，科学制定新版北京城市总体规划，正确处理"都"与"城"的关系，强化政治中心空间布局与服务保障，国际一流的和谐宜居之都建设稳步推进，首都核心功能得到进一步优化提升；坚持以服务保障重大活动为重点，始终把中央交办的各项重大政治任务作为崇高使命，精心部署，精准施策，精细落实，高标准完成党的代表大会、全国"两会"、中国人民抗日战争暨世界反法西斯战争胜利70周年庆祝活动和中国共产党成立100周年等一系列重大服务保障任务，向国内外集中展示了北京作为全国政治中心的新魅力、新形象。

（二）文化中心

改革开放以来，北京市围绕文化中心建设，充分发挥自然历史文化资源优势，持续推动首都文化繁荣发展。坚持马克思主义在意识形态领域的指导地位，加强社会主义先进文化建设，培育和践行社会主义核心价值观，凝聚正能量、倡导新风尚。积极推动文化体制改革，新闻出版、广播影视、文学艺术、哲学社会科学等各项事业欣欣向荣。文化创意产业蓬勃兴起，公共文化服务体系不断完善，市民文化活动丰富多彩。深入实施科教兴国战略，推动教育资源均衡发展，全市基础教育、职业教育、成人教育、普通高等教育的办学质量和效益不断提高。党的十八大以来，紧紧围绕全国文化中心建设，着力打造中国特色社会主义先进文化之都，文化活力更加彰显。持续加强宣传思想工作，打好主动仗、唱响主旋律。强化舆论引导和阵地意识，扎实开展网络生态治理。统筹历史文化名城保护，推进大运河、长城、西山永定河三个文化带保护建设，弘扬传承古都文化、红色文化、京味文化、创新文化。进一步深化文化体制机制改革，文化创意产业活力涌现。2019年末，共有公共图书馆（含国家图书馆）25个，总藏量6409万册，分别是1978年的1.4倍、4.5倍；北京地区30条院线256家影院，共放映电影356.2万场，是1978年的11.2倍。

（三）创新中心

改革开放以来，北京市积极推动科技体制机制改革，努力破除科技发展、产业创新障碍，创新能力、科技成果转化能力不断提升。充分发挥首都科技资源优势，完善科研管理体系，加强规划指导引领，自主创新能力不断增强。从电子一条街起步，到北京市新技术产业开发试验区设立、中关村科技园区建设、国家自主创新示范区发展，北京市在中关村国家自主创新示范区带动下加快科技创新步伐，走出一条具有首都特色的自主创新之路。党的十八大以来，北京市全面贯彻落实中央科技创新重大战略部署，聚焦顶层设计，着力破除体制机制障碍，不断激发科技创新动能，北京经济技术开发区实现又好又快发展，"三城一区"科技创新中心主平台建设加速推进，中关村系列先行先试政策全面落地实施，全国科技创新中心建设提速增效。研发投入强度不断加大，科技产出成果丰硕，科技创新成为全市经济增长新引擎。在一些前沿技术领域不断出现新突破，引领技术发展新潮流。如国内首个80纳米自旋转移矩—磁随机存储器器件、世界首个碳纳米管集成电路计算器、全球首个5G大规模天线设备在京问世，世界首个深度学习处理器"寒武纪"等重大科技成果和新兴产业尖端技术不断涌现，北京在部分技术领域已经实现从"跟跑者"到"领跑者"角色的转变，成为自主创新的重要源头和原始创新的主要策源地。根据 CB Insights 最新发布的名单，北京估值超过10亿美元的独角兽企业达25家，仅次于美国硅谷，远高于纽约（15家）。截至目前，北京有58家总部企业进入世界500强榜单，拥有世界500强企业总部数量连续四年居世界城市之首。

（四）国际交往中心

北京市紧跟时代潮流，抢抓机遇、发挥优势，在资金、技术、人才、管理等方面加强国际交流与合作，对外开放水平不断提高，外向型经济发展提质增效，逐渐形成全方位、多层次、宽领域对外开放格局。注重优化投资环境，努力拓展利用外资的方式和途径，投资规模不断扩大，投资结构日趋合理。以世界500强为代表的国际跨国公司和知名大企业相继落地北京。积极参与国际竞争与合作，不断拓展对外贸易领域，优化提升出口商品结构，劳动密集型和初级产品比重不断缩小，工业制成品出口比重上升，尤其是高附加值的高科技产品出口比重加大。重大国际交往活动日益频繁，成功举办亚运会、奥运会等国际盛会，积极打造科博会、文博会、京交会等高端会展品牌，国际城市吸引力日益增强。党的十八大以来，积极对接服务 APEC 会议、"一带一路"国际合作高峰论坛，亚投行、丝路基金总部相继落户北京，全面推进2022年北京冬奥会和冬残奥会、2019年北京世园会筹办工作，国际交往中心建设有了新提升。进一步深化改革开放，组织实施服务业扩大开放综合试点，推进服务贸易转型升级，开放型经济发展达到新水平。2019年，北京地区进出口总值28663.5亿元，全年吸收合同外资259.7亿美元，全年接待旅游总人数3.22亿人次，实现旅游总收入6224.6亿元。

四、城市发展环境不断优化

（一）城市治理体系完善

北京市在改革开放进程中加快转变政府职能，创新社会管理模式，逐步建立起与市场经济体制相适应的城市管理体制。2007年率先在全国成立北京市社会建设办公室（市委社会工委），统筹社会建设与管理工作。坚持党建引领社会治理，积极推进基层社会管理体制改革，不断完善服务管理体系，构建"枢纽型"社会组织，形成市、区、街三级齐抓共管合力。坚持以人为本、精准施策，推进社会共建共享，不断提升城市管理精细化水平。创新网格化服务管理模式，推进城市管理、社会服务管理、社会治安"三网"融合。健全社会矛盾排查调处化解机制，妥善处理社会矛盾。坚持把维护首都安全稳定作为第一位的政治任务，深入推进平安北京建设。不断完善社会治安防控体系，强化反恐防恐能力，严厉打击各类违法犯罪行为。党的十八大以来，社会治理深入发展，平安北京建设扎实推进。社会管理体系进一步完善，"网格化+"行动计划全面实施，社会服务与城市管理能力持续提升，智慧社区建设不断推进，城市管理精细化水平明显提高。建立落实重大决策社会风险评估机制，形成市、区、乡镇（街道）三级重大决策风险评估体系。进一步完善、维护安全稳定长效机制，引导社会力量广泛参与社会治安综合治理，形成"朝阳群众""西城大妈""海淀网友"等群防群治品牌，首都社会保持和谐稳定。

（二）城市营商环境优化

北京着力打造公平竞争、便捷高效、开放包容的国际一流营商环境，陆续出台了优化营商环境1.0至5.0版系列政策，并于2021年9月发布了全国首个营商环境五年规划。通过设立区级企业开办大厅、推广工商登记"全程电子化"、扩大名称自主预查范围、推进企业登记"全市通办"等举措，将开办企业需要的7个环节压缩到2个，减少71%，实现新企业办理时间从24天缩短到5天，压缩近80%。在办理施工许可方面，北京通过构建"多规合一"协同平台预沟通预协调机制、精简审批前置条件实施分类施策管理、构建"多图联审"和"多验合一"工作机制、推行市政公用基础设施接入"一站式"服务等举措，社会投资建设项目办理时限从原来的109个工作日压缩至45个工作日以内。在获得电力方面，北京市电力公司精简用电报装资料种类和数量，取消了小微企业内部工程图纸审核及中间检查，使办电环节由原来的6个减少到2个。由京津商务部门签发的自动进口许可证、出口许可证的审批时限由原来3~5天压缩到1天，发布天津口岸"一站式阳光价格"清单，做到收费规范透明。新政策发布以来，北京共为600余家企业办理了4700多份进出口许可证，均在1个工作日审结。世界银行发布的"2020年营商环境报告"显示，北京营商环境排名第31，较上年提高15名。北京首次晋升为"全球创业生态系统最佳城市2021"。

（三）城市生态环境改善

北京市生态环境治理成效明显，全面打响大气污染治理攻坚战。北京市淘汰全部"黄标车"，告别燃煤发电史，年均污染浓度从2013年的89.5微克/立方米下降到2019年的42微克/立方米，下降幅度超过50%，成效瞩目。与此同时，2010~2019年，北京市碳排放强度下降了43%。完善河湖生态环境管理体系，严控工业污染，推进河长制，加强黑臭水体治理。落实中央南水北调战略任务，顺利实现"江水进京"，生态效益不断显现。制订实施行动计划，提高污水、垃圾处理能力。完善绿化用地政策，完成平原地区百万亩造林，扩大生态涵养区保护规模，绿色休闲空间逐步拓展，城市品质不断提升。从 1985 年开始，北京将每年四月的第一个星期日确定为"首都全民义务植树日"，每年约有200 万人参加，为北京城市增添绿色贡献了力量。在永定河、北运河、潮白河等重点河道，六环路、京平高速等主要城市干线和城市副中心、大兴机场、世园会等平原区域累计完成造林 117 万亩（约 780 平方千米），平原地区的森林覆盖率已经由之前的 14% 提高到 26.81%，全市森林覆盖率已达 43%，城市绿化覆盖率达 48.2%，人均公园绿地面积也提高至 16.2 平方米，基本形成了山区绿屏、平原绿海、城市绿景的生态景观。党的十八大以来，北京已经先后有 7 个区被列为生态涵养区，分布在北京的东、西、北方向，是北京的天然氧吧。

第二节　建设国际化大都市面临的机遇

一、新一轮产业革命

新科技革命将对各国比较优势、生产组织方式、产业结构、国际贸易、竞争优势等要素产生重大影响，赋予各国在国际产业分工体系和竞争格局中的不同地位。随着信息技术的高速发展，特别是互联网的迅速普及，创新日益呈现出扁平化、网络化和泛在化特点，创新资源加速在全球布局，世界开始进入以科技创新、全球联动为特征的创新全球化时代，单极的全球创新中心已经无法满足全球经济发展需求，取而代之的是由多中心、多节点组成的全球创新网络。随着全球化和国际分工的不断加深，价值链不同环节之间快速分解，而相同或相关的环节在某一区域范围内形成集聚，世界各地已经形成了众多创新集聚区。

北京全市研发经费支出占地区生产总值的比重保持在 6% 左右，在国际创新城市中名列前茅。支持在数学、物理、生命科学等领域开展自主探索，基础研究投入占比从 2014 年的 12.6% 提升至 2019 年的 15.9%。累计获得国家科技奖项数占全国的 30% 左右。每万人发明专利拥有量是全国平均水平的 10 倍。科研产出水平连续三年蝉联全球科研城市首位。涌现出马约拉纳任意子、新型基因编辑技术、"天机芯"、量子直接通信样机等一批世界级重大原创成果。

科技创新对北京高质量发展的支撑作用显著增强。发布高精尖产业"10+3"政策，打造新一代信息技术和医药健康"双发动机"。出台促进北京经济高质量发展的若干意见及"五新"行动方案。发布三批 60 项重大应用场景，加速前沿技术迭代升级。"十三五"时期，技术合同成交额超 2.5 万亿元，同比增长超 80%。中关村国家自主创新示范区企业总收入较"十二五"时期末增长 80%，对全市经济增长贡献率达到近 40%。围绕人民生命健康，强化科研攻关，在分子靶向药物、免疫治疗药物等领域达到国际先进水平，贡献全国数量最多的源头创新品种。

二、京津冀协同发展战略

京津冀协同发展的出发点和落脚点是解决北京"大城市病"问题，要通过有序疏解北京非首都功能，破解长期发展中积累的深层次矛盾和问题，优化调整空间布局和经济结构，走出一条人口密集地区优化发展的新路。北京城市副中心与雄安新区作为北京新的"两翼"，在承接北京非首都功能疏解中都承担着重要使命。雄安新区是北京非首都功能疏解集中承载地，目前新区已进入承接北京非首都功能疏解和大规模建设同步推进的发展阶段。北京城市副中心作为另外一翼，与雄安新区各有分工，错位承接功能疏解。2019 年 1 月，北京市级机关第一批 35 个部门、165 个单位正式迁入城市副中心办公，形成了良好的带动示范作用。推动北京城市副中心高质量发展，将进一步提高城市副中心的承载力和吸引力，有序承接符合城市副中心发展定位的功能疏解和人口转移，加强对首都功能的服务保障，实现与雄安新区错位发展，有效治理北京"大城市病"。推动北京城市副中心高质量发展，将加快培育发展新动能，形成现代化城市管理、社会治理体系和现代化经济体系，打造形成新的区域增长极，持续优化北京城市空间布局和经济结构。加快北京城市副中心高质量发展，将进一步增强副中心的辐射带动作用，推进落实统一规划、统一政策、统一标准、统一管控的要求，探索协同创新路径，推动北京部分产业和功能向北三县等周边地区延伸布局，带动周边地区一体化高质量发展。

三、双循环新发展格局

国内循环是指激发微观市场主体的活力，充分发挥国内超大规模市场优势，将扩大内需作为发展的出发点和落脚点，使生产、分配、流通、消费更多依托国内市场。国际循环是指推动企业"走出去"，深度参与全球分工和竞争，构建全球产业链价值链，与世界各国共享发展红利。双循环相互促进是生产日趋国际化和专业化的客观要求。从内部环境来看，国内产业链的稳定畅通是维持经济发展的稳定器。通过产业链上下游企业间的协作联动，融合各类要素并转化为产品供给效能，是为经济运行"输血"的可行路径，这对于稳定物资供应、解决就业民生等当务之急具有必要性。长期来看，中国具有最完备的产业配套条件，国内产业链的稳固提升对于应对全球产业链失序、发掘新增长动力具有可行性。因此，通过国内产业链改造升级来优化要素配置、调整生产结构，才能将国内市场体量优势转化为质量和效益优势，以高质量的供给满足人民高层次多样化的消费需求。从外部环境来看，企业深度融入全球产业链是开放型经济体系下内外循环的贯通点。与产业链相比，价值链更突出每一产业链环节的增值情况，各国企业在全球价值链体系中基于比较优势展开分工和合作，优化要素配置，追逐最大经济效益。

党的十八大以来，北京落实首都城市战略定位，通过控增量、疏存量、提质量，推动产业结构优化和经济效益提升，呈现出以现代服务业为主、聚焦高精尖、扩大对外开放等特点。依托"三城一区"打造创新中心，优化产业生态。"三城"聚焦建设创新主平台，推动创新理论研究；"一区"立足推动科技成果转化，聚集一批先进制造、新能源、医药健康等高效能企业，推动高精尖细分产业链和制造业全产业链发展。推进服务业扩大开放，拓宽国际交流合作机会。从 2018 年起，北京现代服务业增加值占 GDP 比重达 60% 以上，形成服务业主导的产业格局。随着国家服务业扩大开放综合示范区和中国（北京）自由贸易试验区的建设，服务业开放发展水平进一步提高。《北京市新增产业的禁止和限制目录》、构建高精尖经济结构"10+3"政策等相继推出，从产业链条、综合竞争力角度进行把握，对符合首都功能定位的高精尖产业和环节予以细分支持，加快推动科技、信息、金融等现代服务业以及节能环保、集成电路、新能源等高新产业发展。

四、碳达峰、碳中和战略

实现碳达峰、碳中和目标，是我国为应对二氧化碳等温室气体排放所引发的气候变化威胁、促进人类走上新的文明发展道路所做出的庄严承诺和努力。2030 年前实现碳达峰，2060 年前实现碳中和，是党中央经过深思熟虑做出的重大战略决策，事关中华民族永续发展和构建人类命运共同体。当前，我国城市化率已达 65% 左右（我国城镇常住人口为 90199 万人，占总人口比重为 63.89%），城市能源消耗是总能源消耗的大头，相应地，城市碳排放总量也占了全国的大半，城市无疑是实现碳达峰、碳中和目标的主力军。近年来，北京成立"北京市应对气候变化及节能减排工作领导小组"等，构建支撑减污降碳的组织体系，并将二氧化碳强度下降率和碳排放总量达峰目标纳入规划约束性指标体系，在全国率先实行碳排放总量和强度"双控"机制，并相继发布了《北京市企业（单位）二氧化碳排放核算和报告指南》等多项地方标准及碳排放权交易规则。从市场层面来看，碳市场交易是控制温室气体排放的重要工具。2013年，北京成为首批试点省市之一，在管理体系、履约执法等多方面进行探索，为全国碳市场建设积累了经验。11年来，北京碳市场以建立完善碳排放权交易政策法规为先导，以健全温室气体排放统计体系为支撑，以强化监管和规范交易为保障，以培育公平交易市场为手段，达到了明显的减碳效果。2020年，北京市重点碳排放单位共843家，100%完成履约，碳排放配额成交538万吨，交易额达到2.74亿元，成交价格保持增长趋势。同时，北京的绿色金融一直走在全国前列，绿色领域的上市公司数量占全国比重超过10%。近年来，已有60余家外资金融机构落地北京。截至2020年末，北京市绿色信贷规模超过1.2万亿元，居全国首位。2020年，北京万元GDP二氧化碳排放量仅为0.41吨，比2015年下降了26%以上，在全国省级地区最优、超额完成国家下达的20.5%的目标任务。

第三节 建设国际化大都市的国际经验借鉴

国际化大都市作为全球功能高密度和联系、交流氛围最为浓厚的区域，正是全球化观念、投资机会、创新机会发育的沃土。近年来，全球企业及各类优质资源出现再次向全球城市中心区回归的趋向。因此，北京建设具有世界级水准的国际化城市，迫切需要关注城市中心，促使人才、资本、产业等多方面全球化要素集中聚集，重新审视和思考传统城市中心的活力能级提升问题。

一、东京：多中心网络结构，分工组合型的功能中心

东京中心区由23个区组成，面积为621平方千米。东京原本的单中心结构导致功能和交通过于集聚问题，因此在新一轮规划中采取了多中心网络发展策略，主要功能构成包括零售商业、行政、艺术文化和休闲、高校区、皇室宫殿和周边区域。

东京中心区构建了轨道交通主导的公共交通网络。1914年末，东京市中心高密度的轨道交通网已初具雏形，城市核心区更是不断加强高密度的线路网络建设，以提高轨道交通的便利性，东京的都心和副都心的中心站点平均有5条轨道交通通过。

步行友好的小型街区与设施配置是东京中心区的另一个重要特色。东京中心区街区十分狭小，街区平均大小大约在0.1公顷（1000平方米），相应的道路偏窄，一般道路宽度在6~8米，限制机动车行驶速度，方便行人穿行。但是

"麻雀虽小，五脏俱全"，政府推动社会服务设施综合化供给，保障社会服务设施在街区的全面覆盖与便利可达。

二、纽约：全球文化和商业中心，世界的生活—工作—旅游社区

中央商务区的发展造就了纽约的繁荣，但对纽约高质量发展提出了挑战。得益于中央商务区建设，世界百强金融机构中，纽约拥有 14 家；世界百强银行中，纽约资本份额约占 8.6%；世界前 25 家证券公司，纽约更是独占 11 家；以曼哈顿为核心的纽约已成为名副其实的国际金融中心。近年来，中央商务区的发展也给纽约带来严峻的挑战。一方面，纽约实体经济日益空心化，经济发展存在隐患。生产服务业挤占了制造业和蓝领服务业的发展空间，导致后者就业人数与产值比重过低。另一方面，纽约二元化城市特征日益突出。生产服务业强势发展不断提高这些产业人员的收入，但也限制了低教育水平与低技能人员的就业与收入。在此背景下，纽约市长提出，以 3C，即商业、文化与社区为主要动力，加快打造纽约中央活动区，落实"曼哈顿重建与提升计划"，将纽约曼哈顿塑造成为一个更具活力的全球文化和商业中心、一个服务于世界的生活—工作—旅游的社区。在空间规划发展范围方面，纽约中央活动区以中央商务区为主体，适当拓展发展空间。具体而言，以曼哈顿中城区的熨斗区、切尔西区、SOHO 区和联合广场为起点，向下延伸至下城区和布鲁克林。其中，中城区以商业、科创、文化与居住职能为主，包括帝国大厦、百老汇、第五大道等；下城区以华尔街中央商务区金融区为核心职能，聚集全球近 3000 家金融外贸公司；新增的布鲁克林区集聚科技初创企业，主要分在布鲁克林科技三角区。在产业发展方面，推进传统产业优化升级与结构调整，强化互联网技术应用，追求包容性多元产业经济。一方面，加快传统行业对科技人才的吸引。通过运用互联网技术为商业、时尚、传媒及其他传统公共服务行业提供服务，从而推动传统产业创新升级，注入发展新动能，成功创造了"东岸模式"。另一方面，积极塑造多功能产业综合体。加快摆脱以商贸金融服务为核心的单一业态发展模式，推进集科创、金融、医疗、娱乐等多业态于一体的产业体系建设，纽约传统中央商务区（曼哈顿区）科创服务就业人口达到 16.4%，高于传统金融与保险产业，位列第一。此外，纽约以百老汇为核心、大都会艺术博物馆等为补充的"全球文化中心"品牌建设也取得积极进展。在发展策略方面，纽约中央活动区着重强化居住与公共空间供给，塑造良好的生活—工作—旅游环境。一是着重增加中低收入住宅，改善已有经济性住房。开发完善公共设施和服务，创造多样化社区。二是充分挖掘存量空间，增添城市绿地，保证住宅至公园的 10 分钟步行圈。三是依托发展空间拓展，强化打造以科创职能为主导的布鲁克林次中

心，支撑中央活动区全球城市职能的发挥。此外，积极推进中央活动区与邻近地区合作，划拨财政支撑区域共享基础设施开发建设。

三、伦敦：从已有中央商务区拓展

伦敦中央商务区发展历史悠久，集中了金融、贸易、文化、信息以及商务办公、酒店、公寓、会展等配套设施，创造了高质量的就业环境，然而生活活力明显落后于就业活力，核心区发展亟待转型。2004 年，大伦敦政府公布了新一轮的《大伦敦空间发展战略规划》，首次提出建设中央活力区，一个街区内存在超过 50% 的商业活动，即可划入中央活动区。当时，伦敦中央活动区规划总面积约 22 平方千米，在已有中央商务区基础上纳入政治中心、老旧城区、文化中心等，规划人口 27 万人。

在规划功能上，伦敦中央活动区在原有中央商务区所有功能基础上，又增加了文化娱乐、行政办公、餐饮零售等其他现代服务业态和居住区域。伦敦中央活动区将成为该地区地理、行政、经济、休闲、文化旅游的中心，是伦敦最有活力的地方。在要素配置上，伦敦中央活动区的要素配置是按照幂次定律分配，系统按照小单元的亚区（面积为 0.5～1 平方千米，大多与历史特色区域重合）进行元素分配，所包含的元素尺度逐渐细分、转换，最终形成一个良好的、大中小比例分布合理的系统。在功能配置上，伦敦中央活动区主要体现出四个中心功能，即商业中心、商务中心、休闲娱乐中心和文化艺术中心，每个亚区在功能上是复合的，只是在比例上会有主次差异。经过政府的严格规划与控制，伦敦中央活动区确立了办公、零售、居住、酒店四个主要功能在区域中的主体混合关系。在比例上，四者接近 4∶1∶1∶1，这样的混合比例既为伦敦中央活动区提供了内部活力与服务支撑，又预留出 20% 的其他产业空间，主要为快速变化的中央活动区国际性活动提供弹性支撑，同时丰富区域活动的多样性。

在交通方面，从快速路到低速的支路，中央活动区形成了一个以村落尺度的亚区为单元、从亚区边界向内部速度逐渐递减的结构，道路等级的数量是依照其速度反比缩减的，形成基于历史特性的"天然步行单元"。另外，增强公共交通的可达性，不断改进和完善步行、自行车和公共汽车等多种出行方式，减少对私人小汽车的依赖。

四、新加坡：24 小时全球商业、生活、工作与娱乐中心

为应对世界经济的不断变化，新加坡坚持将提升城市核心区域竞争力作为其发挥全球经济职能的关键抓手，以此确保其在全球主导的核心地位。2003 年，为推动中央商务区向中央活动区转变，新加坡经济检讨委员会推出新的土地利

用规划和城市中心设计。规划的中央活动区范围以原有中央商务区——莱佛士为主要载体，并涵盖了周边历史文化区，规模共计 4.94 平方千米。规划结构以一湖、一河、一公园为核心，周边 14 个亚区环绕组合。依托打造以文化旅游、休闲服务功能为主体的亚区，旨在将中央商务区建设成为新加坡的经济文化中心与 24 小时全球商业、生活、工作与娱乐中心。为顺利落实中央活动区建设，新加坡政府主要贯彻落实了以下三点发展策略：

一是划定小型亚区单元，搭建中央活动区开发运作与监管的基本骨架。立足城市肌理，新加坡因地制宜划定面积大小不一的亚区单元，以亚区作为中央活动区实际开发运作与监控的重要单位，为落实中小尺度混合功能开发工作的细化提供了载体。

二是基于亚区骨架，落实土地功能混合配置。在功能分配方面，重点亚区（主亚区）主要聚焦承担一类土地利用功能（如商务、行政等），次级亚区（次亚区）则围绕主亚区功能发展相应的支撑性次要功能（如酒店、文娱等）；在布局模式方面，主亚区与次亚区交错布置，以此满足主亚区对相关支撑性功能的需求，交错混合的布局也有助于提高次亚区的吸引力与发展潜力。需要强调的是，所有亚区均配有日常基础的服务型功能（如餐饮等）。

三是依据土地功能配置，划定亚区建筑尺度。新加坡中央活动区并非一味追求摩天大楼，崇尚现代化建设，相反，建筑尺度会依据实际功能而差异化设计，形成了高低楼宇错落布局的空间形态。例如，以大型商务办公为主导的亚区以大型高层建筑为主，而以小型的零售业为核心功能的亚区则以较小的建筑门面为主。

第四节　建设走向现代化的国际化大都市的路径

一、加快推进中国（北京）自由贸易试验区建设

作为中国的首都，北京的未来战略定位是全国的政治中心、文化中心、国际交往中心、科技创新中心。《中国（北京）自由贸易试验区总体方案》指出，对于北京自贸区建设，要不断加快转型升级，以科技创新中心建设为核心，不断扩展影响力和竞争力，大力发展 5G、大数据、人工智能等数字经济，打造数字中国建设先行示范区，着力构建京津冀协同发展对外开放新高地。北京自贸区国际商务服务片区包括北京 CBD4.96 平方千米、金盏国际合作服务区 2.96 平方千米、城市副中心运河商务区和张家湾设计小镇周边可用工业空间 10.87 平

方千米、首都国际机场周围可用工业空间 28.5 平方千米。北京自贸区将助力建设具有全球影响力的科技创新中心，加快打造服务业扩大开放先行区、数字经济试验区，着力构建京津冀协同发展的高水平对外开放平台。

（一）　以自贸区建设为契机，提升城市功能

一是北京自贸区的建立使北京不仅是中国连接世界的枢纽，也是国际贸易网络中的重要节点。借助开放功能定位的提升，北京应加强城市自身的软硬件建设。第一，通过加强基础设施修建，打通北京与其他地区的交通网络，以利于扩大腹地范围。第二，完善城市规划，加强城市管理与城市交通、通信等建设，打造宜居宜业的城市环境。第三，完善城市医疗、教育等服务设施建设，提升城市服务质量。

二是自贸区的建立将吸引各方资金、企业和人才的汇聚，短期内可能会对本地部分产业造成冲击，与本地居民就业形成竞争。但从长期来看，自贸区的建立将会给本地带来更多就业机会。对此，北京首先应建立公正、公平和高效的营商环境，使北京成为创新和创业的乐土；其次，通过土地、税收、投资等各项优惠政策吸引短缺人才和高技术人才，吸引具有高附加值和高技术的产业进入；再次，城市的发展需要多样化的人力资本结构，不仅要有高技能人才的支撑，也需要低端劳动力的贡献；最后，城市发展要有全局观念，建立健全社会保障体系，避免区分本地人和外地人的歧视性政策，使北京成为包容之城。

（二）　自贸区建设提升北京科技创新能力

北京自贸试验区的实施范围有 119.68 平方千米，涵盖三个片区：科技创新片区 31.85 平方千米，重点发展新一代信息技术、生物与健康等产业；国际商务服务片区 48.34 平方千米（含北京天竺综合保税区 5.466 平方千米），重点发展数字贸易、文化贸易等；高端产业片区 39.49 平方千米，重点发展商务服务、国际金融等。北京自贸试验区在全面落实中央关于深入实施创新驱动发展战略、推动京津冀协同发展战略等要求的基础上，肩负着助力建设具有全球影响力的科技创新中心，加快打造服务业扩大开放先行区、数字经济试验区，着力构建京津冀协同发展的高水平对外开放平台的重大使命。相关数据显示，服务业、数字经济一直是北京的优势。北京服务业占 GDP 的比重全国最高，超过了80%；北京数字经济增加值占 GDP 比重超50%，同样居全国首位。北京自贸区围绕七大任务展开建设，分别为推动投资贸易自由化便利化、深化金融领域开放创新、推动创新驱动发展、创新数字经济发展环境、高质量发展优势产业、探索京津冀协同发展新路径、加快转变政府职能，助力打造具有全球影响力的科技创新中心，助力建设国家服务业扩大开放综合示范区，着力打造数字经济试验区，着力服务京津冀协同发展国家战略。

（三）借自贸区建设之势，加快城市更新

北京自贸区重点聚焦在数字时代下的服务业和高端产业，具有很多其他地区无法比拟的竞争优势。自 2015 年成为全国唯一的服务业扩大开放综合试点城市以来，北京已累计推出 403 项试点举措，形成 122 项全国首创的突破性政策和创新制度安排，累计向全国推广 6 批创新经验。2019 年，北京服务业占 GDP 的比重达 83.5%，比全国平均水平高 29.6 个百分点。从全球生产总值来看，服务业占世界经济总量的比重达 70%，部分发达经济体服务业占自身经济总量的比重甚至接近 80%。亮眼的数据已经表明，北京服务业已达到全球先进国家城市的水平。此外，北京服务贸易实现进出口额近 1.1 万亿元，占全国服务贸易比重约 20%，居全国前列。

从趋势上看，未来北京需要以新基建来推动服务业和数字产业的发展，从而扩大消费市场空间。消费市场空间比生产能力更具竞争力，这样才能顺应形势的变化，形成可持续的增长动力。从某种程度上说，当前，发展服务业、加强公共服务、改善营商环境将变得更加重要，北京自贸区建设要以此为抓手，为城市的更新、可持续发展走出一条可行之路。

二、推进京津冀世界级城市群建设

推进京津冀世界级城市群建设，需要按照《京津冀协同发展规划纲要》的要求，以"功能互补、区域联动、轴向集聚、节点支撑"的思路，以"一核、双城、三轴、四区、多节点"的骨架，推动有序疏解北京非首都功能，构建以重要城市为支点，以战略性功能区平台为载体，以交通干线、生态走廊为纽带的网络型空间格局。

（一）推进非首都功能向周边地区分散

一是调整北京城区功能，对符合首都城市功能定位的产业进行合理引导，对不符合首都城市战略定位的产业进行疏解调整。严格控制城市核心区新建住宅开发项目和大型公共建筑项目，严格限制医疗、行政办公、商业等大型服务设施的新建和扩建，稳步推进居住、医疗和教育等功能向外转移，从源头上解决中心城区交通拥堵、资源过度集中等问题，提高城市运行效率。二是推进空间结构战略性调整。高标准匹配区域基础设施和公共服务资源，高水平建设生态环境，高起点规划产业功能区，增强周边新城对中心城区人口和功能有序疏解的承接能力。

（二）提升京津冀一体化水平

一是推进交通一体化。交通一体化是京津冀城市群建设的先行领域。要着眼于城市群的空间布局，适应疏解北京非首都功能和产业转型升级的需要，按

照一体化的要求，构建起以轨道交通为骨干的多节点、网格化、全覆盖的交通网络，提升交通运输组织和服务的现代化水平，建立统一开放的区域运输市场格局。通过建设高效密集的轨道交通网和便捷畅通的公路交通网，有效提升城市群内部各城市资源要素的整合能力，促进沿线主要交通节点城市化的开展，形成新的工业城镇。二是构建现代化的港口群。重点推进天津北方国际航运核心区建设，提升航运中心功能。河北省港口以大宗物资运输为主，同时大力拓展服务功能。不断优化和完善港口集中和疏散系统，提升港口群的综合运输能力。在航空领域，通过大兴机场建设，提升航空枢纽的国际竞争力。增强天津滨海机场区域性枢纽作用，重点发展航空物流。充分发挥正定机场优势，增强对冀中南地区的吸引力。完善三大机场的集中与疏散运输网络，构建三地航空枢纽协作机制，促进优势互补、协调发展。

（三）提升京津冀科技创新水平

充分发挥北京的科技和人才资源优势，围绕提高自主创新能力和促进产业结构升级，坚持自主研发与技术原始创新结合，建立密切合作的区域科技创新体系，推进京津冀城市群引领区域产业结构由价值链中低端向高端升级。建设中关村国家自主创新示范区等特色鲜明的研究开发和产业孵化基地，促进科技成果向河北周边地区扩散，形成开放式、国际化、创新型的研发—转化—科技服务基地和全国技术交易中心。在分工格局中，北京以原始创新和基础研究为核心，推进科技中心建设；天津重点提高应用研究与工程化技术研发转化能力，打造产业创新中心；河北强化科技成果应用和示范推广能力，建设科技成果孵化转化中心、重点产业技术研发基地、科技支撑产业结构调整和转型升级试验区。

三、推动城乡接合部高质量发展

"十四五"时期是北京落实北京首都城市战略定位、建设国际一流的和谐宜居之都的关键时期。《北京城市总体规划（2016—2035年）》中明确指出："严格控制城市规模，以资源环境承载能力为硬约束，切实减重、减负、减量发展。"北京未来城市发展主线是尽快实现减量发展。城乡接合部作为城市空间体系的重要组成部分之一，是兼具城市和乡村的土地利用性质的城市与乡村地区的过渡地带，由于同时受到城市与乡村经济的双向辐射，在快速城镇化时期贡献了大量城市建设、发展所需的土地和空间，在加强城乡联系与中心城市和外围腹地联系方面具有独特的作用。然而，受城市原有产业外迁及乡村转型的双重影响，城乡接合部既有非常现代、高端的产业园区，也是大量传统、低端甚至非正规产业的聚集地，形成了以居住地为中心，就业空间、消费空间、娱乐空间多功能高度重叠发展的格局，是城镇化进程中矛盾最为突出的区域。城乡接合部作为落实北京减量发展的"主战场"，在减量背景下如何结合自身区位优势，把握城市中心区功能疏解机遇，实现北京城乡接合部农业地域功能，是要解决的重大问题，对城乡接合部有序发展和北京建设和谐宜居之都具有重要意义。

依据北京首都功能战略定位、减量化发展要求和《北京市"十四五"时期乡村振兴战略实施规划》，结合北京第一道绿隔和第二道绿隔发展规划，重点要做好以下四方面：

（一）发展以籽种产业为代表的科技服务业

北京发展籽种产业具有技术、人才、市场、信息等方面的先天优势，培育发展籽种产业中心是北京农业服务全国乃至全球发展中国家的必然选择。城乡接合部利用其区位优势和空间优势，大有可为。一是加快平台建设，为国内外籽种企业提供展示交流平台，如种子交易信息平台，品种、品牌展示平台，科技成果转移与交易平台等，为国内外籽种企业来北京发展奠定基础。城乡接合部可利用其区位优势，在减量化背景下，集约利用建设用地资源，土地资源向建设适合籽种产业发展的平台方向倾斜，实现土地增值效益。二是培养籽种龙头企业。发挥北京的人才、技术优势，整合京郊低效产业用地，利用城市技术资源，为籽种企业提供土地支持，从政策上为企业提供支持，鼓励科研院所与京郊籽种企业产学研融合，为企业打造品牌服务。三是充分利用空间优势，发展会展农业。国外农业产品进入中国和国内农业产品走向国外，都需要通过大规模的农业展交会。北京城乡接合部展览馆面积居全国首位，为会展农业发展提供了信息、区位等绝对优势条件。四是打造休闲农业创新联盟。创新休闲农业发展模式，加强不同区域间农民合作社、社区及非营利组织联动效应，打造休闲农业创新联盟，进行组团生产、经营和销售，实现京郊优质农产品、农业科学技术知识等服务升级，辐射全国。

（二）挖掘京郊农业文化遗产，并大力创新

目前，北京已经进入到富裕阶段，居民消费水平更多体现在精神文化层面。在城乡接合部农业地域功能实现后，必须深挖其文化遗产，大力培育农业的文化功能。一是深挖现有展览馆、奥运场馆等场地，举办展交会、大兴农业展会等具有影响力的会议，传播农业文化知识和科普教育，提高对农业文化功能的认识。二是提升农产品文化价值。针对不同消费阶层和群体，进行市场细分。挖掘农产品文化产品，针对不同消费阶层和群体，推出优质农产品衍生品，实现价值升级。三是整合零散用地，搭建农产品文化宣传场所。整合京郊农村低效建设用地，规划和建设博物馆，将不同区域知名品牌农产品进行展示，挖掘农产品文化，提高其知名度。力争未来就像提到"天安门"就想到北京一样，提及北京农产品，消费者就能定位到北京某一地区甚至某一村庄。

（三）保护城乡接合部农业生态功能

北京城乡接合部的农业生态功能主要体现在空气净化、生物多样性保护、气候调节、环境净化、固碳供氧等方面。要充分挖掘现有生态用地的价值和开发潜力，增加自然与农业景观比例，保护城乡接合部农业生态功能，具体内容如下：一是发展都市生态农业，包括设施农业、高科技农业，构成第一道生态屏障；发展集观光、示范、体验、教育于一体的休闲农业，构成第二道生态屏障；发展乡村生态旅游业，实现一二三产业融合。乡村旅游产品的开发也要坚持开发与环境保护相统一，保护京郊自然环境、历史文化遗产和农耕文化。通过沉浸式旅游、观光式旅游、教育式旅游等方式，延伸和拓宽产业链，促进相关产业向高质、高效和环保方向发展。二是建立健全农业生态补偿机制。目前，北京市占地补偿只计算了经济价值，并没有评估农田的生态功能价值，未来应保障农民提供耕地资源保护和农业生态服务的价值实现，以解决其后顾之忧。三是建立常用农业植物个体的绿量计算模型，结合其个体生理特性，以及经济评价指标和方法，建立生物多样性监测评估与预警体系。

（四）创新农业生产经营模式

城乡接合部农业地域功能的实现应注意农业多种功能之间的协调，其地域功能的最终实现仍需要创新农业生产经营模式。一是城乡接合部利用其空间及区位优势，不断创新农业生产经营模式，如发展农业公园消费模式，利用农村田野和绿色村庄，将生产、生活、文化体验和乡土文化联合经营，打造农业园林景观和乡村旅游综合体；发展共享农业模式，通过互联网，将零散的消费者信息集中起来，通过共享土地、共享农机和共享农庄等形态，对农业资源进行重组，实现农业资源价值最大化。二是利用城乡接合部的土地资源，开展高效设施农业用地试点，优先开发现代农业产业园、农业科技小镇、农业产业强镇、传统蔬菜生产优势区等重点区域，保障北京基本的蔬菜、农副产品供应，发展规模合理、管理规范的设施农业，推动首都农业高质量发展。

四、构建高质量发展的经济体系

（一）优化科技创新空间格局

第一，在科技创新布局方面，优化中关村国家自主创新示范区"一区多园"布局，推动首都各区差异化创新发展，对非首都功能疏解后的空间进行合理再布局，建设研发创新聚集区。第二，在科技创新领域方面，支持基础科学中心建设，关注世界科技前沿，力争在尖端科技领域取得重大突破。第三，在科技创新主体和科技创新机制建设方面，强化企业的科技创新主体地位，支持在京高校建设世界一流大学和一流学科，加强科技成果转化与服务平台建设，在科技领域积极推进政府和社会资本合作。第四，在科技创新引领和国际合作方面，完善京津冀协同创新机制，实现技术和人才要素的充分流动，推动科技成果在全国范围内的转化与应用。以构建新发展格局为契机，推动跨国技术转移，通过对外投资等形式实现技术转让。

（二）加强对科技人才的吸引力和管理能力

加强人力资源管理，支撑北京现代化经济体系建设。第一，利用首都区位和资源优势，加快推进人口人才化。发挥教育在人才发展中的基础性作用，实施以领军人才为主导的人才集群发展战略。第二，以发展重点产业人才为突破口，优化人才产业分布结构。大力发展高精尖产业人才和知识密集型服务业人才，推动由"北京制造"向"北京创造"转型，使人才结构调整成为产业结构优化升级的助推器。第三，拓展人才事业平台，加速推进国际化进程。拓宽人才国际化平台，加强海外高层次人才引进，加快本土人才国际化步伐。第四，建设人才宜居城市，提升区域人才竞争力。营造宜居生活环境，提高人才生活质量；优化地方人文环境，提升北京文化软实力；创新人才服务方式，提高人才服务水平。第五，改革人才投入制度，建立人才投入回报机制。建立财政性人才投入增长机制，改革创新人才投入管理制度，建立多元化、社会化的人才投入体系，探索建立人才投入回报机制。

（三）积蓄数字化新势能，增强高质量发展内生动力

把握数字治理节奏，借助城市自身的数字经济区位优势发挥示范效应，通过加强市场基础设施建设，推进政府数据开放共享，促进数据资源标准化发展，积极鼓励商业模式创新、技术创新与制度创新，构建数字经济生态体系，增强对数字资源与人才的吸引，形成国内向心力。此外，还要通过构建成熟的数字经济产业标准、科技标准，汇聚流通区域性、全国性数据，衔接区域数据资源与算力资源，支撑京津冀协同发展等战略，逐步形成以数据要素交易为纽带的区域协同新格局，带动全国数字经济的发展。国际方面，北京市可延展定位为国际数据交易平台与核心枢纽，将数字经济的技术优势转化为制度优势、规则优势，向全球数据要素配置的枢纽节点演进，支撑"一带一路"等国际合作倡议。要打造在全球有影响力、有话语权、产业发展水平高的国际数据要素市场，逐步塑造中国在国际数字地缘与国际经济贸易中的优势。要大力推动数据跨区域互联共享，基于京津冀大数据综合试验区建设成果，进一步衔接区域数据资源与算力资源，加强与周边区域政企数据交流合作，逐步形成以数据为纽带的区域协同新格局。要加大数据要素市场对外开放力度，探索建立数据跨境流通

管理体系，吸引全球人流、物流、资金流、信息流等汇聚配置，逐步打造具有国际影响力的全球数据要素配置枢纽。

参考文献

［1］孟帆，黄江松．零碳北京的战略意义和实施路径［J］．前线，2021，491（8）：63-66.

［2］白小伟，马骆茹．借鉴世界城市经验构建北京现代化经济体系［J］．全国流通经济，2019，2231（35）：123-125.

［3］王颖．借鉴国际经验打造上海具有活力的世界级城市中心［J］．科学发展，2021，148（3）：42-51.

［4］杨博．和而不同！北京自贸区有哪些特殊使命？［J］．中国航班，2021，149（2）：68-69.

［5］刘兴华．有条件如期实现碳达峰碳中和目标［N］．人民日报，2021-12-03（013）．

［6］曾少军，岑宁申．"碳中和"与北京绿色奥运［J］．北京社会科学，2008，94（2）：4-8.

［7］孙瑜康，李国平．京津冀协同创新中北京辐射带动作用的发挥效果与提升对策研究［J］．河北经贸大学学报，2021，42（5）：78-84.

［8］孙久文，高宇杰．新发展格局与京津冀都市圈化发展的构想［J］．北京社会科学，2021，218（6）：95-106.

［9］李海丽．全球产业变革背景下北京的转型发展［J］．科技智囊，2015，240（7）：14-21.

［10］鄢圣文．持续提升营商环境便利化水平的北京实践［J］．小康，2021，463（26）：66-69.

［11］武凌君．北京市改革开放40年的成就、经验与展望［J］．北京党史，2018，233（6）：4-12.

［12］徐颖．世界城市发展经验及对北京发展的启示［C］//中国城市规划学会．城乡治理与规划改革——2014中国城市规划年会论文集．北京：中国建筑工业出版社，2014：13.

［13］佟宇竞．全球超级城市经济体发展的共同特征及对我国的启示借鉴［J］．城市观察，2018，55（3）：73-82.

［14］刘瑞，伍琴．首都经济圈八大经济形态的比较与启示：伦敦、巴黎、东京、首尔与北京［J］．经济理论与经济管理，2015，289（1）：79-94.

［15］肖金成，张景秋．北京城市发展与首都经济建设［J］．北京联合大学学报（人文社会科学版），2005（2）：14-17.

［16］孙雪蕾，康培．走向国际化大都市：北京与上海的比较［J］．人民论坛，2005（6）：13-21.

［17］北京市经济与社会发展研究所课题组．北京建设国际化大都市要用哪些指标来评价？［J］．前线，2001（4）：46-48.

［18］刘典，李铎．数据要素视角下北京建设全球数字经济标杆城市的未来展望［J］．天津大学学报（社会科学版），2021，23（2）：129-135.

后　记

认识中国从经济地理开始，《北京经济地理》是中国经济地理丛书的一部。全书由孙久文提出提纲，孙久文、胡安俊、石林、张静四人合作完成。

全书包括四篇，分别是资源与条件篇，产业与经济篇，首都、城市与区域可持续发展篇，战略与展望篇。第一篇包括北京的地理位置与行政区划、自然环境与自然资源、经济社会发展条件和发展历程。第二篇包括三章，首先分析了三次产业的发展历程，其次着重分析了彰显北京优势的科技发展与创新创业、文化旅游业的发展。第三篇包括六章，依次分析了首都定位与城市发展、京津冀协同发展与非首都功能疏解、通州城市副中心建设、交通及其他基础设施、古城保护与城市更新、生态文明建设。第四篇探讨了北京建设走向现代化的国际化大都市之路。

各章的分工如下：第一章、第八章、第十二章由孙久文完成，第二章、第四章、第六章由胡安俊完成，第三章、第五章由张静完成，第七章、第九章、第十章、第十一章、第十三章、第十四章由石林完成。最后由孙久文、胡安俊通稿定稿。

感谢北京科技大学张满银教授提出的宝贵意见，感谢编辑部老师的辛勤付出。

笔者
2024 年 5 月